FRENCH PATRIOTISM IN THE
NINETEENTH CENTURY

CAMBRIDGE
UNIVERSITY PRESS

University Printing House, Cambridge CB2 8BS, United Kingdom

Cambridge University Press is part of the University of Cambridge.

It furthers the University's mission by disseminating knowledge in the pursuit of education, learning and research at the highest international levels of excellence.

www.cambridge.org
Information on this title: www.cambridge.org/9781316620069

© Cambridge University Press 1923

First published 1923
First paperback edition 2016

A catalogue record for this publication is available from the British Library

ISBN 978-1-316-62006-9 Paperback

FRENCH PATRIOTISM
IN THE
NINETEENTH CENTURY
(1814–1833)
TRACED IN CONTEMPORARY TEXTS

BY

H. F. STEWART

AND

PAUL DESJARDINS

CAMBRIDGE

AT THE UNIVERSITY PRESS

1923

EDITORS' NOTE

The idea of this compilation suggested itself to two friends, anxious to further friendship between their two countries, at the height of the common military effort, in 1917. Approved by the Syndics of the University Press in October of that year, the work was put in hand at once, and, although a series of accidents has prevented its publication until 1923, it was practically finished in 1920. Hence, to our loss, we could not benefit by the contemporaneous investigations conducted at the Sorbonne by Professor A. Aulard resulting in a memorable volume, Le patriotisme français de la Renaissance à la Révolution *(Paris, Chiron, 1921), than which we could desire no better introduction to our own. Among other works and documents of recent publication by which we would willingly have profited mention must at least be made of the* Lettres inédites du maréchal Bugeaud *(Paris, Émile Paul, 1923) with their vivid illustrations of military patriotism between 1814 and 1830.*

We take this opportunity of expressing our grateful thanks to the various owners of copyright pieces who have so readily given us leave to use their property; and in particular to Madame la Marquise d'Osmond, who allowed us to consult the MS. *of the* Mémoires *of Madame de Boigne while the new and trustworthy edition, now published in completion, was still in the press.*

H. F. S.

P. D.

January, 1923.

PRINTED IN GREAT BRITAIN

[v]

PREFACE

THIS is not a book of Golden Deeds, as its title may seem to suggest, and although its pages contain more than one heroic passage from the tremendous conflict out of which the Republic came to birth. Nor is it a book of edification. Our object is not "to adorn a moral or to point a tale," but to explain a phenomenon.

The outburst of patriotism which from 1914 to 1918 was the wonder of the world, and indeed of France herself, is something which invites enquiry, and is not sufficiently accounted for by the events of those five bitter years alone. We believe that the calm acceptance of the challenge of war, the long patience of Verdun, the miraculous recovery of 1918 (to take but three instances of a score which might be quoted) disclose a temper different from that of France at some other times, and a patriotism different in some ways from that of other nations. It is marked by an absence of fanaticism and a steadiness which we do not naturally associate with the passion familiar to students of European history as the *furia francese*, by an atoning power which resolved internal discord, by an imperturbable resourcefulness and pursuit of high ideals, which do not spring from an impulsive instinct but are the fruit of long reflection. In order to determine its character and discover its origin we must go back at least a hundred years, to the men who saw or took part in the birth of modern France, and beyond them to the conditions which differentiate France from other lands, and induce a love of country which has features rarely found elsewhere.

The evidence of eyewitnesses, which forms the body of the book, will not be intelligible without a brief review of the various factors and circumstances which have gone to produce the sentiment and the results in respect of which we appeal to them. So we must consider, first the permanent, and then the variable conditions, which have made France what she is, and determined the development of her patriotic sentiment.

We begin with the physical character and geographical position of France, which mark it out from the rest of Europe. It is a land of infinite variety, generous and self-sufficing, which supplies its children with the means of life and demands a filial recognition of its bounty. This was felt in the Middle Ages. "C'est un païs tres doulz pour demourer," sings Eustache Deschamps[1] in 1380; and before Deschamps, in the *Chanson de Roland*, if Spain is great, France is kind, "la dolce France," France is blessed, "France l'assolude"; and even to the Burgundian foe, she is still "la tres belle." "Douce" and "belle" are indeed constant epithets.

But the gifts of abundance, though freely bestowed, must be sought. The soil is not, like certain favoured regions, flowing with milk and honey. It must be tilled and tended. The labour and its reward breed love and attachment. And when the labourer lifts his eyes from field and furrow to look about him, he finds much to satisfy them. It is a beautiful and generous land, as its children are not slow to recognize. The geographers and economists have been busy measuring and appraising it, revealing its great natural resources. And Taine, the critic and artist, contrasts, rather to its advantage, the subtle charm of a true French landscape with the severe majesty of the North and the voluptuous beauty of the South[2]. But long before Taine and the men of science, the variety and sweetness of the land, its kindness to those who cultivate it were felt and sung by André Chénier[3], and still earlier proclaimed in sober but eloquent prose by Montchrestien and the Marquis de Mirabeau[4]. In a word it is a lovable land

[1] *Ballade* cccxxiv. *Œuvres*, t. III, p. 20 (Soc. anc. textes fr.).
[2] Cf. *La Fontaine et ses fables*, p. 4.
[3] "France! ô belle contrée, ô terre généreuse,
   Que les Dieux complaisants formaient pour être heureuse."
                                        Hymne à la Justice.
[4] Cf. A. de Montchrestien, *Traicté de l'œconomie politique* (1615); Marquis de Mirabeau, *L'Ami des Hommes, Traité de la Population* (1756).

towards which the exile turns with longing, and not only the exile, but the Frenchman abroad on pleasure or on business. "Tournez toudis le bec pardevers France," is the counsel of Deschamps. "Je me pourmene seul sur la rive Latine, La France regrettant...," cries Du Bellay; France is indeed the main theme of his *Regrets*.

And the inhabitants are ever loth to leave it. There has never been a great stream of emigration; the colonies are political settlements *à la romaine* rather than voluntary transplantations.

This love of the land is certainly a form of patriotism, sedentary, static. And it tends to assume a regional character. No province, be it never so wild and niggardly, but is dearly cherished by those who dwell or have dwelt in it. The thoughts of the wanderer and the dispossessed turn with tenderness and longing to the distant and deserted hearth. It is home, full of the memory of friends and kinsmen, "le séjour qu'ont bâti mes aïeux[1]"; a curse is laid upon homeless vagabonds.

This static patriotism is not peculiar to France, though it is there developed in an unusual degree. It is the sentiment of Odysseus making for Ithaca after many voyages—of Aeneas, whose heart is in the old home while he is seeking the new. The English colonist feels it for the old country; the American is moved by this instinct to visit the birthplace of his forefathers. All who have gone forth from settled homes to seek fortune respond to its call. Analysis reveals in French patriotism other elements beside this.

This land, which deserves to be tended, claims to be protected. It has need. Open on two sides to piracy and invasion overseas, with a coast-line of 1551 miles, and at one very vulnerable point, the north-east, having no natural barrier against the foe, France should always be alert. And on the frontier at least due vigilance is shewn.

[1] Cf. Lamartine, "Milly ou la terre natale," *Harmonies*, III. 2; "La Vigne et la Maison" (1857).

A tale that went the round in 1912 may be cited in order to illustrate this.

Our readers will remember the tension which stretched European nerves at the close of that year. One November night (the 26th) an over-zealous gendarme of the Canton of Arracourt (Meurthe-et-Moselle) misread a telegram ordering a surprise and partial mobilization for manœuvre purposes as an order for general mobilization. At midnight the drum beat and the tocsin rang in the 12 villages of the canton. Within an hour the reservists were on the march to join their regiments, and by 7 next morning, long before the scheduled hour, the astonished authorities of Nancy and Lunéville were confronted by groups of patriotic peasants, who had sprung to arms without staying to reason why—loth to leave their homes but eager to answer the call of their country[1].

When invasion comes, the real thing and not the false alarm, the French do not suffer it tamely. Moved by a feeling of resentment like that of a son against the insulter of his mother, or of a householder against a house-breaker, they confront the aggressor and thrust or try to thrust him out. The Huns are repulsed by a crowd of civilians led by clerks at Orleans, at Troyes, at Paris. The Arabs, who had made an easy prey of Spain, creep back, broken by Charles Martel at Poitiers. The imperial troops are driven across the frontier again and again. The long hold of the English is loosened at the last by a peasant girl of even lowlier birth than S. Geneviève. So it was in 1792, in 1814; so in 1870—without effect indeed, but not without spiritual triumph in the splendid verse of Victor Hugo. So it has been in the anxious but undefeated struggle of yesterday.

This war against the invader is not war for war's sake, for the benefit of a class or an individual. It is not royal or imperial, but national, republican, according to the etymology of the word—not imposed from above, but spontaneous, of the people. The warning is "La patrie en danger"; the slogan is "Boutez-le dehors," popular as the

[1] Cf. the journal *Excelsior* for November 28 and 29, 1912.

act which it evokes. The modern instrument is the Franc-
tireur, and all know how potent is his effect upon the
professional soldier. Clausewitz was right in ascribing a
French origin to the *guerre absolue*, i.e. the war of a people
as distinguished from war waged by professional soldiers. He
was wrong in dating it from the Revolution. The Hundred
Years' War awoke it, as the last of our texts declares.

There is another consequence of the geographical position
of France at the *carrefour* of Western Europe, the market-
place of the Mediterranean. Different races meet there, not
only in shock and conflict, but to blend and mingle.

France, ever since her beginning, has been enriched and
fertilized by immigration, hostile or friendly, from the
North and from the South. This fact has not always been
clearly understood in all its bearings even by the French
themselves. What has been always clearly seen is the
diversity of the elements in the nation, and what has been
emphasized is their apparent antagonism. The fact of this
diversity and the idea of the antagonism are vigorously
stated by P.-L. Courier in one of our extracts[1]. When
historians were led to seek an explanation of the fact in
the idea, they wrongly regarded the hostility as permanent
and irreconcilable. They found the explanation in the conquest of Gaul by the Franks, resulting in a struggle during
thirteen centuries between two rival races which have
never assimilated. This explanation, which had been offered
by two aristocrats, Comte de Boulainvilliers (1727), Comte
de Montlosier (1814), in justification of a privileged class,
was accepted by Augustin Thierry[2] in the name of the
bourgeoisie and regarded by him as a scientific fact. But the
truth is that these distinct and hostile elements have drawn
together and merged one in the other by a process slow
indeed, but most effectual. France as it appears to-day is
the patient silent work of Frenchmen, compounded of
Frank and Gaul, like one of its own cathedrals, touched
and retouched, here rebuilt and there restored by successive

[1] *Vide infra*, § 64 (*b*).   [2] *Vide infra*, § 65.

x PREFACE

generations. This the historians came to see. It was revealed in a flash to Michelet, as he says, by the Three Days of July[1]. And this real truth, this ultimate fact is due to the receptive character of the French and to the geographical position of their land.

This receptivity, this power of assimilation, has consequences in other spheres besides the merely ethnic. It accounts for the attitude of France towards things spiritual. As different races meet and blend on French soil, so aspects of the Truth are there collected and win acceptance, either successively or simultaneously. Contrast the countries which embrace without compromise or modification one sole aspect of the Truth—Spain which is entirely Catholic, Prussia which is entirely Lutheran. France holding the unreformed and reformed religions in equilibrium (until disturbed by violence under royal decree) preserved her liberty, her freshness of judgment, and so attained to the slow flower of moderation.

We pass from the permanent and physical conditions to the variable factors which have determined the development of patriotism in France throughout the successive stages of her history.

The Middle Ages reveal four "moments" which, if not entirely distinct, are separable in thought.

First of all there is FEUDALISM, of which the characteristic feature is the personal relation between the vassal and his lord. The act of homage was not the hiring out of oneself for a definite employment or for a prescribed term, but the unrestricted, unconditioned surrender of the person to meet emergencies as often and for as long as need was. It bound the vassal in conscience and mind and will to complete submission and self-sacrifice, and the lord to unceasing and loyal energy of guardianship and sustenance, awakening on the one hand what Nicole calls "la disposition intérieure d'assujetissement[2]," and on the other the protective instinct of the stronger party.

[1] *Vide infra*, § 77.   [2] Cf. *Des moyens de conserver la paix...*, xi.

Failure on either side to fulfil the terms of the bargain begets mistrust and revolt.

Patriotism of the nineteenth century is not ignorant of this ancient feudal devotion to the person of the Prince; a loyal soldier cannot brook an insult to his master[1]. And when the State, having succeeded to the Prince as the source of supreme command, has need of service, it gets it unconditioned.

The second "moment" of mediaeval patriotism is furnished by the TOWN, "la bonne ville," with its peace-loving industrial population, whose object was to protect and foster commerce which would have prospered ill in the war-laden atmosphere surrounding the feudal castle. War, it is true, does not disappear from view, but it is regarded and used by the citizens as a means of securing peace and freedom. For the town is jealous of its rights, duly confirmed by seal and charter; it guards them with wall and gate; it sounds the tocsin from the belfry tower as often as they are threatened. The citizens are equal. They form guilds, "amitiés," deliberative bodies, elective and self-governing. This free and independent, fraternal citizenship is reflected in the greater nation. "La France," says Michelet, "est une amitié."

But over feudal lord and free town stands the KING. In forming modern patriotism, royal prerogative played a part which cannot be overlooked. The king of France is the sovereign lord on whom converge all the attributes of lesser lords, as their domains are ultimately merged in his. But more; he is the great justiciar, the arbiter of disputes between the communes and their feudal masters. His word is law. "Si veut le roy, si veut la loy." He is easy of access to all his lieges; impartial, but always ready to hear the cause of the poor; lord of a land which boasts to be the home of justice, "où justice est gardée," where it is administered in his sole name, but not despotically, for he has his "plaids" and his "conseils." The formula of the king's pleasure, "le bon plaisir du roi," is a later six-

[1] *Vide infra*, p. 210 (Davout).

teenth century invention. The ideal of the just king finds fulfilment in the noble figure of S. Louis, and it lived on as a superstition long after kings had ceased to be just.

With the royal prerogative of justice is closely associated the idea of the monarch's divine origin. He is the anointed of the Lord, as truly as were Saul and David, and this truth is recalled at each succession by the splendid ceremony at Reims. From his consecration grace and power descend upon him, and therewith, the inalienable right to the religious devotion of his people. This religious character, these heaven-sent qualities remained attached to the sovereign power when the monarchy itself had crumbled into dust, and they were sincerely and passionately ascribed to the Republic.

But above all the king is sole of his kind—unique, and a source of unification. He can bear no rival, nor the sequestration of any part of his realm from his possession. His court and government, which in early days followed him as he moved about the kingdom, tend more and more to fix themselves, and him with them, in the Ile de France, at Paris; he becomes "le roy qui est à Paris." He is the centre of unity and through him France wins a sense of unity. Louis XI kept this object steadily before him, and the good townsfolk with whom he dealt so high-handedly forgave him much on this account. Once again the king anticipates the Republic. The royal unity is the true source of the "one and indivisible" unity which was a central tenet of the Revolution. Danton, who affirmed it in the teeth of attempts at separation and federation, was in fact carrying on the monarchical tradition of the house of Capet, and the existence of the tradition explains the swiftness and vigour with which patriotism responded to his call.

This unity moreover is temporal as well as spatial. The king never dies, the throne is never vacant. The story of France weaves itself, without break or seam, into and around the long roll of her kings. The country knew and desired, even to the very eve of the Revolution, no other garment. It was that which suited her; it was the gift of God. This permanence of the throne is a main cause of the conservatism which, in spite of passages of violent and sudden change, is a marked feature of the French character.

The patriotism of the Middle Ages was further deeply affected by the moral and spiritual ideals which are the peculiar glory of CHRISTIANITY. A religion which claims to be universal cannot, consistently, produce or promote a limited, national patriotism. Rather it threatens to break it up and merge it in a general brotherhood wherein is neither Greek or barbarian, bond or free. But Christian principles are very capable of application to the national life and to the patriotism without which that life cannot healthily exist. And by their beneficent action mediaeval patriotism was rendered humane and spiritual.

Humane: the Frenchman felt in an especial degree that his citizenship extended beyond the borders of his native land. He belonged to Christendom. He was at constant war with his neighbours, but he did not call them the enemy. He was loth to bestow that term on those in whose company he had gone forth to do battle against the heathen. He reserved it for the common adversary of mankind, the devil. He never forgot that the human beings whom he slew without remorse, but also without hate, were, if they had been baptized, souls purchased by the Blood of Christ, "celui qui mourut en croix pour nos péchés." Accordingly, peace between Christians seemed a thing supremely to be desired;

> Je voulsisse que la guerre cessast
> Entre les gens d'une religion
> De la chrestienne foy,

says Eustace Deschamps[1].

And this Christian humanity is an abiding characteristic. France may have seemingly renounced allegiance to the great Teacher of Love, but His lessons were too deeply

---

[1] *Ballade* ccclx. *Œuvres*, t. III, p. 96.

planted to be lightly effaced. The Frenchman throughout
history is, as a general rule, humane, not easily provoked.
In the fourteenth century Deschamps taught that the con-
quered must be treated with compassion, "Car vaincus
est homs en adversité[1]."

Joan of Arc gets off her war-horse to minister to a
dying Englishman. Rabelais, who in many passages
reflects the natural hardness of the times, puts into the
mouth of Gargantua a harangue to the vanquished which
breathes a civilized kindness of uncommon beauty. The
"Courtoisie de Metz" in 1553, when Francis of Guise
tended a crowd of sick and wounded enemies, passed into
a proverb. In a word, Daunou spoke no more than truth
when in his *Considérations sur le procès de Louis XVI*, he
cried, "il ne faut pas ensauvager les mœurs d'un peuple
qui a été jusqu'ici doux, juste, humain, sensible, et qui
sous ce rapport est sans doute fort bien comme il est."
Many anecdotes of the wars in Spain and Russia, after
France had refused to listen to Daunou's pleading, support
the claim to which Hugo gives expression in the famous
line, recalling and outdoing the chivalry of Sidney at
Zutphen: "Donne-lui tout de même à boire[2]."

Christianity humanized patriotism everywhere, and especially, we believe, in France. But it rendered a still more
precious service. It gave the nation a goal and an object
outside itself, an interest other than personal, a universal
task in which other nations collaborate, but in which
France felt that she had a peculiar responsibility. She was
the eldest daughter of the church and the chosen champion
of its Head, called upon to carry out the will of God and
to establish His kingdom. This, the mediaeval Frenchman
was convinced, his country had always striven loyally to
do. But, although a daughter, she was of age, not an un-
reasoning infant, and, while not insensible to spiritual
guidance, she was by no means prepared to submit herself

[1] *Ballade* ccclx. *Œuvres*, t. III, p. 133.
[2] *Légende des Siècles*, I, 353.

blindly to ecclesiastical government. Louis IX, saint though he was, rejects it vigorously[1].

It is the Christian conscience, confirmed and enlightened by faith, but not surrendered into priestly hands, that pronounces judgment upon general as upon individual conduct. When Roland claims that his men have right on their side[2]; when the French bishops, before giving communion to the crusaders and sending them to the assault of Constantinople in the name of God, explain that their cause and quarrel are just[3], it is plain that right and wrong are being measured by no merely selfish or even national standards. The intelligent submission to a higher law, the readiness to lose the national in the general interest, the quest of the partial by and through that of the absolute good—this is Christianity's gift to mediaeval France, and it is the most precious of all. Its value may be seen by considering a race which, like Prussia, has not gone through the mediaeval phase, has not washed in the waters of Christian humility, has set up its State as an object of worship. One French king, it is true, did allow himself to be set up as an idol, and claim, in fact if not by word, to be the State. But the real object of national reverence is not Louis XIV, but Joan of Arc, the incarnation of Christian patriotism—innocent, daring, and unselfish.

The modern period, 1494–1800, brought about a complete change in the national ideal, determined by the following causes: the decay of the nobility, the rise of the *tiers état*, and the development of a political theory—the balance of power.

Throughout this period the noble steadily sinks. When his wings were clipped he became a mere parasite, a burden on the land, for he could engage in hardly any kind of useful work without "dérogation." Personal property began to replace real property as the measure of wealth; and upon this shifting of the centre of economic gravity there

[1] Cf. Joinville, *Histoire de Saint Louis*, ed. Wailly, pp. 61–64, 669–675.
[2] *Chanson de Roland*, 1015.
[3] "La bataille estoit droituriere," *Robers de Clari*, ed. Riant, p. 57.

followed a distinct cooling in the devotion of the French
to the soil of their land.

The rise of the *bourgeoisie*, which followed or accompanied the decay of the *noblesse*, brought about a further
and an interesting change of values. In feudal times, as we
have seen, the concrete representative of the country was
the king, the great landowner. He was the reality; the
people was but an idea. Silently and gradually the two
change places. The people become the reality, and the king
the idea. This change was bound to come when the hopes
and ambitions formed in the guilds and associations of the
free town began to spread to the State, and France became
a great commune.

A notable impulse in this direction was given by the
unwise action of the king in waging war for dynastic, not
for national purposes, e.g. the War of Devolution (1688),
the War of the Spanish Succession (1701–1714). The reward
was foreign invasion and therewith an awakening of the
nation's conscience to the sense of its own importance.
"Les choses du roi sont devenues violemment les nôtres...
c'est la nation qui doit se sauver elle-même[1]," writes
Fénelon from Cambrai, before whose gates the hostile
army was ranged.

Lastly, the development of the theory of the balance of
power brought France into the full current of European
politics and conflict. The avowed object of the theory was
to prevent any attempt at universal dominion on the part
of any one monarch, and to secure a general state of peace
and equilibrium. But the Treaties of Westphalia (1648), in
which this principle was for the first time consecrated, did
not by any means secure peace; rather the result was a
long series of political wars in which one party sought to
exceed and the others to maintain the limits which the
common interests of Europe prescribed. In these wars
France played a conspicuous part, first with the intention
of curbing the ambitions of the House of Austria, then in
the endeavour of making good similar claims on her own

[1] Letter to the Duc de Chevreuse, August 4, 1710.

account, and latterly in the hope of restoring the balance
which had been so ruinously disturbed.

The effect of these new and important conditions upon
French patriotic feeling was immense and far-reaching.
It underwent a profound transformation, not at first in the
mind of the masses, but in the minds of those who interpret
obscure popular emotions and guide the popular conscience. Patriotism from being an instinct becomes a
matter of reflection and takes on an intellectual colour.

The foregoing analysis of the variable conditions which
attended the growth of France during the mediaeval period,
would apply with almost equal force to any other country
of Christian, feudal Europe—to Great Britain, for instance,
bating the repeated invasions and the miracle of the Maid
of Orleans. But at this point a new phenomenon arises,
peculiar to France and putting her in a category apart.

At the close of the fifteenth century France was tempted
to turn her attention away from every other quarter and
to look deliberately towards the Mediterranean, coming
into close and admiring contact with Italy and through
Italy with the whole of classical antiquity.

Doubtless the mind of the people was already prepared
for and predisposed to this movement. Thus in the thir-
teenth century the discourses put by Jehan de Meung into
the mouth of Reason and Nature, proclaim the sovereignty
of Reason, and anticipate the classical equation: "Reason
= Nature = Truth." But, for the spread of the doctrine of
which Jehan de Meung is in some sort the herald, a double
movement, emancipatory and educative, was necessary.
The bonds which tied men down to their province and to
their local customs had to be relaxed; and their minds
required enlargement and enlightenment.

The former process was notably assisted by the unification of the kingdom under Louis XI and by the creation
of that spirit of citizenship to which reference has already
been made. The latter was accomplished swiftly and surely
by the printed book. Through it the distant past became

a living reality, and the influence of Greek and Latin classics quickened the instinctive love of Reason. For the introduction of that influence the Renaissance printers are responsible. Once the reign of Reason was established, it was inevitable that patriotism should put away its instinctive, childish mood and should think and act with mature reflection, establishing itself by argument in the heart and conscience of a reasoning and reasonable people.

The rise of this new sentiment—for it was nothing less —is accompanied by a phenomenon which betrays a characteristic of the French nation quite as remarkable as its capacity for Reason. We mean its astonishing forgetfulness. The French are forgetful of their past to the point of ingratitude. The Lethe in which they have bathed has washed away the memory of past benefits as well as of past sins. Ancient France simply disappeared. At the end of the sixteenth century the whole volume of early national poetry, including the immortal *Chanson de Roland*, was quietly and deliberately relegated to oblivion, not to return until the Romantic revival. It is not as if the French were ignorant of their former glory, or had nothing to remind them of it. The great cathedrals were there, living monuments of a splendid history, daily used for purposes of national festival and commemoration. The whole vast field of national antiquities lay open to the view; yet poets who lacked neither learning nor patriotism, like Ronsard and Chapelain, conceal both when they aspire to write a national epic, or employ them without feeling or conveying conviction. It is not at the ancestral hearth that they kindle their imagination. Neither they nor their readers are really stirred by the roll of former French heroism. The examples to which they point are not drawn from their own tradition. That tradition they do indeed continue, but they are not inspired by it.

This conscious disloyalty to the past is incomprehensible to Englishmen. It is missed or slurred by writers, French or English, who speak of a French traditional patriotism, handed on from one generation to another.

The fact is that Reason ruined the authority not only of the School but of ancestral tradition. The sole tradition to which the seventeenth century does homage is that of ancient Greece and Rome. The result is patriotism of an antique mould.

We have already observed its first beginnings, when the Renaissance brought the remote past close to hand. Reading fired imagination and prompted the desire for nobler thoughts and acts than the times seemed capable of calling forth. Models were chosen from antiquity and men set themselves to copy them. Plutarch especially, in Amyot's translation, furnished heroic types in the *Vies des hommes illustres* (1569). Patriotism made a great effort to rise to their level and put on buskins for the purpose, becoming somewhat theatrical and affected. Sentiment was stiffened by philosophy—the philosophy of the Stoics. The civics of Cicero in the *Dream of Scipio* declared that devotion to his Republic was a thing commanded and blessed by God. Lucan and Tacitus added the further notion that fidelity to the State and to Liberty was its own reward and could dispense with temporal success or public recognition. Heroic, Catonian patriotism, drawn from these sources and stamped with their mark, runs a long and unbroken course through two full centuries, appearing unmistakably in the utterances of a Vergniaud, a Madame Roland, and a Camille Desmoulins.

The question arises, how was it that this Roman patriotism, the fruit of the Renaissance, lasted right down to the Revolution? The answer is: First, through the agency of the class-room. Boys at school, until the time of the Oratorians and Port-Royal, were not taught the history of their own country, but the deeds and words of Roman republicans and of the Lacedae-monians[1].

---

[1] In this connexion it is interesting to note, in a little volume published in 1664, the *Apophtegmes des anciens tirez de Plutarque, etc.*, by Perrot D'Ablancourt, a description of the patriotic chant of the Spartans which contains the germ of the *Marseillaise*, or at least suggests the disposition of its verses.

Secondly, by means of the heroic drama, of which the action was almost exclusively taken from classical antiquity. Corneille had indeed an intuition of the effect which could be produced by a national subject, and he utters a splendid prophecy of his country's greatness through the lips of Attila[1]; but his *Horace*, the most telling representation in literature of patriotism, of the immolation of an individual to the State, defines and justifies patriotic duty without any reference to France. And although the play is full of patriotism, the word "patrie" is only used three times—"pays," "état," "public" are the terms which recur again and again. So Polyeucte proclaims:

"Je dois ma vie au Prince, au public, à l'État."

The successors of Corneille—Voltaire, La Harpe, etc.— speak the same language.

These notions and sentiments were especially fostered by the great magistrates, who sought in antiquity the inspiration of their lives and the norm of their conduct— Michel de l'Hospital, Etienne de la Boétie, the De Thous, father and son, Pibrac, Paul de Foix, Pierre Pithou, Guillaume Du Vair, Estienne Pasquier. The voice of these magistrates rings clear and manly, and through it sound the accents of the new patriotism, somewhat abstract and emphatic, but none the less lofty and moving. And with the magistrates must be ranged the scholars and men of letters: Balzac, Chapelain, Voiture.

What were the occasions when this patriotism found expression? As often as the royal power exceeded its proper limits, or failed, or was suspended. For instance, between 1589 and 1598, when the party of the "politiques," adherents of the throne, reasonable, and republican in the old sense of the word, rejected the foreign and fanatical tyranny of the League and rallied popular feeling to the standard of Henry of Navarre. Or again in 1715, when Louis XIV died and D'Aguesseau, pronouncing his pane-

Attila, Act i, Sc. 2.

gyric before the Parlement, founds the dead king's claim
to immortality, not on the glory of his reign but on his
efforts to govern well. The praise bestowed on him for this
serves as introduction to the magnificent description of
patriotism which gives its name to this the last and
greatest of the great Chancellor's *Mercuriales*[1].

Or yet again, whenever the eighteenth century magistrates stood up against royal or papal arrogation, fiscal or
ecclesiastical injustice, their attitude and their utterance
were prompted by memories of ancient Rome. They were
hailed as Romans and conscript Fathers—"voilà de vrais
Romains et les pères de la patrie[2]"—and they did not
deny the impeachment. Their "remonstrances" had, in
the ears of contemporaries, the authentic tribunitial accent.
They tacitly accepted the attributes and the style of the
Senate; they claimed to form one united body representing
the nation—"le Sénat de la Nation." In a word, as often
as the support of the crown in seeing justice done was
withdrawn from them, they found themselves with their
feet resting on the tradition of republican Rome as the
rock from which they were hewn.

This antique patriotism has certain clearly-marked char-
acteristics. It is impersonal, i.e. it lacks the element of
personal loyalty which was so strong a feature of feudal
sentiment. Gradually and almost imperceptibly the person
of the monarch recedes and his place is taken by the State.
The great names of "public," "état," "nation," "patrie,"
creep in beside that of king as proper objects of allegiance.

---

[1] Cf. *L'Amour de la Patrie: 19ᵉ Mercuriale prononcée à la Saint
Martin*, 1715 (*Œuvres*, p. 226 f.). The leading phrases deserve to be
quoted: "Serons-nous réduits à chercher l'amour de la patrie dans
les États populaires, et peut-être dans les ruines de l'ancienne Rome?
...Ne diroit-on pas que ce soit une plante étrangère dans les
monarchies, qui ne croisse heureusement et qui ne fasse goûter ses
fruits précieux que dans les républiques? Là chaque citoyen s'accou-
tume de bonne heure, et presque en naissant, à regarder la fortune
de l'État comme sa fortune particulière. Cette egalité parfaite, et
cette espèce de fraternité civile qui ne fait de tous les citoyens que
comme une seule famille, les intéresse tous également aux biens et
aux maux de leur patrie."

[2] Cf. Barbier, *Journal*, II, 296.

This process, which took long to formulate and did not crystallize until the Revolution, is already at work in the case of Fouquet, who was condemned in 1664, not for treason to the king but for treason to the State. Thus even while absolutism was at its height, republican feeling was forming in silence.

Secondly, this patriotism is essentially Ciceronian and utopist, looking back with affectionate regret to an imaginary golden age, and forward with steady hope to its recovery; peaceable, though jealous of its slowly-conquered rights and ready to defend them. The Harangue put into the mouth of D'Aubray by Pierre Pithou in the *Satire Ménippée* supplies the norm; a letter of Voiture on Cardinal Richelieu develops it: "Les plus nobles et les plus anciennes conquestes sont celles des cœurs et des affections...il y a moins de grandeur et de veritable gloire à defaire cent mille hommes qu'à en mettre vingt millions à leur aise et en seureté[1]."

Richelieu indeed in this matter deserves all the praise that Voiture could give him. With rare sagacity, skilfully moulding popular opinion to his own ends through the men of letters whom he attached to his person, he encouraged a reflective patriotism which does honour to him, to them, and to those who put their lessons into practice. At once generous and temperate, loyal and sensible, it supplied Europe with an effective counterpoise to the exalted and extravagant dreams of the House of Austria. The decade from 1631 (which includes the letter of Voiture quoted above), when Balzac published *Le Prince*, to 1640, when Corneille presented *Horace*, is perhaps the richest in all history in examples of a theory of patriotism at once conservative and unselfish, conscious of obligation to one's self and one's neighbours. Balzac has a vision of a France "necessaire à toute l'Europe," "mettant des barrieres à la violence," "le commun pays des estrangers affligez[2]."

---

[1] *Lettre* lxxiv, December 24, 1636.
[2] Cf. *Le Prince*, chs. xxi, xxix.

These writers already conceive of France playing her part as the great dissuader from wars of conquest. They are also keenly conscious of the obligation which binds together successive generations. Thus Balzac writes: "Le peuple a payé beaucoup, mais ç'a esté sa rançon qu'il a payée, et nous ne pouvions acheter trop cherement la delivrance de nostre pays." And Voiture, the elegant poet of the Hôtel de Rambouillet, is moved by the victory over Spain at Corbie to lift up his voice and bless the great Cardinal who wrought the deliverance of his country. "Toutes les grandes choses coustent beaucoup: les grands efforts abbattent, et les puissans remedes affoiblissent. Mais si l'on doit regarder les Estats comme immortels, et y considerer les commoditez à venir comme presentes, contons combien cet homme que l'on dit qui a ruiné la France, luy a épargné de millions," etc.[1]

It were easy to multiply instances of deliberate readines to sacrifice self for the good of the nation. We content ourselves with two. Here is Chapelain, infuriated by the Spanish menace to Paris in September, 1636, three months before the *Cid*, using words which anticipate the play upon which he was to exercise his critical acumen:

"Je puis estre martir de ma patrie, et rendray de bon cœur pour son salut le sang et la vie que j'ay eu d'elle[2]." Here is Balzac, five years earlier, proclaiming that the private citizen who is entrusted with no civil or military charge, can and must render service by standing steady. "Il faut produire quelque acte de nostre joye, s'il n'est plus temps de rendre des preuves de nostre courage, et tesmoigner que nous aimons l'Estat, si nous n'avons esté capables de le servir[3]." It is the last word of loyalty and common-sense.

But the very mood which these liegemen of Richelieu strove to discourage was assumed by Louis XIV, whose connexion with Spain by blood and marriage fostered a Spanish pride and prompted a Spanish ambition. Pretensions which the Frenchmen of 1630–1636 had re-

[1] *Lettre* lxxiv.   [2] *Lettres*, I, 115.   [3] *Le Prince*, ch. i.

jected were openly renewed by the French king. He aimed
at universal sovereignty and his aim was recognized and
scouted by all Europe. But the country did not follow him,
and remained in sullen opposition. His own son, the Duc
du Maine, in June, 1709, writes to Madame de Maintenon
lamenting the loss of the people's love, due precisely to
the ambitious projects with which the king was credited,
and imploring her support in the endeavour to prove them
unreal. "C'est le cœur des Français pour leur maître qu'il
faut que le Roi fasse revenir.... Comme tout ce peuple
a cru être sacrifié au désir immodéré qu'avoit son roi
d'étendre ses frontières...il faut commencer nécessairement par saper cette fausse et détestable idée[1]." But the
depth of the difference between the mind of the people
and prince, so clearly perceived by Du Maine, did not
declare itself openly until the War of the Spanish Succession,
when the interests of the Bourbon bent on establishing a
dynasty appeared in conflict with the interests of his
subjects who above all things needed peace. Up till then
his warlike adventures had been watched in silence and
almost with unconcern.

With the death of Louis XIV in 1715 we enter on a period
of eighty years rich in original ideas and burning to realize
them—the core of the French eighteenth century—which
has a special importance for our subject. It will indeed be
found to contain in germ the patriotism of the Revolution
and of the nineteenth century. We have already spoken of
a "static" patriotism (p. vii). To the new patriotism may
be applied the term "dynamic" inasmuch as it is no longer
a conservative instinct, protecting what is, but a principle
of innovation, impelling men to bring new things into being,
to execute the decrees of the mind and will.

At first sight there would seem to be little connexion
between the peaceful native of Artois who, in a book
entitled *Le Patriote artésien* (1761), expends his patriotic zeal
on the cultivation of the beetroot whereby his province may

[1] Cf. *Saint-Simon*, ed. Boislisle, t. xvii, append. x, pp. 598 *sqq*.

more exceedingly prosper, and the "Volontaire patriote" of 1792, the apostle of Revolution, armed with the Rights of Man. But the elements of both are the same, although the flashpoint is different. Both are concerned with the future rather than with the past; they are not merely preservers and defenders of existing things, but innovators and reformers, thinking less of the land of their fathers than of the heritage into which their descendants will enter and which must be prepared for them. The two types have further this in common that they contemplate for the society which they seek to serve, a destiny more than merely selfish. France claims and rightly claims the service of her children; but has not France herself a service to render? The question, *à quoi bon une France?* requires an answer which will carry conviction and awaken sympathy in all classes at home and abroad.

The mental and spiritual movement of the century follows a line as varied as a mountain road, and it admits of many apparently inconsistent judgments. On some levels sheer, unrelieved conservatism seems to prevail, e.g. in the army, even among thoughtful and liberal-minded soldiers[1]. But generally speaking, the circumstances of the time favoured a slackening of the old militant patriotism.

During all the years between Denain (1712) and Valmy (1792), the French knew neither the sting of invasion nor, save for such brilliant episodes as Fontenoy and Port-Mahon, the intoxication of victory. Great deeds were being done abroad, in India and in Canada, by Dupleix and Montcalm; but the home-country had no eyes for them. Few cared or tried to awaken the silent string. Choiseul indeed did, and with surprising results. In 1762 he called for voluntary subscriptions to furnish ships of the line for the king. Then "it rained vessels from all corners of his Majesty's kingdom[2]." The occasion was marked by an effusion, *Du Patriotisme*, by the poet Colardeau. Three

---

[1] Cf. Camille Rousset, *le Comte de Gisors*, p. 316; Rathery, *le Comte de Plélo*, p. 262.

[2] *Correspondance de Grimm*, Feb. 1, 1762.

years later, in 1765, amid the bitter reproaches against
herself and her leaders for the humiliating failure of the
Seven Years' War, France broke into wild applause over
the commonplaces of De Belloy's patriotic play, *Le Siège de
Calais*, and forthwith, reproved by good taste, blushed for
having applauded. "Cette pièce tire tout son mérite du
zèle patriotique"..."C'est un médiocre ouvrage," are the
comments of Grimm and of Bachaumont.

The national pride did not rekindle until the War
of American Independence, and then in a new and un-
expected form. France became aware of a duty laid
upon her other than that of self-preservation, of a spiritual
mission which was to give the key to her temporal policy.
A patriotism no longer conservative but aggressive and
reforming is set in motion, and that ten years before the
awakening of the mighty force which shook the world.

The American war was the occasion of the first appear-
ance of this new patriotism; it did not create it. And when
we look for the hands that fashioned it we find but one
agent—the spirit of criticism, to which reference has already
been made—busily breaking to pieces the old tribal deity
in a process suggestive rather of the destruction of a former
truth than of the birth of a fresh one. In the first place
the century begins to be ashamed of its idol and its exclusive and narrow cult. The French open their windows
and find that their tall dwelling looks out upon a wide
prospect. They begin comparisons, looking at themselves
with a sarcastic eye and through foreign glasses (cf. the
Lettres persanes and its numerous progeny). National pride
is either dead or dumb. At best it is regarded as provincial
and ridiculous. Voltaire and his friends have their in-
fatuations but they are for peoples and countries other
than their own; England first, then China and America.
Doubtless this fashion is partly ironical, partly a manifestation of the search for novelty which is the mark of
aging civilizations (cf. the praise of the Germans by Tacitus).
But there is also in the French society of 1730–1750 a
desire to supply home deficiencies by foreign qualities. And

this desire is not frivolous, but denotes a mood modest, respectful, or at least intelligent.

This habit of self-depreciation, which distinguishes but does not disfigure the Frenchman of the mid-eighteenth century, has a marked effect upon patriotism. The writings of this date, especially those which reflect genuine feeling, such as letters and memoirs, prove that the word *patrie* has no longer currency in France. To the question, What is a patriot? the answer is that none can tell nor even expect to learn. In 1751 Duclos asks "Que manque-t-il aux fran- çois pour être patriotes?[1]" In 1756 Madame d'Épinay writes to Tronchin, speaking of her own son: " Je l'entends me demander ce que c'est que citoyen et patrie, et je me garderai bien de l'envoyer faire cette question dans le monde. On lui riroit au nez; on lui diroit qu'en France il n'y a jamais eu et ne peut y avoir ni l'un ni l'autre[2]." *A propos* of a dissertation by the Abbé Coyer on *la Patrie*, Grimm remarks: "M. l'Abbé Coyer est fort étonné et fort fâché que nous ne prononcions point le mot *patrie*. Sachez donc, lui dirais-je volontiers, mauvais gré aux orphelins de ne pas prononcer les mots de *père* et *mère*. Nous n'em- ployons pas le mot de *patrie*, parce qu'il n'y en a plus, pour parler avec justesse. Il faut donc continuer à dire que nous servons *le roi* et *l'état*, et non pas la patrie[3]." In 1766 Delille expresses thus his pained surprise at the false enthusiasm evoked by the *Siège de Calais*: "Si je voyois une nation autrefois si estimée, tomber dans l'avilissement d'applaudir l'amour de la Patrie sur les théâtres, et le laisser éteindre au fond du cœur...je gémirois sur le sort de cette nation, surtout si j'en étois citoyen." And this confession leads the thoughtful Président Rolland, two years later, to look for a plan of education able to bring about among his fellow countrymen "cette *révolution*... faire renaître l'amour de la patrie[4]."

[1] *Considérations sur les Mœurs*, I.
[2] *Œuvres*, ed. Challemel-Lacour, t. II, p. 123.
[3] *Correspondance littéraire*, Dec. 15, 1754 (ed. Tourneux, t. II, p. 445).
[4] *Compte rendu aux chambres assemblées*, etc., 13 Mai, 1768. *Recueil de* 1783, p. 24, where the text of Delille is quoted in a note.

Comparison with other nations, ancient and modern, led the French to ascribe their lack of patriotism to their want of political liberty. The connexion had already been noted by La Bruyère—"Il n'y a point de patrie dans le despotique[1]"—and by Fénelon. It was sadly admitted, as we have heard, by D'Aguesseau in his *Mercuriale* of November, 1715. And now it is the conclusion to which Montesquieu comes after his historical survey. Voltaire accepts it and explains it as follows in his *Pensées sur le Gouvernement* (1752): "Un républicain est toujours plus attaché à sa patrie qu'un sujet à la sienne, par la raison qu'on aime mieux son bien que celui de son maître." In the *Dictionnaire philosophique* he expresses himself more forcibly: "Quand ceux qui possèdent, comme moi, des champs, des maisons, s'assemblent pour leurs intérêts communs, j'ai ma voix dans cette assemblée; je suis une partie du tout, une partie de la communauté, une partie de la souveraineté; voilà ma patrie[2]." So, by the middle of the century it was generally recognized that the true patriot, i.e. he who subordinates his private interests to those of the State, must be a member of the State.

Country and liberty are two unattainable ideas, indissolubly connected in the minds of Louis XV's subjects as often as they looked back to the republics of Greece and Rome or across the Channel to the free monarchy of England; *patrie* and *liberté* are two inseparable terms in the hymns of victory with which the succeeding generation greeted the ultimate realization of those ideas. The theory of 1760 prepared the experience of 1792, and the experience confirmed the theory.

Thus it was not in his looking-glass that the Frenchman growing into citizenship found the ideal picture of a patriot. That idea was lofty and in its presence he felt himself small and feeble and unworthy. By it he measured his political leaders and their helpers, and all who failed to reach the standard of strenuous and unselfish service stood con-

[1] *Du Souverain ou de la république*, 4.
[2] *Dict. phil.* art. "Patrie."

demned, from the highest minister to the meanest civil
servant. Want of patriotism, that universal failing, was
particularly hateful in those who had undertaken solemn
engagements toward the State. It was a betrayal of trust.
Valuable evidence of this state of mind is supplied by
the correspondence, recently published, of an officer who
fought and wrote during the Seven Years' War[1]. When this
M. de Mopinot says, as he frequently does: "Je suis
patriote," and his friend describes herself as "citoyenne,"
this means that they thereby claim the right to criticize
the conduct of public affairs. "Il semble que chaque particulier de la nation se soit donné le mot pour coopérer à
son anéantissement. L'état-major est immense, mais je
ne le vois jamais que dormir, jouer et manger; s'ils montent
à cheval c'est pour éviter les coups....Je tremble et suis
furieux d'être avec tant de lâches qui sont mes supérieurs
de grade et de nom....Oui, chère amie, j'ai la honte d'être
humilié, attristé, de voir l'État si mal servi et la nation si
avilie....Je crie contre la nation, parce que je suis Français[1]."
This murmur of contempt continues to gather strength
until the final explosion. At the beginning of the reign of
Louis XVI there was a momentary respite, a flash of hope,
but the movement of patriotic indignation soon begins
again with renewed force. The *Mémoires secrets* ascribed
to Bachaumont contain a letter written in May, 1700, to
M. Hector, "chef d'escadre, commandant de la marine, à
Brest." After a tribute paid to the brave sailors Du
Couëdic and d'Estaing comes the following passage: "Que
ne pourrois-je pas vous dire de votre vieux d'Orvilliers,
dont l'âme pusillanime s'amuse à pleurer son fils, mince
sujet, quand il a une patrie à défendre et son honneur à
venger...d'un Chambertaud, qui implore la protection du
fort de la Couchée, sous la batterie duquel il fit tirer
45 coups de canon de retraite, afin de conserver les trumeaux
de sa chambre; d'un Roquefeuille, qui fuit à toutes voiles

---

[1] Jean Lemoine, *Sous Louis le Bien-Aimé. Correspondance amou-
reuse et militaire d'un officier pendant la Guerre de Sept Ans* (Paris,
Calmann-Lévy, s.d.), p. 400 f.

devant un côtier de sa force, et cela à la vue de tous les habitans d'une ville...? Que ces exemples et mille autres servent une fois à déprimer votre morgue, et à vous inspirer le vrai courage. C'est l'objet de cette lettre *patriotique*."

If the reader will ponder these passages and bear in mind that the title of patriot or citizen borne by a Vauban, a d'Argenson, a Turgot, is bestowed on men who never flattered their government nor their country, who were free with their criticism of existing abuses and who sacrificed themselves in the endeavour to redress them, he will appreciate the singular character which patriotic feeling assumed in the eighteenth century and continued to wear during the nineteenth. It is not official, imposed from above, but rather rebellious, inspired by, and inspiring, opposition. Now at this time the only opposition to authority was wielded by a class, independent and disinterested, but capricious and wilful—the nobles. La Fayette, writing to Washington in October, 1787, speaks of "l'esprit d'opposition et de patriotisme...répandu dans la première classe de la nation." But it must be noted that the patriotic reformers, even nobles or soldiers, touched in their youth by the reflections of Louis XIV's glory, are one and all deliberately critical of *le grand monarque* and his policy of splendour. It does not appeal to them; it is out of date, "gothic," purely destructive, and therefore contemptible in the eyes of men whose business, like the beaver's, is to build. For it is the day of a new science—the science of economics—which is to teach men first to produce wealth and then to distribute it through the country.

"Enrichissons la France" is the watchword of the patriots, and the means to this end (discovered by the *physiocrates*[1]) is the development of all the resources of the land. Thus the Marquis de Mirabeau, a physiocrat, in his *Traité de la population* (1756) which is a kind of French Georgics, shews that the true national policy would be not to win new territory from the foreigner, but to reclaim

---

[1] The economists who believed that wealth consisted in the development of natural sources were called *physiocrates*.

waste places, like those of Berry and Gascony, from the
wilderness. Hundreds of plans and projects for region after
region are evoked by this practical and agricultural
patriotism. Provincial governors vie with each other in
useful schemes. One, and the greatest of them, is Turgot,
whose claim to be a patriot none will dispute.

Obviously this patriotism is peaceful. The question
arises, How did this peaceful plant of 1770 blossom into the
red flower of 1790? Two solutions are possible. The first
is supplied by the sudden and ruthless fact of invasion.
Invasion will always arouse in its immemorial form the
fury of Peasant France, above all on the day of a levy *en
masse* against the aggressor.

The second is the fact (of the order of religious psycho-
logy) that the French of 1792, neophytes of liberty, equality,
and gentle fraternity, find themselves suddenly isolated,
together with their new-won faith, in the midst of the old
unbelieving world. They seemed to be confronted by the
ghosts of their former selves. And they struck out for
fear of being taken captive again. It was the zeal not to
betray the young God of Peace, revealed to them alone
and denied by all men, that plunged them into violence.

But in 1770, before the crisis (or if you will, before their
initiation), the French were not yet ἔνθεοι, they had no
bewildering sense of isolation. On the contrary, they
believed, and rightly believed, that they were bound to all
civilized humanity by bonds, if not of love, at least of mutual
intelligence and common interests. The philosophers struck
the note and felt civilized humanity throb in response to it.
The bounds of the intellectual city were far wider than
those of the political (who could say where Voltaire found
his spiritual home?), and any attempt to reduce the former
to the limits of the latter seemed simply foolish or mis-
chievous. Listen to Diderot thundering in 1755 against
what we should to-day call the nationalists. "Il y a des
têtes étroites, des âmes mal nées indifférentes sur le sort du
genre humain, et tellement concentrées dans leur petite
société—leur nation—qu'ils ne voyent rien au delà de son

intérêt. Ces hommes veulent qu'on les appelle *bons citoyens*;
et j'y consens, pourvu qu'ils me permettent de les appeler
méchans hommes." Such folk desire that "au lieu d'éclairer
l'étranger, nous puissions...plonger dans la barbarie le
reste de la terre, afin de le dominer plus sûrement." Yet
"ils savent que la durée moyenne d'un empire n'est pas
de deux mille ans, et que dans moins de tems peut-être
le nom de *François*, ce nom qui durera éternellement dans
l'histoire, seroit inutilement cherché sur la surface de la
terre. Ces considérations n'étendent point leurs vues[1]."
No doubt there is something splendid in this disregard of
national limitations displayed by the Encyclopédistes, by
Montesquieu before, and by Condorcet after them. No one
could have dreamt that a few years later the sons of these
believers in Humanity would let loose national wars and
thrill with enthusiasm at the sight of the tricolour. Not
only was bloodshed abhorrent to them, but civil discord
caused them pain—conquest and tyranny, disgust.

To the question which the modern student is bound to
ask, how a restive steed like French patriotism can ever
be harnessed quietly to the car of a European federation,
there is a simple answer: "Let the French of to-day put
on the mind of their fathers of a century and a half ago."
It is indeed certain that the Frenchmen of 1770 were
completely and simply European, and indeed the most
mature Europeans that Europe has produced. And there
can be no greater contrast than the spirit of that date and
the romantic nationalism of M. Maurice Barrès with its
refrain "notre terre et nos morts," and its "acceptation d'un
déterminisme[2]." That doctrine would have been reckoned
a relic of barbarism. We can imagine what would be
thought and said of it in 1770 and 1790 even by a man of
modest culture like the M. Pierrot, tinsmith of Verdun, of
our text (§ 5 *a*): "Accepter un déterminisme? Cease to

[1] Article "Encyclopédie" in t. v of the *Encyclopédie* (1755),
p. 647.
[2] Cf. M. Barrès, *Scènes et doctrines du Nationalisme* (1902), passim.
"Le 2 novembre en ·Lorraine" in *Amori et Dolori Sacrum* (1903),
p. 273.

struggle, to will, to reach forward, to do? Forgo my freedom of opinion, my originality? renounce myself? can that be called a virtue? But patriotism is a virtue." Yet so saying he would declare himself a Frenchman of the old strain, the echo of Corneille, the disciple of Descartes, true to the patriotic belief in which he was bred, a catholicism which teaches that the kingdom of God is taken by force.

It only remains to give precise dates for the emergence of the new conditions which at one stroke transformed a consciously and deliberately peaceful patriotism into the splendid but violent offensive of 1792.

They are as follows:

1. *July* 14, 1790. Ever since 1789 provincial "federations" had existed wherein the national guards of different districts swore mutual friendship and obedience to the National Assembly. On July 14, 1790, deputations of all these federations, to the number of 100 and more, drawn from the 83 newly created departments (including Alsace) met on the Champ de Mars and banded themselves into an association of equals, determined by a living will to form a coherent and independent whole. That will had already found expression, exactly a year before, in the destruction of the Bastille, the symbol of privilege, despotism and secrecy—things abhorrent to the true mind of the nation. Now, these having been swept away, the people consecrated its purpose by a solemn Pact, and declared its faith in Law and in the equality of all citizens. This date marks the birthday of Modern France, or rather, the coming to life of the statue fashioned through long centuries but henceforth animated by a will and conscience of its own[1].

[1] The importance of the Federation of July 14 for the development of "dynamic" patriotism cannot be exaggerated. The following points in particular deserve to be emphasized: (1) Provincial distinctions disappear before the Unity of the Nation. Cf. the expressions of the Assembly of Pontivy (Brittany and Anjou), February 21, 1790: "Nous déclarons solennellement que n'étant ni Bretons ni Angevins, mais François et citoyens du même empire, nous renonçons à tous nos

2. *June* 21–25, 1791. The flight to Varennes. *July* 3, 1792. Denunciation of the king in open assembly as traitor to the Constitution. *August* 10. Fall of Royalty and proclamation of the Republic, One and Indivisible.

The king, symbol of the Unity which the Capetians had called into being, forsook his mission and forfeited his position. France declared her independence, plucked him from his place and finally put him to death. Patriotism, as evinced by feudal loyalty to a person or a dynasty, disappears and is replaced by loyalty to an Idea.

3. *July* 6–11, 1792. Decree declaring the Country in Danger; *July* 25, Brunswick's manifesto; *September* 20, Valmy; *November* 6, Jemappes. The transference of Unity from sovereign to people, and the resulting conflict with royalist and reactionary Europe, summoned the new patriotism to express itself in violent action. France found herself forced to fight for sacred principles of which she was the depository.

4. And not only to defend but to propagate them. The war in which she was engaged was not for conquest, but in behalf of a kind of religion into which the world must be initiated. For her patriotism was undergoing the transformation known to every ancient religion in its passage from tribal to universal conditions. It became spiritual and catholic. French citizenship ceased to be a privilege of birth and became the reward of sympathy. It was bestowed in solemn conclave upon enlightened foreigners— upon Tom Paine, Priestley, Schiller, Franklin, Cloots, etc.

The inevitable result was that France was idealized beyond the limits of place and time, becoming an object

privilèges locaux et particuliers et que nous les abjurons comme in-constitutionnels'' (Procès-verbal, Paris, Desenne, 1790). (2) The determining factor of nationality is no longer ethnic or geographic but the free will of the individual. A man is a French citizen because he chooses so to be. (3) Such spontaneous and unanimous adhesion to the body politic implies political liberty and political equality, the two dominant factors in modern patriotism. The universal military service, universal suffrage, universal primary education of the nineteenth century carry out the principles of the Revolution and foster equality and patriotism.

of worship, demanding a devotion and a self-immolation on the part of its worshippers, such as the founder of any new cult may look for. A test was imposed. Patriotism and republicanism, or the acceptance of the principles of '89, became synonymous terms. But the enthusiasm, although intolerant enough, was saved from narrow fanaticism by the universal character of its object, and from vagueness and mysticism by its steady determination to come abroad and live in the light.

It suffered eclipse during the Empire, and the war undertaken for the cause of humanity degenerated into a war for the sake of glory and for the greatness of the Empire. But as at the close of Louis XIV's reign, so after the Napoleonic disasters, the fever sank, and reasoned patriotism returned.

It is this recovery, with its anxieties and vicissitudes, which our series of texts describe. The history of the whole nineteenth century is that of France feeling her way back to her true conscience. But the period 1813–1833 is the one in which the conflict of motives and inclinations is most clearly marked. The creation of republican faith; the undermining of that faith by imperialism when the whole nation went wildly following a will o' the wisp; the reawakening of Reason under the pressure of public calamity; the great temptation set before the country at the Restoration (will France be true to herself or will she become the tool of the Holy Alliance?); the guidance of the masses by the light and learning of a few, notably of the historians, Thierry, Guizot, Michelet, who discover the continuity of the nation and its essential unity in spite of actual dissension—these are the main heads of the enquiry which we have set ourselves, and for which we have summoned witnesses.

The later history of patriotism from 1833 to the present day, which we have reserved for subsequent treatment, is but the repetition or continuation of the same quest under varying conditions.

CONTENTS

FIRST EPOCH, 1813–1818

FALL OF THE EMPIRE. INVASION. THREE REVOLUTIONS IN FIFTEEN MONTHS. PATRIOTISM PUT TO THE TEST.

CHAPTER I

DECAY OF PATRIOTISM IN THE ARMY, 1813–1814.

CHAPTER II

REPUBLICAN SENTIMENT IN THE COUNTRY, 1813–1814.

CHAPTER III

CLASH BETWEEN POPULAR ASPIRATIONS AND THE SOVEREIGN'S WILL.

CHAPTER IV

THE INVASION: PARIS OCCUPIED BY THE ALLIES: REVIVAL OF PATRIOTISM, 1814.

CHAPTER V

THE NEW FLAG AND THE NEW COCKADE. DOUBTS AND PERPLEXITIES.

CHAPTER VI

THE FIRST RESTORATION, APRIL, 1814—MARCH, 1815. NATIONAL PRIDE AFFRONTED.

CHAPTER VII

DREAMS OF RECONSTRUCTION.

CHAPTER VIII

THE DRAMA OF THE HUNDRED DAYS: PERPLEXITIES OF PATRIOTISM.

CHAPTER IX

THE SECONL RESTORATION, JUNE, 1815—JULY, 1830:
NATIONAL HUMILIATION.

SECOND EPOCH, 1818–1830

THE STRUGGLE TO PRESERVE LIBERTY. THE REVELATION
OF THE UNITY OF FRANCE THROUGH HER HISTORIANS.

CHAPTER X

WANING OF MILITARISM.

CHAPTER XI

THE MYTH OF THE TWO RACES IN FRANCE.

CHAPTER XII

THE SPIRITUAL UNIFICATION OF FRANCE WROUGHT BY THE GREAT HISTORIANS.

CHAPTER XIII

LIBERAL PATRIOTISM, 1820–1825.

CHAPTER XIV

THE INSTINCT OF THE NATION. 1823–1830.

INTRODUCTION.

EXALTATION OF PATRIOTIC SENTIMENT UNDER THE PRESSURE OF INVASION, 1792-1814.

FRANCE declared war against Austria on April 20, 1792, and fared badly at the start, with disaster at Valenciennes and Lille, due to want of discipline. Prussia soon joined her ally, and formidable armies threatened the frontier. The *chant de guerre pour l'armée du Rhin* (the *Marseillaise*) was sung for the first time at Strasbourg on April 25. André Chénier's invocation of a disciplined patriotism (§ 3) appeared in the *Journal de Paris* of May 3. In July the country was declared in danger. On July 11 the Decree (§ 1), dated July 8, was promulgated. On July 24 and 25 decrees followed, organizing volunteer battalions and forbidding the capitulation of fortresses. On July 26 the Duke of Brunswick, commander-in-chief of the allies, put forth a most impolitic manifesto, the composition of an *émigré* (M. de Limon), which threatened summary treatment of all rebels, and military execution upon Paris, if the Tuileries were touched. This document roused the French to fury and drew replies (§ 4) from Count Giuseppe Gorani.

§ 1. *The Country in Danger. July,* 1792.

LOI

Qui fixe les mefures à prendre quand la Patrie eft en danger.

Donnée à Paris, le 8 Juillet 1792, l'an 4ᵉ de la Liberté.

LOUIS, par la grâce de Dieu, & par la Loi constitutionnelle de l'Etat, ROI DES FRANÇOIS: A tous préfens & à venir; SALUT. L'Assemblée Nationale a décrété, & Nous voulons & ordonnons ce qui fuit:

DÉCRET de l'Assemblée Nationale, du 4 & du 5 Juillet 1792, l'an quatrième de la Liberté.

L'ASSEMBLÉE NATIONALE, confidérant que les efforts multipliés des ennemis de l'ordre, & la propagation de tous les genres de troubles dans diverſes parties de l'empire, au moment où la nation, pour le maintien de la liberté, eſt engagée dans une guerre étrangère, peuvent mettre en péril la choſe publique, & faire penſer que le ſuccès de notre régénération politique eſt incertain;

Conſidérant qu'il eſt de ſon devoir d'aller au-devant de cet événement poſſible, & de prévenir par des diſpoſitions fermes, ſages & régulières, une confuſion auſſi nuiſible à la liberté & aux citoyens, que le ſerait alors le danger lui-même;

Voulant qu'à cette époque la ſurveillance ſoit générale, l'exécution plus active, & ſur-tout que le glaive de la loi ſoit ſans ceſſe préſent à ceux qui, par une coupable inertie, par des projets perfides, ou par l'audace d'une conduite criminelle, tenteroient de déranger l'harmonie de l'Etat;

Convaincue qu'en ſe réſervant le droit de déclarer le danger, elle en éloigne l'inſtant & rappelle la tranquillité dans l'âme des bons citoyens;

Pénétrée de ſon ferment de vivre libre ou mourir, & de maintenir la Conſtitution; forte du ſentiment de ſes devoirs & des vœux du peuple pour lequel elle exiſte, décrète qu'il y a urgence;

L'Aſſemblée Nationale, après avoir entendu le rapport de ſa commiſſion des douze[1] & décrété l'urgence, décrète ce qui ſuit:

ARTICLE PREMIER.

Lorsque la ſûreté intérieure ou la ſûreté extérieure de l'État ſeront menacées, & que l'Aſſemblée Nationale aura jugé indiſpenſable de prendre des meſures extraordinaires, elle le déclarera par un acte du Corps légiſlatif conçu en ces termes:

Citoyens, la patrie eſt en danger.

. . . . . .

[1] A commission appointed to report on the condition of the country.

VIII

Les citoyens qui auront obtenu l'honneur de marcher les premiers au fecours de *la patrie en danger*, fe rendront trois jours après au chef-lieu de leur diftrict; ils f'y formeront en compagnies en préfence d'un commiffaire de l'adminiftration du diftrict, conformément à la loi du 4 août 1791: ils y recevront le logement fur le pied militaire, & fe tiendront prêts à marcher à la première réquifition....

XIII

Auffitôt la publication du préfent décret, les directoires de diftrict fe fourniront chacun de mille cartouches à balles, calibre de guerre, qu'ils conferveront en lieu fain & fûr, pour en faire la diftribution aux volontaires, lorfqu'ils le jugeront convenable.

Le pouvoir exécutif fera tenu de donner les ordres pour faire parvenir aux départemens les objets néceffaires à la fabrication des cartouches....

XV

Les volontaires pourront faire leur fervice fans être revêtus de l'uniforme national.

XVI

Tout homme réfidant ou voyageant en France, eft tenu de porter la cocarde nationale.

Sont exceptés de la préfente difpofition les Ambaffadeurs & Agens accrédités des Puiffances étrangères....

XIX

Lorfque le danger de la patrie aura ceffé, l'Affemblée Nationale le déclarera par un acte du Corps légiflatif conçu en ces termes:

Citoyens, la patrie n'eft plus en danger.

§ 2. *The Religion of Patriots.*

(a) *A Republican Confession of Faith.*

J.-P. RABAUT[1].

Il en est de l'évangile de la Déclaration des droits comme de celui des chrétiens: il doit être persécuté parce qu'il est *la bonne nouvelle des petits et une folie selon le monde*...(xv).

Quelque cruelles que pussent être les guerres qu'occasionnerait la Déclaration des droits, on ne doit pas en faire un reproche à ceux qui l'ont proclamée: il faudrait se plaindre auparavant de ce que l'imprimerie a été découverte...(xvi).

Les chrétiens cachèrent longtemps leur évangile, et ne le publièrent que quand ils se crurent forts. L'évangile de la Déclaration des droits a été confié à une nation indiscrète et légère qui dit tout ce qu'elle sait. Voilà tout ce dont on peut raisonnablement se plaindre...(xvii).

On a dit, deux ans de suite, que trois cent mille Allemands, cinquante mille Russes, dix mille Suédois, vingt mille Suisses, trente mille Italiens, et trente mille Espagnols, devaient se réunir au printemps pour tuer les Français, égorger leurs femmes, et brûler leurs villes et leurs moissons, et leur faire une guerre cruelle, parce que les Français ont déclaré que tous les hommes sont frères et qu'ils ne veulent faire la guerre à personne...(xxvi).

J'entends dire quelquefois que les Français auraient dû se contenter de poser des principes pour eux, sans les répandre chez les autres peuples. Mais, de bonne foi, est-ce leur faute si leurs principes sont si généraux qu'ils conviennent à tous les hommes de tous les temps et de tous les pays?...Refuse-t-on de prendre un remède parce qu'il pourrait guérir d'autres malades? (xxix).

Les Français ont commis un grand crime: ils ont changé

[1] From *Réflexions politiques sur les circonstances présentes.* (Paris et Strasbourg, 1792.) Rabaut had been a Calvinist minister, like his father. Hence the pulpit style.

la face de la politique. Ils osent dire que les guerres ne doivent être que défensives; que les peuples dont on ménage si peu le sang devraient être consultés;...que l'intérêt des peuples doit être la base de tous les traités; que la politique des cabinets doit être franche, loyale, débarrassée du vil espionnage dont elle est souillée.... Tous les hommes d'état se sont élevés contre ces maximes perverses: la diplomatie entière en a frémi: elle a juré qu'il en coûterait la vie à plusieurs centaines de mille hommes: le sang coulera peut-être; mais la raison dira, comme Galilée, en se relevant: *Però si muove* (XXXI).

C'est un bonheur pour l'Europe et pour la France que celle-ci n'ait point d'alliés....Ceux qui ont cru nuire à la cause de la liberté en nous ôtant nos alliances, ou en dénouant celles qu'ils feignaient de nouer, ont servi la liberté même. La cause des principes se trouve pure et sans mélange (XXXVI).

Les peuples sont aux peuples ce qu'un homme est à un homme, des frères qui ont des droits et des devoirs réciproques. La déclaration des droits des nations est la même que la déclaration des droits de l'homme: *Liberté, sûreté, propriété, égalité, et résistance à l'oppression*: voilà le droit public. Cette vérité est prématurée, mais c'est une vérité. La France a fait la constitution d'un peuple: par les mêmes principes on fera un jour la constitution des peuples...(XLVI).

Nous qui ne sommes que peuple, mais qui payons la guerre de notre bien et de notre sang, nous ne cesserons de dire aux rois que les guerres ne sont bonnes que pour eux; que ce sont jeux de princes, qui ne plaisent qu'à ceux qui les font; que les véritables et justes conquêtes sont celles que chacun fait chez soi en soulageant le paysan, en favorisant l'agriculture, en multipliant les hommes et les autres productions de la nature; qu'ainsi seulement les rois peuvent se dire l'image de Dieu, dont la volonté continuée crée toujours. Si les rois continuent de nous faire battre et tuer en uniforme, nous continuerons d'écrire et de parler jusqu'à ce que les peuples soient revenus de leur folie; et, si les rois persistent encore, nous irons sur le champ de bataille, nous écrirons notre pétition sur un tas de cadavres avec le sang des mourants, et nous la leur ferons présenter par cinquante mille veuves et cent mille orphelins (LIX).

L'histoire de la Révolution de France est un recueil de prophéties (LXIII).

(b) *A Republican Prayer*[1].

Dieu de toute justice, Être éternel et suprême, souverain arbitre de la destinée de tous les hommes, toi qui es l'auteur de tout bien et de toute justice, pourrais-tu rejeter la prière de l'homme vertueux qui ne te demande que justice et liberté?

Ah! si notre cause est injuste, ne la défends pas! La prière de l'impie est un second péché; c'est t'outrager toi-même que de te demander ce qui n'est pas conforme à ta volonté sainte.

Mais si nous ne sommes à tes genoux que pour demander ce que tu nous commandes toi-même, si nous te demandons que la puissance dont tu nous as revêtus soit favorable à nos vœux, prends sous ta protection sainte une nation généreuse, qui ne combat que pour l'égalité. Ôte à nos ennemis déraisonnables la force criminelle de nous nuire, brise les fers des cyclopes orgueilleux qui veulent nous les forger. Bénis le drapeau de l'union sous lequel nous voulons tous demeurer, pour obtenir notre indépendance....

Bénis les généreux citoyens qui, depuis quatre ans, exposent leurs biens et leur vie pour défendre la patrie et la gloire. Bénis les saintes phalanges de notre bouillante jeunesse qui brave la mort pour confondre les tyrans. Bénis les familles de ces enfants de la patrie qui te prient de leur accorder victoire.

[1] From *Catéchisme de la constitution républicaine*...(à Paris... l'an II de la République française). This prayer appears frequently elsewhere with slight variations. Cf. A. Sorel, *L'Armée de la République* (*L'Armée à travers les âges*, Iᵉ série, Chapelot, 1899), p. 193.

§ 3. *The call to discipline in the service of Liberty.*

ANDRÉ CHÉNIER[1].

Citoyens français, aujourd'hui qu'un événement déplorable et honteux, au commencement de la guerre, vient de nous avertir sévèrement de quel prix est la sagesse et la raison, gardons-nous de cette mobilité d'esprit qui a toujours semblé le caractère de notre nation. Le moindre succès élève nos espérances jusqu'à un degré qui tient de la folie. Le moindre revers nous plonge dans l'abattement. Mais si, au milieu d'une juste douleur, nous voulons enfin mûrement examiner les causes des malheurs qui viennent de nous affliger, et prendre fortement les remèdes sûrs que ces malheurs mêmes nous indiquent, nous n'avons point lieu de nous décourager. Ouvrons seulement les yeux; souvenons-nous que fortune, hasard, bonheur, ne sont que de vains mots; que le succès est la récompense de la bonne conduite; que les revers sont les châtiments de l'imprudence. Puisque nous avons négligé les conseils de la sagesse, mettons au moins à profit les fautes qu'elle nous avait prédites. Que le passé corrige l'avenir....

Malheur à nous si nous fermons l'oreille au premier avis que la guerre vient de nous donner! Si notre conduite est courageuse et sage; si nos représentants savent déployer en cette occasion ce grand caractère d'équité, de constance, de vigueur, qui est digne d'eux et de nous; si ceux des régiments de ligne qui ont montré un courage français; si ce bataillon de braves gardes nationales, que la ville de Paris doit éternellement s'honorer d'avoir vu naître; en un mot, si tous les guerriers qui ont agi en bons soldats, en bons citoyens, en hommes libres, sont loués et récompensés comme ils le méritent; si ceux qui ont abandonné leur général sont chassés avec ignominie et interdits pour

---

[1] From *Supplément au Journal de Paris*, No. 62, 5 Mai, année 1792. Cf. *Œuvres en prose d'A. C.* (ed. Becq de Fouquières, 1881). p. 175 f. News of the French collapse before the Austrians on April 28 when the troops mutinied and murdered their general, Théobald Dillon, reached Paris on May 1.

jamais de l'usage des armes et des droits du citoyen; si les lâches qui massacrent les prisonniers sans défense sont livrés à la nation ennemie, afin que toute l'Europe sache que la nation française désavoue ce droit des gens emprunté des cannibales, et qu'elle n'est pas devenue libre pour faire la guerre comme les Barbares; si la loi investit les généraux de tout le pouvoir nécessaire pour contenir leur armée dans une discipline exacte, et les punit de leur mollesse plutôt que de leur rigueur; si la justice est toujours présente et suit immédiatement le crime; si l'intolérable audace des confréries usurpatrices[1] est réprimée; si les projets des généraux, la marche des armées, les plans d'attaque, ne sont plus, avant leur exécution, l'objet de discussions de clubs, le mal peut se réparer facilement; nos généraux peuvent reprendre confiance, et nos troupes regagner leur propre estime et celle des étrangers. La perte d'un poste est peu de chose; mais l'honneur de la France a été plus compromis par de détestables actions qu'il ne l'avait été depuis des siècles.

Mais si, au lieu de tout cela, on n'apporte qu'indolence et que faiblesse, là où justice et fermeté peuvent seules nous sauver, quel officier, ayant de l'âme et des talents, voudrait rester dans une telle armée! Quel général voudrait commander des troupes capables de l'assassiner, après l'avoir déshonoré! Quel citoyen ne frémirait pas de faire la guerre à des ennemis à qui le massacre impuni de leurs prisonniers donnerait ou un droit de représailles atroces, ou l'occasion bien honteuse pour nous de nous pardonner, et de nous vaincre en générosité et en vertu! Et quel peuple ne se croirait pas juste en méprisant un peuple qui ne serait devenu libre que pour oublier sa civilisation et se dépouiller de l'humanité!

Voilà ce que tout Français doit se dire à lui-même, et dire à tous les Français, en repoussant par la honte et l'ignominie tous les adulateurs infâmes qui voudraient rendre infructueuse cette première leçon du malheur.

[1] Cf. Chénier's attack on the *Société des amis de la Constitution* (*Club des Jacobins*) in the *Journal de Paris*, Feb. 26, 1792. *Œuvres en prose*, p. 119 f.

§ 4. *Reply to foreign insolence.*

GIUSEPPE J. GORANI[1].

Lettre au Duc de Brunswick.

PARIS, le 4 Août 1792.

...Sans doute ils[2] vous ont fait accroire que la France était déchirée par des factions, et que la guerre civile éclaterait dans toutes ses provinces, aussitôt que les troupes étrangères attaqueraient ses frontières. En vous assurant, avec vérité, qu'ils avaient des intelligences à la cour de Louis XVI, dans tout le royaume, et sur-tout dans les villes fortes, dont les commandants et les officiers ne manqueraient pas de livrer les forteresses aux troupes allemandes, ces émigrés auraient dû vous dire aussi, qu'il existait dans toutes ces places, des municipalités, des magistrats du peuple, remplis de zèle pour le nouvel ordre de choses, et qui surveillaient jour et nuit ces commandants, ces officiers, dont ils rendaient les tentatives inutiles.

Ils vous ont bien trompé, Monseigneur, ces émigrés, en vous disant que vous n'auriez à combattre qu'une poignée de factieux; cette poignée consiste dans les dix-neuf vingtièmes de la nation, éprise du plus violent amour pour une nouvelle divinité, à laquelle les Français donnent le nom de *Liberté*; les pères et les fils, les filles et les femmes font, à cette idole, toutes sortes de sacrifices; chacun offre sa fortune et ses bras pour la défense de sa patrie, chacun souffre gaiement pour elle les fatigues, la misère et la mort....

Je ne suis, Monseigneur, ni Allemand, ni Français, ni démocrate, ni aristocrate; étranger à tous les partis, je vois les objets sans partialité; calme au milieu des orages, j'examine tout avec une raison froide et sans nuages; ami des hommes en général, j'ai une véritable estime pour la

---

[1] From the *Moniteur* of August 21 and 28, 1792; reprinted in *Les Prédictions de Jean* (sic) *Gorani, citoyen français, sur la Révolution de France* (Londres, chez W. Thomson, 1797), p 23 f.

[2] The *émigrés*.

plupart des princes du nord, parce qu'ils se conduisent bien autrement que ceux du midi; j'ai une vénération particulière pour V.A.S., et j'ose lui affirmer que l'entreprise dont elle s'est chargée, est au-dessus des forces humaines....

Depuis que vous êtes dans le voisinage de la France, comment n'avez-vous pas encore reconnu, Monseigneur, qu'on vous en a imposé, en vous assurant que la guerre civile y commencerait, dès que vos troupes en approcheraient? Comment ignorez-vous encore que depuis la révolution, les Français n'ont pas été plus unis, plus énergiques, plus patriotes, que depuis qu'ils ont vu vos armées s'avancer sur eux? Semblables aux Romains qui mirent à l'enchère les champs où campait Annibal, les Français ont acheté très-chèrement les biens nationaux situés dans les contrées qui doivent être foulées par vos légions, dans le cas où vous voudriez réaliser le très-grand projet de venir à Paris; ce fait mérite votre attention, Monseigneur. Daignez observer aussi que les plus vigoureux décrets de l'Assemblée Nationale ont été rendus depuis qu'elle a su votre arrivée sur ses frontières; que les Parisiens, bien loin d'être intimidés par les horreurs dont on les menace s'ils mécontentent leur roi, discutent tranquillement sa déchéance dans leurs comités; que sur les quarante-huit sections de la capitale, quarante-sept ont déjà présenté leur vœu pour cette déchéance à l'Assemblée Nationale, et que ce redoublement d'énergie annonce que votre entrée en France, Monseigneur, bien loin de faire tomber les Français aux pieds de Louis XVI, ne pourrait que précipiter le détrônement de ce prince.

Si l'on vous instruisait avec fidélité, Monseigneur, des dispositions du peuple français, on vous dirait que ce peuple, continuellement trompé et travaillé par les émissaires du château des Tuileries, et maintefois au moment de donner dans les pièges qu'on lui tendait pour le perdre, en lui faisant commencer la guerre civile, il a suffi chaque fois, d'un seul mot de son magistrat pour l'arrêter, pour le faire rentrer dans l'ordre.

Les Parisiens étaient fort ennuyés d'être privés, depuis plusieurs semaines par Louis XVI, de la promenade du jardin des Tuileries; ils étaient excités par les malveillants d'en forcer les portes; ils allaient le faire; un mot de leur magistrat[1] les a fait retirer. On leur a depuis rendu par décret, la jouissance d'une terrasse de ce jardin, qui est contiguë à la salle de l'Assemblée Nationale; aussitôt le Roi, piqué, a voulu rendre la jouissance du jardin entier; le peuple l'a refusé; il a séparé la terrasse du reste du jardin par un simple ruban qui sert de barrière, et que chacun respecte.

Ces détails exacts, qui font connaître le grand caractère de cette Nation, vous prouvent en même temps, Monseigneur, que ce Peuple n'est point indocile, et qu'il obéit facilement à une autorité légitime qui sait commander.

Supposons que vous parvinssiez, Monseigneur, à amener une grande armée à Paris, votre tâche ne serait pas remplie; vous y trouveriez au moins un million d'hommes robustes et bien armés, parce que Paris, par sa consommation, faisant vivre les habitants de vingt lieues à la ronde, ils ont le plus grand intérêt de voler à son secours, et de lui porter des subsistances qui vous manqueraient. Deux cent mille hommes ne vous suffiraient pas pour empêcher cette communication avec une ville de si grande étendue; que de risques vous courriez, Monseigneur, au milieu de ce peuple immense, enivré du fanatisme de la liberté! Et ne pourrait-il pas s'y trouver quelque Scévola? A coup sûr, Monseigneur, les Français ne ressembleraient point à ceux que vous avez battus autrefois, ni à vos dociles et paisibles Allemands.

Je suppose encore, Monseigneur, que vous soumettiez les Parisiens, cela ne suffirait pas pour opérer une contre-révolution en France; car, pendant que vous les enchaîneriez, les autres Départements vous prépareraient des fers; votre retraite pourrait devenir plus difficile que celle des dix-mille de Xénophon, et vous pourriez y perdre l'honneur et la vie....

[1] The *maire* of Paris, Jérôme Pétion.

Seconde Lettre au Duc de Brunswick.

(Paris), le 11 Août 1792.

...Je vous ai prédit, Monseigneur, que vos menaces ne feraient qu'incendier les têtes des Français, qu'allumer davantage leur courage, et que compromettre la sûreté de Louis XVI: cette prédiction est accomplie; & vous allez juger qui des émigrés ou de moi vous a dit la vérité....

Dès que vos nouvelles notes ont été connues à Paris, Monseigneur, la fermentation y est devenue terrible[1]....

...Je vous observe, Monseigneur, que l'armée des Parisiens était sans chef, et que, pour préserver leur maire chéri de tout accident, de toute responsabilité pendant cette nouvelle révolution, ils avaient pris la précaution la veille de le suspendre de toutes fonctions, ainsi que le procureur[2] de la commune; qu'ils leur avaient donné une garde sûre de quatre cents hommes dans l'hôtel de la Mairie, et qu'ils les ont rétablis dans leurs fonctions dès que la crise a été passée. Ce trait donne à cette révolution un caractère unique de grandeur qui doit vous faire une forte impression, Monseigneur, et voici d'autres faits qui ne sont pas moins admirables.

Tout ce qu'il y avait de richesses en or, en argent, en diamants, en monnaies et en assignats, dans le château des Tuileries, a été porté, partie à l'Assemblée Nationale, et partie dans les bureaux voisins des sections, qui en ont donné leurs récépissés à l'Assemblée. Et par qui ces actes de fidélité ont-ils été faits? C'est précisément, Monseigneur, par cette classe d'hommes que les nobles appellent la *canaille*, et que maintenant on nomme les *Sans-Culottes*[3].

---

[1] The writer describes the sack of the Tuileries on Aug. 10.

[2] P.-L. Manuel, Jacobin.

[3] This term, which gives *sans-culottisme*, *sans-culottides* (the five extra days of the republican calendar), came into use early in 1792. Its origin is uncertain. According to Montgaillard, a mob of ragged folk declared before the Assembly that they were proud of a title bestowed in contempt by the Court. Abbé Maury claimed to have first applied it to two ladies, one of them being Mme de Coigny, who dissented from his speech in the *Constituante*: "Faites taire ces deux

Sans doute, il était impossible qu'il ne se trouvât des pillards dans une si grande foule; mais, au milieu du plus grand désordre, la police se faisait, et la justice se rendait par ces mêmes Sans-Culottes, mieux qu'elles ne le furent jamais dans les temps les plus tranquilles par les agents du gouvernement sous l'ancien régime. Plus de cinquante voleurs, pris en flagrant délit, ont été sur-le-champ tués ou pendus aux réverbères, et leurs vols portés à l'Assemblée. Ce même peuple continue de faire la chasse la plus vigoureuse aux brigands, dont la cour avait infesté la capitale, en leur promettant le pillage des maisons des Patriotes....J'ai vu, un instant avant le combat, une demoiselle aimable et jeune encore, un sabre à la main, montée sur une pierre, et je l'ai entendue haranguer la multitude, ainsi qu'il suit:

Citoyens!...l'Assemblée Nationale a déclaré que la Patrie était en danger; qu'elle était dans l'impuissance de la sauver; que son salut dépendait de vos bras, de votre courage, de votre patriotisme; armez-vous donc, et courez au château des Tuileries; c'est-là que sont les chefs de vos ennemis; exterminez cette race de vipères, qui depuis trois ans ne fait que conspirer contre vous; songez que dans huit jours vous serez exterminés, si vous ne remportez pas aujourd'hui cette victoire; choisissez, entre la vie ou la mort, la liberté ou l'esclavage; respectez l'Assemblée Nationale; respectez les propriétés; faites justice vous-mêmes des pillards, et partons....

Aussitôt des milliers de femmes se sont précipitées au milieu de la mêlée, les unes avec des sabres, les autres avec des piques; j'en ai vu plusieurs tuer elles-mêmes des Suisses; d'autres encourageaient leurs maris, leurs enfants, leurs frères. Plusieurs de ces femmes ont été tuées, sans que les autres en fussent intimidées. Je les ai entendues s'écrier ensuite; *qu'ils viennent ces Prussiens, ces Autrichiens, nous perdrons beaucoup de monde, mais pas un de ces j.. f.. ne s'en retournera....*

Respectez, Monseigneur, une pareille nation.

sans-culottes." (Cf. Montgaillard, *Hist. de Fr.* III, p. 58.) Its meaning is clear. *Sans-culottes* are the pure revolutionary patriots.

§ 5. *Republican patriotism as expressed by*

    (a) *A simple civilian.*

    (b) *Two volunteer soldiers.*

    (c) *An officer of the ancien régime.*

(a) A CIVILIAN, M. PIERROT, OF VERDUN,
AUGUST, 1792[1].

...Pour vous donner une idée de la manière dont un
Français sait maintenant défendre sa liberté je[2] vais trans-
crire une de mes conversations avec un ferblantier de
Verdun: il s'appellait M. *Pierrot*, et demeurait aux *Petits
escaliers*.

Moi. Vous soutenez donc qu'un État ne peut pas
subsister sans magistrats?

Pierrot. Sans doute; mais bien entendu que ces magistrats ne seront point des despotes, c'est-à-dire, des gens
qui donnent leur volonté pour loi. Un magistrat ne doit
être en place que pour faire observer les lois, et les appliquer aux cas particuliers: voilà tout.

M. Mais le magistrat n'a-t-il pas aussi le droit de faire
des lois?

P. Et où donc avez-vous vu cela? Non, sans doute; ce
n'est qu'à la nation, ou plutôt à ceux qu'elle a choisis,
et qui lui ont paru les plus habiles.

M. Il paraît par tout ce que vous dites, que vous
rejetez toute puissance souveraine?

P. Dans un homme? Oh! très-certainement, car elle
tue la liberté; elle est contraire à la nature, et une nation
qui a du bon sens ne saurait la supporter.

M. Vous vous avancez beaucoup.

P. Pas plus qu'il ne faut, je vous assure; dites-moi,

[1] From *Campagne du Duc de Brunswick contre les Français en
1792, avec des réflexions sur les causes, les progrès de la Révolution
française et son influence sur les destinées de l'Europe*. (Paris, chez
Cl. Forget, an III de la République; translated from the 4th German
edition.)

[2] The speaker is a Prussian officer.

avez-vous lu *l'essai sur les privilèges* de l'abbé Sieyès[1]?
ou cet autre livre *des droits et des devoirs des citoyens* par
l'abbé de Mably[2]? ou *l'essai du catéchisme national*[3]?

M. Non.

P. Eh bien, je vous les ferai lire, et vous verrez après
si j'ai raison; vous y trouverez que la puissance souveraine,
comme on l'a entendu jusqu'à présent, est un état dans
l'État; qu'elle bride notre activité et notre liberté; qu'elle
fait de nous de vraies machines; qu'elle procure le bien-
être de quelques privilégiés, mais toujours aux dépens de
la masse; qu'elle est en un mot contraire à la destination
du genre humain, ainsi qu'à sa perfection. Lisez ces
écrits, et je suis bien sûr que vous serez de mon avis.

M. Mais la Bible nous dit: que chacun obéisse au
magistrat qui a la puissance sur lui; et voyez à quelle
époque elle disait cela: c'est précisément dans le temps
des plus despotes de tous les empereurs; malgré cela, *Paul*
ne balance pas à vouloir qu'on obéisse.

P. Je suis le très-humble serviteur de votre Bible,
mais ce livre commence à passer de mode; on en a tiré
un peu trop, et sur-tout un peu trop longtemps, des
maximes en faveur des despotes civils ou religieux. En
voilà bien assez....On pourrait encore, après tout, vous
expliquer votre *Paul*....Par son système, il rapportait
tout à Dieu: ce n'est donc pas merveille, s'il voulait
qu'on obéît toujours.

M. Du moins ne pouvez-vous pas nier que la puissance
souveraine ou des souverains ne soit fondée sur le droit
du plus fort, qui est souvent aussi le droit de nature?

P. Le droit du plus fort, ami, est le droit des tigres.
...Et puis, si vous le preniez par-là, qui est-ce qui est le
plus fort, de l'entier ou d'une partie, de la nation ou de
son commis? Poursuivez.

[1] *Essai sur les priviléges* s.l., s.d. (Emm. Sieyès, 1788), critical ed.
by Edme Champion (Soc. de l'hist. de la Rév. fr. 1888).
[2] G. Bonnot de Mably wrote in 1758 six imaginary *entretiens* with
Lord Stanhope which were published posthumously in 1789 s.t. *Des
droits*, etc.
[3] Probably the *Catéchisme* quoted p. 6, n. 1.

M. Mais quand un peuple est vaincu, le vainqueur, par le droit de la guerre, peut le passer au fil de l'épée, et à plus forte raison lui prescrire des lois.

P. Le droit de la guerre! Bon Dieu, quel droit! Mais passe: du moins cet horrible droit ne doit s'exercer que sur ceux qui étaient en armes contre le vainqueur, et non sur des gens sans défense, sur des femmes, et encore moins sur ceux qui n'étaient pas encore nés: sans quoi, je ne vois là qu'une tyrannie exécrable....

M. Mais si un peuple veut bien renoncer à sa liberté; s'il consent à confier son droit aux mains d'autrui; n'en est-il pas bien le maître: et celui à qui il le remet, ne devient-il pas souverain légitime? Ne peut-il pas alors commander selon sa volonté?

P. Selon sa volonté! Savez-vous bien ce que vous dites-là? Si une nation pouvait avoir la fantaisie de confier un droit de ce genre, elle voudrait sûrement savoir jusqu'où pourrait aller cette volonté, si cette volonté ne se tournerait pas précisément contre elle; sans quoi, la nation serait une folle, et ce qu'elle aurait fait serait nul. Il faut que ce que je dis là soit bien vrai; car, lorsqu'un particulier fait une telle concession à un autre, les lois des despotes eux-mêmes la cassent....Au reste, j'ai toujours ouï dire que jamais la puissance n'était venue aux despotes de cette manière; on ne leur a point fait de pareille cession; ce qu'ils ont, ils l'ont pris de force ou par des ruses diaboliques.

M. Qu'entendez-vous par un despote?

P. Cela va sans dire; c'est tout homme qu'on appelle souverain, qui maltraite le peuple qu'il gouverne et son pays, en dépit de toutes les lois de la nature; par exemple nos Louis.

M. Louis XVI pourtant n'était pas la véritable cause des maux de la France; mais bien ses ministres, qui, abusant de la faiblesse de son cœur et de sa tête, exerçaient sous son nom des vexations odieuses.

P. Cela peut être; et que s'en suit-il? Que c'est un double malheur lorsque c'est un homme faible qui est souverain; parce qu'alors on voit fourmiller sous lui une foule de petits tyrans: nous l'avons assurément éprouvé de la bonne manière sous nos derniers rois: grâces soient rendues au génie de la France de nous avoir enfin délivrés à jamais de leur joug!

M. A jamais! Et si de manière ou d'autre, ce joug était mis derechef sur le col des Français?

P. Allez, toutes les forces de l'Europe et tous ses rois ne pourront jamais faire que la terre des *Francs* redevienne la terre des esclaves. Je vois avec peine que votre roi[1], qu'on dit bon, travaille aussi à nous remettre dans notre ancienne servitude; mais qu'il sache qu'il est aussi impossible qu'il rétablisse le despotisme de Louis XVI, qu'il l'est que lui-même devienne roi de France.

C'est à-peu-près ainsi que me parla M. Pierrot, et je vis avec admiration que le citoyen français, de tous les états, ne défend pas sa liberté en homme frivole, mais par des raisons fortement réfléchies....

(*b*) Two Volunteers of the Republic.
Sergent Fricasse[2].
I. *The enrolment.*

...Je me voyais chéri de mes maîtres[3], mais aussi je faisais en sorte de l'être toujours et de mériter leur confiance, lorsqu'il a été requis un bataillon dans le département. En ce temps le citoyen Quilliard commandait la garde nationale du canton; il donne ordre que toutes les communes se rassemblent au chef-lieu le 24 août 1792. Le 24 au matin, il nous dit: "Vous savez sans doute la besogne que j'ai à remplir: il nous faut plusieurs volontaires; ceux qui veulent quitter mon service sont libres. Si toutefois il ne se trouvait pas assez de volontaires, tous

---

[1] Frederick William II, King of Prussia.
[2] From *Journal de Marche d'un Volontaire de* 1792; *Journal du Sergent Fricasse* (*Collection L'Histoire pour tous*, Bruxelles, s.d.), ed. Lorédan Larchey (first edition, 1882), pp. 3 f., 23, 30, 93 f.
[3] He was gardener to citizen Quilliard of Château-Vilain.

les pères de famille et les garçons seront obligés de tirer au sort. Si ce n'est pas votre dessein de partir, hé bien! mes amis, je ferai tout ce qui dépendra de moi pour vous rendre service en en faisant partir d'autres à votre place."

Nous voilà donc à la ville où tous les villages du canton étaient rassemblés. En premier lieu, il ne se trouvait guère de volontaires; il était une heure de l'après-midi que plusieurs compagnies de garde nationale, composées de cent soixante hommes, n'avaient pas encore fourni l'homme qu'il leur fallait. Dans le nombre, se trouvait la mienne, et je me trouvais rempli d'un désir depuis longtemps. Combien de fois j'avais entendu, par les papiers, la nouvelle que notre armée française avait été repoussée et battue partout! Je brûlais d'impatience de voir par moi-même des choses qu'il m'était impossible de croire. Vous direz que c'était l'innocence qui me faisait penser ainsi, mais je me disais souvent en moi-même: "Est-il donc possible que je n'entende dire que des malheurs?"...Oui! il me semblait que, si j'avais été présent, le mal n'aurait pas été si grand. Je ne me serais pas dit meilleur soldat que mes compatriotes, mais je me sentais du courage, et je pensais que, avec du courage, on vient à bout de bien des choses.

En ce moment, pour remplir mon devoir, je me suis présenté à la tête de la compagnie; je leur ai demandé s'ils me trouvaient bon pour entrer dans ce bataillon. Les cris de toutes parts se sont fait entendre: "Oui! nous n'en pouvons pas trouver un meilleur que vous!"

Me voilà donc enregistré par le capitaine et le juge de paix, sans avoir prévenu mon maître de mon sentiment, dans le moment qu'il s'offrait à me rendre service. Je conviens que ce n'était pas bien fait de ma part, mais j'étais timide. La timidité et la jeunesse empêchent quelquefois de dire sa façon de penser.

C'est huit jours après, le 24 août, que j'ai quitté la maison; j'ai été dire adieu à mon père et à ma mère. Ceci m'a bien attendri de voir verser des pleurs à toute la famille sur mon éloignement sans leur aveu. Depuis ce moment, je voyage. Le lecteur pensera si j'ai bien ou mal fait.

2. *On active service.*

A l'affaire du 5 prairial, près Grand-Reng, le citoyen Mercier, fusilier de la compagnie d'Horiot (3e bataillon), natif de Pervenchères, district de Joinville (Haute-Marne), combattit un hussard autrichien. Deux coups de sabre, sur la tête, et sur le poignet gauche le terrassèrent. "Rends-toi, coquin!" dit le hussard.

"Un lâche le ferait," dit Mercier. "Mais moi, non!"

Il se relève, prend son fusil de la main droite, met le canon sur la saignée du bras gauche, pose le doigt sur la détente et tue le hussard. Mais les blessures de ce vrai républicain étaient très dangereuses. Il est mort un mois après.

J'ai vu dans cette affaire des braves républicains couverts de blessures rassembler toutes leurs forces au moment où ils allaient exhaler le dernier soupir, s'élancer pour baiser cette cocarde, gage sacré de notre liberté conquise; je les ai entendus adresser au ciel des vœux ardents pour le triomphe des armées de la république.

Cailac, un de nos capitaines, eut la jambe fracassée par un boulet, et mourut au bout de trois semaines, disant: "Ma vie n'est rien; je la donnerais mille fois pour que la république triomphe."

Atteint au ventre d'un éclat d'obus, un grenadier du bataillon dit à ceux qui voulaient lui porter secours: "Laissez-moi, mes amis, laissez-moi mourir! Je suis content, j'ai servi ma patrie." Et il expire.

.   .   .   .   .   .

Lors du siège de Charleroi[1], un canonnier du régiment de Suède s'écriait en mourant: "Cobourg, Cobourg, avec tes nombreux florins, tu n'auras pas payé une goutte de mon sang; je le verse tout aujourd'hui pour la République et pour la liberté."

Tous ceux qui ont perdu la vie dans ce siège n'ont donné, au milieu des douleurs les plus aiguës, aucun signe de

[1] June, 1794.

plaintes. Leurs visages étaient calmes et sereins; leur dernière parole était: Vive la République! C'est au lit d'honneur qu'il faut voir nos guerriers, pour apprendre la différence qui existe entre les hommes libres et les esclaves. Les valets des rois expirent en maudissant la cruelle ambition de leurs maîtres. Le défenseur de la liberté bénit le coup qui l'a frappé; il sait que son sang ne coule que pour la liberté, la gloire et pour le soutien de sa patrie.

.　　　.　　　.　　　.　　　.　　　.

Je dirai que ce siège[1] nous a donné bien de la peine. La rigueur de l'hiver semblait seconder nos maux; la neige, la pluie glacée venaient s'appesantir sur notre léger habillement, et c'était là le temps qu'il a fait pendant ce siège. Nous devrions être bien habitués au froid; nous étions campés sur le sable et nous ne pouvions pas avoir de bois pour faire notre soupe; nous arrachions quelques petites racines du sol qui nous faisaient plutôt de la fumée que du feu; vraiment c'était misère et compassion. Nos prêts étaient arriérés de plusieurs mois et nous ne recevions pas un sou.

C'est pendant cette quarantaine que le vrai républicain s'est distingué, en y tenant son rang avec bravoure; malgré le temps rigoureux de la saison d'hiver et la misère qui nous poignardait de tous côtés. Oui, beaucoup de citoyens le diront comme moi, sans se compromettre, que c'est dans le poste d'honneur que l'on a pu connaître les vrais soldats, et l'amour qu'ils avaient pour le maintien de leur pays. L'endroit était périlleux. Un peu de pain glacé était là toute notre nourriture, cet endroit ne permettait pas d'y trouver du bois pour pouvoir un peu réchauffer nos pauvres membres tous navrés de froid au bivouac.

Pour nous, pauvres héros, les habillements et les chaussures manquaient depuis très longtemps, sans pouvoir en avoir; et la plupart de nous n'avait pas d'argent pour s'aider d'aucune manière, car il y avait trois mois qu'on n'avait touché de solde.

[1] Kehl was besieged and finally taken by Archduke Charles in January, 1797.

Après avoir fait mention de nos généreux guerriers, je parlerai de ceux qui ont, dans ce moment, abandonné si lâchement leurs drapeaux pour retourner dans leurs foyers. Ils ont profité du moment où leur patrie avait le plus besoin de leurs services pour exécuter leurs projets. Ce ne sont pas les plus misérables soldats qui ont agi de la sorte; c'est ceux qui avaient tenu une conduite de brigands de l'autre côté du Rhin, qui avaient pillé et assassiné des hommes paisibles dans leurs foyers. Ils avaient de l'argent dans les mains, c'est pourquoi ils ont fui devant l'ennemi. Mais ces lâches ont été bien peu regrettés, on a regardé cela comme du venin qui sortait du corps d'un homme qui était empoisonné, et ils se sont rendus indignes du nom français, et de l'estime de leurs camarades. Je sais qu'il n'y a pas beaucoup de citoyens soldats qui ne désirent retourner au centre de leurs familles, mais enfin ce sera-t-il en quittant nos drapeaux et en nous sauvant comme des brebis égarées, que nous soumettrons à la paix des hommes orgueilleux? Ils savent bien qu'elle leur serait utile, cette paix, mais la demanderont-ils en voyant la désunion dans nos troupes? Non! Je crois qu'il n'y a que l'union et la fermeté dans nos entreprises qui les forcera à nous demander la paix.

FRANÇOIS-XAVIER JOLICLERC[1].

The Letter Home.

A Dreux-en-Beauce, département de l'Eure et Loir, le 13 décembre 1793. Ère républicaine et française: 25 frimaire, l'an deuxième de la République.

Ma chère mère,

...Vous ne cessez, dans toutes vos lettres, de me marquer qu'il nous faut nous tirer de l'état militaire coûte que coûte. Voici les difficultés et les obstacles que j'y observe.

D'abord il est difficile de trouver des remplaçants malgré

[1] From Joliclerc, *Volontaire aux armées de la Révolution. Ses lettres*, 1793–1796, *recueillies et publiées par Étienne Joliclerc* (Paris, Perrin, 1905), pp. 141–143; 168–173.

que l'on donne des sommes énormes. En second lieu, l'on vient de faire une levée des hommes de dix-huit à vingt-cinq ans; la levée de ceux de vingt-cinq à trente-cinq va se faire. Sitôt que nous serions chez nous, il nous faudrait repartir avec le regret d'avoir perdu notre argent. En troisième lieu, quand la patrie nous demande pour sa défense, nous y devons voler comme je courrais à un bon repas. Notre vie, nos biens et facultés ne nous appartiennent pas. C'est à la nation, à la patrie à qui tout cela est.

Je sais bien que vous et tous les autres habitants de notre commune ne partagent pas ces sentiments. Ils sont insensibles aux cris de cette patrie outragée, et tout ce qu'ils font pour elle, c'est par force. Mais moi, qui ai été élevé dans la liberté de conscience et de pensée, qui ai toujours été républicain dans l'âme, quoique obligé de vivre dans une monarchie, ces principes d'amour pour la Patrie, pour la Liberté, pour la République, se sont non seulement gravés dans mon cœur, mais ils y sont incrustés et ils y resteront tant qu'il plaira à cet Être supérieur qui gouverne tout de me maintenir un souffle de vie.

M'en devrait-il coûter les trois quarts de mon avoir pour que vous partagiez ces sentiments comme moi, je m'en dessaisirais volontiers et croirais faire un bien petit sacrifice. Hé! si un jour vous connaissiez le prix de la liberté et que vous perdiez cet attachement désordonné à la matière!

.   .   .   .   .   .

A Condé, ce 11 prairial de la République française, Une, Indivisible et Impérissable, ou le 30 mai 1794 (style esclave).

Vous dites que les volontaires du village écrivent des lettres comme des sermons. Je vous demanderai quel est le citoyen de Froidefontaine qui ose prendre le titre de volontaire! Est-ce ceux du contingent du mois d'août 92 (style esclave), qui ont reçu 4 à 500 livres? Sera-ce ceux du mois de mars 93, qui en ont reçu 6 à 700? Sera-ce à la première réquisition que vous donnez ce nom de "volontaires"? Non, non, ils ne sont point volontaires. Les uns se sont vendus comme l'on vend les cochons à la Saint-Thomas, à Salins, et les autres ont été forcés de partir en vertu des décrets de la Convention. Ainsi, ils ne sont point volontaires, et je suis le seul de la commune à qui ce beau nom appartienne. J'ose m'en glorifier et le soutiendrai au péril de ma vie....

Sur mon sort? Je suis à mon poste, je suis où je dois être, et tout bon sage doit voler au secours de la patrie en danger. Je viendrais à y périr, vous devriez vous en réjouir. Peut-on faire un plus beau sacrifice que de se sacrifier pour sa patrie? peut-on se sacrifier pour une chose plus glorieuse, plus juste et plus équitable? Non. Aimeriez-vous mieux me voir mourir sur la paille, dans mon lit, à Froidefontaine, ou à quelque exercice de travail comme au bois, à la carrière, à quelque bâtiment?

Non, ma chère mère. Pensez que je suis à mon poste et vous vous trouverez consolée. *Si la conscience vous fait quelque reproche*, vendez jusqu'à la dernière de vos chemises pour la patrie. Ce doit être notre seul gouvernail, c'est elle qui nous guide et nous donne la félicité....

Quant à moi, j'attends la mort de jour en jour. J'y ai déjà tant réchappé qu'à la fin ce sera mon tour. J'ai déjà vu tant de braves camarades mourir à mes côtés (qui valaient sûrement mieux que moi) que je crois que ce sera sans peur que je passerai dans l'autre monde. Entourés de périls comme nous le sommes dans ce pays où l'on ne fait pas un pas que l'on ne sente les balles siffler par ses oreilles, malheur à ceux qui les reçoivent. Je suis tout prêt, je n'attends que l'ordre du Tout-Puissant. Ma conscience est tranquille. Si je l'ai offensé, d'autre part j'en ai fait la pénitence, je m'en suis repenti, je lui ai demandé pardon. Ainsi, que sa volonté se fasse!...

Je vous disais dans ma dernière que notre lieutenant David était en prison à Nantes. Eh bien, il a été guillotiné avec deux de nos capitaines, il y a environ trois semaines. J'ai perdu mon ami Michau. Je suis tout seul à présent.

Votre fils,

JOLICLERC.

Vous trouverez ci-joint un certificat du conseil d'administration de notre bataillon qui constate mon existence audit bataillon. Il pourrait m'être de quelque utilité au pays; mais ce n'est pas pour que vous obteniez une pension de la Nation. Vous en avez assez....

(c) An Officer of the Ancien Régime, Général Deprez-Crassier[1].

Hohenlohe. Je souhaite, général, que nous fassions la guerre avec humanité.

Deprez-Crassier. Je le désire, car j'ai été indigné que l'on ait pillé et assassiné des citoyens paisibles.

H. Assassiné! Non pas. Ils ont osé tirer sur nous; tout bourgeois qui porte les armes doit périr.

D.-C. Tous les Français sont soldats; mais les vieillards, les femmes, les enfants doivent être respectés.

H. Ils le seront; le roi a déjà congédié un chef, et j'ai fait passer des soldats par les verges; à l'avenir, ils seront punis de mort.

D.-C. Vous m'autorisez à en rendre compte à mon général?

H. Oui....Nous sommes ici, général, pour rétablir l'ordre et la paix dans le royaume, rendre au roi sa liberté et ses droits, anéantir les factieux; voyons, général, soyons amis, empêchons l'effusion du sang, unissons-nous pour une cause aussi juste.

D.-C. Prince, je veux votre estime, je la mériterai toujours. J'ai déjà répondu à M. de Nassau que je servais la France libre et le roi.

H. Dites des factieux.

[1] From a report made by General Deprez-Crassier to Marshal Luckner (*Arch. de la Guerre*) of a conversation which he held with Prince von Hohenlohe on the Longwy road on Aug. 21, 1792. Cf. Arthur Chuquet, *La première invasion prussienne*, (Paris, L. Cerf, 2nd ed. 1888), pp. 170–173. Villemain in his *Souvenirs contemporains* (I, ch. v) records an interview between M. de Narbonne and Pitt in 1794, founded on notes supplied by Narbonne, which expresses exactly similar sentiments. We have preferred to print the first-hand and contemporary narrative of Deprez-Crassier, who, it will be noted, still speaks of serving the king even after the 10 *août*.

D.-C. Un soldat n'en connaît point; il n'obéit qu'aux ordres de ses supérieurs légitimes.

H. Vous changerez.

D.-C. Jamais.

H. Un galant homme comme vous doit aimer son roi.

D.-C. Oui, le roi des Français libres.

H. Soyons amis, général (*il tend la main à Deprez-Crassier*).

D.-C. Je m'en ferai un honneur.

H. Je vous promets d'avoir le plus grand soin de vos prisonniers.

D.-C. Je vous donne ma foi que les vôtres seront traités comme nos frères.

H. J'ai donné quatre louis à votre officier (*sans doute un officier français fait prisonnier dans le combat de Fontoy*).

D.-C. Je vous en suis infiniment obligé. Recevez-les, prince, avec ma vive reconnaissance (*il tire quatre louis de sa poche et les présente à Hohenlohe*).

H. Je ne les ai pas donnés pour qu'on me les rende.

D.-C. Vous ne voulez pas humilier l'officier qui les a reçus et moi qui dois vous les rendre.

H. Eh bien! Vous les donnerez à un officier prussien que vous prendrez....Si l'on eût fait la retraite d'Aumetz quelques minutes plus tard, je prenais votre infanterie.

D.-C. Il fallait le faire à temps, devant un général comme vous.

H. Qui commandait?

D.-C. Moi.

H. Vos troupes se sont bien conduites.

D.-C. Nous ne sommes pas du même avis, et le brave maréchal qui me commande, m'a donné d'autres troupes.

H. Je demande, général, à vous parler à part.

(*Deprez-Crassier se place à droite du prince, en face du camp de Fontoy et les deux généraux font quelques pas en avant.*)

D.-C. Si vous le voulez, prince, je vous conduirai à mon camp.

H. Je le veux bien, si vous voulez joindre vos forces

aux miennes, pour servir votre roi avec moi. Ce n'est pas par indiscrétion que j'avance; c'est pour vous parler sans être entendu.... J'ai ordre de vous offrir rangs, honneur, fortune si vous voulez vous unir à moi pour arracher le roi de sa prison.

D.-C. Ne poursuivez pas, prince, vous m'humiliez; je ne recevrai jamais rien que de ma nation que je sers. Vous devez m'estimer. Je ne serai jamais un traître.

H. Preuve que je vous estime, c'est que je m'adresse à vous discrètement, pour vous faire connaître que votre bonne foi est abusée; j'aurais pu vous faire cette proposition par d'autres.

D.-C. Elle n'eût jamais été reçue.

H. Encore une fois, ne refusez pas l'offre que je vous fais de la part d'un roi que vous aimeriez sûrement, si vous le connaissiez. (*Après un instant de silence.*) La gauche de votre position n'est pas bonne.

D.-C. J'y ai paré et j'aurai plus de gloire à la défendre.

H. Comment se porte M. de Luckner?

D.-C. Bien.

H. Le duc de Brunswick l'aime, il voudrait le voir.

D.-C. Dans trois heures mon général sera ici, si vous le voulez.

H. Non, pas dans ce moment. (*Deprez-Crassier tire sa montre.*) Vous n'avez pas dîné?

D.-C. Non, et je serai fort glorieux, si vous permettez que je vous invite.

H. (*Après avoir décliné l'invitation.*) Vous avez augmenté beaucoup vos forces cette nuit?

D.-C. M. le maréchal pourvoit à tout.

H. La grosse artillerie qui vous est arrivée a dû trouver des obstacles.

D.-C. La nécessité sait les vaincre.

H. Vous avez là de beaux hommes; de quels régiments sont-ils?

D.-C. Des cuirassiers, Chartres et Schomberg.

H. Quel est le régiment le plus élevé en hommes?

D.-C. Les carabiniers.

H. Je vous le répète, général, soyons amis, pensez à ce que je vous ai dit.

D.-C. Vous avez ma réponse, elle ne variera jamais.

H. Quand vous aurez quelque chose à me mander, écrivez-moi, j'en userai de même. Adieu, général, dînez tranquillement, je vous promets de ne pas vous troubler. ...A propos, vous m'avez fait lâcher deux coups de canon, dont l'un a brisé ma botte et blessé mon cheval.

D.-C. Nos artilleurs savent bien pointer.

H. Je veux vous voir partir, général.

D.-C. Permettez que je reste, et je vous préviens que je vais rendre compte de votre conversation au général qui commande.

H. A qui?

D.-C. Au brave maréchal.

H. Bien des compliments de ma part.

§ 6. *The Nation under arms. The Summons.*

DANTON.

IN THE LEGISLATIVE ASSEMBLY[1]. Sept. 2, 1792.

Il est bien satisfaisant, Messieurs, pour les ministres du peuple libre, d'annoncer à ses représentants que la patrie va être sauvée. Tout s'émeut, tout s'ébranle, tout brûle de combattre, tout se lève en France d'un bout de l'empire à l'autre.

Vous savez que Verdun n'est point encore au pouvoir de vos ennemis. Vous savez que la garnison a juré de mourir plutôt que de se rendre[2].

Une partie du peuple va se porter aux frontières; une autre va creuser des retranchements, et la troisième, avec des piques, défendra l'intérieur de nos villes.

.   .   .   .   .   .

[1] From *Discours de Danton* (ed. A. Fribourg, Hachette, 1910), pp. 52–54; conjectural restoration of text.

[2] Verdun surrendered the same afternoon.

Nous vous demandons de ne point être contrariés dans nos opérations. Nous demandons que vous concouriez avec nous à diriger ce mouvement sublime du peuple, en nommant des commissaires qui nous seconderont dans ces grandes mesures. Nous demandons qu'à quarante lieues du point où se fait la guerre, les citoyens qui ont des armes soient tenus de marcher à l'ennemi; ceux qui resteront s'armeront de piques. Nous demandons que quiconque refusera de servir de sa personne ou de remettre ses armes soit puni de mort. Il faut des mesures sévères; nul, quand la patrie est en danger, nul ne peut refuser son service sans être déclaré infâme et traître à la patrie. Prononcez la peine de mort contre tout citoyen qui refusera de marcher ou de céder son arme à son concitoyen plus généreux que lui, ou contrariera directement ou indirectement les mesures prises pour le salut de l'État.

Nous demandons qu'il soit fait une instruction aux citoyens pour diriger leurs mouvements. Nous demandons qu'il soit envoyé des courriers dans tous les départements pour les avertir des décrets que vous aurez rendus. L'essentiel sera de ne pas accumuler trop de citoyens sur un seul point afin de pouvoir distribuer des vivres; mais des mesures sont prises à cet effet.

Le tocsin qui sonne va se propager dans toute la France. Ce n'est point un signal d'alarme, c'est la charge sur les ennemis de la patrie. (*On applaudit.*) Pour les vaincre, Messieurs, il nous faut de l'audace, encore de l'audace, toujours de l'audace, et la France est sauvée! (*Les applaudissements recommencent.*)

In the National Convention[1]. Sept. 5, 1793.

Je pense comme plusieurs membres...qu'il faut savoir mettre à profit l'élan sublime de ce peuple qui se presse autour de nous[2] et s'offre, de lui-même, à tous les genres de dévouement. Je sais que quand le peuple présente ses

---

[1] *Op. cit.* pp. 230–235.   [2] The public had entered the Chamber.

inquiétudes, quand il offre de marcher contre ses ennemis, il faut décréter, sans hésiter, les mesures qu'il présente lui-même, car c'est le génie national qui les a dictées.

Je pense qu'il sera bon que le Comité fasse son rapport, qu'il calcule et qu'il propose les moyens d'exécution; mais je vois aussi qu'il n'y a aucun inconvénient à décréter à l'instant même une armée révolutionnaire.—Ce sera déjà un grand bien de fait.—Décrétons que deux fois par semaine elle s'exercera aux évolutions militaires, et que les soldats seront indemnisés par la patrie du sacrifice qu'ils lui feront d'un temps qui leur est nécessaire pour gagner leur subsistance à la sueur de leur front. (*On applaudit.*)

Élargissons, s'il se peut, ces mesures.

Vous venez de proclamer, à la face de la France, qu'elle est encore en vraie révolution; eh bien! il faut la consommer, cette révolution.

Ne vous inquiétez pas du nombre et des tentatives de vos ennemis intérieurs. Ne vous effrayez jamais des mouvements que pourront tenter les contre-révolutionnaires dans Paris. Sans doute, ils voudraient éteindre le feu de la liberté dans son foyer le plus ardent; mais la masse immense des vrais patriotes, des sans-culottes[1], qui cent fois ont terrassé leurs ennemis, dont la générosité et le courage ont éternisé la liberté, existe encore; elle est prête à s'ébranler.

Armez donc cette masse et reposez-vous sur elle du soin de faire disparaître les traîtres; décrétez donc la création de l'armée révolutionnaire, sachez la diriger, et elle confondra encore et déjouera toutes les manœuvres.

Ce n'est pas assez d'une armée révolutionnaire; soyez révolutionnaires vous-mêmes.

Présentons à l'Europe le tableau imposant d'une nation tout entière armée pour la défense de sa liberté, et déterminée à périr avant elle.

Vous avez décrété trente millions à la disposition du ministre de la Guerre pour des fabrications d'armes;

---

[1] *Vide supra*, p. 12, note.

décrétons que ces fabrications extraordinaires ne cesseront que quand la Nation aura donné à chaque citoyen un fusil. Les ateliers retentiront sans cesse du bruit des marteaux qui forgeront le fer.

Décrétons des récompenses pour les ouvriers qui fabriqueront les meilleures armes avec le plus de rapidité. Annonçons la ferme résolution d'avoir autant de fusils et presque autant de canons que de sans-culottes....(*On applaudit.*) Que ce soit la République qui mette le fusil dans la main du citoyen, du vrai patriote. Qu'elle lui dise: La patrie te confie cette arme pour sa défense; tu la représenteras tous les mois, et quand tu en seras requis par l'autorité nationale.

Attachez à la possession d'un fusil un prix tel que le citoyen préfère la mort à la perte de son arme....(*On applaudit.*)

Je demande donc que vous décrétiez au moins cent millions pour faire des armes de toute nature, pour que la fabrication des armes ne cesse pas un instant, pour que les forges retentissent jour et nuit, car, si nous avions eu des armes, nous aurions tous marché. C'est le besoin d'armes qui nous enchaîne.

Que la France tout entière soit un immense camp, hérissé de fer, couvert de bouches à feu. Jamais la patrie en danger ne manquera de citoyens. (*Mêmes applaudissements.*)

. . . . . .

Le peuple est grand et il vous en donne en cet instant même une preuve remarquable: ce peuple qui, depuis si longtemps victime des manœuvres de ses ennemis, souffre avec une stoïcité rare, mais possible quand on souffre pour la liberté, ce peuple qui sous le despotisme eût à peine souffert deux jours de privation, ce peuple si grand, dis-je, s'éclaire enfin sur ses vrais intérêts: ses ennemis ont cherché à l'affamer, il a senti qu'il souffrait pour sa propre cause et est resté immobile. (*On applaudit.*)

Tel est le caractère du Français, éclairé par quatre années de révolution. Hommage à toi, peuple sublime!

Tu es grand parce que tu aimes véritablement la liberté. Tu es généreux, car, menacé dans tes subsistances, tu respectes les lois, l'ordre social et tes magistrats.

Gloire vous soit rendue, Français! A la grandeur vous joignez la persévérance. Vous avez jeûné, vous avez souffert pour la liberté, vous avez versé votre sang pour elle; vous devez l'acquérir; nous aussi nous voulons sauver la République, nous marcherons avec vous, vos ennemis seront confondus, vous serez libres.

(*Des applaudissements universels éclatent à la fois dans toutes les parties de la salle.—Des cris de "Vive la République!" se font entendre à plusieurs reprises.—Tous les citoyens qui remplissent la salle et les tribunes se lèvent par une même impulsion; les uns lèvent leurs mains en l'air; d'autres agitent leurs chapeaux; l'enthousiasme paraît universel. Les trois propositions de Danton sont décrétées.*)

§ 7. *The Nation under arms.*
A Sea Fight, June 1, 1794.
MOREAU DE JONNÈS[1].

Que pouvait opposer la France à la flotte formidable de l'ennemi? L'escadre de Brest était son seul espoir, et Dieu sait ce qu'on pouvait en attendre. Elle était plus faible de moitié, désarmée en partie, et composée de vaisseaux qui, ayant fait la plupart des campagnes d'Amérique ou de l'Inde, étaient vieux de quinze à vingt ans....Les équipages étaient formés de jeunes réquisitionnaires, entièrement étrangers au rude métier de matelot, ou bien de pêcheurs et de mariniers de nos côtes, qui n'étaient

[1] From *Aventures de guerre au temps de la République et du Consulat* par M. A. Moreau de Jonnès, Membre de l'Institut (Paris, 1858), 2 vols., t. I, pp. 173–202, with omissions. In May, 1794, Admiral Howe put to sea with a strong fleet in order to intercept a convoy of urgently needed provisions from America. The Brest fleet under Admiral Villaret-Joyeuse met him in battle on June 1 with the results here described by one of the combatants. The French fleet suffered terribly but the convoy was saved and entered Brest in triumph.

jamais montés à bord d'un bâtiment de guerre. Les
garnisons appartenaient à l'armée de terre, et les demi-
brigades d'artillerie de marine s'étaient épuisées à fournir
des canonniers. Quant aux officiers, excepté quelques
anciens capitaines de la Compagnie des Indes qui avaient
servi autrefois comme auxiliaires, il y en avait bien peu
dont l'expérience remontât au delà de deux ans, et dont
les grades ne fussent dus à la nécessité de remplacer les
officiers du corps royal, passés en masse en Angleterre lors
de l'émigration....

Un jour on entendit un coup de canon, puis un second
et enfin un troisième....C'était le vaisseau amiral *la
Montagne* qui donnait le signal de partance. Aussitôt
une longue procession de marins, de soldats, d'artilleurs,
s'achemina vers le port pour s'embarquer dans les
canots qui devaient les porter en rade à bord de leurs
bâtiments. La plupart des matelots, ornés de rubans
bariolés, suivaient en troupe des violons enroués, des
bignous criards, et, armés de leurs verres et de leurs brocs
de vin, ils continuaient, chemin faisant, leurs rigodons
et leurs jetées-battues[1]. Une heure après, la scène avait
changé; les gens ivres avaient été dégrisés par l'air de la
mer et la voix impérieuse du devoir. Les équipages viraient
au cabestan pour lever les ancres; les gabiers déferlaient
les voiles, les timoniers hissaient des pavillons bigarrés,
dont les couleurs avaient chacune une signification et
transmettaient un ordre. Toutes les longues-vues étaient
dirigées sur *la Montagne*, qui se projetait au centre de la
flotte comme une pyramide dont les assises seraient garnies
d'une artillerie formidable. On distinguait sur sa dunette
deux personnages qui conféraient ensemble. L'un était le représentant du peuple Jambon (*sic*) Saint-André, envoyé du
comité de Salut public, et proconsul tout-puissant; l'autre
était l'amiral Villaret-Joyeuse, ancien officier auxiliaire de
la marine royale, qui s'était autrefois distingué dans l'Inde
sous le bailli de Suffren. *La Montagne* s'ébranla, et toute
la flotte, suivant son mouvement, appareilla par une brise

[1] *Rigodon* and *jeté-battu* (masc.) are lively dance-measures.

favorable qui la poussa hors du goulet de Brest sans aucun accident. C'était bien quelque chose....

...Il m'échut d'être envoyé à bord du *Jemmapes*, vaisseau de 74, dont le nom me sembla de bon augure....

La saison était admirablement belle....Le soleil du 28 mai se leva radieux au milieu d'un ciel sans nuages. La mer était superbe....Au moment où la cloche appela l'équipage au déjeuner, vers huit heures du matin, on vit les frégates de l'arrière-garde faire des signaux, et, peu de temps après, nos vigies aperçurent des mâts de vaisseaux de haut-bord, qui sortaient par degrés de la mer et se projetaient au-dessus de son horizon. Nous reconnûmes bientôt que c'était la grande flotte anglaise de la Manche, commandée par l'amiral Howe et forte de trente-six vaisseaux de ligne, dont huit à trois ponts; nous en avions seulement vingt-six, dont trois de 120 canons. C'était une disproportion de sept contre dix, ou une force navale moindre d'un tiers.

Cette supériorité menaçante n'intimida personne. Au contraire, lorsque l'ennemi développa son escadre sur une ligne immense qui encerclait l'horizon, il s'éleva de nos vaisseaux un cri de Vive la République! qui alla porter à la flotte anglaise un défi énergique et un éclatant témoignage de notre dévouement à la cause sacrée que nous allions défendre. J'ai regretté longtemps que dans cet instant, alors que l'amiral Howe n'avait pas encore rallié tous ses vaisseaux, et quand un saint enthousiasme animait nos équipages, nous n'eussions pas attaqué l'ennemi. Quelle que fût l'issue de la bataille, les vaisseaux anglais désemparés n'eussent pu s'opposer au passage du grand convoi, et nous avions les chances les plus favorables pour devenir victorieux. Cinq jours après, le vent de la fortune avait tourné....

Les manifestations de nos équipages convainquirent l'amiral anglais qu'il ne devait pas compter seulement sur sa supériorité numérique, et qu'il fallait, avec des gens déterminés comme ceux qu'il allait combattre, user de tous les avantages de sa vieille expérience. Au lieu donc de nous presser, il manœuvra tout le jour et se tint prêt à nous enlever le plus tôt possible l'avantage du vent....

Dès le soir même, cette habileté nous fit éprouver un échec. *Le Républicain*, vaisseau à trois ponts, mauvais marcheur et mal conduit, s'était laissé tomber sous le vent, et quoique notre armée fît petites voiles, il s'en était séparé. L'amiral Howe s'en aperçut, il envoya une demi-douzaine de vaisseaux le canonner. Il semblait que cette force devait l'obliger à se rendre ; mais, quoique le capitaine eût été tué et que le bâtiment fût démâté, il continua de se défendre et se fit abandonner par les assaillants que rappelaient les signaux de leur amiral....Ce jour-là et les suivants nous n'eûmes à manger que du fromage et du biscuit, parce que les préparatifs du combat avaient fait mettre la cuisine en inactivité....Ce régime, qui devait nous calmer, n'empêcha pas qu'une vive excitation se manifestât à bord dans la soirée....

Quand le matin, de bonne heure, je montai sur le pont, je fus vraiment émerveillé du spectacle magnifique qu'offraient les deux flottes naviguant, comme de concert, parallèlement presque à la même hauteur. On voyait là en colonnes, pavillons déployés, canons aux sabords, soixante vaisseaux de ligne accompagnés ou suivis d'autant de frégates et d'un essaim de bricks et d'avisos. Pourquoi, me demandais-je, n'est-ce pas, au lieu d'une bataille qui va être livrée, aux dépens de l'humanité, par les deux premières nations de l'Europe, pourquoi n'est-ce pas uhe croisade entreprise par un mutuel accord pour délivrer d'autres peuples de l'esclavage, et pour leur porter les bienfaits de la civilisation et de la liberté? Mouillée devant la Néva ou dans la Corne d'or, près de Pétersbourg ou de Constantinople, cette flotte sans pareille aurait par sa seule présence restauré la Pologne et rendu l'indépendance à la Grèce, à l'Égypte et à l'Asie Mineure. Je fus ramené à la réalité des événements par le bruit du canon.

L'escadre anglaise, après avoir masqué par de faux mouvements le mouvement véritable qu'elle préméditait, lança la dernière division de sa colonne sur notre arrière-garde, et traversant notre ligne avec plusieurs de ses meilleurs vaisseaux, elle coupa deux des nôtres, *le Tyrannicide* et *l'Indomptable* qui, assaillis sur les deux bords, furent rudement traités et perdirent une partie de leurs mâts. *La Montagne* ordonna aussitôt que toute notre escadre fût à leur secours par une contre-marche rapide. Il faut croire que le signal de cette opération fut méconnu, car la tête de la colonne continua sa route comme s'il était résolu que ces deux vaisseaux seraient abandonnés, ainsi que *le Républicain* l'avait été la veille. Alors l'amiral Villaret, sortant de son indécision habituelle par une impulsion heureuse et honorable, alla se jeter lui-même le premier, toutes voiles dehors, au milieu du combat, en hissant à son grand mât un pavillon dont la signification était: qui m'aime me suive! La puissance de l'exemple fut irrésistible. Les plus éloignés firent une telle diligence qu'ils arrivèrent à temps pour former une ligne très serrée à demi-portée de l'ennemi. La canonnade s'ouvrit très vivement et continua des deux côtés, presque sans intervalle, pendant une heure au moins. A notre approche, les vaisseaux anglais qui entouraient les deux nôtres s'en étaient écartés pour reprendre leur place de bataille, en sorte que la tentative qu'ils avaient dirigée contre eux avorta complètement. Le combat, quoiqu'il fût assez long pour être meurtrier, n'eut cependant pas de très grands effets, attendu que les Anglais faisant porter leurs voiles, nous fûmes forcés de les imiter, et que les changements de place continuels des bâtiments empêchaient les boulets d'atteindre leur objet. Nous n'en reçumes qu'une vingtaine à bord du *Jemmapes*, sans compter ceux qui traversèrent nos voiles; et dans la soirée, quand nous remîmes nos batteries en ordre, tous ceux d'entre nous qui n'avaient encore vu que ce combat naval parlaient fort dédaigneusement de la guerre maritime, et trouvaient bien autrement redoutables les chemins creux de la Bretagne et les broussailles de la Vendée. L'expérience que nous acquîmes vingt-quatre heures après nous fit changer d'avis.

Pendant les deux longues journées des 30 et 31 mai—

11 et 12 prairial—un phénomène imprévu vint imposer une trève aux deux armées. Une brume épaisse, une évaporation de l'Atlantique, formant un nuage blanchâtre, nous enveloppa totalement; c'est à grand'peine si nous pouvions distinguer le beaupré du vaisseau qui nous suivait, et le flanc de celui qui marchait à côté de nous....

L'inaction...pesait lourdement sur tout le monde. On s'en tourmentait à bord au delà de toute expression; et lorsque enfin le premier juin—13 prairial—le jour, en paraissant pur de toute vapeur, nous découvrit la flotte anglaise, il y eut une acclamation de joie: il semblait que nous étions délivrés de la captivité où la brume nous avait retenus oisifs sans pouvoir offrir notre vie en sacrifice à la Patrie.

Les deux flottes coururent longtemps la même bordée parallèlement, sans doute pour mesurer leurs forces et fixer la place de leurs coups; puis elles obliquèrent pour diminuer la distance qui les séparait, et bientôt elles se trouvèrent à portée du canon. On distinguait de part et d'autre les pièces des batteries basses des vaisseaux montrant par chaque sabord leur large bouche prête à vomir la mort. On découvrait dans les hunes des fusiliers appostés pour tirer aux officiers des gaillards et aux amiraux en observation sur la dunette. De grands filets étaient tendus au-dessus du pont pour préserver les hommes qui y manœuvraient, de la chute des poulies et des agrès coupés par les boulets ramés. On voyait arboré en tête du mât sur notre vaisseau amiral le pavillon carré aux trois couleurs que ne connaissait encore ni la victoire, ni même l'Océan, mais qui, dans cette journée, allait recevoir de notre sang une consécration mémorable. De l'autre côté flottait le pavillon de Saint-Georges, fier de sa vieille renommée, et de couvrir un essaim d'officiers expérimentés, tandis que ceux que nous aurions pu leur opposer avaient déserté la France et conspiraient contre elle avec ses implacables ennemis.

Vers neuf heures du matin, au moment où nous achevions notre déjeuner frugal et rapide, la ligne anglaise se rompit, et, tandis que la tête continuait de nous tenir en échec, l'autre partie, changeant tout à coup de direction, se porta, voiles déployées, avec une impulsion puissante et rapide, entre le centre de notre colonne et son arrière-garde. Un superbe vaisseau à trois ponts, *la Reine Charlotte*, suivi du *Bellérophon*, du *Léviathan* et de beaucoup d'autres, opérèrent ce mouvement hardi, avec autant de précision que d'intrépidité. Leur file serrée, beaupré sur la poupe, pénétra dans la nôtre, et la coupa à angle droit, derrière le vaisseau amiral *la Montagne*. Ce fut un moment solennel. Le feu n'ayant pas encore commencé, la scène était libre de fumée et pouvait être embrassée par les regards. Chacun prévit les conséquences de cet acte décisif; et les malédictions les plus énergiques chargèrent le nom du capitaine qui avait laissé rompre la ligne devant son vaisseau....

L'extrême péril où cette manœuvre jetait notre arrière-garde ne fut pas plutôt aperçu par l'amiral Villaret, qu'il fit virer de bord *la Montagne*, et ordonna à la tête de l'escadre de suivre et imiter ses mouvements. Il n'attendit pas l'exécution de son signal et se jeta au milieu du combat. Nous y entrâmes presque en même temps, et dès lors, quoique je fusse aux pièces du gaillard et même à celles de la dunette, je ne pus rien voir au loin, une épaisse fumée couvrant tout le champ de bataille et ne laissant distinguer que les vaisseaux ennemis qui s'approchaient de nous à brûle-pourpoint pour nous attaquer.

Le nuage qui nous enveloppait ainsi était produit par la combustion de cent mille barils de poudre à canon; il ne ressemblait pas à la brume océanique des jours précédents; au lieu d'en avoir la couleur grise uniforme, il variait selon une foule d'accidents, d'intensité, de forme et de teintes....

Quand le nuage se déchirait, quelque vaisseau ennemi, ceint d'une double et triple zone jaune ou rouge, nous montrait son flanc hérissé de canons prêts à nous foudroyer. Bientôt cette citadelle flottante, ramassant avec ses voiles immenses la légère brise de l'air, prenait une position plus rapprochée et se couvrait de feu. Une effroyable détonation se faisait entendre, et une grêle de boulets énormes venaient démolir les murs de bois qui nous servaient de parapets. Souvent nous prévenions cette décharge meurtrière par celle de toute notre artillerie, et lorsque, à travers les tourbillons de fumée, nous découvrions que nos coups bien dirigés avaient renversé un mât, abattu une vergue, enfoncé un plat-bord et fait une large brèche aux batteries de l'ennemi, alors il s'élevait un cri de triomphe qui relevait le courage de nos compagnons moins favorisés que nous par les hasards du combat.

Dix fois ces terribles occurrences se renouvelèrent avec des aggravations diverses. C'était, le plus souvent, un vaisseau anglais qui venait se ranger bord à bord, et ouvrait sur nous un feu très vif d'artillerie et de mousqueterie, espérant nous réduire bientôt à amener notre pavillon; détrompé par la vigueur de notre résistance il éventait ses voiles pour chercher plus loin quelque autre bâtiment de plus facile capitulation. Mais des rencontres dont le péril était bien plus grand nous attendaient à la fin de la journée. Pendant que nous ripostions à un vaisseau de 74, il en vint un second nous attaquer à l'autre bord. Nous fûmes écrasés par l'irruption des boulets qu'ils nous lancèrent pendant plus d'une heure. Notre mât de misaine fut coupé au ras du pont; le grand mât se rompit par la moitié, et la chute de l'un entraîna celle de l'autre avec l'immense édifice dont ils étaient les soutiens. La percussion fut si violente que, dans la batterie basse où j'étais, tout le monde crut que le bâtiment s'entr'ouvrait. Notre position n'était guère meilleure. La mâture avec les vergues, les voiles, les agrès pendaient le long du bord, plongés à moitié dans la mer, et pesant de tout leur poids sur le vaisseau qui donnait la bande et se penchait sur les flots comme s'il allait chavirer. Chacun courut aux sabords pour en abattre les mantelets et les fermer. Il était temps; l'eau entrait déjà par ces ouvertures dans la batterie basse, et nous allions être submergés. L'équipage, ayant en tête les officiers les plus actifs, s'arma de haches affilées, et à coups redoublés trancha tous les haubans, toutes les manœuvres qui rattachaient encore au vaisseau ses mâts naufragés. Nous étions certainement perdus si, pendant nos efforts pour nous en dégager, l'ennemi eût continué de tirer sur nos travailleurs exposés à découvert; mais un incendie qui se déclara en ce moment dans sa batterie l'obligea à s'occuper de son propre salut, et lui fit éprouver des pertes telles qu'il s'éloigna de nous....

Privés de voiles et même de tout moyen d'en employer, nous étions cloués sur le champ de bataille sans pouvoir nous défendre. Un vaisseau à trois ponts ayant reconnu notre situation désespérée vint, pour en profiter, se placer en travers de notre arrière à demi-portée. L'amiral qui le commandait parut sur sa dunette haute et crénelée comme la grande tour d'un vieux château, et il cria à nos officiers: "J'espère bien, Messieurs, que vous avez amené[1].—Pas du tout, Monsieur, répliqua notre capitaine"; et appelant un timonier, il lui dit: "Mon garçon, va-t'en là-haut montrer notre pavillon à M. l'amiral." L'enfant grimpa quatre à quatre les enfléchures des haubans d'artimon, et saisissant l'un des coins du pavillon qui, faute de vent, tombait en paquet, il l'étala dans toute sa grandeur et le maintint ainsi en défiance de l'ennemi. L'amiral anglais nous envoya à tous les diables par un gros juron et ordonna le feu. C'était vraiment battre un homme à terre, égorger un blessé et mutiler un mort. Aucune de nos pièces ne pouvait tirer sur notre adversaire dans la position qu'il avait prise, et nous étions réduits à nous laisser mettre en pièces sans la moindre résistance. Il est vrai qu'à la distance où nous étions l'ennemi se trouvait trop près pour faire usage de toute son artillerie, mais la moitié suffisait pour produire un affreux carnage et faire couler le *Jemmapes* sous nos pieds. En effet, une première décharge de ses trois batteries sur l'arrière de notre vaisseau balaya les gaillards, ravagea nos ponts, démonta nos pièces de gros calibre, fit pénétrer des boulets à fond de cale, et y acheva nos blessés qu'une première fois avait épargnés la mort. Notre perte eût été

[1] *Amener (le pavillon)* = to strike colours, surrender.

encore plus grande si nos officiers n'avaient pas ordonné aux canonniers de se jeter à plat-ventre, quand ils virent les artilleurs anglais prendre leur boute-feu. Néanmoins une seconde décharge allait certainement nous exterminer, et notre sort semblait inévitable, quand un hasard vint tout-à-coup nous délivrer. L'amiral ennemi fut frappé par les balles de quatre jeunes soldats de marine postés dans la hune d'artimon, le seul mât qui nous restât dans notre terrible détresse. Cet événement déconcerta l'attaque, suspendit le feu destructeur dont nous allions être victimes, et donna le temps à *la Montagne* de venir à notre secours. Le vaisseau anglais, menacé par notre amiral de se trouver dans la dangereuse position où nous étions, celle d'être attaqué par sa poupe, se hâta de s'éloigner et d'aller rejoindre les siens. Nous avions vu notre perte si imminente, que nous pouvions à peine croire à notre salut.

La Montagne s'approcha de nous; nous l'accueillîmes par les plus vives acclamations. L'amiral Villaret et le commissaire de la Convention examinèrent avec intérêt notre malheureux vaisseau dont le dernier mât venait de tomber, ce qui le laissait ras comme un ponton. Ils s'avancèrent sur le couronnement, et, se découvrant tous deux, ils crièrent: "Vivent *le Jemmapes* et son capitaine"; paroles que répétèrent avec enthousiasme les braves marins de *la Montagne*. Ce vaisseau fut le premier et le dernier au combat; il reçut trois cents boulets dans ses flancs et sa flottaison; il eut trois cents hommes tués ou blessés, dont dix-huit officiers. Son capitaine, M. Basire, perdit la vie, et il ne lui resta après la bataille que cinq lieutenants ou enseignes capables de continuer son service. Il combattit douze ou quinze vaisseaux ennemis, et il résista courageusement à sept qui l'attaquaient simultanément.

Notre capitaine, qui avait montré un grand caractère dans cette longue et rude journée, et qui n'avait pas sourcillé dans le plus terrible danger, se trouva mal en entendant les acclamations que méritait sa belle conduite. Un instant auparavant j'avais été témoin d'un autre exemple de la bizarrerie de l'esprit humain. Les jeunes volontaires qui, dans la hune d'artimon, s'étaient comportés comme des héros furent rappelés en bas, le mât entaillé par les boulets menaçant ruine; mais quand il leur fallut descendre de cette hauteur, ils ne l'osèrent jamais; et l'on fut dans la nécessité d'envoyer des gabiers les chercher et leur donner le bras: ce qui fit une scène comique au milieu de notre deuil.

Le bruit du canon, qui nous assourdissait depuis plus de sept heures, s'était éloigné et affaibli. Les vaisseaux anglais avaient évidemment quitté le champ de bataille, obéissant à un ordre de ralliement. C'était un signe de notre succès; mais, en regardant autour de nous, il nous semblait douteux que nous pussions vivre assez pour en voir les effets. A chaque instant, notre situation s'empirait. Des voies d'eau produites par les boulets avaient rempli la cale; et le faux pont ne devait pas tarder à être envahi. Déjà les soutes aux vivres de l'avant étaient inondées; et, quand on prêtait l'oreille aux écoutilles, on entendait la mer s'engouffrer par les trous faits aux bordages de la flottaison, et tomber en cascades dans l'intérieur du bâtiment.... Dans cette extrémité, on appela tout le monde, jusqu'aux officiers et même aux blessés, au service des pompes.... Ces soins...furent récompensés. Le capitaine lui-même reconnut que nous avions gagné deux pieds sur la submersion des basses-œuvres du vaisseau, et qu'en persévérant dans le travail des pompes, nous avions une sorte de sécurité à moins qu'un bordage ne vînt à larguer....

Il n'y avait dans toutes ces circonstances qu'une menace de mort suspendue sur notre vie, et l'habitude du danger en rendait l'impression moins vive; mais j'éprouvais un profond sentiment d'horreur que ma raison ne pouvait vaincre, à l'aspect du charnier sanglant dont la batterie basse m'offrait l'affreux spectacle. Il avait fallu d'abord y établir les blessés qui ne trouvaient plus place dans l'hôpital du faux pont; et ensuite, quand les eaux avaient forcé d'abandonner ce dernier lieu, on avait dû remonter avec des peines infinies, et mettre côte à côte sur deux rangs, dans la batterie, cette foule de malheureux atteints de blessures dangereuses ou mortelles. Les moins à plaindre étaient ceux qui avaient un matelot, un ami, un frère attachant son devoir à leur donner tous les secours possibles dans notre affreux dénûment. Au moins parvenaient-ils à satisfaire leur soif, tandis que les autres faisaient entendre vainement des prières ou des imprécations sans obtenir un peu d'eau; car il était très difficile d'avoir à boire au milieu de la destruction de tous les approvisionnements du bord. Beaucoup, il est vrai, étaient délivrés successivement des misères de la vie, et, par leur départ, rendaient moins serrés les rangs des survivants. Je me souviens que, dans la matinée du lendemain, ayant entendu, le long du bord, un grand tumulte dans la mer, je demandai à un quartier-maître quelle en était la cause. "C'est le père Simon, répondit-il, un vieux camarade de trente ans, que nous venons de jeter par-dessus le bord, et dont les requins se disputent et se partagent le cadavre."...

La nuit était venue, et le silence régnait sur ce champ de bataille, où six mille bouches à feu avaient tonné tout le jour. On n'entendait que le bruit des pompes et celui du marteau des calfats, qui luttaient contre la mer pour l'empêcher d'engloutir les vaincus et les vainqueurs dans ses abîmes....Après avoir épuisé aux travaux des batteries le peu de force qui me restait, je m'enfuis de l'entrepont, où l'on respirait une horrible odeur de carnage, et j'allai me recommander à un vieux timonier avec qui, d'ordinaire, je parlais d'hydrographie. Ce digne homme me roula dans un pavillon, et me coucha dans un coin de la dunette, le seul endroit où je pusse être en repos. La soif me dévorait les entrailles; mais dans un vaisseau ravagé comme le nôtre, il était impossible de trouver une goutte d'eau, et mon camarade m'exhorta à la résignation. Un moment après, quelqu'un s'approcha et me dit à voix basse de me lever. C'était le capitaine, le capitaine lui-même, qui nous avait entendus et qui venait me donner à boire. Je fus si touché de cette bonté que je ne pus trouver une parole et que je me mis à pleurer. Cet homme si bienfaisant avait été l'un des héros de cette bataille, et moi qu'il traitait avec cette tendresse paternelle, je n'étais qu'un pauvre jeune homme qu'il avait à peine vu remplissant son devoir au milieu de la furie du combat. Il est douteux qu'un sous-lieutenant sorti récemment de l'école voulût maintenant descendre de sa dignité pour faire une pareille action; mais alors la bonté était, dans tous les rangs, bien moins rare. Je me rappelle avec une douce satisfaction que, pendant le retour de l'escadre, mes camarades, me voyant exténué par les rudes épreuves de la campagne, allèrent, sans m'en rien dire, demander au lieutenant de m'exempter du quart, se proposant pour le faire chaque nuit à ma place. Les officiers qui avaient relevé leur marmite, s'étant persuadés que c'était faute de nourriture que je m'affaiblissais graduellement, arrêtèrent qu'il me serait envoyé chaque jour un dîner de leur table. Je refusai inutilement; pour surmonter ma répugnance, ils prétendirent que c'était un ordre de service, et que je n'étais pas libre d'en agir à mon gré. Voilà dans la vie intime ces Français de 1794 que, pendant un demi-siècle, l'Europe et même leur propre pays ont condamné en masse comme des buveurs de sang.

Nous attendions le jour avec une impatience inexprimable; il devait nous montrer qui de nous ou de l'ennemi était resté victorieux; il devait nous expliquer comment la nuit s'était passée sans que nous eussions eu aucune nouvelle de notre escadre. Nous fûmes cruellement désappointés quand l'aurore nous retrouva, comme avant la bataille, environnés d'un brouillard épais qui ne laissait rien voir autour de nous. Du milieu de cette brume s'élevèrent des cris plaintifs qui émurent nos matelots, disposés à croire que c'était une manifestation surnaturelle qu'il fallait attribuer aux âmes de nos camarades partis. Après bien des conjectures et une longue attente, on découvrit enfin à la mer un pauvre diable qui y séjournait depuis la veille, amarré à une cage à poulets. C'était un marin de l'équipage du *Vengeur*. Ce vaisseau, attaqué par trois vaisseaux ennemis, avait refusé de se rendre; battu en brèche et démantelé, il avait continué de se défendre jusqu'à ce que l'eau envahît ses batteries; et déjà à moitié coulé, il avait maintenu son pavillon. Quand il disparut sous les flots, son équipage réfugié sur ses mâts, et déjà réduit à moitié par le combat et la mer, faisait encore entendre les cris de: "Vive la République!" Quelques hommes furent sauvés par l'ennemi: et d'autres, comme le marin que nous recueillîmes, s'en furent en dérive sur des débris, avec la chance, s'ils ne rencontraient point d'assistance dans la solitude de l'Océan, de mourir bientôt dévorés par la faim ou par les poissons avides de chair humaine.

... Il est vrai que la bataille navale du 1er juin donna une grande célébrité à la marine anglaise et une belle renommée à l'amiral Howe; mais ses avantages réels furent bien moins grands qu'ils ne le parurent, et qu'on ne l'a dit.... Malgré une supériorité de nombre vraiment écrasante, la flotte anglaise ne put ni prendre à l'abordage, ni faire amener aucun de nos vaisseaux. Ceux qui tombèrent en son pouvoir ne furent ramassés vingt-quatre heures après que comme le sont par le premier venu les morts et les blessés abandonnés sur un champ de bataille. Une escadre mal équipée, n'ayant qu'un très petit nombre d'officiers et de matelots expérimentés, soutint intrépidement pendant tout un jour le combat acharné que lui livrait une escadre beaucoup plus forte, bien commandée et pourvue de marins d'élite. Nos jeunes équipages, qui tenaient la mer et se battaient pour la première fois, égalèrent en courage et en persévérance la vieille marine royale d'Angleterre, et ils laissèrent l'exemple glorieux d'un vaisseau dont l'équipage aima mieux périr que d'amener son pavillon.

Il faut rendre cette justice à l'ennemi qu'il manœuvra avec une habileté supérieure qui lui assura constamment l'avantage du vent. Il fit preuve de résolution dans l'attaque de notre ligne, et d'une prudence consommée en sortant du combat pour reprendre son ordre de bataille qui lui donnait l'initiative des opérations. Ajoutons, avec une égale impartialité, qu'il témoigna des sentiments de bienfaisance et d'humanité lorsque le *Vengeur* s'enfonça

dans les flots, et qu'il s'efforça de sauver les hommes qui
n'avaient pas été engloutis dans le tourbillon formé par la
mer quand ce vaisseau disparut.

§ 8. *Three Maxims for Patriots.*

LAZARE CARNOT.

(*a*) *" Pay equal heed to public safety and to the*
rights of others[1]."

Rapport au Comité diplomatique du 13 février 1793.

La loi du 15 décembre 1792[2] engage l'honneur de la nation
française à protéger la liberté chez tous les peuples qui
voudront la conquérir; elle donne à tous ceux qui recon-
naissent les Droits de l'homme celui de réclamer notre
secours; elle en fait nos alliés naturels.

Cependant cette loi ne nous oblige point à nous identifier
avec eux; et nos principes même, contraires à tout projet
d'agrandissement, veulent qu'à moins d'un puissant intérêt,
comme serait celui d'une grande mesure de sûreté générale,
nous nous bornions à les considérer comme amis.

Les nations sont entre elles, dans l'ordre politique, ce
que sont les individus dans l'ordre social: elles ont comme
eux leurs droits respectifs; ces droits sont l'indépendance,
la sûreté au dehors, l'unité au dedans, l'honneur national,
intérêts majeurs...qu'un peuple ne saurait perdre qu'arrachés par la force, et qu'il peut toujours reprendre quand

---

[1] From *Correspondance générale de Carnot* (ed. Charavay, 1892,
Imp. Nat.), t. I, p. 363 f.

[2] "Il est enjoint aux généraux de proclamer, dans les pays
conquis, la doctrine de la souveraineté des peuples, et de dissoudre
les autorités existantes. La nation française déclare qu'elle traitera
comme ennemi le peuple qui, refusant la liberté ou l'égalité, ou y
renonçant, voudrait conserver, rappeler ou traiter avec les princes
ou les castes privilégiées; elle promet et s'engage de ne souscrire
aucun traité, et de ne pas poser les armes qu'après l'affermissement
de la souveraineté et de l'indépendance du peuple sur le territoire
duquel les troupes de la république sont entrées, qui aura adopté les
principes de l'égalité, et établi un gouvernement libre et populaire."

l'occasion lui en est offerte. Or, la loi naturelle veut qu'on respecte ces droits, qu'on s'aide même mutuellement à les défendre, tant que par ces secours et ces ménagements réciproques on ne compromet pas les siens propres....

Aucune réunion, augmentation, diminution ou mutation quelconque de territoire, ne peut avoir lieu dans l'étendue de la République sans qu'il soit reconnu : 1º Que cette mutation n'a rien de contraire aux intérêts de l'État ; 2º que les communes l'ont demandée par l'émission d'un vœu libre et formel, ou que la sûreté générale de la République la rend indispensable....

Dans le système de la république universelle, cette réunion pourrait paraître exister de droit ; mais, sans énoncer aucune opinion à ce sujet, j'observerai qu'en supposant démontrée la possibilité de cette république universelle, le moyen le plus simple d'y parvenir serait moins de nous étendre de toutes parts avec précipitation, que d'établir, dans le cercle que la nature nous a tracé entre les fleuves et les chaînes de montagnes, une prospérité dont le tableau pût fixer les désirs des peuples circonvoisins, et les entraîner à l'imitation, par le charme de la félicité publique.

Dire que la souveraineté réside dans l'universalité du genre humain, c'est dire que la France n'est qu'une portion du souverain, qu'elle n'a pas le droit... d'établir chez elle les lois qui lui conviennent ; et nous avons pour principe que tout peuple, quelle que soit l'exiguité du pays qu'il habite, est absolument maître chez lui ; qu'il est égal en droit au plus grand, et que nul autre ne peut légitimement attenter à son indépendance, à moins que la sienne propre ne se trouve visiblement compromise.

Puisque la souveraineté appartient à tous les peuples, il ne peut y avoir de communauté ou de réunion entre eux qu'en vertu d'une transaction formelle et libre ; aucun d'eux n'a le droit d'assujettir l'autre à des lois communes sans son exprès consentement.

Notre principe est de n'imposer la loi à aucun peuple ; mais un principe antérieur à celui-là est d'empêcher qu'aucun peuple ne nous l'impose à nous-mêmes. Or, ce serait nous laisser imposer la loi que de souffrir qu'on nous enlevât les moyens de défendre efficacement nos frontières; ce serait recevoir la loi, et la plus désastreuse de toutes les lois, que de consentir à ce qu'il fût porté atteinte à l'indivisibilité de la République. Il est donc évident que si nous ne pouvions éviter de pareils malheurs sans froisser les intérêts de quelques-uns de nos voisins, ce ne serait pas une injustice de le faire, ce serait un devoir rigoureux.... Mais qui jugera, vous dira-t-on, de ces grands intérêts, qui empêchera que, sous le prétexte banal du salut du peuple, vous ne violiez sans nécessité les droits des nations étrangères?...

Eh! dans quel lieu la France trouverait-elle aujourd'hui un juge impartial, si elle renonçait à trancher elle-même sur ses intérêts majeurs? Quel est le gouvernement auquel il lui fût prudent de remettre la décision de cette grande cause de la liberté contre la tyrannie? Quel est le potentat actuel qui ne désirât anéantir et cette liberté qui nous a coûté si cher, et la France avec elle? Quel est le peuple même assez éclairé sur les faits de notre Révolution, assez dégagé des préventions qu'on a pris peine à lui suggérer, assez fort contre les maîtres qui le tiennent courbé, pour dire ouvertement ce que lui dicte sa raison?

Suivons donc la loi de conservation écrite dans le cœur de tous les hommes, et tâchons de n'en point abuser; que l'honneur national, que la générosité française soient pour tous les peuples de la terre les garants certains de la justice que vous leur devez et que vous voulez leur rendre; que ces sentiments sublimes, en brisant les fers des nations opprimées, surpassent leurs espérances et leurs désirs....

Les limites anciennes et naturelles de la France sont le Rhin, les Alpes et les Pyrénées; les parties qui en ont été démembrées ne l'ont été que par usurpation; il n'y aurait donc, suivant les règles ordinaires, nulle injustice à les reprendre; il n'y aurait nulle ambition à reconnaître pour frères ceux qui le furent jadis, à rétablir des liens qui ne furent brisés que par l'ambition elle-même.

Mais ces prétentions diplomatiques, fondées sur la possession ancienne, sont nulles à nos yeux comme à ceux de la raison. Le droit de chaque nation est de vivre isolée, s'il lui plaît, ou de s'unir à d'autres, si elles le veulent, pour l'intérêt commun. Nous Français ne connaissons de souverains que les peuples eux-mêmes; notre système n'est point la domination, c'est la fraternité....

(b) *"Do not wage war for conquest only[1]."*

Rapport au Comité de Salut public du 28 messidor an II
(16 juillet 1794).

Ce n'est point assez que les armes de la République soient partout triomphantes; il faut que ses victoires aient un but utile et que le résultat n'en soit point abandonné au hasard et à l'enthousiasme, qui pourraient faire perdre en un instant le fruit de tant de travaux et d'héroïsme. Il est donc infiniment essentiel de les fixer d'avance sur le but auquel on veut parvenir.

La rapidité de nos succès militaires et l'intrépidité des soldats de la République ne nous permettent pas de douter que nous pourrions, si nous le voulions, dans le cours de cette campagne planter l'arbre de la liberté sur les bords du Rhin, et réunir à la France tout l'ancien territoire des Gaules. Mais, quelque séduisant que soit ce système, on trouvera peut-être qu'il est sage d'y renoncer et que la France ne pourrait que s'affaiblir et se préparer une guerre interminable par un agrandissement de cette nature.

Quoique le Rhin soit une barrière des plus formidables, en se portant jusqu'à lui on augmenterait prodigieusement le développement des frontières, et il en résulterait une extrême dissémination des forces qui doivent les défendre. Dans l'étendue d'un aussi long cours, il faudrait une grande quantité de troupes et une vigilance des plus constantes pour empêcher qu'un ennemi habile ne vînt à bout de surprendre quelques passages, ne gagnât le derrière des armées, ne les forçât à abandonner précipitamment toutes

[1] From *Correspondance générale de Carnot* (Imp. Nat.), t. IV. p. 496.

leurs conquêtes et à revenir sur leurs anciennes limites après des pertes immenses. Il faudrait donc, si l'on se livrait à ce projet d'invasion, se résoudre à prolonger l'état de guerre, à continuer d'entretenir une grande force armée et s'exposer à de nouvelles alternatives de revers et de succès qui ne permettraient plus d'espérer la fin des crises politiques.

Ce système a encore l'inconvénient de contrarier le principe par lequel la France renonce à l'esprit de conquête. Il semble en effet que, d'après ce principe, nous devions rejeter tout agrandissement qui ne serait pas commandé par la nécessité d'assurer nos propres possessions....

Ajoutons que, la plupart des peuples qu'il faudrait réunir à la France pour aller jusqu'aux bords du Rhin n'étant pas mûrs encore pour notre révolution, les factions qui se formeraient dans l'intérieur de ces pays se join-draient aux ennemis du dehors pour nous rendre victimes de nos propres succès....

Il paraît donc beaucoup plus sage de restreindre nos projets d'agrandissement à ce qui est purement nécessaire pour porter au maximum la sûreté de notre propre pays, pour rompre la coalition, assurer notre commerce et réduire les ennemis à l'impuissance de nous attaquer dans la suite avec quelque apparence de succès....

(c) *"Be true to your own*[1]*."*

18 *floréal, an* VI
(7 *mai* 1798).

Mon but fut de faire aimer la république, en lui donnant pour base une liberté réelle et non consistante dans des expressions dérisoires. J'ai voulu conserver à la représen-tation nationale du grand peuple le rang suprême que la nature des choses ordonne et que la constitution lui

[1] From *Réponse de L. N. M. Carnot au Rapport fait sur la Conjuration du* 18 *fructidor an* V, *au conseil des Cinq-cents par J. Ch. Bailleul, au nom d'une commission spéciale*, pp. 206–239 (Londres, s.d.).

désigne. J'ai désiré que les citoyens fussent dirigés dans leur conduite par des institutions converties en habitudes, plus que par les menaces de la loi; enfin j'ai pensé qu'il valait mieux laisser les préjugés se dissiper insensiblement par les lumières de la raison, que de les extirper avec violence. J'ai sûrement fait beaucoup de fautes, dans une carrière pour laquelle je n'avais point été destiné: mais en aucun temps je ne me suis écarté de ces principes qui m'ont servi de boussole dans les tourmentes révolutionnaires. Si j'ai profité de l'enthousiasme général pour pousser la guerre avec une vigueur auparavant inconnue, ç'a été pour faire cesser plus tôt l'état de crise où cet enthousiasme même mettait la nation. J'avais formé le projet d'écrire l'histoire de cette guerre sacrée, qui a posé sur tant de trophées immortels les bases de la grande république; et de consigner dans des annales les traits innombrables d'héroïsme des défenseurs de la patrie, pour être la gloire et l'instruction de leur postérité. C'était pour cela que dès le principe, j'avais établi le cabinet appelé *topographique et historique*, où j'ai fait rassembler une immense quantité de matériaux, que d'autres pourront mieux que moi mettre en œuvre.

Je n'ai point usé du long exercice du pouvoir qui m'a été confié pour amasser des richesses, pour élever mes parents aux emplois lucratifs; mes mains sont nettes et mon cœur pur.

Je ne cesserai de tourner mes regards vers ma patrie: personne n'a le droit de me dépouiller de la qualité de citoyen que m'a donnée la constitution, que j'ai méritée par mon amour pour elle, par mon zèle à la servir: je ne reconnais point des actes arbitraires, ni l'œuvre de la tyrannie: je demande un jugement régulier et constitutionnel, et je ne crains ni la sévérité des juges, ni l'exaltation des jurés: quels qu'ils soient les uns et les autres, je suis sûr d'être aussi républicain qu'eux; je ne réclame que leur liberté dans l'émission de leur acte déclaratoire. Mon seul crime, je le répète, on ne m'en trouvera point d'autres, est d'avoir voulu empêcher que le peuple français eût des tyrans. J'ai dû échouer dans ce projet, parce que je n'ai voulu opposer que les moyens autorisés par la constitution dont le dépôt m'était confié, à des monstres pour lesquels il n'y a rien de sacré.

O France! ô ma patrie! ô grand peuple, véritablement grand peuple! c'est sur ton sol que j'eus le bonheur de naître; je ne puis cesser de t'appartenir qu'en cessant d'exister. Tu renfermes tous les objets de mon affection: l'ouvrage que mes mains ont contribué à fonder; le vieillard probe qui me donna le jour, une famille sans tache, des amis qui connaissent le fond de mon cœur; qui savent si jamais il conçut d'autre pensée que celle du bonheur de ses compatriotes; s'il forma d'autre vœu que celui de ta gloire immortelle, de ta constante prospérité. Reçois ce vœu que je renouvelle chaque jour, que j'adresse en ce moment à tout ce que tu contiens d'âmes honnêtes et vertueuses, à tous ceux qui conservent au dedans d'eux-mêmes l'étincelle sacrée de la liberté; et je finis par la prière des Spartiates:—O DIEU, FAITES QUE NOUS PUISSIONS SUPPORTER L'INJUSTICE.

FIRST EPOCH,

December, 1813—November, 1818.

FALL OF THE EMPIRE: INVASION OF FRANCE: THREE REVOLUTIONS IN FIFTEEN MONTHS: PATRIOTISM PUT TO THE TEST.

CHAPTER I

DECAY OF PATRIOTISM IN THE ARMY, 1813–1814.

§ 9. *Duty towards the Country*[1].

STENDHAL.

L'enthousiasme pour les vertus républicaines, éprouvé dans les années appartenant encore à l'enfance, le mépris excessif et allant jusqu'à la haine pour les façons d'agir des rois, contre lesquels on se battait, et même pour les usages militaires les plus simples, qu'on voyait pratiquer par leurs troupes, avaient donné à beaucoup de nos soldats de 1794 le sentiment que les Français seuls étaient des êtres raisonnables. A nos yeux, les habitants du reste de l'Europe qui se battaient pour conserver leurs chaînes, n'étaient que des imbéciles pitoyables, ou des fripons vendus aux despotes qui nous attaquaient. *Pitt* et *Cobourg*, dont le nom sonne encore quelquefois, répété par le vieil écho de la révolution, nous semblaient les chefs de ces fripons et la personnification de tout ce qu'il y a de traître et de stupide au monde. Alors tout était dominé par un sentiment profond dont je ne vois plus de vestiges. Que le lecteur, s'il a moins de cinquante ans, veuille bien se figurer, d'après les livres, qu'en 1794, nous n'avions aucune sorte de religion; notre sentiment intérieur et

[1] From *Vie de Napoléon* (Calmann-Lévy, Paris, 1877), p. 2 f.

sérieux était tout rassemblé dans cette idée: *être utile à la patrie.*

Tout le reste, l'habit, la nourriture, l'avancement, n'étaient à nos yeux qu'un misérable détail éphémère. Comme il n'y avait pas de société, les *succès dans la société*, chose si principale dans le caractère de notre nation, n'existaient pas.

Dans la rue nos yeux se remplissaient de larmes, en rencontrant sur le mur une inscription en l'honneur du jeune tambour Barra (qui se fit tuer à treize ans, plutôt que de cesser de battre sa caisse, afin de prévenir une surprise). Pour nous, qui ne connaissions aucune autre grande réunion d'hommes, il y avait des fêtes, des cérémonies nombreuses et touchantes, qui venaient nourrir le sentiment dominant tout dans nos cœurs.

Il fut notre seule religion. Quand Napoléon parut et fit cesser les déroutes continuelles auxquelles nous exposait le plat gouvernement du Directoire, nous ne vîmes en lui que *l'utilité militaire* de la dictature. Il nous procurait des victoires, mais nous jugions toutes ses actions par les règles de la religion qui, dès notre première enfance, faisait battre nos cœurs: nous ne voyions d'estimable en elle que *l'utilité à la patrie.*

Nous avons fait plus tard des infidélités à cette religion; mais dans toutes les grandes circonstances, ainsi que la religion catholique le fait pour ses fidèles, elle a repris son empire sur nos cœurs. Il en fut autrement des hommes nés vers 1790 et qui à quinze ans, en 1805, lorsqu'ils commencèrent à ouvrir les yeux, virent pour premier spectacle les toques de velours ornées de plumes des ducs et comtes, récemment créés par Napoléon. Mais nous, anciens serviteurs de la patrie, nous n'avions que du mépris pour l'ambition puérile et l'enthousiasme ridicule de cette nouvelle génération.

Et parmi ces hommes habitant aux Tuileries, pour ainsi dire, qui maintenant avaient des voitures et sur le panneau de ces voitures de belles armoiries, il en fut beaucoup qui regardèrent ces choses comme un caprice de Napoléon et comme un caprice condamnable; les moins ardents y voyaient une fantaisie *dangereuse pour eux*; pas un sur cinquante ne croyait à leur durée.

§ 10. *An Association of republican soldiers*[1].

Il y a près de quinze ans, un certain nombre de militaires français, amis de la liberté, s'unirent par la fraternité d'armes. Leur association formée dans les montagnes du Jura se ressentit de son berceau. Elle avait pour chef un jeune officier, l'élève et l'ami du général Malet. Le Colonel Oudet[2] est mort à la bataille de Wagram; et je puis, sans indiscrétion, désigner à la vénération publique la mémoire d'un homme vertueux et modeste, d'un homme que la nature avait moulé pour les grandes actions, et que la guerre a moissonné dans sa fleur.

Dans l'un de ces courts intervalles de repos que la prodigieuse activité de Bonaparte laissait à quelques corps de nos armées, Oudet fit un voyage à Paris; et, donnant plus d'étendue à son association, il y reçut des citoyens.... Tout ce que je puis ajouter, c'est que la mort du chef a laissé le corps sans vie, et que si les membres de ce corps ne se sont pas rassemblés sous une autre tête, c'est parce qu'on hésitait entre l'amour de la liberté et le danger d'arrêter Napoléon au milieu de ses entreprises. Leur éclat avait entraîné l'armée; elles avaient soulevé toute l'Europe; le mal était fait; il ne restait plus aux patriotes français que de se dévouer pour arrêter ce terrible débordement.

Mais tous les membres de cette association n'ont pas succombé victimes de la guerre ou des proscriptions; le patriotisme et l'honneur vivent toujours dans ces âmes fortes; elles en ont conservé la tradition, la chaleur et la pureté.

---

[1] From an anonymous article, "Du Patriotisme français," in *Le Lynx, coup d'œil et réflexions libres sur les écrits et les affaires du temps; recueil publié par M. Rigomer Bazin* (Paris, Blanchard, Janvier 1815), t. I, pp. 210–218 (with omissions).

[2] On Oudet and his society, "les philadelphes," Ch. Nodier gives a good deal of detailed information which is much open to suspicion. Cf. L. Pingaud, *La Jeunesse de Ch. N.* (Champion, 1919), p. 231.

Un système perfide essaie d'accréditer parmi nous cette erreur décourageante, que la France a perdu dans sa révolution tout sentiment de sociabilité, toute idée de justice et d'ordre, toute énergie. Cette injure, répétée par des gens intéressés à flétrir la patrie qu'ils ont abjurée, est le texte journalier des écrivains à gages et des valets de cour. Les faits qu'ils donnent à l'appui de leurs calomnies sont les travaux de l'assemblée constituante, le régime de la terreur, le gouvernement directorial et la docilité des Français sous la longue domination de Bonaparte....

Le régime de la terreur ne fut point un signe de corruption, mais l'effet d'une résistance qui, pour vaincre, ne se croyait jamais assez forte. La corruption n'enfante ni ces prodiges de valeur, ni cette farouche énergie, ni cette abnégation de soi-même, ni ce terrible délire; elle ne produit que des vices bas, des mœurs serviles, des habitudes molles, des goûts frivoles et bizarres; elle tend la main à l'or de l'étranger, et la tête au joug.

La nation qui se reconstitue est comme la nation qui se fonde: l'une et l'autre sont justifiées par le succès; l'une et l'autre ont été capables d'un grand effort; quand elles l'ont produit, la violence de leur mouvement a détruit tout ce qui était en présence; et le comble de la déraison est de leur imputer à crime les coups qu'elles ont portés dans la chaleur du combat. Le crime est une infraction aux lois sociales et naturelles: or, toute révolution, c'est-à-dire tout mouvement national, tendant à substituer de nouvelles institutions aux anciennes, amène un moment où la loi proscrite n'existe plus, et où la loi nouvelle n'existe pas encore. Dans cet orageux intervalle le salut public tient lieu de tout. Sans doute les chefs du gouvernement révolutionnaire ont commis de grandes fautes;...mais la nation est demeurée irréprochable. Exaltée, tourmentée par eux, indignée à l'aspect de l'étranger foulant son territoire, et de la guerre civile de l'Ouest, elle s'est levée contre ses ennemis; elle les a vaincus et dispersés; elle s'est acquittée envers le patriotisme et l'honneur.

§ 11.   *Glory preferred before Country.*
COMTE ROEDERER[1].

Voici notre conversation:

Roederer. Général, j'ai l'honneur de vous saluer.

Lassalle. Monsieur, vous allez à Madrid?

R. Oui, général.

L. J'ai laissé, il y a trois jours, le Roi très bien portant.

R. Vous n'avez pas fait de mauvaise rencontre en route?

L. Point du tout. Il n'y a rien à craindre....Il n'y a pas le moindre danger.

R. Ce que vous dites là est fort rassurant; mais on m'a parlé tout autrement hier et ce matin, et surtout on m'a recommandé de ne pas m'en rapporter au général Lassalle, qui n'a peur de rien....

L. Quand j'ai passé à..., le commandant est venu à ma voiture et m'a dit: "Général, je ne vous laisserai point partir sans une escorte de vingt-cinq hommes: il y a des brigands...." Je lui ai répondu que je n'en voulais pas. Il a insisté. Je lui ai dit: "Savez-vous à qui vous parlez? — Je parle à un officier français. — Vous parlez au général Lassalle. Combien sont ces brigands?—Environ trois cents. —Combien avez-vous d'hommes? —Cinquante.—Quoi! vous avez cinquante hommes et vous laissez la route sans sûreté? Cela est lâche. Je rendrai compte de votre conduite, je ne veux point de votre escorte." J'ai passé, je n'ai rien vu, et me voilà.

R. Général, il faut vous garder pour la campagne qui commence en Allemagne.

L. Je suis en retard de six semaines: je serai grondé. Les premiers coups de fusil seront tirés quand j'arriverai. L'empereur vient de me donner une superbe division: huit régiments de troupes légères, huit pièces de canon. C'est plus qu'il ne m'en faut. Je serai au désespoir si on commence sans moi.   *R*. Vous passez par Paris?

L. Oui; c'est le plus court. J'arriverai à cinq heures du matin; je me commanderai une paire de bottes, j'embrasserai ma femme et je partirai.

---

[1] Notes taken by Roederer of a conversation with General Lassalle at Burgos in the house of General Thiébault. From *Journal du Cte P.-L. Roederer*, ed. M. Vitrac (Daragon, 1909), p. 269 f.

Thiébault. Tu n'emmènes donc pas ta femme avec toi, cette fois-ci?

L. Pourquoi pas, si elle veut? Mais elle est toute changée, ma femme.

T. Elle était en Espagne à la bataille de Rio-Secco.

L. Jusque là elle avait été assez raisonnable; ce jour-là, je ne la reconnaissais pas; elle eut peur, quoiqu'il n'y eût guère que deux ou trois cents hommes tués. Les boulets venaient autour d'elle et de sa petite fille. Elle fut saisie d'une terreur singulière. Je lui envoyai dire d'aller un peu plus loin; elle se retira dans un endroit où l'on portait les blessés. Là elle fit la dame de charité avec les malades. Cette affaire-là l'a changée, tout à fait: elle est à présent poltronne.

T. Comment la laissais-tu aller comme cela au plus épais? Tu devais avoir peur pour elle?

L. Ma foi, non! je n'y pensais pas, puisque je n'avais pas peur pour moi.

R. Général, c'est pour arriver sain et sauf aux grandes aventures, qu'il faut vous préserver des brigands....

L. Moi, j'ai assez vécu jusqu'à présent. Pourquoi veut-on vivre? Pour se faire honneur, pour faire son chemin, sa fortune. Eh bien, j'ai trente-trois ans, je suis général de division. Savez-vous que l'empereur m'a donné, l'an passé, cinquante mille livres de rente? C'est immense!

R. L'empereur n'en restera pas là, et votre carrière n'est pas finie. Mais pour jouir de tout cela, il faut éviter les dangers inutiles; car, après tout, pourquoi veut-on se faire honneur, faire son chemin, sa fortune? C'est pour en jouir....

L. Non, point du tout. On jouit en acquérant tout cela. On jouit en faisant la guerre. C'est déjà un plaisir assez grand: on est dans le bruit, dans la fumée, dans le mouvement; et puis, quand on s'est fait un nom, eh bien! on a joui du plaisir de le faire. Quand on a fait sa fortune, on est sûr que sa femme, ses enfants ne manqueront de rien: tout cela est assez. Moi, je puis mourir demain[1].

---

[1] Lassalle fell at Wagram, July 6, 1809, a few weeks after this conversation.

§ 12. *Decay of patriotism in the high command,*
1813–1814.

GÉNÉRAL THIÉBAULT[1].

[*November*, 1813.]

...Je ne puis me soustraire à cet aveu: depuis la
débâcle de Leipzig, mes idées s'étaient transformées.
L'armée que l'Empereur était parvenu à recréer était
morcelée, battue et entamée au point de ne plus avoir un
cinquième à opposer à des ennemis exaltés par leurs
victoires. Malgré son épuisement d'hommes et d'argent,
et quoique n'ayant plus guère de confiance et d'élan, la
France pouvait-elle encore entreprendre une guerre
nationale? Pour faire une pareille guerre avec succès,
il faut comme en Espagne[2] un sol et surtout un peuple
à part, dont chaque individu, sous l'empire du fanatisme,
consente à guerroyer pour son propre compte, à mettre
en jeu son avoir, son abri, sa famille, à courir, en sus de
toutes les chances de la guerre, celle de l'échafaud. Mais
encore, et sans durée, une telle guerre ne peut avoir de
résultats, et cette durée, la force et l'acharnement des
ennemis ne permettaient pas de l'espérer. Enfin, con-
sidérant que Napoléon ne pouvait plus faire une perte,
commettre une faute, une erreur, sans être achevé, alors
que les alliés pouvaient impunément en commettre
d'énormes, qu'il devait succomber même en faisant des
prodiges, je désespérai pour la première fois du salut de
nos armes et de la patrie, et, subissant les conséquences
de ce découragement, ce qui m'intéressait et pouvait
intéresser ma famille se trouva pour la première fois de
ma vie en première ligne dans ma pensée. C'est qu'au
moment du naufrage tout se divise et s'individualise à
ce point qu'il ne reste rien qu'on ne soit prêt à sacrifier
à soi-même.

   [1] From *Mémoires du Général Baron Thiébault, publiés d'après
le manuscrit original par Fernand Calmettes* (Plon, 1910, 8th ed.),
t. v, pp. 147 f., 189 f., 191.
   [2] Cf. the words of Aimée de Coigny, *infra*, p. 77.

[January—May, 1814, at Hambourg, with Davout.]

...Les nouvelles devenaient chaque jour plus horribles. Le commencement de 1814, comme celui de 1794, fut plus déplorable que la fin de 1793 et celle de 1813 ne l'avaient été, et dans cette progression de tout ce que l'on peut imaginer de douleurs morales s'écoulèrent pour nous janvier, février, mars et avril. Déjà le mois de mai était commencé; ce mois d'espérance et de vie, où la nature semble nous faire renaître avec elle, ce mois de rafraîchissement et d'élans nouveaux ne nous apporta que la recrudescence de nos chagrins et de notre accablement. Nous avions tout osé prévoir, tout hors la domination des Bourbons, dont le nom seul nous paraissait une exhumation, lorsque le 9 mai, au jour naissant, la ligne des ennemis, sur le front de Hambourg, nous apparut pavoisée de drapeaux blancs.

A peine informé de ce fait, et en dépit des bruits qui se répandaient et tendaient à s'accréditer, le maréchal[1] ordonna de tirer sur tous ces drapeaux, qui en moins d'un quart d'heure furent abattus à coups de canon, et si quelques hommes dans l'armée soutinrent que cette levée de loques blanches était une ruse destinée à nous tromper et à nous désunir, si d'autres le crurent, le plus grand nombre ne fut nullement rassuré. D'ailleurs, de nouveaux drapeaux, placés hors de la portée de nos boulets, ne tardèrent pas à reparaître et nous semblèrent assez significatifs, de même qu'ils nous firent penser qu'avoir renversé les premiers n'était peut-être pas fort sage, si réellement leur pronostic se réalisait. Quoi qu'il en soit, cette manière de nous narguer dura jusqu'au 10 mai, à une heure du matin, où nous reçûmes l'ordre de nous rendre immédiatement chez le maréchal pour une communication de la plus haute importance. On comprend, en l'état de qui-vive où nous nous trouvions, quel fut notre empressement à arriver. Comme à l'ordinaire, nous trouvâmes le maréchal marchant à

[1] Davout.

grands pas, et cette fois son agitation était trop naturelle pour qu'elle nous semblât avoir rien d'extraordinaire. Enfin, du moment où le dernier général de division fut arrivé: "Messieurs," nous dit le maréchal, "l'Empereur a abdiqué pour lui et pour sa race; la France rentre sous la domination des Bourbons." Après un silence que personne n'interrompit: "Ces nouvelles sont certaines," ajouta-t-il; "un de mes parents, que le gouvernement provisoire établi à Paris m'a envoyé en courrier, vient de me les apporter avec l'ordre de les communiquer de suite aux troupes, de faire prendre la cocarde blanche, de faire reconnaître comme roi Louis-Xavier de Bourbon, sous le nom de Louis XVIII, et de faire signer à l'armée un acte de soumission et d'adhésion. Les papiers qui couvrent cette table sont les *Moniteurs* relatifs à ces événements et quelques proclamations; prenez connaissance de leur contenu, nous en conférerons ensuite." A ces mots, il nous quitta et rentra dans sa chambre. Quant à nous, nous dévorâmes plus que nous ne lûmes tout ce qui avait trait aux deux faits gigantesques qui nous étaient transmis. Au bout d'une demi-heure, le maréchal reparut, et, comme il sembla nous interroger sur ce que nous pensions de ces terribles nouvelles, comme personne ne se hâtait de répondre, je prononçai ces mots: "Il n'y a pas d'opinion à émettre sur des événements accomplis auxquels on ne peut rien. Quant à Louis XVIII, espérons en sa sagesse; quant à Napoléon, si nous avions échappé au désastre qui, par lui, nous frappe en ce moment, nous l'aurions subi l'année prochaine; si nous y avions échappé dans un an, nous l'aurions subi dans deux, et, puisque tôt ou tard il fallait que ce désastre s'accomplît, mieux vaut aujourd'hui que demain: l'abîme est moins profond." Et une espèce de *concedo* se manifesta sur les figures et dans le geste de la plupart des assistants.

§ 13. *Chivalry sapped by War of Conquest.*

COMMANDANT VIVIEN[1].

Vers la mi-février 1814, le maréchal duc de Dalmatie[2] abandonna la rive droite de la basse Adour, et concentra son armée sur le Gave de Pau. Les alliés suivirent son mouvement avec beaucoup de circonspection et sans l'inquiéter dans sa retraite.

Pendant les quelques jours qui précédèrent la bataille d'Orthez, la division de dragons du général Treillard étendit ses cantonnements à droite, dans la direction de Dax; et trois officiers, dont un capitaine, furent logés au château d'Arsague (Landes), appartenant au général Dargoubet.

Ces officiers, fatigués sans doute, et se prévalant peut-être encore du droit de conquête qu'ils avaient si largement exercé en Espagne, avaient probablement oublié, ce jour-là, qu'ils étaient en France, où les citoyens soumis à la charge du logement militaire ne doivent à leurs hôtes que le couvert, le coucher et quelques légères redevances prescrites par des règlements d'administration municipale. D'abord, messieurs les dragons n'ayant pas trouvé le logement à leur gré, avaient fait beaucoup de bruit. Ils avaient aussi menacé de se faire ouvrir l'appartement du général; et, par la même occasion, ils avaient ordonné qu'on leur préparât de suite un bon dîner, bien qu'on leur eût observé que le maître de la maison ne se mettait à table qu'à cinq heures. Ce jour-là, le général, sous le modeste vêtement d'un propriétaire qui passe six mois de l'année à la campagne, chassait ou courait les bois, ce qui lui arrivait souvent.

Cependant, un de ses domestiques, qui lui fut expédié, l'ayant rejoint, l'avertit de ce qui se passait chez lui. Pour toute réponse, le général lui dit: "Retourne au

---

[1] From *Souvenirs de ma vie militaire* (Hachette, 1907), ch. xxvii.

[2] Soult.

château; que le dîner que les officiers ont commandé soit préparé, et qu'on les prévienne que j'en ferai moi-même les honneurs."

Le général suivit de près le commissionnaire et son premier soin fut de charger de l'ordonnance du repas un vieux valet de chambre qui l'avait accompagné dans ses campagnes; après quoi, il reçut ses nouveaux hôtes dans son salon.

Les officiers de dragons, toujours mécontents de leur logement et assez peu réservés dans la conversation avec ce grand homme sec, couvert d'une veste de chasse à larges basques, au teint hâve et aux cheveux crépus, dont ils ignoraient le nom et les qualités, furent froidement accueillis par le général, qui leur témoigna cependant son regret, mais d'un ton quelque peu railleur, de n'avoir pas d'appartements plus somptueux et un dîner splendide à leur offrir. Sur ces entrefaites, un domestique vint annoncer que Monsieur était servi.

Le général étant passé le dernier, ferma sur lui, à double tour de clé, la porte de la salle à manger, et après avoir fait signe d'un geste de la main à ces messieurs qu'ils pouvaient prendre place, il leur parla ainsi: "Lorsque des militaires, oublieux de toutes convenances s'arrogent le droit de commander chez leur hôte, le maître de la maison ne s'y trouve plus placé qu'en second ordre, c'est donc à vous, Messieurs, qu'est dévolu le droit de faire les honneurs de ma table; que l'un de vous veuille bien me servir du potage." Ces trois officiers, étonnés comme ils devaient l'être de ce qu'ils voyaient et entendaient, s'entre-regardaient sans mot dire. . . . "Eh bien, Messieurs," reprit le général, "puisque vous m'y obligez, ce sera moi qui vous en servirai." Alors, découvrant une énorme soupière, il laissa voir une paire de pistolets chargés; et après avoir mesuré d'un regard sévère les trois officiers de dragons, il leur dit d'une voix fort accentuée: "Voilà pour le présent, Messieurs, le seul dîner que j'aie à vous offrir, à moins, cependant, que ce mets ne se trouvant pas de votre goût, vous ne lui préfériez cet autre."—Il leva en même temps une serviette qui couvrait une paire de fleurets démouchetés: "Allons, Messieurs," continua-t-il, ne vous gênez pas, faites comme si vous étiez chez vous."

Il était évident que, trois contre un, enfermés dans une salle à manger dont le général avait la clef dans sa poche, les torts étant d'ailleurs tous du côté des officiers, aucun d'eux n'aurait osé accepter le défi; alors, le général, toujours maître de lui, mit fin à cette scène des plus extraordinaires par l'admonition suivante:

"J'avais l'honneur de commander une demi-brigade et d'être officier général aux armées, avant qu'aucun de vous portât un habit militaire et une épée. . . . Aux époques pénibles et difficiles des premières années de la Révolution, où les officiers français, plus mal payés que les soldats qu'ils commandaient, savaient se contenter d'une modique ration de vivres qui ne leur était pas toujours distribuée, ils n'en respectaient pas moins les personnes et les propriétés, soit en France, soit à l'étranger. Les officiers français d'aujourd'hui seraient-ils dégénérés à ce point de fouler aux pieds les règlements de discipline militaire qu'ils sont chargés d'enseigner à leurs soldats à qui ils doivent montrer l'exemple? L'honneur national me défend de le penser; aussi, comme ce n'est ni de la morale ni des reproches que je prétends vous faire, je place ici le terme que je ne franchirais qu'en humiliant l'homme sous l'uniforme français, et telle n'est pas mon intention.

"Revenus depuis moins de six mois de la malheureuse Espagne où, pendant cinq longues années, Français et Espagnols se sont fait une guerre d'extermination, je préfère m'arrêter à l'idée que vous vous croyiez encore en pays ennemi lorsque vous êtes entrés chez moi. Mon âge, mon expérience et, plus encore, ma position actuelle, m'autorisent à vous parler ainsi, Messieurs; c'est donc une complète rétractation des exigences et des menaces envers les personnes chargées de me représenter ici pendant mon absence, que vous demande le général Dargoubet, chez qui vous êtes logés, et je compte bien que vous ne me la refuserez pas à l'instant même."

Le capitaine, dont les démonstrations turbulentes avaient été moins manifestes que celles des deux autres officiers, fut le premier à avouer ses torts; les deux lieutenants joignirent leurs excuses aux siennes, et le général, qui n'en exigeait pas davantage, les reçut si bien en grâce, qu'après avoir ouvert la porte, il sonna, ordonna à son valet de chambre de faire disparaître fleurets et pistolets, et que le dîner préparé à la cuisine, beaucoup plus confortable et d'une digestion bien autrement facile, fût aussitôt substitué au premier.

Le général, en homme aimable lorsqu'il voulait s'en donner la peine, traita bien les officiers de dragons; le lendemain, de grand matin, il retourna à ses habitudes, après avoir laissé des ordres pour que ces messieurs ne manquassent de rien autant de temps qu'ils demeureraient chez lui.

§ 14. *Chivalry fostered by common suffering*, 1813.

SERGENT BOURGOGNE[1].

...Après une attente de cinq à six minutes, nous voyons paraître la tête de la troupe, précédée de dix à douze Tartares et Kalmoucks armés, les uns de lances, les autres d'arcs et de flèches, et, à droite et à gauche de la route, des paysans armés de toute espèce d'armes: au milieu, plus de deux cents prisonniers de notre armée, malheureux et se traînant à peine. Beaucoup étaient blessés: nous en vîmes avec un bras en écharpe, d'autres avec les pieds gelés, appuyés sur des gros bâtons. Plusieurs venaient de tomber et, malgré les coups que les paysans étaient obligés de leur donner et les coups de lances qu'ils recevaient des Tartares, ils ne bougeaient pas. Je laisse à penser dans quelle douleur nous devions nous trouver, en voyant nos frères d'armes aussi malheureux!...Dans ce moment, arriva au galop un officier qui fit faire halte;

---

[1] From *Mémoires de Sergent Bourgogne* (Hachette, 1914), pp. 137 f., 176 f., 192 f., 201 f., 206 f., 264 f., 348 f.

ensuite, s'adressant aux prisonniers, il leur dit en bon français[1]: "Pourquoi ne marchez-vous pas plus vite?" "Nous ne pouvons pas," dit un soldat étendu sur la neige, "et tant qu'à moi, j'aime autant mourir ici que plus loin!" L'officier répondit qu'il fallait prendre patience, que les voitures allaient arriver et que, s'il y avait place pour y mettre les plus malades, on les placerait dessus: "Ce soir," dit-il, "vous serez mieux que si vous étiez avec Napoléon, car à présent, il est prisonnier avec toute sa Garde et le reste de son armée, les ponts de la Bérézina étant coupés." "Napoléon prisonnier avec toute sa Garde!" répond un vieux soldat. "Que Dieu vous le pardonne! L'on voit bien, monsieur, que vous ne connaissez ni l'un ni l'autre. Ils ne se rendront que morts; ils en ont fait le serment, ainsi ils ne sont pas prisonniers!" "Allons," dit l'officier, "voilà les voitures!" Aussitôt nous aperçûmes deux fourgons de chez nous et une forge chargée de blessés et de malades. On jeta à terre cinq hommes que les paysans s'empressèrent de dépouiller et mettre nus; on les remplaça par cinq autres, dont trois ne pouvaient plus bouger. Nous entendîmes l'officier ordonner aux paysans qui avaient dépouillé les morts, de remettre les habillements aux prisonniers qui en avaient le plus besoin, et, comme ils n'exécutaient pas assez rapidement ce qu'il venait de leur dire, il leur appliqua à chacun plusieurs coups de fouet, et il fut obéi. Ensuite nous entendîmes qu'il disait à quelques soldats qui le remerciaient: "Moi aussi, je suis Français; il y a vingt ans que je suis en Russie; mon père y est mort, mais j'ai encore ma mère. Aussi j'espère que ces circonstances nous feront bientôt revoir la France et rentrer dans nos biens. Je sais que ce n'est pas la force des armes qui vous a vaincus, mais la température insupportable de la Russie." "Et le manque de vivres," répond un blessé; "sans cela, nous serions à Saint-Pétersbourg!" "C'est peut-être vrai," dit l'officier....

(Le lendemain.)...Notre guide marchait devant, tenant notre cheval par la bride. Picart parlait seul, s'arrêtant

[1] The speaker is an *émigré* in the service of Russia.

quelquefois, faisant le maniement d'armes. Tout à coup,
je ne l'entends plus marcher. Je me retourne, je le vois
immobile et au port d'armes, marchant au pas ordinaire,
comme à la parade. Ensuite il se met à crier d'une voix
de tonnerre: "Vive l'Empereur!" Aussitôt je m'approche
de lui, je le prends vivement par le bras, en lui disant:
"Eh bien, Picart, qu'avez-vous donc?" Je craignais
qu'il ne fût devenu fou. "Quoi?" me répondit-il comme
un homme qui se réveille, "ne passons-nous pas la revue
de l'Empereur?" Je fus saisi en l'entendant parler de la
sorte. Je lui répondis que ce n'était pas aujourd'hui, mais
demain, et, le prenant par le bras, je lui fis allonger le pas.
Je vis de grosses larmes couler le long de ses joues: "Eh
quoi!" lui dis-je, "un vieux soldat qui pleure!" "Laissez-
moi pleurer," me dit-il, "cela me fait du bien! Je suis triste,
et si, demain, je ne suis pas au régiment, c'est fini!"
"Soyez tranquille, nous y serons aujourd'hui, j'espère,
ou demain matin au plus tard. Comment, mon vieux,
voilà que vous vous affectez comme une femme!" "C'est
vrai," me répondit-il, "je ne sais pas comment cela est
venu. Je dormais ou je rêvais, mais cela va mieux."
"A la bonne heure, mon vieux! Ce n'est rien. La même
chose m'est arrivée plusieurs fois, et le soir même que je
vous ai rencontré. Mais j'ai le cœur plein d'espérance
depuis que je suis avec vous!"

Tout en causant, je voyais mon guide qui s'arrêtait
souvent comme pour écouter.

Tout à coup, je vois Picart se jeter de tout son long
dans la neige, et nous commander d'une voix brusque:
"Silence!" "Pour le coup," dis-je en moi-même, "c'est
fini! Mon vieux camarade est fou! Que vais-je devenir?"
Je le regardais, saisi d'étonnement; il se lève et se met à
crier, mais d'une voix moins forte que la première fois:
"Vive l'Empereur! Le canon! Écoutez! Nous sommes
sauvés!" "Comment?" lui dis-je. "Oui," continua-t-il,
"écoutez!" Effectivement, le bruit du canon se faisait
entendre: "Ah! je respire," dit-il, "l'Empereur n'est pas
prisonnier, comme le coquin d'émigré le disait hier.

N'est-il pas vrai, mon pays? Cela m'avait tellement brouillé la cervelle, que j'en serais mort de rage et de chagrin.''

La colonne étant arrêtée, un officier demanda à Picart d'où il venait et comment il se trouvait en avant, vu que ceux qui, comme lui, escortaient le convoi, étaient rentrés depuis trois jours. La halte dura assez longtemps. Il conta son affaire, s'interrompant à chaque instant pour demander après plusieurs de ses camarades qu'il ne voyait plus dans les rangs; ils avaient succombé. Il n'osait demander après son camarade de lit, qui était en même temps son pays. A la fin, il le demanda: "Et Rougeau, où est-il?" "A Krasnoé," répondit un tambour. "Ah! je comprends!" "Oui," continua le tambour; "mort d'un coup de boulet qui lui coupa les deux jambes. Avant de nous quitter, il t'a fait son exécuteur testamentaire; il m'a chargé de te remettre sa croix, sa montre et un petit sac de cuir renfermant de l'argent et différents objets. En me les remettant, il m'a chargé de te dire que tu les remettes à sa mère, et si, comme lui, tu avais le malheur de ne pas revoir la France, de vouloir bien en charger un autre.''

Aussitôt, devant la compagnie, le tambour, qui se nommait Patrice, tira de son sac tous les objets, en disant à Picart: " Je te les remets, mon vieux, tels que je les ai reçus de sa main; c'est lui qui les tira de son sac, que nous remîmes ensuite sous sa tête; il est mort un instant après.'' "C'est bien,'' dit Picart, "si j'ai le bonheur de retourner en Picardie, je m'acquitterai des dernières volontés de mon camarade.'' On recommença à marcher. Je dis adieu à mon vieux camarade, en lui promettant de le revoir, le soir au bivac.

J'attendis, sur le côté du chemin, que notre régiment passât, car l'on m'avait dit qu'il faisait l'arrière-garde.

Après les grenadiers, suivaient plus de trente mille hommes, ayant presque tous les pieds et les mains gelés, en partie sans armes, car ils n'auraient pu en faire usage. Beaucoup marchaient appuyés sur des bâtons. Généraux, colonels, officiers, soldats, cavaliers, fantassins de toutes les nations qui formaient notre armée, marchaient confondus, couverts de manteaux et de pelisses brûlées et trouées, enveloppés dans des morceaux de drap, des peaux de mouton, enfin tout ce que l'on pouvait se procurer pour se préserver du froid. Ils marchaient sans se plaindre, s'apprêtant encore, comme ils le pouvaient, pour la lutte, si l'ennemi s'opposait à notre passage. L'Empereur, au milieu de nous, nous inspirait de la confiance et trouva encore des ressources pour nous tirer de ce mauvais pas. C'était toujours le grand génie et, tout malheureux que l'on était, partout, avec lui, on était sûr de vaincre.

.   .   .   .   .   .

Le père Elliot.

(A Elbing[1].)...Je me trouvais en avant de mes deux camarades; à quelques pas devant moi, un individu que je crus reconnaître était aussi arrêté; je m'approche, je ne m'étais pas trompé; c'était le plus ancien soldat du régiment, qui avait fusil, sabre et croix d'honneur, et qui avait disparu depuis le 24 décembre, le père Elliot, qui avait fait les campagnes d'Égypte. Il était dans un état pitoyable; il avait les deux pieds gelés, enveloppés de morceaux de peau de mouton, les oreilles couvertes de même, car elles étaient aussi gelées, la barbe et les moustaches hérissées de glaçons. Je regardais sans pouvoir lui parler, tant j'étais saisi.

Enfin je lui adressai la parole: "Eh bien! père Elliot, vous voilà arrivé! D'où diable venez-vous? Comme vous voilà arrangé! Vous avez l'air souffrant!" "Ah! mon bon ami," me dit-il, "il y a vingt ans que je suis militaire, je n'ai jamais pleuré, mais aujourd'hui je pleure, plus de rage que de ma misère, en voyant que je vais être pris par des misérables Cosaques, sans pouvoir combattre; car vous voyez que je suis à demi mort de froid et de faim.

[1] Elbing in West Prussia. The scene is the end of the retreat from Moscow.

Voilà bientôt quatre semaines que je marche isolé, depuis le passage du Niémen, sur la neige, dans un pays sauvage, sans pouvoir obtenir aucun renseignement sur l'armée! J'avais deux compagnons: l'un est mort il y a huit jours, et le second probablement aussi. Depuis quatre jours j'ai dû l'abandonner chez de pauvres Polonais où nous avions couché. J'arrive seul, comme vous voyez; voilà, depuis Moscou, plus de quatre cents lieues que je fais dans la neige, sans pouvoir me reposer, ayant les pieds et les mains gelés, et même mon nez!"

Je voyais des grosses larmes couler des yeux du vieux guerrier.

Picart et Grangier venaient de me rejoindre; Grangier avait de suite reconnu le père Elliot: ils étaient de la même compagnie, mais Picart qui, cependant, le connaissait depuis dix-sept ans, ne pouvait le remettre. Nous entrâmes dans la maison la plus à notre portée; nous y fûmes bien accueillis; c'était chez un vieux marin, généralement ces gens-là sont bons.

Picart fit asseoir près du feu son vieux compagnon d'armes; ensuite, tirant d'une des poches de sa capote une des deux bouteilles de vin, il en remplit un grand verre et dit au père Elliot: "Ah ça, mon vieux compagnon d'armes de la 23ᵉ demi-brigade, avalez-moi toujours celui-ci. Bien! Et puis cela: très bien! A présent, une croûte de pain, et cela ira mieux!" Depuis Moscou, il n'avait pas goûté de vin ni mangé d'aussi bon pain; mais il semblait oublier toutes ses misères. La femme du marin lui lava la figure avec un linge trempé dans l'eau chaude; cela fit fondre les glaçons qu'il avait à sa barbe et à ses moustaches. "A présent," dit Picart, "nous allons causer! Vous souvenez-vous, lorsque nous nous embarquâmes à Toulon pour l'expédition d'Égypte...?"

CHAPTER II

REPUBLICAN SENTIMENT IN THE COUNTRY, 1813–1814.

§ 15. *Survival of republican patriotism.*

COMTE BEUGNOT[1].

Ce M. Jean-Bon-Saint-André[2] était un ministre protestant, d'abord prédicant chaleureux dans le Midi; mais qui, comme ses pareils, avait apporté à la Révolution des ressentiments à satisfaire, des haines à assouvir, de vieilles ambitions de parti à raviver. M. Jean-Bon était arrivé à la Convention et y avait déployé des connaissances étendues, le talent de tribune que supposait son état dans le monde, une rare intrépidité, et un caractère également incapable de faire et de demander grâce. Ardent révolutionnaire par-dessus tout, il était parvenu au comité de salut public, où les missions difficiles et qui exigeaient un surcroît d'énergie lui tombaient en partage. Ainsi fut-il envoyé en Amérique, sur une flotte commandée par Villaret-Joyeuse, pour en ramener à tout prix des grains dont la disette était effrayante. La flotte revenait chargée et était sur le point de rentrer dans nos ports, après avoir heureusement échappé à toutes les surveillances ennemies, lorsqu'elle se trouva en présence de la flotte anglaise qui tenait la Manche. On pouvait y échapper, et l'avis de l'amiral était de le tenter. Cela parut un acte de faiblesse à Jean-Bon-Saint-André, qui exigea qu'on livrât bataille et sur-le-champ; lui-même s'y épargna moins que le dernier des matelots; et cependant l'issue ne fut pas autre que celle des combats de mer de cette époque: nous perdîmes quelques vaisseaux et une partie du convoi; le

---

[1] From *Mémoires du Comte Beugnot*, 2nd ed. (Dentu, 1868), t. II, ch. xiv. The scene is laid at Mayence.
[2] *Vide supra*, §7, p. 32.

reste rentra dans nos ports. C'était la manne tombée au désert. On se consola de ce qu'on avait perdu par ce qui s'était retrouvé, et aussi parce que nos marins firent dans ce combat des traits d'intrépidité sublime, et qui frappèrent amis et ennemis d'une égale admiration. Jean-Bon, rentré au comité de salut public, en reprit sans hésiter les traces sanglantes. Il en approuvait alors tous les actes et n'en a pas désavoué un seul depuis; mais son absence prolongée l'avait mis en quelque sorte à l'écart, et il échappa à la vengeance que la Convention tira des autres membres du fameux comité. Après le 18 brumaire, l'Empereur le tint encore quelque temps hors des affaires, mais quand son gouvernement fut tellement affermi que les hommes du talent et du caractère de celui-ci pouvaient toujours le servir mais ne pouvaient plus lui nuire, il se l'attacha par différentes missions, dont la dernière et la plus importante avait été la préfecture de Mayence. Il s'y montrait, sous beaucoup de rapports, le préfet modèle. Mettant à l'écart la représentation dont la nécessité ne lui était pas démontrée, et le respect de certaines convenances dont il n'avait même pas l'idée, Jean-Bon, du reste, ne laissait rien à désirer: travailleur infatigable, administrateur toujours prêt, sévèrement juste sans acception de parti, il comblait les vœux du département que d'abord il avait effrayé. Le mobilier de son cabinet consistait dans un bureau formé de quatre planches de sapin solidement unies, de six chaises de bois, et de la lampe devant laquelle il passait souvent des nuits. Les autres appartements de l'hôtel respiraient la même modestie, et la table était parfaitement assortie au reste. On retrouvait dans le préfet de Mayence le vieux conventionnel du comité de salut public, avec sa frugalité et sa *laboriosité* toute républicaine.

Le préfet et moi avions été invités à dîner chez l'Empereur. En attendant le dîner, l'Empereur proposa une promenade sur le Rhin, dans le dessein d'essayer un batelet élégant dont le prince de Nassau venait de lui faire hommage. On descendit du palais de l'Ordre Teutonique sur les bords du fleuve, où le prince de Nassau attendait l'Empereur.

Sans avoir adressé à Jean-Bon et à moi une invitation positive de l'accompagner, il s'était expliqué de manière à nous y autoriser; nous suivîmes le cortége et nous entrâmes dans le bateau avec les autres. La suite de l'Empereur occupait l'une des extrémités du bateau; nous occupions l'autre; lui-même restait au-milieu avec le prince de Nassau, qui lui faisait admirer le magnifique vignoble qui couronne la rive droite du Rhin et au centre duquel se déploie le château de Biberich. L'Empereur paraissait donner toute son attention à ce tableau qu'il détaillait, une longue-vue à la main. Il demandait sur le château de Biberich des renseignements que le prince lui donnait avec une complaisance servile qui devait bientôt trouver son terme. Jean-Bon et moi, nous nous tenions à toute la distance de l'Empereur que fournissait la longueur du bateau; mais elle n'était pas telle qu'on ne pût entendre ce qui se serait dit des deux parts. Pendant que l'Empereur, debout sur l'un des côtés et penché vers le fleuve, semblait y rester en contemplation, Jean-Bon me dit, et pas trop bas: "Quelle étrange position! le sort du monde dépend d'un coup de pied de plus ou de moins." Je frémis de tous mes membres et ne trouvai de la force que pour répondre: "Au nom de Dieu! paix donc!"—Mon homme ne fit compte ni de ma terreur ni de ma prière et poursuivit: "Soyez tranquille, les gens de résolution sont rares."—Je fis un tour de conversion pour me préserver des suites du dialogue, et la promenade finit sans qu'il pût être repris. On mit pied à terre; le cortége de l'Empereur le suivit à sa rentrée au palais. En montant le grand escalier, j'étais à côté de Jean-Bon et l'Empereur nous précédait de sept à huit marches. La distance m'enhardit et je dis à mon compagnon: "Savez-vous que vous m'avez furieusement effrayé?—Parbleu, je le sais! ce qui m'étonne, c'est que vous ayez retrouvé vos jambes pour marcher; mais tenez-vous pour dit que nous pleurerons des larmes de sang de ce que sa promenade de ce jour n'ait pas été la dernière.—Vous êtes un insensé!—Et vous un imbécile, sauf le respect que je dois à Votre Excellence."

Nous parvenons au salon de service; on venait de recevoir des dépêches; elles étaient alors d'une telle gravité qu'on n'en différait pas d'un instant l'ouverture. L'Empereur était passé dans son cabinet pour les lire, et le dîner était retardé; le salon de service était peuplé de chambellans, d'aides de camp, d'officiers d'ordonnance, de secrétaires, distingués entre eux par des habits plus ou moins riches et d'une élégance recherchée. Ceux qui en étaient revêtus les justifiaient par la politesse de leurs manières et une langue de cour qui commençait à se former. Le vieux conventionnel faisait tache au milieu du tableau avec son costume de préfet le plus modeste possible et déjà supporté, et le reste de son habillement en noir, y compris la cravate. Il paraît qu'il avait éprouvé plus d'une fois à ce sujet les aimables moqueries de la bande dorée, car ce jour-là on avait l'air de reprendre avec lui le discours interrompu de la veille. M. Jean-Bon laissa ees messieurs épuiser tous les traits qu'ils portaient dans leurs carquois dorés; puis il leur répondit avec un sang-froid qui ajoutait à la puissance du discours:

"J'admire en vérité que vous ayez le courage de vous occuper de mon costume et de la couleur de mes bas, le jour où je dois dîner avec l'Empereur et l'Impératrice. Vous ne me dites pas tout: vous êtes scandalisés de me voir appelé à un pareil dîner, et je n'aurai pas sitôt tourné le dos que vous direz: En vérité, on ne conçoit pas l'Empereur de faire dîner avec l'Impératrice, la nouvelle Impératrice, un conventionnel, un votant, un collègue de Robespierre au comité de salut public, et qui pue le Jacobin une lieue à la ronde.

— Eh! monsieur Jean-Bon, comment nous placer dans la bouche de pareilles sottises! Nous nous respectons trop pour jamais nous permettre....

— Point du tout, messieurs, ce ne sont pas là des sottises, mais de pures vérités; j'avoue tout cela. L'Europe était alors conjurée contre la France, comme elle l'est aujourd'hui. Elle voulait nous écraser de toutes les forces morales et matérielles de l'ancienne civilisation. Elle avait tracé autour de nous un cercle de fer. Déjà la trahison lui avait livré des villes notables; elle s'avançait: eh bien! les rois en ont eu le démenti; nous avons dégagé le territoire et reporté chez eux la guerre d'invasion qu'ils avaient commencée chez nous. Nous avons porté au loin notre prépondérance et forcé ces mêmes rois à venir humblement nous demander la paix. Savez-vous quel gouvernement a obtenu ou préparé de tels résultats? un gouvernement composé de conventionnels, de Jacobins forcenés, coiffés de bonnets rouges, habillés de laine grossière, des sabots aux pieds, réduits pour toute nourriture à du pain grossier et de mauvaise bière, et qui se jetaient sur des matelas étalés par terre dans le lieu de leurs séances quand ils succombaient à l'excès de la fatigue et des veilles. Voilà quels hommes ont sauvé la France. J'en étais, messieurs; et ici, comme dans l'appartement de l'Empereur où je vais entrer, je le tiens à gloire.

— On ne peut pas disputer des goûts, reprit un général, mais en accordant aux comités du gouvernement de l'époque la justice qui leur est due sous les rapports militaires, il y a beaucoup de leurs actes dont il est impossible qu'on puisse se glorifier. Je réclame contre l'expression, elle est trop forte.

— Et moi je la maintiens, reprend Jean-Bon. Au surplus, attendons quelque temps: la fortune est capricieuse de sa nature. Elle a élevé la France bien haut; elle peut tôt ou tard la faire descendre, qui sait? aussi bas qu'en 1793. Alors on verra si on la sauvera par des moyens anodins, et ce qu'y feront des plaques, des broderies, des plumes et surtout des bas de soie blancs."

On nous avertit que l'Empereur va passer pour dîner et nous entrons dans la salle à manger....

§ 16. *Imperialism loses favour* (1813).

COMTE MIOT DE MELITO[1].

Enfin la nouvelle des funestes journées de Leipzig du 18 et du 19 octobre nous arriva, grossie de tout ce que la crainte, la crédulité et surtout la malveillance pouvaient y ajouter de détails douloureux. Le roi[2], qui ne recevait aucune communication officielle, propre à fixer son opinion sur la nature et la réalité de nos désastres, inquiet de tout ce qu'il apprenait de vague, m'envoya chercher près du ministre de la police quelques renseignements plus positifs, et tirer de lui, s'il était possible, la vérité. Je me rendis à Paris le 1er novembre et je vis le ministre. Il ne me dissimula pas les malheurs des journées de Leipzig, mais il chercha à me rassurer sur les suites....

On doutait encore que l'armée pût se retirer sur le Rhin, et, supposé que quelque chance heureuse lui permît d'atteindre ce fleuve, arriverait-elle assez à temps pour fortifier et défendre nos frontières et empêcher l'ennemi de passer la dernière barrière qu'il eût à franchir, avant de pénétrer dans l'antique France?

Du reste, l'aspect de Paris était infiniment triste, et le plus fâcheux symptôme de l'état de l'opinion que j'y observai, était que, malgré le chagrin causé par nos malheurs militaires, il se manifestait une sorte de satisfaction des revers qu'éprouvait l'empereur, parce qu'ils étaient un châtiment de son ambition. Les esprits désaffectionnés séparaient la France de son chef, et l'humiliation de l'empereur semblait consoler des maux de la patrie.

[1] From *Mémoires du Comte Miot de Melito* (Calmann-Lévy, 1880), t. III, p. 343 f., Paris, 1858. 3rd ed.
[2] Joseph Bonaparte, King of Spain.

§ 17. *Patriotism undermined by Imperialism.*

(a) AIMÉE DE COIGNY[1].

Bonaparte était de retour de la campagne de Dresde dont il s'était échappé par la fameuse trouée de Hanau. A la vue de l'irruption des troupes étrangères qu'il entraînait à sa suite, il conçut l'espoir de donner au peuple français l'élan nécessaire pour les repousser et l'aider même à de nouvelles conquêtes. Dans ce dessein, il chercha à ramener en eux des sentiments qu'il s'était efforcé d'anéantir depuis quinze ans, remettant à un autre temps le soin de les comprimer de nouveau. Ainsi l'on publia des appels au patriotisme des citoyens, signés Napoléon, des proclamations adressées au *grand peuple*, des invocations au souvenir de 92, année de la destruction des hordes étrangères sur notre territoire, signées Napoléon, *empereur des Français*. Mais ce langage jacobin impérial ne produisit que de l'étonnement. On aurait accepté le titre de citoyen avec soumission; les faubourgs eussent porté la pique, la carmagnole et le bonnet rouge, mais par ordre du ministre de la guerre. L'empereur put se convaincre que si, jusqu'à un certain point, son autorité était à l'abri de la révolte, il ne pouvait pas espérer, en sa faveur, de ces crises populaires qui, par une convulsion généreuse, repoussent violemment du sol de la patrie ceux qui tentent de la soumettre.

Cette idée nous[2] attristait.... Tous les peuples ont trouvé pour nous repousser, disions-nous, une énergie patriotique, pourquoi en manquons-nous? Qu'est-ce donc que la patrie, sinon l'amour des longues habitudes, de la famille, du pays et du repos? Hélas! la France n'est plus maintenant qu'une garnison où règnent la discipline et l'ennui. On défendra par obéissance cette garnison, mais les habitants ne se mêleront point de la querelle, et la conquête de la France n'est qu'une affaire militaire, menaçant seulement l'honneur de l'armée. En Espagne, où aucune

---

[1] From *Mémoires*, ed. Ét. Lamy (Calmann-Lévy, s.d.), pp. 227–229.
[2] *nous* = Mme de Coigny and her friend Bruno de Boisgelin.

habitude n'était ébranlée, un changement effrayait, depuis le noble titré jusqu'au pauvre fainéant qui se plaisait dans sa vie vagabonde. Chacun était prêt à défendre l'abus auquel il était attaché, dont il subsistait, et à se battre, si non pour *la liberté*, au moins pour *sa préférence*. C'est un sentiment patriotique qui s'oppose à recevoir la loi du vainqueur: chez nous, où trouver des sentiments qui nous défendent? Employé par la guerre, séparé de ses enfants, loin de ses foyers, dépendant d'un gouvernement qui change à tout moment de forme et de principe, que peut-il y avoir de fixe dans la tête d'un Français?...

(*b*) COMTESSE DE BOIGNE[1].

L'Empereur s'était accoutumé à penser que le pays n'avait aucun droit à s'enquérir des affaires de l'Empire, qu'elles étaient siennes exclusivement et qu'il n'en devait compte à personne. Ainsi, par exemple, la bataille de Trafalgar n'a jamais été racontée à la France dans un récit officiel, aucune gazette, par conséquent, n'en a parlé, et nous ne l'avons sue que par voies clandestines. Quand on escamote de pareilles nouvelles, on donne le droit aux mécontents d'inventer des fables....

La désorganisation du gouvernement sautait aux yeux. De malheureux conscrits remplissaient les rues, rien n'avait été préparé pour les recevoir. Ils périssaient d'inanition sur les bornes; nous les faisions entrer dans nos maisons pour les reposer et les nourrir. Avant que le désordre en vînt là, ils étaient reçus, habillés et dirigés sur l'armée en vingt-quatre heures. Ces pauvres enfants y arrivaient pour y périr sans savoir se défendre.

J'ai entendu raconter au maréchal Marmont qu'à Montmirail, au milieu du feu, il vit un conscrit tranquillement l'arme au pied:

"Que fais-tu là? pourquoi ne tires-tu pas?"

"Je tirerais bien comme un autre," répondit le jeune homme, "si je savais charger mon fusil."

[1] From *Mémoires de Comtesse de Boigne* (ed. Émile Paul, 1921), t. 1, p. 285.

Le maréchal avait les larmes aux yeux en répétant les paroles de ce pauvre brave enfant qui restait ainsi au milieu des balles sans savoir en rendre.

A mesure que le théâtre de la guerre se rapprochait, il était plus difficile de cacher la vérité sur l'inutilité des efforts gigantesques faits par Napoléon et son admirable armée; le résultat était inévitable.

J'en demande bien pardon à la génération qui s'est élevée depuis dans l'adoration du libéralisme de l'Empereur, mais à ce moment, amis et ennemis, tout suffoquait sous sa main de fer et sentait un besoin presque égal de la soulever. Franchement, il était détesté; chacun voyait en lui l'obstacle à son repos, et le repos était devenu le premier besoin de tous.

"*Abbiamo la pancia piena di liberta*," me disait un jour un postillon de Vérone en refusant un écu à l'effigie de la liberté. La France, en 1814, aurait volontiers dit à son tour: "*Abbiamo la pancia piena di gloria*," et elle n'en voulait plus.

§ 18. *The Spirit of Conquest criticized.*

BENJAMIN CONSTANT[1].

Quand un peuple est naturellement belliqueux, l'autorité qui le domine n'a pas besoin de le tromper, pour l'entraîner à la guerre. Attila montrait du doigt à ses Huns la partie du monde sur laquelle ils devaient fondre, et ils y couraient, parce qu'Attila n'était que l'organe et le représentant de leur impulsion. Mais de nos jours, la guerre ne procurant aux peuples aucun avantage, et n'étant pour eux qu'une source de privations et de souffrances, l'apologie du système des conquêtes ne pourrait reposer que sur le sophisme et l'imposture. Tout en s'abandonnant à ses projets gigantesques, le gouvernement n'oserait dire à sa nation: Marchons à la conquête du Monde. Elle lui

[1] From *De l'Esprit de Conquête et de l'Usurpation dans leurs rapports avec la civilisation européenne* (Hambourg, 1814), chs. viii, x.

répondrait d'une voix unanime: Nous ne voulons pas la conquête du Monde. Mais il parlerait de l'indépendance nationale, de l'honneur national, de l'arrondissement des frontières, des intérêts commerciaux, des précautions dictées par la prévoyance; que sais-je encore? car il est inépuisable, le vocabulaire de l'hypocrisie et de l'injustice.

Il parlerait de l'indépendance nationale, comme si l'indépendance d'une nation était compromise parce que d'autres nations sont indépendantes.

Il parlerait de l'honneur national, comme si l'honneur national était blessé, parce que d'autres nations conservent leur honneur.

Il alléguerait la nécessité de l'arrondissement des frontières, comme si cette doctrine, une fois admise, ne bannissait pas de la terre tout repos et toute équité. Car c'est toujours en dehors qu'un gouvernement veut arrondir ses frontières. Aucun n'a sacrifié, que l'on sache, une portion de son territoire pour donner au reste une plus grande régularité géométrique. Ainsi l'arrondissement des frontières est un système dont la base se détruit par elle-même, dont les éléments se combattent et dont l'exécution ne reposant que sur la spoliation des plus faibles rend illégitime la possession des plus forts.

Ce gouvernement invoquerait les intérêts du commerce comme si c'était servir le commerce que dépeupler un pays de sa jeunesse la plus florissante, arracher les bras les plus nécessaires à l'agriculture, aux manufactures, à l'industrie; élever entre les autres peuples et soi des barrières arrosées de sang. Le commerce s'appuie sur la bonne intelligence des nations entr'elles; il ne se soutient que par la justice; il se fonde sur l'égalité; il prospère dans le repos; et ce serait pour l'intérêt du commerce qu'un gouvernement rallumerait sans cesse des guerres acharnées, qu'il appellerait sur la tête de son peuple une haine universelle, qu'il marcherait d'injustice en injustice, qu'il ébranlerait chaque jour le crédit par des violences, qu'il ne voudrait pas tolérer d'égaux? Sous le prétexte des précautions dictées par la prévoyance, ce gouvernement attaquerait

ses voisins les plus paisibles, ses plus humbles alliés; en
leur supposant des projets hostiles et comme devançant
des agressions méditées. Si les malheureux objets de ces
calomnies étaient facilement subjugués, il se vanterait de
les avoir prévenus; s'ils avaient le temps et la force de
lui résister, vous le voyez, s'écrierait-il, ils voulaient la
guerre puisqu'ils se défendent....

...L'on avait inventé, durant la révolution française,
un prétexte de guerre inconnu jusques alors, celui de délivrer les peuples du joug de leurs gouvernements qu'on
supposait illégitimes et tyranniques. Avec ce prétexte on
a porté la mort chez des hommes dont les uns vivaient
tranquilles sous des institutions adoucies par le temps et
l'habitude, et dont les autres jouissaient, depuis plusieurs
siècles, de tous les bienfaits de la liberté; époque à jamais
honteuse où l'on vit un gouvernement perfide graver des
mots sacrés sur ses étendards coupables, troubler la paix,
violer l'indépendance, détruire la prospérité de ses voisins
innocents, en ajoutant au scandale de l'Europe par des
protestations mensongères de respect pour les droits des
hommes, et de zèle pour l'humanité. La pire des conquêtes,
c'est l'hypocrite, dit Machiavel, comme s'il avait prédit
notre histoire.

Mais autre chose est défendre sa patrie, autre chose
attaquer des peuples qui ont aussi une patrie à défendre.
L'esprit de conquête cherche à confondre ces deux idées.
Certains gouvernements, quand ils envoient leurs légions
d'un pôle à l'autre, parlent encore de la défense de leurs
foyers; on dirait qu'ils appellent leurs foyers tous les
endroits où ils ont mis le feu....

Passons maintenant aux résultats extérieurs du système
des conquêtes.

Il est probable que la même disposition des modernes,
qui leur fait préferer la paix à la guerre, donnerait dans
l'origine des grands avantages au peuple forcé par son
gouvernement à devenir agresseur. Des nations, absorbées
dans leurs jouissances, seraient lentes à résister: elles

abandonneraient une portion de leurs droits pour conserver le reste; elles espéreraient sauver leur repos, en transigeant de leur liberté. Par une combinaison fort étrange, plus l'esprit général serait pacifique, plus l'État, qui se mettrait en lutte avec cet esprit, trouverait d'abord des succès faciles.

Mais quelles seraient les conséquences de ces succès, même pour la nation conquérante? N'ayant aucun accroissement de bonheur réel à en attendre, en ressentirait-elle au moins quelque satisfaction d'amour propre? Réclamerait-elle sa part de gloire? Bien loin de là. Telle est à présent la répugnance pour les conquêtes, que chacun éprouverait l'impérieux besoin de s'en disculper. Il y aurait une protestation universelle, qui n'en serait pas moins énergique pour être muette. Le gouvernement verrait la masse de ses sujets se tenir à l'écart, morne spectatrice. On n'entendrait dans tout l'empire qu'un long monologue du pouvoir. Tout au plus ce monologue serait-il dialogué de temps en temps, parce que des interlocuteurs serviles répéteraient au maître les discours qu'il aurait dictés. Mais les gouvernés cesseraient de prêter l'oreille à de fastidieuses harangues, qu'il ne leur serait jamais permis d'interrompre. Ils détourneraient leurs regards d'un vain étalage dont ils ne supporteraient que les frais et les périls, et dont l'intention serait contraire à leur vœu.

L'on s'étonne de ce que les entreprises les plus merveilleuses ne produisent de nos jours aucune sensation. C'est que le bon sens des peuples les avertit que ce n'est point pour eux que l'on fait ces choses. Comme les chefs y trouvent seuls du plaisir, on les charge seuls de la récompense. L'intérêt aux victoires se concentre dans l'autorité et ses créatures. Une barrière morale s'élève entre le pouvoir agité et la foule immobile. Le succès n'est qu'un météore qui ne vivifie rien sur son passage. A peine lève-t-on la tête pour le contempler un instant. Quelquefois même on s'en afflige, comme d'un encouragement donné au délire. On verse des larmes sur les victimes, mais on désire les échecs.

Dans les temps belliqueux, l'on admirait par-dessus tout
le génie militaire. Dans nos temps pacifiques, ce que l'on
implore, c'est de la modération, et de la justice.

§ 19. *Love of Liberty waxing cold.*

MME DE STAËL [1].

Nous qui avons le cœur français, nous nous étions
cependant habitués pendant les quinze années de la tyrannie de Napoléon, à considérer ses armées par-delà le
Rhin comme ne tenant plus à la France; elles ne dé-
fendaient plus les intérêts de la nation, elles ne servaient
que l'ambition d'un seul homme; il n'y avait rien en cela
qui pût réveiller l'amour de la patrie....

Incroyable homme! il a vu des souffrances dont on ne
peut aborder la pensée....Il a reçu de cette armée des
preuves de respect et d'attachement, lorsqu'elle périssait
un à un pour lui; et il a refusé six mois après, à Dresde,
une paix qui le laissait maître de la France jusqu'au
Rhin, et de l'Italie tout entière! Il était venu rapidement
à Paris, après la retraite de Russie, afin d'y réunir de
nouvelles forces. Il avait traversé avec une fermeté plus
théâtrale que naturelle l'Allemagne dont il était haï, mais
qui le redoutait encore. Dans son dernier bulletin, il avait
rendu compte des désastres de son armée, plutôt en les
outrant qu'en les dissimulant. C'est un homme qui aime
tellement à causer des émotions fortes que, quand il ne
peut pas cacher ses revers, il les exagère pour faire toujours plus qu'un autre. Pendant son absence, on avait
essayé contre lui la conspiration la plus généreuse (celle de
Malet[2]) dont l'histoire de la révolution de France ait
offert l'exemple. Aussi lui causa-t-elle plus de terreur
que la coalition même. Ah! que n'a-t-elle réussi, cette

[1] From *Considérations sur la Révolution française* (posthumous,
1818), IVe partie, ch. xix.
[2] General Malet, a *philadelphe*, conspired repeatedly against
Napoleon, and was finally shot in 1812.

conjuration patriotique! La France aurait eu la gloire de s'affranchir elle-même, et ce n'est pas sous les ruines de la patrie que son oppresseur eût été accablé.

Le général Malet était un ami de la liberté, il attaquait Bonaparte sur ce terrain. Or Bonaparte savait qu'il n'en existait pas de plus dangereux pour lui; aussi ne parlait-il, en revenant à Paris, que de *l'idéologie*. Il avait pris en horreur ce mot très-innocent, parce qu'il signifie la théorie de la pensée. Toutefois il était singulier de ne redouter que ce qu'il appelait *les idéologues*, quand l'Europe entière s'armait contre lui. Ce serait beau si, en conséquence de cette crainte, il eût recherché par-dessus tout l'estime des philosophes; mais il détestait tout individu capable d'une opinion indépendante. Sous le rapport même de la politique, il a trop cru qu'on ne gouvernait les hommes que par leur intérêt; cette vieille maxime, quelque commune qu'elle soit, est souvent fausse. La plupart des hommes que Bonaparte a comblés de places et d'argent ont déserté sa cause; et ses soldats, attachés à lui par ses victoires, ne l'ont point abandonné. Il se moquait de l'enthousiasme, et cependant c'est l'enthousiasme, ou du moins le fanatisme militaire qui l'a soutenu. La frénésie des combats, qui dans ses excès mêmes a de la grandeur, a seule fait la force de Bonaparte. Les nations ne peuvent avoir tort: jamais un principe pervers n'agit longtemps sur la masse; les hommes ne sont mauvais qu'un à un....

Les Allemands, depuis longtemps indignés, se soulevèrent enfin contre les Français qui occupaient leur pays; la fierté nationale, cette grande force de l'humanité, reparut parmi les fils des Germains. Bonaparte apprit alors ce qu'il advient des alliés qu'on a contraints par la force, et combien tout ce qui n'est pas volontaire se détruit au premier revers....

Il n'a pas vu que l'enthousiasme avait passé de la rive gauche du Rhin à la rive droite; qu'il ne s'agissait plus de gouvernements indécis, mais de peuples irrités; et que, de son côté, au contraire, il n'y avait qu'une armée et plus de nation; car, dans ce grand débat, la France est demeurée neutre: elle ne s'est pas doutée qu'il s'agissait d'elle quand il s'agissait de lui.

§ 20. *Effect of Imperialism on individual consciences.*

EDGAR QUINET[1].

Mon père[2] appartenait à cette sorte d'hommes, rares déjà sous le Consulat, presque introuvables sous l'Empire, et qui me semblent entièrement disparus. Ils tenaient des temps prodigieux qu'ils avaient traversés une croyance absolue à la puissance de la volonté. Pour eux rien d'impossible, ou même de difficile. Toute hésitation devant l'impossible les irritait, comme une désobéissance ou un démenti. Quand cette énergie prenait sa source dans l'âme, elle lui communiquait une fierté indomptable. A ce petit nombre, l'apparition d'un maître causa une aversion que ne diminua aucune victoire, aucun triomphe de la force. Jusqu'à la dernière heure, mon père du fond de son obscurité lutta contre le vainqueur, de puissance à puissance, d'âme à âme. Car il le détestait, comme une âme libre peut détester le Destin. Il exécrait tout en lui, la voix, le geste, le regard. Il ne lui accordait ni génie, ni talent, ni figure, à peine la force automatique du soldat. Plus la fortune courtisait le grand homme, plus mon père se retirait de lui. Il ne fut désarmé dans cette haine implacable que par les défaites. Alors il se tut. Les désastres consommés, il alla même jusqu'à le défendre. On n'entendit plus un mot de blâme sortir de sa bouche. La pitié fut plus forte que la haine. Peut-être aussi que le combat de l'orgueil avait cessé.

Chez ma mère, l'aversion était la même, quoiqu'elle prît sa source dans le seul sentiment de la liberté perdue. L'orgueil n'y fut pour rien. De cet accord de mes parents, s'ensuivit quelque chose de singulier. Soit prudence, soit

---

[1] From *Histoire de mes idées* (1858), I^e part. ch. viii; IIe part. ch. xiii.
[2] Jérôme Quinet of Bourg-en-Bresse, *Commissaire des guerres* under the Empire.

scrupule de m'apprendre trop tôt à haïr, ils gardèrent
devant moi le silence le plus complet sur l'Empereur.
Voilà comment j'ignorai si longtemps son nom, que je
fus obligé de découvrir moi-même, et de ce côté il y a
dans ces années un grand vide pour moi. Mais dans cette
ignorance, ma liberté fut respectée, et il ne me manquait
plus que d'entendre parler de Napoléon pour devenir
bonapartiste, dans une maison où on l'était si peu.

Quelle idée pouvait se faire un enfant des énormes
événements qui se passaient alors dans le monde? Tout
grands qu'ils étaient, le bruit m'en arrivait à peine. Voici,
je crois, la première impression durable que j'en reçus.
Un homme en deuil monte lentement, mystérieusement les
escaliers. A sa suite, on me conduit dans une salle où
était étendu sur des cordes un uniforme d'officier troué
d'une balle. Cet uniforme teint de sang était celui d'un
de mes oncles, tué en Espagne au siége de Girone. Ma
mère, qui maudissait cette guerre, retint encore sa haine,
et ne fit servir en rien ce spectacle à ses passions. Quant
à tous les autres, ils parlaient peu des événements, si ce
n'est pour applaudir.

. . . . . .

Avec l'exemple que je recevais de tels parents, comment
devenais-je de plus en plus un fervent disciple de la force
et du hasard?

Ce n'était point un désir puéril de contradiction.
J'aimais la fierté de mon père. Je ne trouvais rien à
répondre aux plaintes de ma mère contre la dureté du
maître. Mais excepté eux, personne ne prononçait jamais
devant moi le mot de liberté; personne ne semblait la
regretter, ou même s'apercevoir de son absence. On
désirait que la guerre finît, sans le dire même. Mais ces
plaintes étranges sur l'oppression de l'âme, sur l'étouffe-
ment de la pensée, je ne les entendais jamais ailleurs que
dans la chambre de ma mère. Je ne doutais pas que ces
plaintes ne fussent fondées, mais je me serais gardé de
les répéter à d'autres, certain qu'elles eussent provoqué

la risée. Surtout je ne faisais aucun effort pour me détacher de mon héros.

Ce n'est pas que je connusse l'histoire de sa vie. Assurément, je n'eusse pu dire pourquoi je l'avais choisi de préférence à tant d'autres.

Qu'est-ce donc qui m'attirait invinciblement vers ce nom? J'étais ébloui sans savoir par quelle lumière. Je me sentais enveloppé d'une splendeur avec laquelle ma raison de onze ans ne pouvait se mesurer, et il me semble que le peuple, dont je partageais toutes les impressions, n'aurait pu lui-même donner une autre explication de son éblouissement. Il avait comme moi une imagination d'enfant et une raison d'enfant. Comme moi, il était subjugué par une puissance qui lui était trop supérieure. Dans le fond, nous adorions les uns et les autres la force aveugle, sans l'appeler par ce nom. Elle était à elle-même sa raison, son droit; nous ne lui demandions pas autre chose.

Mes parents jugèrent qu'il serait impossible de me disputer à cet entraînement des masses qui avait la force d'un élément; ils n'entreprirent pas une lutte ouverte. Mais sous mon idolâtrie, ils semèrent l'amour ardent de la liberté, de la dignité humaine, se confiant à l'avenir du soin de m'éclairer sur ce qu'il fallait conserver ou rejeter. Au risque d'anticiper çà et là de quelques années, je dois insister sur ce point.

De l'éducation opposée que je recevais de mes parents et de la foule au milieu de laquelle je vivais, il résultait insensiblement deux directions en moi, et j'avais la plus grande peine du monde à les concilier. J'adorais ce que tout le monde adorait; en même temps j'avais la plus grande aversion pour les tendances d'esprit cachées sous mes idolâtries. C'est de quoi je m'aperçus dès que je m'avisai de réfléchir. Toutes les pensées qu'on exprimait devant moi me blessaient, ou plutôt, j'étais oppressé par cette haine de la pensée que je trouvais partout et qui n'était qu'une imitation ou un excès d'empressement à obéir.

CHAPTER III

CLASH BETWEEN POPULAR ASPIRATIONS
AND THE SOVEREIGN'S WILL.

ON December 1, 1813, the Allies published the Declaration of Frankfort, offering peace on condition that France returned to her "natural boundaries." The Chamber met on the 19th, and Napoleon made a fervid speech, summoning all France to the defence of hearth and home. He had his way with the Senate, but the *Corps Législatif* produced a report which shewed that the nation in whose name they spoke was weary of despotism and war.

§ 21. *Napoleon and the Nation, Dec.* 1813—*Jan.* 1814.

(*a*) *Waning confidence.*

BARON ÉTIENNE PASQUIER[1].

La commission nommée par le Corps législatif se composait de MM. Lainé, Raynouard, Gallois, de Flaugergues, Maine de Biran; ces hommes avaient compris leurs devoirs tout autrement que ne l'avaient fait Messieurs les Sénateurs. Ils n'avaient pas cru qu'il fût permis de manquer une telle occasion de faire entendre des vérités utiles, et de demander, pour prix des nouveaux sacrifices qui allaient être exigés du pays, quelques garanties pour des intérêts continuellement froissés, pour des droits sacrés trop souvent violés. Ils avaient pensé qu'il était temps de mettre un frein au pouvoir absolu. Puisque la France était appelée à faire les plus grands, les derniers efforts, n'était-il pas juste qu'elle prît quelques précautions contre le retour des témérités qui l'avaient conduite à cette extrémité? Mais ces pensées, je le puis assurer, car je l'ai souvent entendu dire depuis à tous les membres de la commission, et notamment à M. Lainé, étaient exprimées sans aucune intention hostile, sans aucune volonté de nuire, encore moins de renverser. On voulait, au contraire,

[1] From *Histoire de mon temps* (Plon-Nourrit, 1893–1895, 6 vols.), t. II, pp. 123–131, 174–176.

très sincèrement, dans cette commission, unir encore une fois la nation à l'Empereur....L'impression du rapport fut votée dans le Corps législatif, à une majorité de 223 voix contre 31....

Le langage dans lequel les vœux étaient exprimés cachait mal de graves reproches, car on ne réclamait apparemment la liberté, la sûreté des personnes, le respect des propriétés, le libre exercice des droits politiques, que parce qu'on en avait été injustement et trop longtemps privé....

Je fus d'avis[1] que, malgré le déplaisir que l'Empereur pourrait ressentir, il fallait se résigner à entendre ce langage, sans trop en montrer de mécontentement. On avait besoin de relever l'esprit national, il fallait lui demander de grands, de puissants efforts, et si on rompait en une telle circonstance avec le seul corps qui pût être considéré comme délégué par le pays,...sur quoi se reposerait-on désormais?...

Si l'Empereur accueillait avec une bienveillance apparente la supplique qui lui serait présentée, il ne lui faudrait peut-être que bien peu de paroles et une déclaration qui ne l'engagerait que dans une juste mesure, pour changer en satisfaction et même en enthousiasme, des dispositions qui étaient aujourd'hui, on ne pouvait se le dissimuler, assez peu favorables. M. Pelet et M. Anglès furent de mon avis.

Quand vint le tour de M. Réal[2], fort pensif jusqu'alors, et auquel le duc adressa cette interpellation: "Allons, monsieur Réal, vous qui êtes un homme de ressources, quel parti prendre? — Un parti? oui, sans doute, répondit-il, il devrait toujours y en avoir un à prendre; il en faudrait un vigoureux; mais sur quoi voulez-vous qu'on l'appuie? Où sont aujourd'hui les hommes qu'on pourrait

---

[1] Pasquier and his colleagues met at the house of the Duc de Rovigo (Savary) to discuss the situation. Rovigo was *Ministre de la Police*, and Pasquier, *Préfet de Police*, was his subordinate.

[2] Comte Anglès, *Ministre d état*, Comte Pelet (de la Lozère) and Comte Réal, *Conseillers d'état*. The latter was an old revolutionary and a friend of Danton.

employer, pour exécuter une grande et forte mesure? Depuis dix années, n'a-t-on pas dispersé, persécuté, anéanti presque tous les vrais patriotes, tous ces hommes énergiques qui avaient rendu de si grands services aux époques les plus décisives de la Révolution? Croit-on qu'il soit possible de les trouver à présent, de les ranimer, de les ressusciter, et où trouverait-on leurs pareils? Il avait fallu pour les produire des circonstances uniques; ceux-là avaient le feu sacré; on n'a pas voulu comprendre ce qu'ils valaient. Maintenant, voilà l'Empereur en présence d'une assemblée qui sait prendre ses avantages, et il est plus aisé de gagner trois grandes batailles que de faire face à une assemblée délibérante, qui peut ranger de son côté l'opinion publique. Entrer en lutte avec elle est une entreprise au-dessus des forces du moment; s'en passer est tout aussi impossible. Il faut donc, bon gré, mal gré, en venir à l'avis de M. Pasquier, et il faut avoir le courage de le dire."

Cette allocution si naïvement révolutionnaire, mais si raisonnablement terminée, fit une vive impression sur le duc de Rovigo. "Je vois bien," dit-il après quelques phrases fort embarrassées, "qu'il n'y a pas d'autre parti à prendre, mais le conseil n'est pas aussi commode à donner que vous avez l'air de le supposer, Messieurs."

(b) Efforts at recovery.

Napoléon pouvait-il accepter les conditions[1] dont l'effet moral portait une atteinte considérable à son prestige? Était-il possible que celui auquel la république avait remis la France allant jusqu'aux rives du Rhin; qui, depuis, avait envahi l'Italie et posé sur sa tête la couronne de fer, réuni à son empire la moitié de l'Allemagne, pût consentir à voir la France plus faible qu'elle ne l'était avant la Révolution? Que répondre à ceux qui lui auraient demandé compte du sang de trois millions de Français inutilement versé sur les champs de bataille?

---

[1] I.e. of the Allied Congress at Châtillon-sur-Seine (February 17) which included a return to the boundaries of 1791.

Quand on est monté si haut, il vaut mieux cent fois se laisser précipiter que de consentir à descendre aussi bas. La lettre au duc de Vicence[1] était, à mon sens, belle et noble; il y avait une véritable grandeur dans ces paroles: "Vous me parlez toujours des Bourbons."

Le 19 février, il traçait ces lignes; le 24, en rentrant dans la capitale de la Champagne, il faisait un exemple cruel et inutile sur un habitant, le chevalier de Gouault. Ce malheureux, lors de l'arrivée des étrangers, avait eu l'imprudence de manifester ses vœux pour la maison de Bourbon; rejetant la cocarde tricolore, reprenant la croix de Saint-Louis, il avait entrepris, assisté d'un de ses amis, le marquis de Vidranges, la rédaction et la promulgation d'une adresse, pour demander aux souverains alliés le rétablissement de cette maison sur le trône de France; ils étaient à grand'peine parvenus à réunir une vingtaine de signatures, ce qui ne les avait pas empêchés de la présenter à l'empereur Alexandre. Celui-ci, prudemment, ne leur avait donné aucun encouragement et avait même eu la générosité de les avertir qu'ils couraient risque de se compromettre. "Nous ne venons point," avait-il dit, "pour donner un roi à la France; c'est à elle à savoir ce qu'elle veut." Leur démarche, la première de ce genre, faite dans les villes occupées par l'ennemi, n'en avait pas moins causé une sensation d'autant plus grande qu'elle contrastait hautement avec les sentiments que les malheurs de la guerre avaient ravivés. La présence de l'étranger, loin d'éteindre l'esprit national, l'avait au contraire exalté; les vexations inséparables d'une invasion opérée par une armée composée de tant de nations diverses, les pillages, les violences exercées par les troupes et par les Cosaques avaient exaspéré les habitants des campagnes. Dans beaucoup de cantons, ils n'hésitaient pas à abandonner leurs villages pour se réfugier dans les bois, où ils attaquaient les détachements, massacraient les traînards; de jour en jour, la guerre prenait un caractère plus odieux,

---

[1] A.-A.-L. de Caulaincourt (1772–1827).

elle devenait vraiment nationale. C'était un des dangers que la coalition redoutait le plus, et avec raison; c'était aussi un de ceux dont M. de Metternich s'était montré le plus frappé.

Enfin, il est certain que la vigueur déployée par Napoléon dans une défense si périlleuse lui avait ramené, par l'admiration, beaucoup d'esprits. Les provinces où il avait recouvré le plus de partisans étaient précisément celles qui souffraient le plus de cette guerre que ses folles témérités avaient attirée sur le sol de France. Ainsi s'expliquent les acclamations presque unanimes dont il fut salué, le 24, dans la ville de Troyes; il fut accueilli comme un libérateur; les habitants prodiguèrent à ses troupes tous les secours possibles.

Dans ces dispositions, il n'est pas étonnant que beaucoup de voix accusatrices se soient fait entendre contre les malheureux royalistes osant solliciter le retour des Bourbons. On ignorait qu'outre cette démarche ils eussent envoyé une députation à Monsieur, comte d'Artois, dont l'arrivée en Suisse était connue. Heureusement pour le marquis de Vidranges, cette mission lui avait été confiée; il se trouva ainsi hors de péril. Quant au chevalier de Gouault, qui n'avait pas eu la prudence de s'éloigner, il fut arrêté, jugé et condamné à mort par une commission militaire. Ce fut la seule victime, aucun autre signataire de l'adresse n'ayant été inquiété.

(c) *The Report of the Corps Législatif.*

LAINÉ[1].

Afin d'empêcher les Puissances coalisées d'accuser la France et l'Empereur de vouloir conserver un territoire trop étendu, dont elles semblent craindre la prépondérance, n'y aurait-il pas une véritable grandeur à les désabuser par une déclaration formelle?

[1] From *Rapport fait au Corps Législatif, au nom de la Commission extraordinaire, le 28 décembre* 1813, *par M. Lainé, rapporteur* (à Paris, chez Charles, imprimeur, rue Dauphine, No. 36, 1814), pp. 1–13.

Il ne nous appartient pas, sans doute, d'inspirer les paroles qui retentiraient dans l'univers, mais pour que cette déclaration eût une influence utile sur les Puissances étrangères, pour qu'elle fît sur la France l'impression espérée, ne serait-il pas à désirer qu'elle proclamât à l'Europe et à la France la promesse de ne continuer la guerre que pour l'indépendance du Peuple français et l'intégrité de son territoire? Cette déclaration n'aurait-elle pas dans l'Europe une irrécusable autorité?

Lorsque Sa Majesté aurait ainsi, en son nom et en celui de la France, répondu à la déclaration des Alliés, on verrait, d'une part, des Puissances qui protestent qu'elles ne veulent pas s'approprier un territoire reconnu par elles nécessaire à l'équilibre de l'Europe, et de l'autre, un Monarque qui se déclarerait animé de la seule volonté de défendre ce même territoire.

Que si l'Empereur des Français restait seul fidèle à ces principes libéraux que les chefs des nations de l'Europe auraient pourtant tous proclamés, la France alors, forcée par l'obstination de ses ennemis à une guerre de nation et d'indépendance, à une guerre reconnue juste et nécessaire, saurait déployer pour le maintien de ses droits l'énergie, l'union et la persévérance dont elle a déjà donné d'assez éclatants exemples.

Unanime dans son vœu pour obtenir la paix, elle le sera dans ses efforts pour la conquérir, et elle montrera encore au monde qu'une grande nation peut tout ce qu'elle veut, lorsqu'elle ne veut que ce qu'exigent son honneur et ses justes droits.

La déclaration que nous osons espérer captiverait l'attention des Puissances qui rendent hommage à la valeur française; mais ce n'est pas assez pour ranimer le peuple lui-même et le mettre en état de défense.

C'est, d'après les lois, au gouvernement à proposer les moyens qu'il croira les plus prompts et les plus sûrs pour repousser l'ennemi et asseoir la paix sur des bases durables.

Ces moyens seront efficaces si les Français sont persuadés que le gouvernement n'aspire plus qu'à la gloire de la paix; ils le seront, si les Français sont convaincus que leur sang ne sera versé que pour défendre une patrie et des lois protectrices. Mais ces mots consolateurs de paix et de patrie retentiraient en vain, si l'on ne garantit les institutions qui promettent le bienfait de l'une et de l'autre.

Il paraît donc indispensable à votre Commission, qu'en même temps que le gouvernement proposera les mesures les plus promptes pour la sûreté de l'état, S.M. soit suppliée de maintenir l'entière et constante exécution des lois qui garantissent aux Français les droits de la liberté, de la sûreté, de la propriété, et à la nation le libre exercice de ses droits politiques.

Cette garantie a paru à votre Commission le plus efficace moyen de rendre aux Français l'énergie nécessaire à leur propre défense. Ces idées ont été suggérées à votre Commission par le désir et le besoin de lier intimement le trône et la nation, afin de réunir leurs efforts contre l'anarchie, l'arbitraire et les ennemis de notre patrie.

(d) The Emperor's reply[1].

Je vous ai appelés autour de moi pour faire le bien: vous avez fait le mal. . . . Retournez dans vos départements, je suivrai de l'œil ceux qui ont des mauvaises intentions. Vous avez cherché à m'humilier! . . . Vous avez cherché à me *barbouiller* aux yeux de la France, c'est un attentat; qu'est-ce que le trône au reste? Quatre morceaux de bois dorés recouverts de velours. . . . Et moi aussi je suis sorti du peuple, et je sais les obligations que j'ai contractées. Ce n'était point au moment où les Étrangers occupent nos provinces, et que deux cent mille Cosaques sont près d'inonder nos plaines qu'il fallait faire des remontrances. . . . Au lieu de nous réunir tous, vous nous avez désunis. Vous m'avez mis seul en face des Étrangers, en disant que c'est à moi seul qu'ils font la guerre; c'est une atrocité. Vous vous dites les représentants de la nation, mais vous

---

[1] This reply was printed at the end of Lainé's report.

n'êtes que les députés au Corps législatif....La nature
m'a doué d'un courage fort, il peut résister à tout. Il en a
beaucoup coûté à mon orgueil. Je l'ai sacrifié; mais je
suis au-dessus de vos misérables déclamations. J'avais
besoin de consolations, et vous m'avez déshonoré....Mais
non, mes victoires écrasent vos criailleries.

J'attendais que vous seriez réunis d'intention et d'efforts
pour chasser l'ennemi; vous l'avez appelé. J'avais conclu
la paix en acceptant les conditions de l'ennemi, et c'est
vous qui l'avez fait changer. J'aurais perdu deux batailles
que cela n'eût pas fait plus de mal à la France. Sous trois
ou quatre mois nous aurons la paix, et vous vous repentirez
de votre mauvaise conduite. Je suis de ces gens qui
triomphent ou qui meurent....

NOTE. The following passage between Lainé and Savary (Duc de
Rovigo), recorded by Edmond Géraud, throws light on Lainé's character. Cf. *Un témoin des deux Restaurations*...ed. Charles Bigot (Flammarion, 1892), p. 47.

Dans une conférence entre M. Lainé et monseigneur de
Savary, celui-ci lui reprocha à plusieurs reprises d'être une
mauvaise tête.

Peu touché de cette espèce d'insulte, M. Lainé l'assura,
au contraire, qu'il était toujours maître de lui et que
jamais il n'avait agi avec plus de sang-froid et d'examen
que dans cette occasion: "Mais enfin, monsieur, lui dit
Savary, qu'espériez-vous? que vouliez-vous par un pareil
discours? — Je voulais, monseigneur, persuader à Sa Majesté
de relever une nation trop prosternée....—Monsieur Lainé,
encore une fois, vous êtes une mauvaise tête. Vous allez
retourner dans votre département. Je vous avertis que
vous y serez soigneusement surveillé. — Je serai moi-même
mon premier surveillant. Au demeurant, monseigneur,
vous me parlez bien haut, mais ma conscience me parle
encore plus haut que vous."

CHAPTER IV

THE INVASION: PARIS OCCUPIED BY THE ALLIES: REVIVAL OF PATRIOTISM, 1814.

§ 22. *Country before Dynasty.*

LAZARE CARNOT.

THE disasters of 1813, culminating in the passage of the Rhine by the Allies, drew Carnot from his retirement to the defence of his country. The subjoined extracts shew him (*a*) offering his services to Napoleon, who appointed him governor of Antwerp then invested by the English and Prussians, (*b*) refusing the blandishments of the Prussian commander who invited him to abandon his post and the emperor, (*c*) encouraging his garrison to remain true to France even under a change of ruler.

(*a*) *To Napoleon, January,* 1814[1].

Sire,

Aussi long temps que le succès a couronné vos entreprises, je me suis abstenu d'offrir à Votre Majesté des services que je n'ai pas cru lui être agréables. Aujourd'hui, Sire, que la mauvaise fortune met votre constance à une grande épreuve, je ne balance plus à vous faire l'offre des faibles moyens qui me restent. C'est peu de chose, sans doute, que l'effort d'un bras sexagénaire; mais j'ai pensé que l'exemple d'un ancien soldat, dont les sentiments patriotiques sont connus, pourrait rallier à vos aigles beaucoup de gens incertains sur le parti qu'ils doivent prendre, et qui peuvent se laisser persuader que ce serait servir leur pays que de les abandonner.

Il est encore temps pour vous, Sire, de conquérir une paix glorieuse, et que l'amour du Grand Peuple vous soit rendu.   CARNOT.

[1] From *Correspondance de Carnot avec Napoléon pendant les Cent Jours* (Paris, 1819), p. 15.

(b) To General von Bülow, February, 1814[1].

Monsieur le général,

J'ai trop à cœur de conserver l'estime dont vous me donnez le témoignage dans votre lettre, pour ne pas défendre, par tous les moyens qui sont en mon pouvoir, le poste honorable que m'a confié l'empereur des Français.

Plus nous avons essuyé de malheurs, plus nos efforts sont nécessaires pour les réparer. J'ai le bonheur de commander dans une place aussi bien armée contre la séduction que contre la force ouverte; et la loyauté de ma nombreuse garnison est égale à son courage.

Nos vœux sont pour une paix honorable, que nous savons ne pouvoir obtenir que par des victoires; et celles que nous venons de célébrer nous donnent l'espoir qu'elles ne se feront pas attendre.

Croyez, monsieur le général, que les défenseurs d'Anvers ne gâteront pas l'ouvrage si heureusement commencé par leur souverain, et veuillez agréer, etc.   CARNOT.

(c) To the Garrison of Antwerp, April, 1814[2].

Soldats! Nous sommes restés fidèles à l'empereur Napoléon, jusqu'à ce qu'il nous ait lui-même abandonnés. Il vient de renoncer à un pouvoir dont il avait si longtemps abusé; il vient d'abdiquer un empire dont il ne pouvait plus tenir les rênes: nous sommes, à son égard, déliés du serment de fidélité.

Quant au nouveau souverain, qui doit être bientôt proclamé, on ne peut raisonnablement douter que ce ne soit Louis XVIII. L'ancienne dynastie va reprendre ses droits; les descendants de Henri IV vont remonter sur le trône de leurs pères. Dans ces circonstances importantes, la garnison ne doit pas perdre de vue qu'elle n'a aucun vœu à émettre. La force armée ne délibère pas; elle obéit

[1] From *Mémoires de Carnot par son fils* (1861–62), t. II, p. 309. Von Bülow's honeyed letter may be read *op. cit.* p. 308.
[2] *Ib.* p. 307. Carnot's appeal had its effect: Antwerp remained in French hands until the end of the war.

aux lois, elle les fait exécuter. Elle serait coupable si elle se prononçait spontanément ou individuellement, parce que c'est l'unité qui fait toute sa force et qu'elle ne doit jamais s'exposer à une divergence d'opinions.

Le moment approche, sans doute, où nous devrons prêter un nouveau serment à celui qu'aura désigné pour roi l'assentiment général de la nation; mais nous devons prévenir tout désordre, éviter toute secousse, obéir unanimement. L'instant précis sera donc fixé par nous; il sera consacré par une solennité. Jusqu'alors nous ne nous permettrons aucun changement, aucun acte partiel; nous serons fermes à notre poste; nous garderons religieusement le dépôt sacré qui est entre nos mains, et nous attendrons, en soldats fidèles et incorruptibles, l'heure de le remettre au souverain légitime.

§ 23. *Self-immolation of the National Guard.*

GÉNÉRAL PHILIPPE DE SÉGUR[1].

BLÜCHER'S army, in its advance on Paris, came upon a detachment of 6000 gardes nationaux under General Pacthod and drove them back on La Fère-Champenoise between Marne and Aube, March 25, 1814, where they encountered the main army and were annihilated.

On avait vu successivement l'infanterie de Rayefski, les Gardes Russe et Prussienne et leurs canons...marcher de Fère-Champenoise sur l'infortuné Pacthod. Bientôt toute cette infanterie, quatorze mille cavaliers, quatre-vingts bouches à feu, l'entourèrent. Dès lors toute voie de salut lui fut fermée, et un pas de plus impossible.

Cernée ainsi, au milieu de cette plaine, la malheureuse division s'arrêta. Elle se forma en carrés s'appuyant l'un l'autre, les canons aux angles, et se hérissa de baïonnettes. C'étaient deux mille soldats et quatre mille gardes nationaux. Ils croyaient l'Empereur perdu; ils voyaient l'invasion triompher; ils savaient qu'après eux il n'y avait plus d'obstacle entre eux et la capitale! Dans cette position désespérée, leur général les harangua: "On ne

---

[1] From *Histoire et Mémoires* (posthumous, 1873), t. VII, ch. viii.

capitule pas, leur dit-il, en rase campagne! la loi militaire le défend, et surtout l'honneur! D'ailleurs, quand la Patrie périt, qui voudrait lui survivre? Jurons donc de mourir pour elle!'' Aussitôt, l'épée haute, lui-même pronounce à haute voix ce serment, et tous, exaltés de son héroïsme, répètent, avec acclamations et en agitant leurs armes, ce cri d'un dévouement à jamais sublime!

Ils tinrent parole! Et d'abord, inaccessibles aux charges furieuses de toute l'élite de la cavalerie alliée, leur feu roulant les entoura de morts et de mourants, dont ils jonchèrent ces plaines fatales. Au milieu de ce combat, deux frères, l'un transfuge, l'autre dans nos rangs, se trouvèrent aux prises. Le premier, naguère aide de camp de Moreau, osa sommer l'un de nos carrés de mettre bas les armes. Son frère en commandait l'artillerie: il lui répondit à coups de mitraille. La fumée dissipée laissa voir l'un debout, ferme dans son devoir, tandis que, justement atteint, le transfuge resta étendu à terre.

Les charges alors recommencèrent, le feu de Pacthod redoubla, et, la cavalerie restant impuissante, l'Empereur Alexandre fit avancer son infanterie. Mais contre ces murailles vivantes ce nouvel assaut ayant échoué encore, et l'artillerie seule pouvant les démolir, on l'appela. Bientôt quatre vingts bouches à feu les battirent en brèche. Et cependant, nos malheureux carrés déformés, on ne se rendit point: on se défendit d'homme à homme, à la baïonnette. Trois mille cinq cents gardes nationaux se firent tuer sur place. Quinze cents soldats et les six généraux, la plupart blessés ou foulés aux pieds des chevaux, restèrent prisonniers. Quelques centaines seulement, les plus rapprochés des marais de Saint-Gond, s'échappèrent.

On dit que Pacthod ne voulut livrer son épée qu'à l'Empereur Alexandre lui-même. On ajoute que, saisi d'admiration, ce Prince, rendant au dévouement de nos malheureux compagnons d'armes le plus éclatant des témoignages, s'avoua vaincu dans sa victoire par une aussi glorieuse défaite.

§ 24. *Indignation in the Provinces.*

EDGAR QUINET[1].

...Un matin de cet hiver de 1814, nous allions, selon notre coutume, à la rencontre du messager, sur la route de Percy[2]. Ce messager était un idiot dont l'intelligence n'avait gardé qu'une case pour le sentiment de la patrie. Ordinairement il tenait à la main une branche de chêne qu'il agitait de loin, en signe de victoire. Son grand chapeau à cornes était à demi couvert par une immense cocarde tricolore enrubannée, mêlée de pâquerettes. Ce jour-là, il ne tenait point de branche à la main; quand nous fûmes près le lui, nous vîmes qu'il n'avait pas une seule fleur à son chapeau.

"Mauvaises nouvelles!" nous cria-t-il, "les Kaiserlicks ne sont pas loin!"

Et il continua son chemin à la manière des idiots en trébuchant à chaque pas.

Nous crûmes d'abord que c'était un de ses accès de folie ordinaires. Mais nous fûmes ébranlés par ce que nous vîmes à notre retour. Mon père fondait des balles et il partait en éclaireur avec sa carabine. Sur la petite place de l'église étaient réunis, alignés sur deux rangs, une trentaine de bourgeois et d'ouvriers armés de fusils de chasse. Notre maître d'école brandissait une vieille épée, en serre-file. Hélas! c'était là chez nous l'arrière-ban de la France! Le capitaine passa devant les rangs et distribua à chacun deux cartouches qu'il prit dans un bahut à pétrir le pain. "Vous pouvez tenir tête à trente cavaliers," dit-il froidement. "A deux millions!" répondit une voix. La petite armée s'ébranla en silence.

Au premier rang, je reconnus le père Grenouille dans son magnifique habit de garde française. Le père Grenouille était un vieux soldat de Louis XVI, que ses soixante-

---

[1] From *Histoire de mes idées* (1858), IIe partie, chs. v, vi.
[2] The scene is at Charolles (Saône et Loire). Percy is an error. The place is probably Paray (le Monial).

quinze ans avaient forcé à se retirer du service. Réduit
à la dernière misère, il habitait le quartier des pauvres,
le Calvaire, où j'allais quelquefois le trouver dans sa
cabane. Il venait presque chaque jour dans notre maison
comme manœuvre. Je ne l'avais jamais vu que courbé en
deux, scier, fendre du bois d'une main tremblante, dans
le jardin. Mais ce jour-là, il s'était redressé de toute sa
hauteur; et le père Grenouille avait au moins six pieds,
l'air noble, le visage tranquille comme sa conscience, les
yeux d'une douceur singulière. Il portait en pleine
poitrine au bout d'un large ruban, sa croix d'honneur
que je n'avais jamais aperçue. Au lieu de trembler, il
marchait d'un pas ferme, imposant. Aussi, quand il
passa près de moi, je le saluai, mais je n'osai lui dire comme
je faisais les autres jours: "Adieu, père Grenouille!"

Il ne devait revenir que la tête fendue d'un coup de
sabre, et même alors il n'eut pas en mourant la joie du
soldat. Lorsqu'on le vit reparaître, mes compagnons se
moquèrent de sa vieillesse, de sa tête branlante, enveloppée
de charpie et de haillons. Pour prix de son acte sublime,
il ne recueillit que la risée. Je le vis et j'en fus consterné.
Pour lui, calme comme toujours, placide, muet, impassible,
il semblait ne s'apercevoir ni de la moquerie, ni de la
blessure mortelle. Je devais ce souvenir à cette grande
figure stoïque du Pauvre qui m'est toujours restée présente
sur les ruines de la France.

.   .   .   .   .   .

Est-ce que je sentais ce qu'il y avait de solennel en de
pareilles heures, même dans la plus chétive bourgade,
telle que la nôtre? Je sentais au moins que rien de semblable ne s'était passé depuis que j'étais au monde. Il me
semblait aussi que j'assistais à un tremblement de terre
et que la dernière journée du monde approchait. L'angoisse,
la curiosité, la stupeur, me ramenaient perpétuellement
sur cette grande route déserte, où se décidait notre sort.

J'avais atteint le haut d'une montée. Je regarde. Je
vois une longue, interminable file de cavaliers jusqu'au
bout de l'horizon. Ils étaient couverts de manteaux blancs,

car il pleuvait. Ils venaient lentement, en silence, les deux rangs écartés, aux deux bords de la route. Comme ils n'avaient rien de menaçant, j'attendis qu'ils fussent tout près pour rentrer à la ville et annoncer leur arrivée à ma mère.

La plupart des femmes avaient fui. Ma mère était au-dessus de ces terreurs vulgaires; elle était demeurée; nous nous mîmes tous deux à la fenêtre. A mesure que les cavaliers (c'étaient des dragons de la Tour) passèrent sous nos fenêtres, je sentis un brisement de cœur tel que je n'en avais jamais connu. Ma mère pleurait; et Dieu sait que dans ces larmes il n'y avait aucune crainte ni pour moi, ni pour elle, ni aucun retour personnel, mais le deuil de la France, le sentiment profond de sa chute, le pur et immortel culte de l'indépendance et de la gloire, en face de ces sabres nus qui ne menaçaient que la patrie. Jamais plus nobles larmes ne furent versées qu'à cette heure-là. Car ma mère, ai-je dit, haïssait mortellement l'Empereur; et maintenant elle pleurait sur lui aussi bien que sur la France. Voilà donc à quoi avaient abouti tant de victoires! tant d'efforts prodigieux! Qui eût cru que jamais on eût vu ce jour-là! Et que pouvait-il annoncer? Le bruit des pas des chevaux résonnait, au milieu du silence des hommes, comme sur une tombe.

Un officier allemand qui vit ces pleurs en fut étonné; il avoua plus tard qu'il les avait attribués à un sentiment personnel, à la perte d'un fils ou d'un frère.

Chez le plus grand nombre, en effet, la stupeur empêchait toute démonstration, même le deuil. Quelques-uns, très rares dans nos provinces, sentirent, dit-on, une joie odieuse. Mais pour ceux-là, ils osèrent encore moins la montrer.

Depuis ce moment, on a cessé en France d'avoir la vie légère. Auparavant, même dans le plus grand péril, on gardait une certaine sérénité. Elle s'est perdue et ne se retrouvera pas.

.   .   .   .   .

Quatre cavaliers vinrent avec leurs chevaux s'installer

chez nous. Leurs uniformes, leurs armes, tout me paraissait
hideux. Au reste, ces premiers venus se montrèrent bonnes
gens. Ils voulaient évidemment se rendre agréables; ils ne
se sentaient point en sûreté et paraissaient eux-mêmes
étonnés de se trouver parmi nous. J'avais une ménagerie
complète d'animaux; je tremblais pour elle.   Ils respec-
tèrent tout, mes lapins, mon écureuil, mon corbeau, ma
perdrix, jusqu'à mon bel épervier qui, sans se laisser
effaroucher par ces hôtes, voletait devant moi et se
dérangeait à peine au bruit des éperons des cavaliers.

Ces hommes, qui étaient Hongrois, me parlèrent latin.
Je fus très étonné de les comprendre. Je n'imaginais pas
qu'on pût comprendre le latin, encore moins le parler.
À peine étais-je bien convaincu que les anciens en eussent
été capables. Cependant, par curiosité, peut-être aussi
par nécessité, je m'enhardis à prononcer quelques mots;
depuis cet instant ma langue se trouva déliée. Ce que je
n'eusse jamais osé devant mes camarades, ou devant mon
maître, je le faisais hardiment et couramment avec ces
barbares. Car ils étaient tels à mes yeux. Puis, je me
rendais vraiment utile; et ce sentiment me donnait
l'audace qui m'eût manqué. On ne pouvait plus s'entendre
sans moi à l'écurie, au fenil, à la buanderie, à la cuisine.
Les domestiques n'osaient guère approcher, la peur leur
ôtant la raison, et il ne fallait pas songer à mon père pour
servir de truchement. Il était absent dans ces premiers
jours. Quand il revint, l'horreur qu'il éprouvait pour ces
étrangers, jointe à son impatience naturelle, ne lui eût
certes pas permis de leur adresser familièrement la parole.
Il n'eut d'autre commerce avec eux que de s'en faire
servir comme de ses propres domestiques, à quoi ils se
prêtèrent avec une douceur incroyable. Car il n'allait
plus à la pêche, son grand plaisir, sa seule distraction dans
ces temps, sans que deux ou trois de ces barbares ne lui
portassent en silence, derrière lui, son lourd épervier,
son sac à appât et sa filière à poissons. Il commandait
d'un geste; eux obéissaient, sans qu'il daignât échanger
avec eux une parole pendant des journées entières.

Pour moi, mon rôle d'interprète faillit être interrompu tragiquement. Un soir que je servais d'intermédiaire entre un soldat et un marchand de pipes, le soldat se crut lésé. Comme nous nous retirions, il me jeta ces mots, que je n'ai point oubliés: *Te verberabo*. Ces mots me remplirent, non de crainte, mais de honte. La pensée d'être frappé par un de ces étrangers me rappela toute la distance qui nous séparait. Je me sentais comme flétri en cette seule menace. Aussi refusai-je de prononcer un mot de plus devant de pareils hôtes. En vain ils descendirent aux prières et même à la flatterie, répétant, ce qui était vrai, que je parlais bien mieux latin que mon maître. Je ne me laissai pas fléchir. Tout était changé depuis ce fatal *Verberabo*.

Une autre circonstance vint l'aggraver encore. Un cavalier de notre voisinage fut dénoncé par un habitant pour une peccadille et condamné au supplice du bâton. Notre jardin fut choisi pour le lieu de l'exécution. Elle nous remplit d'horreur. Les cris de ce malheureux perçaient les airs. Nous nous étions enfuis dans la chambre la plus reculée; mais les gémissements arrivaient jusque-là; nul moyen d'y échapper. Par bonheur, mon père se trouva absent à cette heure-là; il eût éclaté sans mesure. Pour nous, ce fut un de nos jours de deuil. Le sentiment de la dignité humaine était si vif, si impétueux dans nos cœurs! Car ce qui nous désespérait à ce point, ce n'étaient pas seulement les cris de cet homme, c'était l'abjection du châtiment. Nous la faisions retomber sur tous ces étrangers. Je ne voyais plus sans horreur passer les sous-officiers, traînant avec leurs sabres leurs bâtons de coudrier. J'associais l'idée de ce vil supplice à tout ce qu'amenaient après elles les armées étrangères.

§ 25. *Impotence in Paris.*

BÉRANGER[1].

De grand matin[2] je me mets en quête et j'apprends par les proclamations affichées pendant la nuit qu'il n'est plus d'espoir, et que l'entrée de ceux que désormais on nomme les *alliés* aura lieu dans quelques heures. De petits imprimés, non signés, sont encore répandus dans la foule pour l'engager à la résistance. Vaine protestation! l'Empereur avait tellement habitué le peuple à ne croire qu'en lui, que sa voix seule eût pu alors dissiper toutes les incertitudes, relever tous les courages et surtout leur donner une direction utile. Bien convaincu de notre malheur, je pris le parti de rentrer chez moi pour me cacher, ne voulant rien voir du spectacle qui allait déshonorer Paris. Mais quelle fut ma surprise en rencontrant plusieurs cocardes blanches au milieu des groupes échelonnés le long des boulevards. Un homme ivre criait même auprès de moi: "Vivent les Bourbons!" La foule ne semblait rien comprendre à ces premières démonstrations royalistes, qui pourtant avaient déjà été faites plus en grand par une brillante cavalcade que dirigeaient les Duclos, les Maubreuil, des ducs, des marquis, des comtes de vieille roche et quelques intrigants empressés d'accourir pour avoir part au butin.

On sait que l'entrée des Russes et des Allemands se fit avec plus de courtoisie que les vainqueurs n'en mettent d'ordinaire. Nos ennemis semblaient se présenter chapeau bas dans la ville de Clovis, de saint Louis, d'Henri IV, de Louis XIV et de Napoléon, dans cette ville de la Constituante et de la Convention, où depuis des siècles s'élabore avec une activité incessante l'œuvre grande et sainte de la démocratie européenne. Les princes se rappelaient sans doute tout ce que la civilisation de leurs peuples et l'esprit de leurs cours nous avaient d'obligations. Presque tous les officiers de cette nombreuse armée

[1] From *Ma Biographie* (1858), pp. 158–165.
[2] March 31, 1814.

parlaient la langue des vaincus, semblaient même n'en savoir point d'autre, si ce n'est quand il leur fallait réprimer les rares brutalités de quelques-uns de leurs soldats. Du haut des balcons, mille ou douze cents bourboniens (on m'assure que j'exagère le nombre de moitié), hommes ou femmes, gens nobles ou qui travaillaient à se faire anoblir, rendaient politesse pour politesse aux vainqueurs ; plusieurs même venaient se jeter aux genoux des chefs, dont ils baisaient les bottes poudreuses, tandis qu'aux fenêtres des mouchoirs blancs agités, des cris d'enthousiasme, de bruyantes bénédictions, saluaient cette armée qui défilait tout étonnée d'un pareil triomphe. Ainsi un lâche troupeau de Français foulait aux pieds les trophées de nos vingt-cinq dernières années de gloire, devant des étrangers qui par leur tenue prouvaient si bien qu'ils en gardaient un profond souvenir.

Saisie d'abord d'une indignation patriotique, la classe des ouvriers fut longtemps à se rendre compte d'un changement aussi imprévu. Comme cette classe, plus que toute autre, avait besoin de la paix, ce fut ce mot qui seul put y faire des conversions favorables au régime qu'on nous préparait chez M. de Talleyrand. Cet homme habile, ainsi que l'empereur Alexandre, ne se rattachait aux Bourbons de la branche aînée que pour n'avoir plus affaire à Napoléon. On pourra juger de la différence des sentiments qui animaient le peuple et les royalistes, vieux ou nouveaux, par deux faits qui se sont passés sous mes yeux.

Le lendemain de l'entrée des étrangers à Paris, une centaine de nos soldats, faits prisonniers dans nos murs, furent amenés par un détachement allemand, et traversèrent des rues peuplées d'ouvriers. Ceux-ci, voyant des Français blessés, couverts de sang, crurent d'abord qu'on les conduisait aux hôpitaux ; mais, instruits que c'est à l'état-major ennemi, campé aux Champs-Élysées, qu'on les mène, ils poussent des clameurs et se disposent à délivrer ces malheureux restes de nos défenseurs, lorsque, soit hasard, soit prudence, les chefs de l'escorte lui font

gagner les boulevards, où de fervents royalistes station-
nent pour stimuler leurs agents. J'étais là; à la vue de
nos pauvres soldats prisonniers, souffrants, mutilés, des
vivats s'élèvent du groupe des bourboniens: de beaux
messieurs et de belles dames se mettent aux fenêtres pour
applaudir les soldats étrangers et ne pas manquer leur
part d'une telle infamie. Ce n'était pas seulement la
patrie insultée, c'était l'humanité méconnue.

Un spectacle non moins honteux, mais moins triste, me
frappa sur la place Vendôme, où plusieurs des royalistes
dont je viens de parler s'évertuaient à renverser du haut
de la colonne la statue de l'Empereur, dont on avait à
dessein déchaussé le socle. Des chevaux et des hommes
attelés à de longues cordes tiraient cette grande figure, qui
restait inébranlable, et que les meneurs du parti voulaient
voir se briser sur le pavé de la place. Malgré la terreur de
surprise qui paralysait encore la foule, le sentiment des
outrages prodigués au soldat de la Révolution produisait
d'abord de sourds murmures, puis éclatait par de longs
rires, à chaque effort inutile tenté par les nouveaux icono-
clastes. Ils furent obligés de se retirer sans avoir accompli
leur tâche de destruction.

Je ne pense pas qu'on veuille conclure de ce que je
viens de rapporter que pareille conduite a été tenue par
tout ce qu'il y avait de légitimistes, de nobles et de riches
à Paris. Les hôtels ont eu aussi leur patriotisme, et les
vertus n'ont sans doute manqué à aucun parti.

Chose remarquable! cette reddition de Paris ne dérangea
rien à la vie de ses habitants. Le matin de l'attaque,
les spectacles furent affichés, comme d'habitude, et, si
le soir les représentations n'eurent pas lieu, je suis tenté
de croire que ce fut uniquement parce que, comédiens et
bourgeois, chacun voulait voir et savoir ce qui allait se
passer. L'entrée des étrangers fut un autre genre de
distraction où coururent beaucoup de gens dont le
patriotisme n'était pas plus douteux que le mien. Leur
en faisait-on un reproche: "Qu'y pouvions-nous faire?"
répondaient-ils; "pourquoi l'Empereur n'est-il pas arrivé

à temps? pourquoi Marie-Louise et Joseph nous ont-ils abandonnés?"

Au reste, si l'Empereur eût alors pu lire dans tous les esprits, il eût reconnu sans doute une de ses plus grandes fautes, une de celles que la nature de son génie lui fit faire. Il avait bâillonné, ôté au peuple toute intervention libre dans les affaires, et laissé s'effacer ainsi les principes que notre Révolution nous avait inculqués: il en était résulté l'engourdissement profond des sentiments qui nous sont le plus naturels. Sa fortune nous tint longtemps lieu de patriotisme; mais, comme il avait absorbé toute la nation en lui, avec lui la nation tomba tout entière, et, dans notre chute, nous ne sûmes plus être devant nos ennemis que ce qu'il nous avait faits lui-même. Toutefois, disons-le à sa louange, aussi que l'ont prouvé son désir de combattre jusqu'à la dernière cartouche et sa facilité à abdiquer, lui seul, en dehors du peuple, fut patriote dans ce moment solennel. Lui seul? Non: il y en eut un autre, un de nos anciens chefs suprêmes, guerrier savant, vieux républicain désintéressé, proscrit délaissé à qui Napoléon rendit justice trop tard, et qui, voyant la France en danger, n'écouta ni son juste ressentiment, ni même ses opinions, ce qui est un devoir de haute vertu en pareille circonstance. Il est inutile de dire que je parle de l'illustre Carnot, qui demanda à aller combattre, et sauvait Anvers de la destruction, pendant que, les bras croisés, nous laissions livrer notre capitale, sous les murs de laquelle Napoléon accourait écraser nos ennemis.

En parlant de mes premières années, j'ai dit que mon patriotisme avait encore, malgré mes soixante ans, toute la chaleur de la jeunesse. Peut-être trouvera-t-on que j'en donne trop bien la preuve dans l'expression des faits qui précèdent. J'ai entendu des chefs d'écoles philosophiques, de riches banquiers ou commerçants, des politiques de salon, prêcher le cosmopolitisme absolu. Loin de blâmer le sentiment dont ils se disaient animés, je le partage; mais ils se trompaient d'époque. Lorsqu'une nation a pris l'initiative d'un principe, et surtout du principe démocratique, et qu'elle est dans la situation géographique où nous sommes placés, dût-elle espérer qu'elle obtiendra la sympathie des hommes éclairés chez tous ses voisins, elle a pour ennemis patents ou secrets les autres gouvernements, et particulièrement ceux qui sont dominés par une aristocratie puissante. Pour de pareils ennemis tous les moyens sont bons.

Malheur alors à cette nation si elle voit s'éteindre l'amour qui lui est dû, et qui est sa plus grande force! Il faut que ses fils se serrent autour de son drapeau, dans l'intérêt même du principe qu'elle a mission de faire triompher au profit des autres peuples. C'est quand ceux-ci auront conquis les mêmes droits qu'elle qu'on devra faire taire toutes les rivalités d'amour-propre et les antipathies que le sang nous a transmises. Quoi! Français, nous n'entretiendrions pas en nous, dans l'intérêt d'une pensée généreuse qui nous a déjà coûté tant de sang, un patriotisme que les Anglais poussent jusqu'à l'insolence et la cruauté pour des profits à faire sur le thé, l'indigo et le coton!

Tâchons que l'amour du pays soit toujours notre première vertu....

§ 26. *Awakening of Patriotism in the upper classes.*

COMTESSE DE BOIGNE[1].

(I) J'avais perdu en grande partie mon anglomanie; j'étais redevenue française, si ce n'est politiquement, du moins socialement; et comme je l'ai dit déjà, le cri des sentinelles ennemies m'avait plus affectée que le bruit de leur canon. J'avais éprouvé un mouvement très patriotique, mais fugitif. J'étais de position, de tradition, de souvenir, d'entourage et de conviction royaliste et légitimiste. Mais j'étais bien plus anti-bonapartiste que je n'étais bourbonienne; je détestais la tyrannie de l'Empereur, que

[1] From *Mémoires de la Comtesse de Boigne* (Émile Paul, 1921), t. I, p. 291 f.

je voyais s'exercer. Je considérais peu ceux de nos princes que j'avais vus de près. On m'assurait que Louis XVIII était dans d'autres principes. L'extrême animosité qui existait entre sa petite cour et celle de M. le comte d'Artois pouvait le faire espérer; j'avais quitté l'Angleterre avant que les vicissitudes de l'exil l'y eussent amené, et je me prêtais volontiers à écouter les éloges que ma mère faisait du Roi, malgré le tort qu'il avait, à ses yeux, d'être un constitutionnel de 1789.

C'était sur ce tort même que se fondaient mes espérances: car en me recherchant bien, je me retrouve toujours aussi libérale que le permettent les préjugés aristocratiques, qui m'accompagneront, je crains, jusqu'au tombeau.

Les combinaisons de la société politique en Angleterre n'ont jamais cessé de me paraître ce qu'il y a de plus parfait dans le monde. L'égalité complète et réelle devant la loi, qui, en assurant à chaque homme son indépendance, lui inspire le respect de soi-même, d'une part; et de l'autre, les grandes existences sociales qui créent des défenseurs aux libertés publiques, et font de ces Patriciens les chefs naturels du peuple, lequel leur rend en hommage ce qu'il en reçoit en protection, voilà ce que j'aurais désiré pour mon pays; car je ne conçois la liberté, sans licence, qu'avec une forte aristocratie. C'est ce que personne, ni le peuple, ni la bourgeoisie, ni la noblesse, ni le Roi, n'ont compris....

(II) Les étrangers étaient bien plus inquiets et bien plus étonnés de leur séjour dans Paris que nous; ils n'étaient ni aveuglés par l'esprit de parti, ni désillusionnés sur le prestige qu'inspirait le nom de l'empereur Napoléon; les prodiges de la campagne de France ne leur permettaient pas de croire à la destruction si complète et si réelle de l'armée, et ils s'attendaient à la voir surgir sous les pavés. Ce sentiment se découvrait dans toutes leurs paroles, et ils avaient le bon sens de se laisser peu rassurer par les nôtres, dont ils appréciaient la futilité sur bien des points.

Toutefois, nous avions raison en leur assurant que le pays était si dégoûté, si fatigué, si affamé de tranquillité, si rassasié de gloire, qu'il avait complètement fait scission avec l'Empereur, et ne demandait que de la sécurité. Il n'y a jamais eu un moment où le sentiment patriotique eut moins de force en France; peut-être l'Empereur, par ses immenses conquêtes, l'avait-il affaibli en prétendant l'étendre. Nous ne voyions guère des compatriotes dans un Français de Rome ou de Hambourg. Peut-être aussi, et je le crois plus volontiers, le système de déception qu'il avait adopté dégoûtait-il la masse du pays. Les bulletins ne parlaient jamais que de nos triomphes, l'armée française était toujours victorieuse, l'armée ennemie toujours battue, et pourtant, d'échec en échec, elle était arrivée des rives de la Moskowa à celles de la Seine. Personne ne croyait aux relations officielles. On s'épuisait à chercher le mot de l'énigme; et les masses cessaient de regarder avec autant d'intérêt les événements qu'il fallait deviner. Ce n'était plus la *chose publique* que celle dont on n'avait point de relation exacte et dont il était défendu de s'enquérir: l'Empereur avait tant travaillé à établir que c'était *ses* affaires et non les *nôtres* qu'on avait fini par le prendre au mot. Et, quoi qu'on en ait pu penser et dire depuis quelques années, en 1814, tout le monde, sans en excepter son armée et les fonctionnaires publics, était tellement fatigué, qu'on n'aspirait qu'à se voir soulager d'une activité qui avait cessé d'être dirigée par une volonté sage et raisonnée. La toute-puissance l'avait enivré et aveuglé: peut-être n'est-il pas donné à un homme d'en supporter le poids.

Le duc de Raguse[1] m'a une fois expliqué ses relations avec l'Empereur en une phrase qui est en quelque sorte applicable à la nation entière: "Quand il disait: *Tout pour la France*, je servais avec enthousiasme; quand il a dit: *la France et moi*, j'ai servi avec zèle; quand il a dit: *Moi et la France*, j'ai servi avec obéissance; mais quand il a dit: *Moi sans la France*, j'ai senti la nécessité de me séparer de lui."

Eh bien! la France en était là, elle ne trouvait plus qu'il représentât ses intérêts; et, comme tous les peuples,

[1] Maréchal Marmont. *Vide infra*, pp. 132–139.

encore plus que les individus, sont ingrats, elle oubliait les immenses bienfaits dont elle lui était redevable et l'accablait de ses reproches. A son tour la postérité oubliera les aberrations de ce sublime génie et ses petitesses; elle poétisera le séjour de Fontainebleau; elle négligera de le montrer, après ses adieux si héroïques aux aigles de ses vieux bataillons, discutant avec la plus vive insistance pour obtenir quelque mobilier de plus à emporter dans son exil, et elle aura raison. Quand une figure comme celle de Bonaparte surgit dans les siècles, il ne faut pas conserver les petites obscurités qui pourraient ternir quelques-uns de ses rayons. Mais il faut bien expliquer comment les contemporains, tout en étant éblouis, avaient cessé de trouver ces rayons vivifiants et n'en éprouvaient plus qu'un sentiment de souffrance.

Le vendredi, de bonne heure, M. de Nesselrode[1] nous fit dire que les souverains iraient à l'Opéra. Aussitôt voilà nos gens en campagne pour avoir des loges, et nous y trouver en force. Les fleuristes furent mises en réquisition pour nous fournir des lis, nous en étions coiffées, bouquetées, guirlandées; les hommes avaient la cocarde blanche à leur chapeau. Jusque-là tout était bien. J'ai la rougeur sur le front de devoir raconter en Française l'attitude que nous eûmes à ce spectacle.

D'abord nous commençâmes par applaudir l'empereur Alexandre et le roi de Prusse à tout rompre; ensuite les portes de nos loges restèrent ouvertes, et, plus il pouvait y entrer d'officiers étrangers, plus nous en étions foulées, plus nous étions contentes. Il n'y avait pas un sous-lieutenant russe ou prussien qui n'eût le droit et un peu la volonté de les encombrer; j'avais deux ou trois généraux étrangers dans la mienne qui trouvaient cette familiarité moins charmante et qui les repoussaient à mon grand chagrin. Cependant j'avais lieu d'être un peu consolée par leur présence même et par la visite des ministres russes et du prince Auguste de Prusse, que je connaissais d'ancienne date.

[1] Foreign Minister of the Czar.

Un moment avant l'arrivée des souverains dans la loge impériale, des jeunes gens *français*, des *nôtres*, étaient venus voiler d'un mouchoir l'aigle qui surmontait les draperies qui la décoraient. A la fin du spectacle, ces mêmes jeunes gens la brisèrent et l'abattirent à coups de marteaux au bruit de nos vifs applaudissements. J'y pris part comme les autres gens de mon parti. Cependant je ne puis dire que ce fût en sûreté de conscience; je sentais quelque chose qui me blessait, sans trop savoir le définir. Sans doute, ces démonstrations avaient un sous-entendu, c'était la chute de Bonaparte, le retour présumé de nos princes que nous inaugurions. Mais cela n'était pas assez clair.

Je n'éprouvai aucun sentiment de réticence, deux jours après, à la Comédie-Française, lorsqu'un homme étant sorti de dessus le théâtre, un grand papier à la main, l'attacha avec des épingles au rideau et en se reculant nous laissa voir les trois fleurs de lis remplaçant l'aigle; ceci était net. L'enthousiasme fut au comble et l'empereur Alexandre en se levant dans sa loge et applaudissant lui-même prenait un engagement formel. On chanta en son honneur de mauvais couplets sur l'air d'*Henry IV*, dont le dernier vers était: "Il nous rend un Bourbon." Nouvel enthousiasme; tout le monde fondait en larmes. Cette soirée ne me pèse pas sur la conscience; mais je crois que celle de l'Opéra était tout au moins une grande faute.

Les partis se persuadent trop facilement qu'ils sont *tout le monde*. Nous aurions pu nous convaincre l'avant-veille que nous n'étions qu'une fraction minime dans la nation, et pourtant nous allions de gaieté de cœur affronter les sentiments honorables du pays et blesser cruellement ceux de l'armée. Cette aigle, qu'elle avait portée victorieuse dans toutes les capitales de l'Europe, nous semblions l'offrir en holocauste aux habitants de ces mêmes capitales, qui, peut-être, ne nous honoraient guère de cette apparence de sentiments antinationaux. Sans doute, ce n'était pas plus notre but que notre pensée; mais, assurément, il ne fallait pas beaucoup de

malveillance pour l'expliquer ainsi. Le parti abattu
pouvait sincèrement en être persuadé et il n'est pas
étonnant qu'une pareille conduite ait engendré ces longues
haines qui ont tant de peine à s'éteindre. C'est bien à
regret que je l'avoue, mais le parti royaliste est celui qui
a le moins l'amour de la Patrie pour elle-même; la querelle
qui s'est élevée entre les diverses classes a rendu la noblesse
hostile au sol où ses privilèges sont méconnus. Et je
crains qu'elle ne soit plus en sympathie avec un noble
étranger qu'avec un bourgeois français. Des intérêts
communs froissés ont établi des affinités entre les classes
et brisé les nationalités.

(III)[1] Le dixième jour de leur entrée, les Étrangers se ré-
unirent sur la place Louis XV, pour y chanter un *Te Deum*.
Je vis ce spectacle de chez le prince Wolkonski, logé au
ministère de la marine. Je n'en souffris pas, tant qu'il
n'y eut que le mouvement de troupes et de monde sur la
place. Mais (apparemment que les sons exercent plus
d'influence sur mon âme que le spectacle des yeux)
lorsque le silence le plus solennel s'établit et que le chant
religieux des popes grecs se fit entendre, bénissant ces
étrangers arrivés de tous les points pour triompher de
nous, la corde patriotique, touchée quelques jours avant
par les *qui-vive* des sentinelles, vibra de nouveau dans
mon cœur, plus fortement, d'une manière moins fugitive.
Je me sentis honteuse d'être là, prenant ma part de cette
humiliation nationale, et dès lors je cessai de faire cause
commune avec les étrangers.

J'aurais pu être rassurée cependant par la société qui
se trouvait dans la galerie de l'hôtel de la marine. Elle
était remplie par les femmes de généraux et de chambellans de l'Empire, leurs chapeaux couverts de fleurs de
lis, encore plus que les nôtres.

[1] *Op. cit.* iv, p. 331.

§ 27. *The Wounded Heart of France.*

MME DE STAËL[1].

Après dix ans d'exil[2], j'abordai à Calais, et je comptais sur un grand plaisir en revoyant ce beau pays de France que j'avais tant regretté; mes sensations furent tout autres que celles que j'attendais. Les premiers hommes que j'aperçus sur la rive portaient l'uniforme prussien; ils étaient les maîtres de la ville, ils en avaient acquis le droit par la conquête: mais il me semblait assister à l'établissement du règne féodal, tel que les anciens historiens le décrivent, lorsque les habitants du pays n'étaient là que pour cultiver la terre dont les guerriers de la Germanie devaient recueillir les fruits. O France! ô France! il fallait un tyran étranger pour vous réduire à cet état; un souverain français, quel qu'il fût, vous aurait trop aimée pour jamais vous y exposer.

Je continuai ma route, le cœur toujours souffrant par la même pensée; en approchant de Paris, les Allemands, les Russes, les Cosaques, les Baskirs, s'offrirent à mes yeux de toutes parts; ils étaient campés autour de l'église de Saint-Denis, où la cendre des rois de France repose. La discipline commandée par les chefs de ces soldats empêchait qu'ils ne fissent aucun mal à personne, aucun mal, excepté l'oppression de l'âme, qu'il était impossible de ne pas ressentir. Enfin, je rentrai dans cette ville, où se sont passés les jours les plus heureux et les plus brillants de ma vie, comme si j'eusse fait un rêve pénible. Étais-je en Allemagne ou en Russie? Avait-on imité les rues et les places de la capitale de la France, pour en retracer les souvenirs, alors qu'elle n'existait plus? Enfin, tout était trouble en moi; car, malgré l'âpreté de ma peine, j'estimais les étrangers d'avoir secoué le joug. Je les admirais sans restriction à cette époque; mais, voir Paris occupé par

---

[1] From *Considérations sur la Rév. fr.* t. III, Vᵉ part. ch. vi. It must be remembered that the writer was not French either by birth or by marriage.

[2] Viz. from 1804 to 1814.

eux, les Tuileries, le Louvre, gardés par des troupes venues des confins de l'Asie, à qui notre langue, notre histoire, nos grands hommes, tout était moins connu que le dernier kan de Tartarie; c'était une douleur insupportable. Si telle était mon impression à moi, qui n'aurais pu revenir en France sous le règne de Bonaparte, quelle devait être celle de ces guerriers couverts de blessures, d'autant plus fiers de leur gloire militaire qu'ils ne pouvaient depuis longtemps en réclamer une autre pour la France?

Quelques jours après mon arrivée, je voulus aller à l'Opéra; plusieurs fois, dans mon exil, je m'étais retracé cette fête journalière de Paris, comme plus gracieuse et plus brillante encore que toutes les pompes extraordinaires des autres pays. On donnait le ballet de Psyché, qui, depuis vingt ans, a sans cesse été représenté dans bien des circonstances différentes. L'escalier de l'Opéra était garni de sentinelles russes; en entrant dans la salle, je regardai de tous les côtés pour découvrir un visage qui me fût connu, et je n'aperçus que des uniformes étrangers; à peine quelques vieux bourgeois de Paris se montraient-ils encore au parterre, pour ne pas perdre leurs anciennes habitudes; du reste, tous les spectateurs étaient changés, le spectacle seul restait le même; les décorations, la musique, la danse, n'avaient rien perdu de leur charme, et je me sentais humiliée de la grâce française prodiguée devant ces sabres et ces moustaches, comme s'il était du devoir des vaincus d'amuser encore les vainqueurs.

Au Théâtre-Français, les tragédies de Racine et de Voltaire étaient représentées devant des étrangers, plus jaloux de notre gloire littéraire qu'empressés à la reconnaître. L'élévation des sentiments exprimés dans les tragédies de Corneille n'avait plus de piédestal en France; on ne savait où se prendre pour ne pas rougir en les écoutant. Nos comédies, où l'art de la gaieté est porté si loin, divertissaient nos vainqueurs, lorsqu'il ne nous était plus possible d'en jouir, et nous avions presque honte des talents mêmes de nos poètes, quand ils semblaient, comme nous, enchaînés au char des conquérants. Aucun officier de l'armée française, on doit leur en savoir gré, ne paraissait au spectacle pendant que les troupes alliées occupaient la capitale: ils se promenaient tristement, sans uniforme, ne pouvant plus supporter leurs décorations militaires, puisqu'ils n'avaient pu défendre le territoire sacré dont la garde leur était confiée. L'irritation qu'ils éprouvaient ne leur permettait pas de comprendre que c'etait leur chef ambitieux, égoïste et téméraire, qui les avait réduits à l'état où ils se trouvaient: la réflexion ne pouvait s'accorder avec les passions dont ils étaient agités.

CHAPTER V

THE NEW FLAG AND THE NEW COCKADE.
DOUBTS AND PERPLEXITIES.

ON March 31, 1814, the Allies entered Paris. Talleyrand, who entertained the Czar, convinced him that the restoration of the Bourbons on a constitutional footing was what France needed. And in fact the Duc d'Angoulême, elder son of *Monsieur*, the Comte d'Artois, was acclaimed with enthusiasm at Bordeaux. A Provisional Government was formed on April 1, and issued proclamations. They further induced Marmont, one of Napoleon's most brilliant captains, to put his troops at their disposition and to transfer them from Essonnes, where the Emperor had fixed them after the capitulation of Paris, to Versailles, *en route* for Normandy. On April 12, the Comte d'Artois was received in Paris as lieutenant of his brother, Louis XVIII, detained in England by the gout.

§ 28. *Who recalled the Bourbons to the throne?*

COMTE BEUGNOT[1].

Les ennemis des Bourbons ont dit et répété, et ils redisent encore, que ces princes revinrent en 1814 *à la suite du bagage des étrangers*, selon l'expression usitée. Ils arrivaient si peu dans ce misérable appareil, que le duc de Wellington refusait à Bordeaux de voir le duc d'Angoulême, qui s'était jeté dans cette ville avec plus de résolution que de prudence; et lorsque les magistrats consultaient le général anglais sur la conduite qu'ils devaient tenir avec le prince, le duc de Wellington répondait qu'il ne croyait pas prudent de s'aventurer avec M. le duc d'Angoulême, quand on négociait encore à Châtillon avec les plénipotentiaires de l'Empereur Napoléon. Dans le même temps, *Monsieur* parcourait avec timidité les villes de la Lorraine, encore plus soucieux de se soustraire aux commandants autrichiens qu'aux autorités du pays; il était fort loin d'invoquer en rien les forces étrangères, et l'eût fait sans succès. Il s'était

[1] From *Mémoires* (3rd edition, 1889), p. 445 f.

réfugié à Vesoul, où il était visité par quelques gentils-hommes des environs, et évité par le plus grand nombre. L'Empereur de Russie déclarait, le 31 mars, dans une proclamation, que les Souverains ne reconnaîtraient et ne garantiraient que la constitution que la nation française se donnerait; et en répondant à une députation du Sénat, le 2 avril suivant, le même prince s'exprimait ainsi: "Il est juste, il est sage de donner à la France des institutions fortes et libérales en rapport avec les lumières actuelles: mes alliés et moi ne venons que pour protéger la liberté de vos décisions." Ce ne fut que quatre jours après, et lorsque le Sénat, par sà Constitution, eut rappelé au trône Louis-Xavier de France, que les princes de cette Maison furent reconnus, là où ils se trouvaient: auparavant, et quoique la France fût couverte de deux cent mille étrangers, ils n'avaient qu'une existence méconnue et hasardeuse. J'étais alors assez rapproché des conseils des princes étrangers...et je reste persuadé que si le Sénat eût appelé au trône de France une famille autre que celle des Bourbons, elle eût été acceptée de l'Europe, je ne dirai pas sans difficulté, mais avec une sorte de complaisance, tant était répandu autour des Souverains le préjugé, ou cette prédiction de l'Empereur Alexandre, que les princes de la maison de Bourbon trouveraient de grandes difficultés à s'établir en France.

⋅ ⋅ ⋅ ⋅ ⋅ ⋅

Le jour où le Gouvernement Provisoire fut formé, l'archevêque de Malines[1] se présenta chez M. de Talleyrand, et montra quelque surprise qu'on eût élevé une semblable machine sans qu'on lui eût réservé une place; il demande avec humeur au prince ce qu'on prétend faire de lui, car enfin on ne peut pas le laisser de côté, dans un pareil moment. "Eh! qui veut vous laisser de côté," reprend le prince, "vous pouvez à l'instant même rendre le plus notable service; avez-vous un mouchoir blanc?" "Oui."

---

[1] M. de Pradt (1759–1837), appointed by Napoleon archbishop of Malines in 1809; ambassador at Warsaw, 1812; grand chancellor of the Legion of Honour, 1814.

"Mais très blanc?" "Sans doute." "Eh bien, montrez-le."
L'archevêque tire son mouchoir de sa poche; M. de
Talleyrand le prend, et le saisissant par l'une des cornes,
en fait une sorte de drapeau qu'il agite en tous les sens
en criant: "'Vive le Roi!' Vous voyez ce que je viens
de faire; maintenant, descendez, prenez le boulevard
de la Madeleine et suivez-le jusqu'au faubourg Saint-
Antoine, toujours en agitant votre mouchoir, et criant:
'Vive le Roi!'" "Mais, prince, vous n'y pensez pas; con-
sidérez donc mon costume: je suis coiffé en ecclésiastique,
je porte ma croix, mon ordre de la Légion d'honneur."
"Précisément, si vous n'étiez pas habillé de la sorte, il
faudrait aller faire votre toilette; votre croix d'évêque,
votre toupet, votre rond poudré, tout cela fera scandale,
et c'est du scandale qu'il nous faut." Qui le croira?
l'auteur de tant d'ouvrages, entre lesquels il s'en trouve
de remarquables, l'un des hommes de France qui a le
plus d'esprit, M. de Pradt, enfin, descend l'escalier de
M. de Talleyrand pour aller jouer cette mascarade. Elle
lui réussit assez bien d'abord: il suivait les boulevards en
jouant le rôle convenu, et avait, comme de raison, ramassé
un cortège assez nombreux de polissons et de curieux;
mais, parvenu au boulevard Poissonnière, il donna dans
une veine de bonapartistes qui chargèrent l'archevêque
et sa troupe, et l'obligèrent de retourner sur ses pas.
Pressé dans sa retraite, force lui fut de remettre son
drapeau dans sa poche et de se jeter dans les bas-côtés. Il
regagna à toutes jambes le quartier général de la rue
Saint-Florentin, où il arriva essoufflé et crotté jusqu'à
l'échine. Le scandale ne pouvait pas être plus complet et
plus gai. L'archevêque, fidèle à son caractère, s'étendit
avec emphase sur son audace et ses succès. Il raconta
qu'il avait, au bout du compte, conquis à la cause royale
une portion notable de la capitale; s'il n'avait pas poussé
au-delà du faubourg Poissonnière, c'est qu'à vrai dire,
il y avait eu de sa part excès de confiance à entreprendre
seul une aventure dont tout autre ne se serait chargé
qu'avec de bons escadrons bien montés. Au reste, il

n'avait pas fui, et à la manière fière dont il a regardé la multitude, il a bien fait voir que rien n'était capable de lui en imposer, pas plus le regard de Bonaparte menaçant que l'*ardor civium prava jubentium*. Et M. de Talleyrand d'écouter froidement et de répondre: " Je vous ai bien dit qu'habillé comme voilà, vous feriez un effet prodigieux ! "

§ 29. *Feeling of relief in the provinces at Napoleon's downfall expressed by two Bordelais:*

(a) *a civilian, March*, 1814.

EDMOND GÉRAUD[1].

Si je désire aussi franchement le triomphe de la coalition, malgré tous les maux que ce triomphe doit entraîner, c'est que je vois peut-être plus loin que d'autres dans l'avenir. Les peuples ne peuvent sortir de la profonde abjection où ils sont plongés, les empires ne peuvent échapper à leur ruine totale que par une grande secousse politique. Il faut surtout abolir à jamais cette épouvantable loi de la con-scription qui finirait par effacer tous les principes tutélaires de la civilisation et par nous ramener à toutes les horreurs de la barbarie. Il faut, s'il est possible, en détruire jusqu'au souvenir pour que les gouvernements ne soient plus tentés d'y avoir recours....

Quand on se rappelle la mémorable affaire de Valmy, le combat de Jemmapes, la reprise des lignes de Wissembourg et tant d'autres batailles où l'enthousiasme a tout conduit, tout obtenu, on se demande avec quelque surprise com-ment il se fait que la France souffre aujourd'hui si tran-quillement l'invasion des armées étrangères. Mais bientôt l'étonnement cesse dès qu'on se retrace la différence des temps et des choses.

Combien la nation est en effet peu semblable à elle-

---

[1] From *Un témoin des deux Restaurations*; *fragments de journal intime publiés par Charles Bigot* (Flammarion, 1892), pp. 57, 61 f., 78 f., 81, 83, 103 f.

même! Sans préjugés, sans opinion, sans adhérence et par conséquent sans aucune force, sans aucune énergie, les Français à présent doivent d'autant moins résister à leurs ennemis que leur haine pour le gouvernement de Bonaparte égale au moins l'état de faiblesse et d'épuisement où il les a réduits. Indifférents à tout, morts à l'honneur, à la gloire, à l'amour de notre pays, nous voilà comme son affreux despotisme nous a faits!...

Hier, 12 mars (1814), tandis que nous étions à déjeuner, on vint nous annoncer que trente hussards anglais se dirigeaient au grand galop vers les magasins de Baccalan et le passage de Lormont. Nous courûmes au balcon pour les voir; mais ils étaient déjà loin. Nous nous remîmes à table le plus tranquillement du monde et bientôt arriva Lorando qui nous apprit qu'on attendait pour midi une colonne ennemie de trois à quatre mille hommes, commandée par le maréchal Beresford.

Lorando et moi nous nous rendîmes alors à travers la ville (Bordeaux) vers la porte du chemin de Toulouse pour les voir arriver. Le temps était magnifique; tout le monde était à la croisée comme en un jour de fête!...

Arrivés à la porte Saint-Julien, nous y trouvâmes une grande foule rassemblée et la garde urbaine sous les armes, faisant la police et bordant la haie. Après avoir musé là pendant quelques moments, nous nous avançâmes dans le faubourg sur la route de Langon et bientôt nous vîmes paraître, à travers un nuage de poussière, un groupe de jeunes gens à cheval précédés de quelques hommes du peuple à pied agitant leurs chapeaux parés de cocardes blanches, et criant de toute leur force: Vive le Roi! A leur tête était ce Roger qui avait déjà failli être fusillé à Nantes, dans la même conspiration que Papin, et qui, se disant envoyé de Louis XVIII, préparait depuis longtemps à Bordeaux cette levée de boucliers. A côté de lui nous reconnûmes d'anciens nobles tels que MM. de Larochejaquelein, Duluc, Pichon, Canole, Toulouse-Lautrec, etc.; parmi ceux-là, beaucoup de gens qui, sans être nobles, se figurent qu'ils le sont, et même, comme je m'y attendais bien, quelques Jacobins, quelques aventuriers, révolutionnaires par appétit.

Nous étions un peu étonnés, mais notre étonnement fut bientôt porté au comble lorsque, dans un nouveau groupe, à côté du général anglais (Beresford), nous distinguâmes le maire lui-même, le comte Lynch, à cheval, décoré de la cocarde et de l'écharpe blanches, criant aussi: Vive le Roi! et suivi des voitures de la mairie où nous reconnûmes M. Grammont, le chevalier de l'Empire, Fieffé de Noisilly, M. de Puységur, Tauziat, en un mot les adjoints du maire qui tous avaient jeté les rubans de la Légion d'honneur et criaient également: Vive Louis XVIII! Le petit corps d'armée anglaise suivait à peu de distance avec ses bagages et quatre pièces de canon seulement. En regardant défiler ces troupes, je ne pus m'empêcher de remarquer surtout l'air d'ordre, de décence et de discipline qui se montrait dans tous les mouvements, mais, en même temps, je l'avoue, j'avais le cœur serré, et je me sentais pressé d'un grand désir de larmes. Le contraste qu'offrait la physionomie calme et fière de ces soldats étrangers avec la joie folle de la populace, l'idée que nous devenions la conquête de nos éternels ennemis et qu'en supposant qu'ils vinssent nous délivrer du joug détesté de Bonaparte, il nous resterait toujours la honte de n'avoir pu nous en délivrer nous-mêmes, mille sentiments généreux, mille grands souvenirs qu'un cœur vraiment français ne pourra jamais oublier, tout me navrait, tout redoublait la profonde tristesse dont j'étais oppressé.

Quand ils furent tous entrés dans la ville, je revins avec Lorando par des chemins détournés et dans toutes les rues, dans le quartier du Chapeau-Rouge surtout, je vis la cocarde blanche briller sur une foule de têtes; des femmes même s'en étaient parées.

Je lus un arrêté, signé du nom du maire et placardé sur les colonnes de la Préfecture, qui enjoignait à tous les soldats de la garde urbaine d'arborer le nouveau signe de ralliement et de faire partout disparaître les aigles de Napoléon. On m'apprit que le duc d'Angoulême arrivait dans la soirée et que tout se préparait dans l'église cathé-drale de Saint-André pour chanter un *Te Deum* en sa présence....

Malgré la sérénité du ciel, le coup d'œil que présentait la rivière entièrement vide de bâtiments, et même des plus petites barques, avait quelque chose de fort triste. Sur les fossés des Salinières, nous rencontrâmes encore une grande partie de la cavalerie et de l'infanterie anglaises qui attendait ses billets de logement. Nous nous mêlâmes dans leurs rangs pour arriver jusqu'à la maison commune où nous vîmes flotter le drapeau blanc. Ce quartier était brillant comme dans un jour de procession ou de réjouis-sance publique. Pas un balcon, pas une croisée qui ne fussent remplis de femmes. La foule était partout et le désordre nulle part....

.Malgré l'ivresse de cette foule, une sorte de pressenti-ment inquiet m'agitait encore. Je n'avais point crié: Vive le Roi! je n'avait point arboré la cocarde blanche, parce que désormais je veux savoir, avant tout, pour qui et pour quoi je me passionne. J'ai peur, s'il faut le dire, que les Anglais ne soient pas de bonne foi; je crains qu'ils ne veuillent faire de nos provinces méridionales ce qu'ils ont fait du Portugal, une espèce de colonie tributaire de la Grande-Bretagne, et qu'ils exploiteront à leur profit. Je tremble surtout que les Bourbons ne soient entre leurs mains qu'un appât, un leurre qu'ils nous présentent pour aplanir les premiers obstacles et rendre leur conquête plus facile. J'ai tort peut-être; *sed timeo Danaos et dona ferentes.*

En un mot, dans cette parade politique, je voudrais, s'il était possible, ne pas jouer tout à fait le rôle de dupe. La canaille crie et s'exalte; beaucoup d'honnêtes gens font comme la canaille, et pendant ce temps-là nos ennemis, qui ne perdent pas la tête, s'emparent de la côte, du port et de tous les points importants....

Le soir, je terminai ma journée en allant chez M......que je trouvai tout aussi fou, tout aussi exalté qu'il y a vingt ans, lorsqu'il monta au sommet de certaine échelle, dans le jardin public, pour arborer la cocarde tricolore et parler au peuple. Il y a des têtes que l'âge ne mûrit jamais....

Pendant que nous étions à table à Valence, nous entendîmes sonner le bourdon de l'hôtel de ville et nous jugeâmes d'abord qu'on devait avoir reçu en ville quelque grande nouvelle. Bientôt après nous vîmes, en effet, accourir M. Auvrai et M. Laroze l'ainé, qui, tout essoufflés et tout pâles d'émotion, nous apprirent la grande nouvelle de notre délivrance. Plus de contrainte, plus de tyran. Il ne nous reste que la gloire d'avoir bien fait, sans aucun mélange de repentir, ni d'inquiétude. Tout ce qu'on nous raconte de Paris depuis ce moment exalte nos cœurs et confirme nos espérances. Le grand jour des révélations est enfin arrivé! Que de choses nous allons apprendre!...

Le canon tire, la cloche de la ville sonne à grandes volées et les plus étonnantes nouvelles circulent déjà parmi nous. Paris est au pouvoir des alliés; Louis XVIII est proclamé; en un mot l'horrible tragédie est enfin terminée....

Grandes illuminations; bonheur, ivresse générale! Que nous avons vieilli depuis quelques heures! que d'événements se sont succédé! que de résultats nous avons obtenus! Le monstre ne compte plus en France un seul partisan. Sénateurs, généraux, soldats, tout l'abandonne à la fois. La bassesse qu'il a eue d'accepter six millions de rente et un refuge dans l'île d'Elbe ne laisse plus de ressource à ses apologistes les plus aveugles. Le voilà tombé dans la boue[1]....

[1] The following passage from the *Mémoires* of Pasquier (t. II, p. 190 f.) confirms what Géraud tells us of the defection of Bordeaux.

"Le drapeau blanc fut élevé sur le clocher de la cathédrale et le duc d'Angoulême fit son entrée le 12, au milieu des cris de: 'Vive le Roi! vive le duc d'Angoulême!' Toute la jeunesse était à cheval et avait accompagné le maire, qui se transporta jusqu'à une certaine distance pour offrir au prince (le duc d'Angoulême) et au général anglais (General Beresford) les clefs de la ville, en adressant toutefois à celui-ci les paroles suivantes: 'Si vous venez comme vainqueur, vous pouvez, général, vous emparer de ces clefs, sans qu'il soit besoin que je vous les donne; mais si vous venez comme allié de notre auguste souverain Louis XVIII, je vous les offre. Vous serez bientôt témoin des preuves d'amour qui se manifesteront de toutes parts en faveur de notre Roi.'...Le retour d'une grande ville de France sous l'autorité

(b) a soldier, March—April, 1814.

Colonel Pion des Loches[1].

J'étais persuadé que la prise de Paris et la chute de l'empereur n'étaient retardées que de quelques jours; mais que se passerait-il ensuite? Toute communication avec la Franche-Comté était coupée, et j'ignorais que le comte d'Artois fût à Vesoul.... La journée du dimanche 27 mars vint éclaircir tous mes doutes.

Joseph, qui se qualifiait encore de roi d'Espagne, s'avisa de commander une dernière parade aux Tuileries, pour en imposer aux Parisiens. Les bras croisés, sans doute par imitation de son illustre frère, il vit défiler devant lui la garde nationale au grand complet, tous les dépôts des corps de la garde, et jusqu'aux voitures des équipages des vivres et des administrations. L'impératrice était derrière une croisée; le petit roi de Rome, coiffé d'un chapeau militaire, décoré du grand cordon de la Légion d'honneur, saluait d'une fenêtre du rez de chaussée les gardes nationaux, dont quelques chefs, proféraient encore le cri de *Vive l'empereur!* Un beau soleil éclairait cette suprême comédie. Mes pièces défilèrent, l'une après l'autre, avec quelques canonniers. Je fus reconnu au passage par un capitaine de la garde nationale, Lefebvre de Clunières, mon compatriote et mon ami, que je n'avais pas vu depuis dix-huit ans. Il me saisit fortement par le bras: "Que dis-tu de tout ceci? — Que nous touchons au dénouement. — Sais-tu ce qui se passe? — Non. — Es-tu encore ce que tu étais en 1793? — En peux-tu douter? — Eh bien! apprends que le duc d'Angoulême est à Bordeaux depuis quinze jours, qu'on y a arboré le drapeau blanc et reconnu Louis XVIII...."

de l'ancienne dynastie s'accomplit avec une facilité qui devait appeler les plus sérieuses réflexions, et qui causa un grand étonnement aux hommes dont le dévouement au régime impérial n'avait jamais admis la possibilité d'une défection."

[1] From *Mes Campagnes* (1792–1815), ed. M. Chipon & L. Pingaud (Firmin-Didot, 1889), pp. 368–370, 393–396.

La journée du 8 (avril) se termina à Amboise. Le lendemain, au moment du départ, Bécu m'assura qu'il était
arrivé plusieurs courriers pendant la nuit, et que le bruit se
répandait de la déchéance de Napoléon et de la proclamation
de Louis XVIII. Je ne voulus point m'éloigner sans avoir
vérifié la nouvelle....Au premier café venu, je vois le
propriétaire sur sa porte, et poussant mon cheval à lui:
"Vous avez reçu les gazettes de cette nuit, monsieur? —
Oui, colonel. — Dites-moi en deux mots les nouvelles; je
n'ai pas le temps de m'arrêter, et d'ailleurs votre café
doit être plein de curieux; je serais longtemps à attendre
la feuille. — Je ne sais rien; mais si vous voulez prendre la
peine de mettre pied à terre, vous lirez les gazettes tout
à votre aise; elles sont sur la table, et je ne les ai pas
encore ouvertes." Je descendis promptement, étonné de
l'indifférence de cet homme. Le cœur palpitant et la main
tremblante, je brisai les bandes et déployai le feuille; l'écu
de France parut à mes regards. Je faillis me trouver mal,
et mes yeux se mouillèrent. Je reposai la gazette sur
la table: "J'en ai vu suffisamment, monsieur, je vous
remercie." Un aveugle-né qui recouvrerait la vue n'éprouverait pas une sensation plus douce que celle dont je jouis
à l'aspect des trois fleurs de lis. Je repris pourtant cette
gazette pour les regarder une seconde fois. Un officier de
cavalerie venait d'entrer; je parcours avec lui les con-
sidérants du décret de déchéance, puis dans le décret
lui-même je lis les noms de Louis—Stanislas—Xavier. Le
cavalier se fâche: "Les gredins! ils n'accusaient pas
l'empereur de tyrannie lorsque ces jours derniers ils lui
prodiguaient les flatteries les plus basses.

— Ah! vous avez bien raison, monsieur," repris-je; mais
à coup sûr nous ne nous entendions pas. Je remonte leste-
ment à cheval, et je cours au galop après le cabriolet qui
emmenait ma femme. A peine pus-je lui dire en deux mots
la nouvelle, et elle fit aussitôt louer Dieu par mon fils. Le
ciel était beau, il me semblait que toute la nature avait
une teinte charmante; je me sentais renaître, et tantôt
je m'écartais pour me livrer à mes réflexions, et tantôt

je revenais mêler ma joie à celle de ma famille. La colère de Dieu était donc apaisée, nous étions réconciliés avec l'Europe. Tout ce que j'avais souffert pendant la Révolution venait se retracer à ma pensée, et aussi tous les rêves que j'avais faits sur le retour de nos princes. Je me transportais par la pensée en Franche-Comté pour embrasser ma famille et celle de ma femme; je donnai des larmes à mon père et à mon beau-père, qui avaient été persécutés et étaient morts sans avoir vu notre salut. Je me palpais pour m'assurer que c'était bien moi, survivant aux hasards des champs de bataille, aux neiges de la Russie, et appelé, comme officier supérieur d'un corps d'élite, à servir sous le roi. J'aurais donné mon grade contre celui de sous-lieutenant si on avait pu me rajeunir, afin que je servisse plus longtemps....

Nous arrivâmes à Tours. Le pont était couvert d'une foule de conscrits, entourés de parents qui s'apprêtaient à leur faire les derniers adieux. Le préfet paraît: "Mes enfants, la paix est conclue, l'empereur est déchu, le roi nous est rendu, retournez dans vos foyers. *Vive le roi!*" Le roi, c'était un mot hébreu pour ces jeunes gens, mais ils étaient libres! Ils répétèrent le cri de *Vive le roi!* se jetèrent dans les bras de leurs parents, et en une minute ils eurent évacué le pont. Mon fils, du fond de mon cabriolet arrêté à l'extrémité du pont, battait des mains, riait, nous embrassait et prenait part à la joie commune; il semblait songer qu'un jour il aurait pu nous être enlevé, comme ces jeunes gens avaient failli l'être.

§ 30. *The Royal Entry. Humiliation of the Army.*

VICOMTESSE DE CHATEAUBRIAND[1].

Chacun savait...que le prince de Bénévent[2], en changeant de maître, ne serait obligé de changer ni de rôle ni de langage; que l'ex-évêque d'Autun ne serait pas plus obligé à la messe sous les Bourbons que sous Bonaparte, et qu'il serait aussi bon ministre sous la Restauration qu'il l'avait été sous l'Empire Mme de Talleyrand (femme divorcée de M. Grant) parcourait les rues dans une calèche découverte, en chantant des hymnes à la louange de la pieuse famille des Bourbons. Elle et les dames de sa suite avaient fait autant de drapeaux de leurs mouchoirs, qu'elles agitaient avec une grâce infinie. Cinquante calèches suivaient et imitaient le mouvement donné, de sorte que les Alliés, qui arrivaient en ce moment par la place Vendôme, crurent qu'il y avait réellement autant de lis dans le cœur des Français que de drapeaux blancs en l'air. Les bons Cosaques n'auraient jamais osé croire que ces belles bourbonnéennes du 31 mars étaient des enragées bonapartistes le 30. Il n'y a qu'en France qu'on sait si bien se retourner....

Les royalistes accouraient aussi de leur côté, mais pas si vite que ceux qui croyaient ne pouvoir faire assez tôt l'hommage d'un dévouement dont on pouvait douter. Bientôt les cris de: Vive le Roi! se firent entendre de toutes parts. L'élan était donné, et, en France surtout, on crierait *à bas ma tête!* si on l'entendait crier à ses voisins. On envahissait les maisons pour avoir des rubans et même des jupons blancs, que l'on coupait pour faire des cocardes, les boutiques ne pouvant y suffire.

---

[1] This paragraph from the *Souvenirs* of Mme de Chateaubriand was worked up by her husband in a celebrated passage of his *Mémoires d'Outre-tombe.* We have preferred to quote the unsophisticated account which is preserved in Edm. Biré's edition of the *Mémoires* (6 vols. Garnier, 1898–1901), t. III, p. 454 n.

[2] Talleyrand.

Le bleu et le rouge étaient foulés aux pieds, surtout par les bonapartistes; et tout ce qui restait des trois couleurs fut, dit-on, porté dans les cachettes du Luxembourg en attendant que leur tour revînt. Un de nos amis vint me demander la permission de faire main-basse sur ma garde-robe; mais il me trouva peu disposée à chanter la victoire avant de connaître les résultats, et je gardai mes jupons....

§ 31. Three appeals of the Provisional Government[1].

(a) To the Army, April 2, 1814.

Soldats, la France vient de briser le joug sous lequel elle gémit avec vous depuis tant d'années. Vous n'avez jamais combattu que pour la patrie; vous ne pouvez plus combattre que contre elle, sous les drapeaux de l'homme qui vous conduit. Voyez tout ce que vous avez souffert de la tyrannie; vous étiez, naguères, un million de soldats; presque tous ont péri; on les a livrés au fer de l'ennemi sans subsistances, sans hôpitaux; ils ont été condamnés à périr de misère et de faim. Soldats, il est temps de finir les maux de la patrie; la paix est dans vos mains. La refuserez-vous à la France désolée? Les ennemis mêmes vous la demandent; ils regrettent de ravager ces belles contrées, et ne veulent s'armer que contre votre oppresseur et le nôtre. Seriez-vous sourds à la voix de la patrie qui vous rappelle et vous supplie? Elle vous parle par son Sénat, par sa capitale, et surtout par ses malheurs. Vous êtes ses plus nobles enfants; et vous ne pouvez appartenir à celui qui l'a ravagée, qui l'a livrée sans armes, sans défense; qui a voulu rendre votre nom odieux à toutes les nations, et qui aurait, peut-être, compromis votre gloire, si un homme, qui n'est pas même Français, pouvait jamais affaiblir l'honneur de nos armes et la générosité de nos soldats. Vous n'êtes plus les soldats de Napoléon;

[1] From Montgaillard, *Revue chronologique de l'histoire de France, 1787-1818* (Paris, 1820), pp. 587, 589, 615. A Provisional Government of five including himself was set on foot by Talleyrand on April 1, and next day it decreed the deposition of the Emperor.

le Sénat et la France entière vous dégagent de vos serments.

(b) To the People, April 4, 1814.

Français, au sortir des discordes civiles, vous avez choisi pour chef un homme qui paraissait sur la scène du monde avec les caractères de la grandeur. Vous avez mis en lui toutes vos espérances; ces espérances ont été trompées; sur les ruines de l'anarchie, il n'a fondé que le despotisme. Il devait au moins par reconnaissance devenir Français avec vous. Il ne l'a jamais été. Il n'a cessé d'entreprendre sans but et sans motif des guerres injustes, en aventurier qui veut être fameux. Il a, dans peu d'années, dévoré vos richesses et votre population. Chaque famille est en deuil; toute la France gémit; il est sourd à nos maux. Peut-être rêve-t-il encore à ses desseins gigantesques, même quand les revers inouïs punissent avec tant d'éclat l'orgueil et l'abus de la victoire. Il n'a su régner ni dans l'intérêt national ni dans l'intérêt même de son despotisme. Il a détruit tout ce qu'il voulait créer, et recréé tout ce qu'il voulait détruire. Il ne croyait qu'à la force; la force l'accable aujourd'hui: juste retour d'une ambition insensée! Enfin, cette tyrannie sans exemple a cessé: les puissances alliées viennent d'entrer dans la capitale de la France. *Napoléon* nous gouvernait comme un roi de barbares; Alexandre et ses magnanimes alliés ne parlent que le langage de l'honneur, de la justice, de l'humanité. Ils viennent réconcilier avec l'Europe un peuple brave et malheureux. *Français*, le sénat a déclaré *Napoléon déchu du trône*; la patrie n'est plus avec lui; un autre ordre de choses peut seul la sauver. Nous avons connu les excès de la licence populaire, et ceux du pouvoir absolu; rétablissons la véritable monarchie, en limitant, par de sages lois, les pouvoirs divers qui la composent. Qu'à l'abri d'un trône paternel, l'agriculture épuisée refleurisse; que le commerce, chargé d'entraves, reprenne sa liberté; que la jeunesse ne soit plus moissonnée par les armes avant d'avoir la force de les porter; que l'ordre de la nature ne soit plus interrompu; et que le vieillard puisse espérer de mourir avant ses enfants! *Français*, rallions-nous; les calamités passées vont finir, et la paix va mettre un terme aux bouleversements de l'Europe. Les augustes alliés en ont donné leur parole. La France se reposera de ses longues agitations, et, mieux éclairée par la double épreuve de l'anarchie et du despotisme, elle trouvera le bonheur dans le retour d'un gouvernement tutélaire.

(c)   To the Army, April 11, 1814.

Soldats, vous n'êtes plus à Napoléon; mais vous êtes toujours à la patrie: votre premier serment de fidélité fut pour elle....

La constitution nouvelle vous assure vos honneurs, vos grades, vos pensions. Le Sénat et le gouvernement provisoire ont reconnu vos droits. Ils sont sûrs que vous n'oublierez pas vos devoirs. Dès ce moment, vos souffrances et vos fatigues cessent. Votre gloire demeure tout entière. La paix vous garantira le prix de vos longs travaux. Quelle était votre destinée sous le gouvernement qui n'est plus? Traînés des bords du Tage à ceux du Danube, des bords du Nil à ceux du Dniéper,...vous éleviez, sans intérêt pour la France, une grandeur monstrueuse dont tout le poids retombait sur vous comme sur le reste du monde. Tant de milliers de braves n'ont été que les instruments et les victimes d'une force sans prudence, qui voulait fonder un empire sans proportion. Combien sont morts inconnus, pour augmenter la renommée d'un seul homme? Il ne jouissait pas même de celle qui leur était due. Leurs familles, à la fin de chaque campagne, ne pouvait constater leur fin glorieuse et l'honneur de leurs faits d'armes. Tout est changé. Vous ne périrez plus à 500 lieues de la patrie pour une cause qui n'est pas la sienne. Des princes nés Français ménageront votre sang; car leur sang est le vôtre: leurs ancêtres ont gouverné vos ancêtres....Pourriez-vous concevoir quelques alarmes?

Ils admiraient, dans une terre étrangère, les prodiges de la valeur française. Ils l'admiraient, en gémissant que leur retour fût suspendu par tant d'exploits inutiles.... Restez donc fidèles à votre drapeau....

§ 32. *A Case of Conscience. Maréchal Marmont.*

COMTESSE DE BOIGNE[1].

MARMONT (Duc de Raguse), one of Napoleon's most trusted generals, commanded the 6th corps at Lützen, Bautzen, Dresden, and throughout the campaign of 1814 until the battle for Paris (March 30). He was forced to capitulate, and withdrew to Essonnes, 33 kil. up the Seine. Here the Allies induced him to put his troops at the disposal of the government and march them to Versailles, *en route* for Normandy where they would form the nucleus of a royalist army. Marmont was loudly accused of the basest treachery. But Sainte-Beuve, who had not Mme de Boigne's special information, but only Marmont's *Mémoires* and his own instinct to guide him, comes to a conclusion equally favourable to the apparent defaulter. Cf. *Causeries du Lundi*, t. VI, p. 25: "Placé entre une religion et une raison, il (Marmont) les comprit, il les balança, il essaya de les concilier. Militaire et homme du drapeau, il donna accès, dès le premier jour, au sentiment civil: c'est là son seul crime."

J'arrive avec répugnance à ce que l'histoire ne pourra s'empêcher d'appeler la défection du maréchal Marmont. Sans doute elle la dépouillera de toutes les calomnies qu'on y a jointes, mais l'attachement sincère que je lui porte me force à m'affliger qu'une action, très défendable en elle-même, ait été conçue par un homme pour lequel la seule pensée en était un tort. Il est exactement vrai que le maréchal n'est coupable que d'être entré en négociation avec le prince de Schwarzenberg[2] à l'insu de l'Empereur. Mais il était trop personnellement attaché à Napoléon, il en avait été comblé de trop de bontés, il en avait reçu trop de grâces, pour qu'il ne fût pas dans son rôle, peut-être dans son devoir, de rester exclusivement lié à sa fortune. Lui-même l'a si bien senti que cette circonstance de sa vie a exercé depuis la plus fâcheuse influence sur ses actions et l'a rendu bien malheureux, lorsque le premier moment de l'excitation a été passé....

[1] From *Mémoires*, t. I, pp. 315-325.
[2] The Austrian commander.

L'empereur Napoléon vint visiter l'armée de Marmont campée à Essonnes, il donna de grands éloges à toute sa conduite dans l'affaire de Paris, où il avait encore tenu l'ennemi en échec quatre heures après avoir reçu l'ordre du roi Joseph de capituler. Il promit pour le corps d'armée les récompenses et les grades demandés par le maréchal; ensuite il entra avec lui dans les détails de ses plans, sur ce qu'il y avait à faire ultérieurement; il lui donna l'ordre de marcher dans la nuit avec ses dix mille hommes pour reprendre poste sur les hauteurs de Belleville.

"Sire, je n'ai pas quatre mille hommes en état de marcher."

L'Empereur passa à autre chose; puis, un instant après, revint à parler des dix mille hommes. Le maréchal répéta qu'il n'en avait pas quatre [mille] sous ses ordres, ce qui n'empêcha pas l'Empereur de disposer de cinq mille hommes sur une route, de trois sur une autre, en en laissant deux avec l'artillerie, comme si les dix mille hommes existaient ailleurs que dans sa volonté....

L'Empereur retourna à Fontainebleau. Le maréchal Marmont resta confondu de l'idée *d'entourer Paris*, gardé par deux cent mille étrangers qui en attendaient journellement deux cent mille autres, avec une trentaine de mille hommes, tout au plus, dont l'Empereur pouvait disposer. Il prévoyait l'anéantissement des restes·de cette pauvre armée et peut-être la destruction de la capitale, si, comme l'Empereur l'espérait, il réussissait à y faire éclater quelques démonstrations hostiles à l'armée alliée.

Ce n'était pas la première fois que les projets de l'Empereur lui avaient paru disproportionnés, jusqu'à la folie, avec les moyens qui lui restaient. Le soir de la bataille de Champaubert[1], les chefs de corps qui y avaient pris part soupaient chez l'Empereur; chacun mangeait un morceau à mesure qu'il arrivait. Ils étaient encore cinq ou six à table au nombre desquels se trouvaient Marmont et le général Drouot. L'Empereur se promenait dans la

[1] Feb. 10, 1814, defeat of the Russians.

chambre et faisait une peinture de situation dans laquelle il établissait qu'il était plus près des bords de l'Elbe que les Alliés de ceux de la Seine. Il s'aperçut du peu de sympathie que ses paroles trouvaient parmi les maréchaux; chacun regardait dans son assiette sans lever les yeux. Alors, s'approchant du général Drouot, et lui frappant sur l'épaule:

"Ah! Drouot, il me faudrait dix hommes comme vous!"—"Non, Sire, il vous en faudrait cent mille." Cette noble réponse coupa court au plan de campagne.

Le duc de Raguse était sous le poids de ses souvenirs et de bien pénibles impressions, lorsque arriva près de lui M. de Montessuis. Il avait été son aide de camp et était resté dans sa familiarité, quoique devenu très exalté royaliste. Il lui apportait les documents et proclamations publiés dans Paris: la déchéance de l'Empereur par le Sénat, les ordres du gouvernement provisoire et enfin des lettres de plusieurs personnes ralliées à ce gouvernement qui engageaient le maréchal à suivre leur exemple. Le général Dessolles, son ami intime, M. Pasquier, dont il connaissait l'honneur et la probité, étaient du nombre. On lui faisait valoir l'importance de donner sur-le-champ une force armée—quelconque—au gouvernement provisoire, afin qu'il pût siéger au conseil des étrangers d'une façon plus honorable; et on lui insinuait plus bas que cette même force permettrait de faire des conditions à la famille que le sort semblait rappeler au trône de ses ancêtres.

Montessuis faisait sonner bien haut le nom de Monk et le rôle de sauveur de la Patrie. Il montrait au maréchal la France le bénissant des institutions qu'elle lui devrait et l'armée le reconnaissant pour son protecteur. De l'autre côté, il se rappela les paroles extravagantes de l'Empereur, il conçut la funeste pensée de le sauver malgré lui et eut la faiblesse de s'en laisser séduire.

Cependant il assembla les chefs de corps, plus nombreux que la force de son armée ne le comportait; il leur soumit les propositions qu'on lui faisait, et la position où ils se trouvaient. Tous, à l'exception du général Lucotte,

opinèrent pour se soumettre au gouvernement nouveau.
M. de Montessuis fut chargé d'établir des communications
avec le quartier général du prince de Schwarzenberg; il y
eut des projets proposés des deux côtés, mais rien d'écrit.

Tel était l'état des choses, lorsque les maréchaux,
envoyés de Fontainebleau pour demander la Régence[1],
arrivèrent à Essonnes....

Les maréchaux[2] n'avaient point, quoi qu'on ait dit,
l'ordre de l'Empereur de s'associer le maréchal Marmont.
Ils s'arrêtèrent chez lui en attendant le laissez-passer
qu'ils avaient fait demander au quartier général des
Alliés, alors établi au château de Chilly, au-dessus de
Longjumeau; ils lui racontèrent le motif de leur voyage
à Paris. Marmont leur confia dans tous ses détails sa
position vis-à-vis du prince de Schwarzenberg: il pouvait
recevoir à chaque instant l'acceptation des demandes
faites par lui. Mais il dit à ses collègues qu'il se désistait
de toute démarche personnelle jusqu'à ce que le sort de
celle qu'ils allaient tenter fût décidé. Ils convinrent qu'il
irait visiter ses postes et qu'il se rendrait introuvable
jusqu'à leur retour; qu'alors, et suivant leur succès, ils
décideraient entre eux ce qu'il conviendrait de faire et
agiraient en commun.

Le maréchal Ney remarqua que peut-être ce commencement de négociation avec un des maréchaux, en donnant
l'espoir de désunir les chefs des différents corps, éloignerait
l'acceptation de la Régence qu'ils allaient demander;
qu'il vaudrait mieux que le maréchal Marmont les accom-
pagnât pour prouver leur accord. Les autres adoptèrent
cet avis, et le duc de Raguse ne fit aucune difficulté de
les suivre.

Avant de partir, et devant eux, il donna jusqu'à trois
fois l'ordre aux chefs de corps qu'il laissait à Essonnes de
ne pas bouger avant son retour; il le promettait pour la
matinée du lendemain. Le laissez-passer n'arrivait pas de

---

[1] La Régence = a Regency by Marie-Louise in the name of the
King of Rome.
[2] Les maréchaux = Ney, Macdonald, Caulaincourt.

Chilly; les maréchaux impatients du retard se présentèrent
aux avant-postes et se firent mener au quartier général
de l'avant-garde, à Petit-Bourg, où ils espéraient se faire
donner une escorte. Ils entrèrent dans le château; le duc
de Raguse, qui n'avait pas de pouvoir de l'Empereur, resta
dans la voiture; mais le prince de Schwarzenberg, qui se
trouvait aux avant-postes, apprenant par des subalternes
qu'il était là, l'envoya prier de descendre. Il eut un moment
d'entretien avec lui. Il lui dit que ses propositions avaient
été envoyées à Paris et qu'elles étaient acceptées.

Le maréchal lui répondit que sa position était changée,
que ses camarades étaient chargés d'une communication
à laquelle il s'associait entièrement et que tout ce qui
s'était passé entre eux jusque-là devait être regardé
comme nul et non avenu. Le prince de Schwarzenberg lui
assura comprendre parfaitement son scrupule, et ils
entrèrent ensemble dans le salon, à l'étonnement des autres
maréchaux. Le duc de Raguse leur raconta ce qui venait
de se passer entre lui et le prince de Schwarzenberg, et
combien il se sentait soulagé par cette explication. Il les
accompagna chez l'empereur Alexandre et fut celui qui
parla le plus vivement en faveur du roi de Rome et de la
Régence. Il n'y avait pas grand mérite, car, assurément,
c'était bien leur propre cause que les maréchaux plaidaient
en ce moment.

A cette conférence impérialiste l'empereur Alexandre
en fit succéder une avec les membres du gouvernement
provisoire et les gens les plus compromis dans le mouvement royaliste. Il discuta contre les Bonaparte dans la
première et contre les Bourbons dans la seconde, se
persuadant qu'il agissait avec grande impartialité. Après
le conseil, qui se prolongea jusqu'au point du jour, il fit
rentrer les envoyés de Fontainebleau, leur dit qu'il devait
consulter ses alliés; et les remit à neuf heures du matin
pour obtenir une réponse. On a prétendu qu'il avait déjà
connaissance du mouvement d'Essonnes; cela paraît
impossible. Ce qui est sûr, c'est qu'il n'en donna aucun
avertissement, et tous les beaux discours qu'on a prêtés

à lui et aux autres maréchaux vis-à-vis de Marmont, sont complètement faux.

Les maréchaux se rendirent chez le maréchal Ney pour y attendre l'heure fixée par l'Empereur. Ils y déjeunaient lorsqu'on vint avertir le maréchal Marmont qu'on le demandait; il sortit un instant, rentra pâle comme la mort; le maréchal Macdonald lui demanda ce qu'il y avait:

"C'est mon aide de camp qui vient m'avertir que les généraux veulent mettre mon corps d'armée en mouvement; mais ils ont promis de m'attendre et j'y cours pour tout arrêter."

Pendant ces rapides paroles il rattachait son sabre et prenait son chapeau. L'aide de camp était Fabvier; il racontait qu'à peine les maréchaux avaient quitté Essonnes, l'empereur Napoléon avait fait demander Marmont. Un second, puis un troisième message l'avaient mandé à Fontainebleau; ce dernier portait l'ordre au général commandant de se rendre chez l'Empereur si le maréchal était encore absent.

Les généraux, inquiets de leur position, se persuadèrent que l'Empereur avait eu connaissance des paroles échangées avec l'ennemi; la crainte s'était emparée d'eux et ils avaient cherché leur salut personnel dans l'exécution du mouvement que Marmont avait formellement défendu en partant pour Paris. Le maréchal se jeta dans une calèche qui se trouvait tout attelée dans la cour du maréchal Ney. A la barrière on lui refusa le passage; il fallut retourner à l'état-major de la place; on le renvoya au gouverneur de la ville. Bref, il perdit assez de temps à se procurer un passe-port pour qu'il arrivât un second aide de camp, le colonel Denis. Il annonça que malgré la parole donnée à Fabvier de l'attendre, les chefs avaient mis la troupe en route dès qu'il avait été parti; que lui, Denis, l'avait accompagnée jusqu'à la Belle-Épine, qu'elle y avait pris la route de Versailles, où elle devait être près d'arriver: le mal était fait et irréparable.

Le maréchal Marmont resta à Paris; il y apprit la fureur de son corps d'armée, lorsqu'il avait su pour quelle cause il se trouvait à Versailles. Il s'y rendit immédiatement; la troupe en était déjà partie, en pleine révolte pour retourner à Fontainebleau. Il courut après elle, l'arrêta, la harangua, la persuada et la ramena à Versailles, ayant fait en cette circonstance une des actions les plus énergiques, les plus difficiles et les plus hardies qui se puissent tenter.

Voilà la vérité exacte que j'ai pu recueillir en consultant tous les faits sur la *défection de Marmont*. On voit qu'elle se borne à avoir entamé des négociations à l'insu de l'Empereur.

Pour être complètement impartiale, j'avouerai qu'il a eu d'autres torts. Le maréchal Marmont est le type du soldat français; bon, généreux, brave, candide, il est mobile, vaniteux, susceptible de s'enthousiasmer, et le moins conséquent des hommes. Il agit toujours suivant l'impulsion du moment, sans réfléchir sur le passé, sans songer à l'avenir. Il se trouva placé sur un terrain où tout ce qui l'entourait applaudissait à l'action dont on le supposait l'auteur, et lui en vantait l'importance. Partout il était salué du nom de Monk; on lui affirmait, en outre, que la résolution de ne transiger d'aucune sorte avec l'Empire était prise dès le premier jour; que la proclamation du 30 en faisait foi; que la démarche des maréchaux ne pouvait donc avoir de succès.

Lui, d'une autre part, se disait que ses généraux n'avaient fait qu'exécuter ce qu'il leur avait proposé dans des circonstances restées les mêmes, puisque la Régence avait été refusée, qu'ainsi il serait peu généreux de les désavouer, etc. Enfin, à force de raisons, bonnes ou mauvaises, il en vint à se persuader qu'il devait assumer la responsabilité sur sa tête....

Je me suis étendue sur ce récit, d'abord parce que les faits en ont été dénaturés par l'esprit de parti; ensuite parce que je crois que personne ne les sait mieux que moi....

Les chefs qui ont agi de violence contre l'Empereur à Fontainebleau, voyant le torrent de l'opinion populaire retourner en faveur du grand homme dont les malheurs rappelaient le génie, cherchèrent à cacher leur action derrière celle du duc de Raguse. L'amour-propre national préféra crier à la trahison plutôt que d'avouer des défaites; et il fut très promptement établi, dans l'esprit du peuple, que le duc de Raguse avait vendu et livré successivement Paris et l'Empereur. L'un était aussi faux que l'autre[1].

§ 33. *April* 12, 1814. *"Un Français de plus."*

COMTE BEUGNOT[2].

Le lendemain 12 avril, on se mit en marche pour aller au-devant de *Monsieur*. Le temps était admirable; c'était un de ces premiers jours de printemps, ravissants sous la température de Paris, où le soleil brille de tout son éclat, et ne distribue qu'une chaleur douce aux germes encore tendres qui sourdissent de toutes parts. Quelques fleurs déjà entr'ouvertes, un vert tendre qui commençait à poindre sur les arbres, le chant des oiseaux printaniers, l'air de joie répandu sur les figures, et le vieux refrain du bon Henri[3] qui marquait la marche, avaient signalé cette entrée comme la fête de l'Espérance. Il y régnait peu d'ordre, mais on y répandait des larmes. Dès qu'on vit paraître le prince, M. de Talleyrand alla à sa rencontre, et en s'appuyant sur le cheval du prince, avec la grâce nonchalante qu'autorise la faiblesse de ses jambes, il lui débita un compliment en quatre lignes, frappé au coin

---

[1] Pasquier comments on the action of Marmont in the following terms (*Mémoires*, t. II, p. 295): "Quelles qu'aient été ses secrètes pensées, il n'a rien demandé ni stipulé pour lui. Nous verrons bientôt son exemple suivi par les plus renommés de ses égaux et de ses rivaux. Tous enfin se donnent en moins de trois semaines au nouvel ordre de choses, à la maison de Bourbon. Pas un ne songe plus que lui à faire des conditions particulières. Qu'on compare leur conduite à celle de tant d'officiers généraux, ou commandants de place, tous portant de beaux noms, qui ont fait payer si chèrement leur soumission à Henri IV."

[2] From *Mémoires*, t. II, pp. 126-131.

[3] Doubtless the 17th century song "Vive Henri Quatre" which was adopted by the people as a national anthem at the Restoration. Cf. Grove, *Dict. Music, s.v.* "Vive Henri Quatre."

d'une sensibilité exquise. Le prince, qui de toutes parts se sentait pressé par des Français, était trop ému pour pouvoir répondre; il dit d'une voix étouffée par les sanglots: "Monsieur de Talleyrand, Messieurs, je vous remercie; je suis trop heureux. Marchons, marchons, je suis trop heureux." Nous avons entendu depuis le même prince répondre avec de la présence d'esprit et du bonheur aux harangues qu'on lui faisait, mais pour ceux qui l'ont vu et qui l'ont entendu à son entrée à Paris, il ne fut jamais aussi éloquent que ce jour-là. Le cortège se mit en marche pour Notre-Dame, suivant l'antique usage d'aller porter à Dieu, dans la première église de Paris, les hommages solennels des Français pour chaque événement heureux. La garde nationale formait le fond du cortège, mais il se composait aussi d'officiers russes, prussiens, autrichiens, espagnols, portugais, à la tête desquels le prince apparaissait comme un ange de paix descendu au milieu de la famille européenne. Depuis la barrière de Bondy jusqu'au parvis Notre-Dame, il n'y avait pas une fenêtre qui ne fût garnie de figures rayonnantes de joie. Le peuple, répandu dans les rues, poursuivait le prince de ses applaudissements et de ses cris. A peine pouvait-il avancer au milieu de l'ivresse générale, et il répondit à quelqu'un qui voulait écarter de si douces entraves: "Laissez, monsieur, laissez, j'arriverai toujours trop tôt." C'est ainsi que le prince fut, s'il est permis de le dire, porté jusqu'à Notre-Dame sur les cœurs des Français, et à son entrée dans le sanctuaire, lorsqu'il se prosterna au pied de l'autel qui avait, durant tant de siècles, reçu les prières de ses pères, un rayon de lumière très vive vint frapper sur sa figure et lui imprima je ne sais quoi de céleste. Il priait avec ardeur; tous priaient avec lui. Des larmes mouillaient nos yeux; il en échappait aux étrangers eux-mêmes. Oh! avec quelle vérité, avec quelle ardeur, chaque strophe de l'hymne de la reconnaissance était poussée vers les cieux! A la fin de la cérémonie, de vieux serviteurs du prince qui avaient pleuré trente ans son absence embrassaient ses genoux, et il les relevait avec

cette grâce du cœur si touchante et qui lui est si naturelle.
Le retour, de Notre-Dame aux Tuileries, ne fut pas moins
animé, moins heureux, et parvenu dans la cour du palais,
le prince descendit de cheval et adressa à la garde nationale
une allocution parfaitement appliquée à sa situation. Il
prit la main à plusieurs officiers et soldats, les pria de se
souvenir de ce beau jour, et leur protesta que lui-même
ne l'oublierait jamais. Je fis ouvrir devant le prince les
portes du palais, et j'eus l'honneur de l'introduire dans
l'aile qu'il devait habiter. Je lui demandai ses ordres
pour le reste de la journée, et l'heure à laquelle je devais
me présenter le lendemain pour le travail. Le prince
paraissait hésiter s'il me laisserait partir ou me retiendrait.
Je crus m'apercevoir que c'était indulgence de sa part,
et je lui dis que je craindrais de l'occuper une minute de
plus, parce que je le supposais fatigué, et c'est à moi qu'il
répondit: "Comment voulez-vous que je sois fatigué?
c'est le seul jour de bonheur que j'aie goûté depuis trente
ans. Ah! monsieur, quelle belle journée! Dites que je
suis heureux et satisfait de tout le monde. Voilà mes
ordres pour aujourd'hui; à demain, à neuf heures du
matin."

En quittant le prince, je repris mon travail ordinaire
et je le quittai sur les onze heures du soir pour aller chez
M. de Talleyrand. Je le trouvai s'entretenant de la
journée avec MM. Pasquier, Dupont de Nemours et
Anglès[1]. On s'accordait à la trouver parfaite. M. de Talleyrand rappela qu'il fallait un article au *Moniteur*. Dupont
s'offrit de le faire. "Non pas," reprit M. de Talleyrand,
"vous y mettriez de la poésie: je vous connais; Beugnot
suffit pour cela; qu'il passe dans la bibliothèque et qu'il
broche bien vite un article pour que nous l'envoyions à
Sauvo[2]." Je me mets à la besogne qui n'était pas fort
épineuse; mais parvenu à la mention de la réponse du
prince à M. de Talleyrand, j'y suis embarrassé. Quelques

[1] Dupont de Nemours, Secretary to the Provisional Government;
Comte Jules Anglès, Minister of Police (*vide supra*, p. 88, n. 2).
[2] Editor of the *Moniteur* from 1800 to 1840.

mots échappés à un sentiment profond produisent de l'effet par le ton dont ils sont prononcés, par la présence des objets qui les ont provoqués, mais quand il s'agit de les traduire sur le papier, dépouillés de ces entours, ils ne sont plus que froids, et trop heureux s'ils ne sont pas ridicules. Je reviens à M. de Talleyrand, et je lui fais part de la difficulté. "Voyons," me répondit-il, "qu'a dit *Monsieur?* Je n'ai pas entendu grand'chose; il me paraissait ému et fort curieux de continuer sa route; mais si ce qu'il a dit ne vous convient pas, faites-lui une réponse." "Mais comment faire un discours que *Monsieur* n'a pas tenu?" "La difficulté n'est pas là: faites-le bon, convenable à la personne et au moment, et je vous promets que *Monsieur* l'acceptera, et si bien, qu'au bout de deux jours il croira l'avoir fait, et il l'aura fait; vous n'y serez plus pour rien." "A la bonne heure!" Je rentre, j'essaye une première version, et je l'apporte à la censure. "Ce n'est pas cela," dit M. de Talleyrand, "*Monsieur* ne fait pas d'antithèses et pas la plus petite fleur de rhétorique. Soyez court, soyez simple, et dites ce qui convient davantage à celui qui parle et à ceux qui écoutent: voilà tout." "Il me semble," reprit M. Pasquier, "que ce qui agite bon nombre d'esprits est la crainte des changements que doit occasionner le retour des princes de la maison de Bourbon; il faudrait peut-être toucher ce point, mais avec délicatesse." "Bien! et je le recommande," dit M. de Talleyrand. J'essaye une nouvelle version et je suis renvoyé une seconde fois, parce que j'ai été trop long et que le style est apprêté. Enfin j'accouche de celle qui est au *Moniteur*, et où je fais dire au prince: "Plus de divisions: la paix et la France; je la revois enfin! et rien n'y est changé, si ce n'est qu'il s'y trouve un Français de plus!" "Pour cette fois, je me rends," reprit enfin le grand censeur, "c'est bien là le discours de *Monsieur*, et je vous réponds que c'est lui qui l'a fait; vous pouvez être tranquille à présent." Et en effet le mot fit fortune: les journaux s'en emparèrent comme d'un à-propos heureux; on le reproduisit aussi comme un engagement pris par le prince, et le mot du *Français de plus* devint le passe-port obligé des harangues qui vinrent pleuvoir de toutes parts. Le prince ne dédaigna pas de le commenter dans ses réponses, et la prophétie de M. de Talleyrand fut complètement réalisée.

§ 34. *Fluctuations of Patriotism in a liberal family*[1].

(*a*) CHARLES DE RÉMUSAT.

J'avais assisté à la crise de la Restauration. Mes impressions avaient été vives, mais fort mélangées. J'en savais assez sur l'empereur, j'en comprenais assez de ce qu'on pouvait penser de son égarement et de l'impossibilité pour lui de revenir, soit à la paix, soit à la victoire, pour ne pas le regretter. Sa chute personnelle me touchait peu. Il n'en était pas de même des revers et des souffrances de l'armée française. Cependant, d'une autre part, j'avais été frappé de *je ne sais quoi* de généreux et de libéral dans l'attitude des souverains alliés, et notamment de l'empereur Alexandre. L'idée, très confuse, d'une sorte de victoire de la civilisation générale me courait à travers l'esprit. Pacification, délivrance, modération, ces mots me touchaient. Cela me rendait assez accessible à l'idée de la Restauration. C'était, d'ailleurs, un ensemble de noms, de choses, et de pensées que j'acceptais sur parole comme respectable, en écoutant tout le monde autour de moi, à peu près comme on accepte la religion dans l'enfance, quand on n'est ni dévot, ni incrédule. En même temps, et presque aussitôt, on m'avait parlé du gouvernement anglais, et l'idée de l'établir en France avait illuminé mon esprit comme une lueur qui, depuis, ne s'est pas éteinte. Mais, assez disposé à la satire, témoin de toutes les niaiseries qui accompagnent ces sortes d'événements, surtout quand il s'agit

[1] From *Correspondance de M. de Rémusat pendant les premières années de la Restauration* (Calmann-Lévy, 1883), t. I, pp. 2–6. Charles de Rémusat was only a lad of 17 at the Restoration. The above extract is the reflexion of his feelings at the time which he uses to introduce the letter from his mother, strictly contemporary with the event.

d'une restauration, j'en étais assez frappé pour que cela ôtât beaucoup à ma sympathie pour la chose; mais, surtout, et ce qui vaut mieux, j'étais horriblement choqué des propos violents et injurieux qui, dès le premier moment, venaient outrager dans sa chute le régime dans le sein duquel j'avais été élevé. Mes parents, animés par l'événement, émus d'un royalisme sur lequel on pouvait gloser, et qui cependant était naturel et sincère (car on se sent toujours entraîné à animer par l'émotion et l'enthousiasme ce qu'on ne devrait accepter que par l'approbation de la raison), s'efforçaient de se retenir dans un milieu fort difficile, et de célébrer la chute de l'empire, sans le diffamer. Mon père surtout, dès les premières vingt-quatre heures, fut en garde contre l'humiliation que voulait infliger à la France la doctrine de la *légitimité*. Cependant, sans les blâmer, en pensant très sincèrement qu'en leur qualité de *grandes personnes*, mes parents avaient raison d'être ainsi, j'étais fort en deçà d'eux; je me dédommageais aux dépens des exaltés du moment, et rentré au collège, ayant lu des fragments de la brochure de Chateaubriand[1], auquel d'ailleurs j'étais littérairement très hostile, j'écrivis à ma mère qu'il se *vautrait dans la boue*, et que sa brochure était mal écrite. C'est à cela que ma mère me fit la présente réponse, en m'envoyant la brochure.

(b) His Mother[2].

Paris, *avril*, 1814.

...Je n'aime point à vous entendre dire que les hommes sont méprisables. Je n'aime point que, sur un extrait d'un ouvrage que vous n'avez pas lu, vous disiez d'un homme qui tient à une famille respectable, qui porte un nom vénéré en France, qu'il *est dans la boue*. Le livre de M. de Chateaubriand paraît aujourd'hui...je l'ai parcouru ce matin, je vous l'envoie, non pour le juger,

[1] *De Buonaparte et des Bourbons* (30 *mars* 1814).
[2] From *Correspondance de M. de Rémusat pendant les premières années de la Restauration* (Calmann-Lévy, 1883), t. I, pp. 3–6.

mais pour vous prouver qu'il n'est point ce qu'on appelle un *pamphlet*. Je le sépare de son auteur, je ne m'avise point de décider s'il a eu tort ou non de le faire, mais malheureusement il ne renferme pas une exagération par rapport à l'empereur. Vous savez que je suis vraie, incapable de haine et naturellement généreuse: eh! bien, mon enfant, je mettrais mon nom à chacune des pages de ce livre, s'il en était besoin, pour attester qu'il est un tableau fidèle de tout ce dont j'étais témoin....Votre père et moi nous avons vu l'empereur de près, nous avons souffert, nous avons gémi; le ciel m'est témoin que je lui ai toujours pardonné le mal qu'il nous faisait à nous-mêmes, mais j'ai cruellement senti celui qu'il faisait à la France....Depuis trois mois, votre père et moi nous appelons de tous nos vœux la réaction qui vient d'avoir lieu, et nous sommes tous deux d'honnêtes gens. Elle renverse notre propre situation, et elle a été l'objet de nos désirs. Mon enfant, détournons nos yeux de ce temps de malheur qui vient de se passer, et qui laissera de profondes plaies à notre pauvre pays; espérons de l'avenir....

CHAPTER VI

THE FIRST RESTORATION, APRIL, 1814—MARCH, 1815.

NATIONAL PRIDE AFFRONTED.

§ 35. *The old wine-skins and the new wine.*

BARON DE VITROLLES[1].

(a) *A small question: Court dress v. uniform.*

...Dans un de ces moments de causerie familière, *Monsieur* me racontait que les princes ses fils l'avaient supplié de conserver les cheveux coupés, et quoi qu'il pût arriver, de ne pas reprendre la poudre. Il s'inquiétait de ces formes de l'ancien régime. Qui aurait pu deviner que cette condescendance toute simple pouvait avoir des conséquences importantes? Il n'existe pas dans la nature de germes aussi cachés que ces infiniment petites causes des évènements humains.

En effet, les cheveux coupés et sans poudre ont interdit à la cour l'usage des habits habillés[2]. Faute d'habits habillés, on a porté des uniformes; l'uniforme a exigé des épaulettes; les personnages d'un âge avancé ou d'un rang élevé n'ont pas pu se contenter des épaulettes de sous-lieutenant; on a demandé des grades, non à raison des services militaires, mais à la convenance de son rang ou de son âge. D'abord, c'était seulement pour en porter les insignes; bientôt on a voulu avoir les grades réels, exercer les emplois, jouir des traitements. Ces prétentions furent servies par l'inconcevable facilité du ministre de la guerre, le général Dupont; mais de là le juste mécontentement de l'armée, et son seul grief raisonnable contre

---

[1] From *Mémoires du Baron de Vitrolles*, ed. Eugène Forgues (Paris, Charpentier, 1884), t. I, pp. 203f., 366f., 368f., 370f., 373f.
[2] I.e., court dress.

la Restauration. Elle acceptait sans peine les grades de l'armée de Condé et de la Vendée; mais elle ne supportait pas ceux des Tuileries en 1814, et dans le fait, ils étaient irritants. C'est ainsi qu'elle se trouvait préparée à la grande défection des Cent-Jours.

(b) *A great question: Sovereignty of people or of prince.*

Nous montâmes enfin en voiture dans la soirée du Vendredi-Saint (1814), *Monsieur* dans sa berline avec le comte d'Escars, le duc de Polignac et le comte de Bruges, les autres remplissaient la voiture de suite, et je suivais dans ma calèche....

Nous arrivâmes le matin à Vitry-le-François[1]; là nous trouvâmes les premiers honneurs militaires et les premières acclamations du peuple. Elles étaient vives et nous parurent exaltées....On me cherchait....Un courrier expédié par le gouvernement provisoire apportait un paquet à mon adresse....Je me retirai dans un réduit qu'on pouvait à peine appeler un cabinet, auprès de la chambre où *Monsieur* charmait les flots de cette population pressée autour de sa personne. J'ouvris précipitamment l'enveloppe, et je trouvai une lettre que m'adressait le gouvernement, signée de trois de ses membres, et la dé-libération du Sénat du 7 avril....La lettre était en ces termes:

Monsieur,

Nous vous adressons l'acte constitutionnel tel qu'il a été conçu et publié pour le Sénat. S'il y a des points qui, peut-être, admettaient des modifications en faveur d'un système purement monarchique, il faut bien réfléchir que toutes les plaies sont ouvertes, que les passions sont agitées, et que surtout l'amour propre de chacun est irrité.

Le Roi fera, avec de telles formes, tout ce qui sera nécessaire pour lui et la nation[2]....

L'esprit public se fortifie beaucoup et lorsque l'abdication sera bien connue, tout le royaume ne présentera aucun point de résistance. L'affaire de la cocarde est un objet à méditer. Tout le monde se réunit à désirer que Monseigneur le comte d'Artois la porte; l'armée paraît y tenir beaucoup....Les premiers pas sont les plus importants.

[1] On the Marne, 205 kilomètres from Paris.
[2] Here follows the account of Napoleon's abdication.

La cocarde par elle-même est la cocarde de la nation; depuis vingt-cinq ans elle la porte; et le soldat, par souvenir de ses victoires n'y renonce qu'avec regret. Quant à l'habit de garde national, on pense que c'est convenu, et que cet uniforme a été adopté par Monseigneur le comte d'Artois. Tout ce qu'il y a de plus honorable dans Paris se réunit à ce corps.

La plus grande difficulté sera de gagner l'esprit de l'armée; et c'est à cela qu'il faudra employer tous les moyens. L'arrivée de Monseigneur le comte d'Artois est nécessaire, et nous vous engageons beaucoup à ne pas la retarder....

LE PRINCE DE BÉNÉVENT, LE DUC DE DALBERG,
FRANÇOIS DE JAUCOURT[1].

Paris, le 7 avril, 1814.

Je ne me donnai pas le temps de peser les expressions de cette lettre, et je sautai immédiatement sur l'acte du Sénat; je parcourus les vingt-neuf articles dont il se composait, d'abord avec inquiétude, puis avec indignation. L'œuvre de malheur était accompli; les droits de la succession, c'est à dire le principe monarchique, la légitimité elle-même étaient ébranlés par le second article, qui *appelait librement au trône de France Stanislas Xavier, frère du dernier Roi*....L'article 29 spécifiait les mots sacramentels du serment que le Roi devait *jurer* et *signer* une fois arrivé sur le territoire de France, avant d'être proclamé *Roi des Français*! En de pareils moments, on lit et on comprend très vite.

.   .   .   .   .

J'arrachai un instant *Monsieur* aux hommages qui l'environnaient. Je m'étais assis sur la seule chaise de ce petit cabinet où j'avais entraîné le prince; j'avais posé les fatales pièces sur mes genoux; il était debout devant moi, et je lui lisais à bâtons rompus, d'une voix altérée.... "C'est donc bien mauvais?" dit le prince. "Si mauvais," repris-je, "que le Roi n'est pas roi, que *Monsieur* n'est pas lieutenant général du royaume; que nous sommes jetés, sans droits reconnus, sans appui, au milieu de gens sans foi et sans honneur....Il faut avant tout que *Monsieur* conserve sa réputation de courage, de franchise, et de confiance dans son droit." C'est en prononçant ces

[1] Members of the Provisional Government. Prince de Bénévent=Talleyrand.

derniers mots que je me levai, honteux d'être si longtemps resté assis; le prince me prit la main et me la serra fortement. "Oui, mon ami," dit-il avec fermeté; "le sort en est jeté, il faut aller en avant; la France est devant nous, qu'avons-nous à craindre?" J'aimais cette décision prompte, noble et simple....Je laissai *Monsieur*...je demandai une feuille de papier pour répondre au président du gouvernement. Je le fis en ces termes:

Mon Prince....Les principes généraux qui ont dicté cette délibération sont pour la plupart dans la pensée et le cœur de Monseigneur; mais on peut craindre de trouver dans cette œuvre un caractère de précipitation....Cet acte important est susceptible de recevoir sa perfection et toute sa valeur, par le concours du Roi et l'acceptation du peuple, si sa Majesté la juge nécessaire.... Monseigneur, dès la première demande que je lui en ai faite, a consenti, avec sa grâce habituelle, à faire son entrée à Paris en habit de la garde nationale et à porter ainsi l'uniforme de la première troupe française qui viendra au-devant de lui. Mais le prince ne quittera pas sa cocarde; celle qu'il porte est un présent que vient de lui envoyer S.M. l'empereur d'Autriche; elle est déjà acceptée par des populations entières dans les provinces, les plus grandes villes du royaume et à Paris même. Les troupes alliées l'ont unie à la leur dans les pays que nous venons de traverser. *Monsieur* manquerait, en la quittant, à tous ceux qui se sont dévoués pour la prendre. D'ailleurs, elle n'est point un signe particulier de sa maison, mais l'ancienne, la véritable cocarde de la France. Si celle de la Révolution a accompagné de grands succès militaires, l'autre est couverte d'un honneur sans tache, et nous ne revendiquerons point ce souvenir des conquêtes, au moment où nous en abjurons et détestons le système.

Arrivé à ce point de ma lettre, je voulus la communiquer à *Monsieur*. Il l'approuva sans observations et me dit seulement d'ajouter qu'il désirait que le cardinal Maury[1], alors archevêque de Paris, ne se trouvât pas à la tête du clergé qui le recevrait à Notre-Dame....Ma lettre fut expédiée sur-le-champ....J'ai su depuis qu'elle n'avait pas été très approuvée. M. de Talleyrand la communiqua à ses collègues. "C'est peut-être la lettre d'un homme d'esprit," dit-il; "mais ce n'est pas la lettre d'un homme d'affaires."

[1] The abbé Maury (*vide supra*, p. 12, note) became Cardinal in 1794, and Archbishop of Paris in 1810.

§ 36. *Caste and Coterie. The "Pavillon de Marsan."*

(a) COMTE BEUGNOT[1].

La cour de Napoléon, en se rendant à Blois[2], avait eu la bonne précaution d'emporter les diamants et quelques objets précieux de la Couronne, et aussi le résidu du Trésor qui se montait à huit millions. L'un des premiers soins du Gouvernement Provisoire fut d'envoyer à la poursuite du convoi un commissaire chargé de revendiquer, au nom de la France, ce qui le composait, et on avait donné à ce commissaire les moyens de vaincre au besoin les résistances....Mais la bande des zélés avait voulu faire une expédition d'un recours si facile et si naturel; elle s'était portée en toute hâte à Blois, et, dans le désespoir de voir que l'affaire s'était arrangée d'elle-même et sans coup férir, elle s'était constituée, malgré le commissaire du gouvernement, en escorte du convoi. Elle l'amena tout droit au pavillon Marsan[3], et mit argent et diamants à la disposition de *Monsieur*. Cette destination n'était pas celle à laquelle le gouvernement s'était attendu. Le ministre des finances comptait les heures où le convoi devait arriver, tant étaient urgents les besoins du service!...

.   .   .   .   .   .

Lorsque le ministre provisoire des finances[4] sut que le trésor était arrivé aux Tuileries, il donna, pour le rétablir à sa véritable place, un ordre qu'il était loin de croire susceptible de difficulté. Il lui fut répondu qu'on n'en ferait rien, que l'argent avait été de bonne prise, puisqu'il avait été saisi par un parti de royalistes sur la famille Bonaparte en fuite, et qu'on l'avait mis aux pieds de *Monsieur*, qui en disposerait pour ses pressants besoins. Pour comprendre la fureur de M. Louis il faudrait savoir à quelles extrémités le gouvernement était réduit pour faire face à la moindre dépense, et ensuite connaître tout

---

[1] From *Mémoires*, t. II, pp. 130–138.
[2] Whither Marie-Louise betook herself on April 3, 1814.
[3] Part of the Louvre.
[4] Baron Louis (1755–1837).

ce que le caractère de ce ministre comporte d'impétuosité.
Il nous effrayait tous; si on ne l'eût retenu, il allait courir
aux Tuileries pour en faire sortir de gré ou de force les
huit millions qui y étaient déposés, dire à *Monsieur* tout
son fait, et, s'il ne réussissait pas dans son coup de main,
il donnait sa démission et en expliquait publiquement le
motif. On eut toute sorte de peine à lui faire comprendre
que si fâcheux que fût un pareil quiproquo, il n'avait rien
d'étonnant dans un moment de désordre, que c'était une
affaire à aller traiter directement et surtout poliment avec
Monsieur, qui ne défendrait pas l'œuvre de ses entours.
Après avoir donné à M. Louis ce que j'appellerais volontiers
des douches morales, on le laissa partir pour les Tuileries,
non sans quelque inquiétude sur les résultats du voyage.
Il fut heureux, parce que *Monsieur* n'eut pas sitôt des
idées vraies sur cette affaire qu'il ordonna que les fonds
fussent reportés au Trésor. Seulement, et de l'aveu du
ministre, il conserva deux millions pour ses dépenses
personnelles, sauf à en faire l'imputation sur les premiers
fonds qui seraient mis régulièrement à la disposition du
Roi....

.   .   .   .   .   .

Tombé au milieu de la France, qu'il ne connaissait plus,
et où il ne pouvait promener ses regards que sur des
figures, des costumes, des cordons qui sans cesse lui
rappelaient un parti si longtemps ennemi, c'était pour lui
une bonne fortune que de réunir parfois dans son intérieur
ce qu'il prenait pour les débris du parti royaliste. Les
intrigants qui s'y faufilaient étaient habiles à feindre; ils
expliquaient l'oubli, ou plutôt le mépris que le gouvernement déchu avait fait de leurs services, par leur fidélité
à toute épreuve; ils appelaient persécutions quelques
mesures sévères et justes dont ils avaient été atteints; toujours en jactance de leur loyauté et de leur dévouement
à l'autel et au trône, facilement ils avaient séduit le prince
en affectant des vertus dont lui-même était un sincère
et parfait modèle....

J'avais connu avant la Restauration le Bailli de Crussol,

homme de cœur et de sens, Français de la vieille roche[1],
mais qui cédait aux nécessités du moment toutes les fois
que l'honneur ne s'y opposait pas, et il s'y connaissait
autant qu'homme de France. Je savais qu'il avait été
attaché, dès la jeunesse du prince, à M. le comte d'Artois.
J'en conclus qu'il devait être encore de son intime confiance, et j'allai lui confier mon chagrin sur l'espèce
d'hommes qui encombraient le pavillon Marsan. "Eh!
mon Dieu, à qui le dites-vous?" me répondit le Bailli,
"ce n'est pas d'aujourd'hui que nous avons ce faible-là;
je le combattais il y a quarante-cinq ans; croyez-moi,
faites arriver le Roi, faites-le arriver le plus tôt que vous
pourrez; celui-là ne se laisse pas manger le pain dans la
main, pas un des gens dont vous me parlez n'osera paraître
deux fois devant lui. Le Roi s'emparera du gouvernement,
et, soyez bien tranquille, il n'en laissera à son frère que
ce qu'il ne pourra pas lui ôter."

(b) COMTESSE DE BOIGNE[2].

Je rencontrai à Saint-Cloud le chevalier de Puységur[3].
Je l'avais laissé à Londres, quelques années avant, le plus
aimable, le plus agréable et le plus sociable des hommes.
Nous étions fort liés; je me faisais grande joie de le voir.
Je retrouvai un personnage froid, guindé, désobligeant,
silencieux, enfin une telle métamorphose que je n'y
comprenais plus rien. Je me retirai, embarrassée d'em-
pressements qui n'avaient obtenu aucun retour.

J'appris, quelques jours après, qu'en outre de l'anglomanie, qui lui avait fait prendre en dégoût tout ce qui
était français, il était dominé par le chagrin de montrer
une figure vieillie. Il avait perdu toutes ses dents et,
jusque-là, il avait vainement tenté d'y suppléer. Un
ouvrier plus adroit lui rendit par la suite un peu plus de
sociabilité; mais il ne reprit pas la grâce de son esprit

---

[1] Of the ancient and illustrious family of the ducs d'Uzès.
[2] From *Mémoires*, t. I, p. 369.
[3] Member of an ancient family celebrated by Saint-Simon.

et resta maussade et grognon. Il ne vint pas chez moi, mais je le voyais souvent chez mon oncle Édouard Dillon[1].

Un jour où lord Westmeath[2], qui s'occupait d'agriculture, avait été le matin à Saint-Germain, il nous demanda comment on nourrissait le bétail aux environs de Paris. Il trouvait faible la proportion des pâturages. Nous nous mettions en devoir de lui expliquer que, sur d'autres routes, il en trouverait davantage, mais le chevalier nous arrêta tout court:

"Vous avez raison, mylord, il n'y a pas de pâturages, les horribles vaches mangent des chardons dans les fossés; et d'ailleurs on ne saurait découvrir les prairies en France, parce que l'herbe n'y est pas verte."

"Comment, l'herbe n'est pas verte, et de quelle couleur est-elle? — Elle est brune. — Quand elle est brûlée du soleil. — Non, toujours."

Je ne pus m'empêcher de rire et de dire:

"Voilà un singulier renseignement donné à un étranger par un français."

Le chevalier reprit aigrement:

"Je ne suis pas français, madame, je suis du pavillon de Marsan."

Hélas! il disait vrai, et dans cette boutade humoriste se trouve le texte de toute la conduite de la Restauration, de toutes ses fautes, de tous ses malheurs.

§ 37. *Danger of reaction. An English Admiral's warning.*

BARON HYDE DE NEUVILLE[3].

Le 4 juillet (1814), après une traversée que nous trouvions bien longue, nous vîmes apparaître en mer, sur les côtes d'Angleterre, une barque montée par un pilote;

---

[1] Éd. Dillon (1751–1839), "le beau Dillon," son of a Dublin banker settled in Bordeaux. An *émigré*, he formed at Coblentz with three of his brothers a Dillon regiment but was transferred from the army to diplomacy in 1816.

[2] George Nugent, 8th Earl (1785–1871).

[3] From *Mémoires et Souvenirs* (Plon, 1888–1892), t. I, p. 508, t. II, p. 13 f.

le capitaine de notre navire le héla, en lui demandant ce qui se passait en France. On comprend l'émotion que nous éprouvâmes en recevant cette réponse: Bonaparte est à l'île d'Elbe et Louis XVIII à Paris!

Je ne crois pas avoir éprouvé dans le cours entier de ma vie un pareil saisissement. Quinze années de proscription, d'exil, de persécution, s'effacèrent comme un mauvais rêve devant quelques mots jetés en passant par un marin insouciant de ce qu'il disait. Le but de ma vie, celui auquel j'avais consacré toutes mes forces et mon dévouement, était atteint! J'avais le cœur gonflé d'une sorte d'ivresse joyeuse où se confondaient un élan de reconnaissance vers la Providence et un redoublement d'amour enthousiaste pour ma patrie!

Je débarquai le 8 juillet à Liverpool. J'étais le 10 à Londres....

J'appris que l'amiral Sidney Smith[1] était à Londres. Je ne l'avais pas revu depuis mes différentes courses en Angleterre, lorsque le service du Roi m'y appelait.

Je connaissais l'esprit pratique de l'amiral, son jugement si sûr, unis à la générosité particulière de son caractère. Il se jeta dans mes bras et m'apprit mieux que tous ceux que j'avais vus jusque-là, la situation vraie du nouveau gouvernement en France.

"Mon ami," me dit-il, "je comprends l'ivresse que donne le succès; la quiétude qu'il inspire, lorsqu'on a attendu longtemps des événements que la Providence amène tout à coup, non pas contre toute espérance, mais par un concours de circonstances auxquelles les hommes ont peu de part, acteurs inconscients de la volonté d'en haut.

"Votre Roi a toutes les qualités nécessaires pour régner sur une nation comme la vôtre; il mesure dans sa pensée les concessions au degré de liberté qu'elle peut supporter, après une révolution qui a répandu le plus généreux sang pour ne rien fonder. Louis XVIII a été sage et habile d'octroyer la Charte et de ne pas la recevoir de la main

[1] Sir William Sidney Smith (1764–1840) of whom Napoleon said "Cet homme m'a fait manquer ma fortune."

des hommes qui ont servi tour à tour la Révolution et le despotisme; mais ne voyez-vous pas un point noir, dont personne ne s'inquiète de l'autre côté du détroit?" Une carte de l'Europe se trouvait à sa portée. "Mesurez," me dit-il, "l'espace qui se trouve entre l'île d'Elbe et la partie méridionale de vos côtes de France. La distance qui sépare ces deux points est-elle quelque chose pour l'homme qui a parcouru par de si formidables enjambées le sol de nos contrées d'Europe? Ne peut-il pas en quelques heures se retrouver au milieu de ses bataillons? Le soleil se couche quelquefois au sein des nuages, qui semblent à tout jamais nous priver de sa lumière, pour se lever le lendemain dans l'éclat de sa pourpre. Prenez garde, il y a là pour vous, Français et royalistes, un grand danger."

Je fus frappé de ce tableau. L'amiral ajouta: "Ne savez-vous pas que l'Empereur, à Fontainebleau, avait déjà étudié sur la carte les positions de l'île d'Elbe et de la Toscane, les points stratégiques qui permettraient un débarquement? On se fait une grande illusion dans votre pays, si l'on croit que le prestige qui entoure le nom de Napoléon est détruit par les derniers revers de la France. Longtemps encore il existera dans l'esprit de la nation comme une légende glorieuse, qui flatte le peuple le plus propre à se laisser séduire par la gloire." Ces paroles sont restées dans ma mémoire.

§ 38. *The need of a national spirit in France: Contrast with England.*

LAZARE CARNOT[1].

Le retour des Bourbons produisit en France un enthousiasme universel; ils furent accueillis avec une effusion de cœur inexprimable; les anciens républicains partagèrent sincèrement les transports de la joie commune.

---

[1] From *Mémoire adressé au roi en juillet* 1814 (Brussels, 1814), pp. 20 f., 39–42. In this pamphlet Carnot told home-truths to the Bourbons and their supporters. It was not, he says, intended for publication but was put into print in order the better to catch the royal eye. A clandestine issue necessitated an authoritative edition.

Mais l'horizon ne tarda point à se couvrir de nuages; l'allégresse ne se soutint qu'un moment. Ceux qui revenaient après une si longue absence crurent apparemment retrouver la France de 1788; mais la génération était presque renouvelée; la jeunesse d'aujourd'hui est élevée dans d'autres principes; l'amour de la gloire surtout a jeté de profondes racines; il est devenu l'attribut le plus distinctif du caractère national; exalté par vingt ans de succès continus, il venait d'être irrité par des revers d'un moment, et malheureusement il a été profondément blessé par les premières démarches du nouveau souverain.

Autrefois, les rois d'Angleterre venaient rendre foi et hommage aux rois de France comme à leurs suzerains; mais Louis XVIII, au contraire, a déclaré au prince régent d'Angleterre que c'était à lui et à sa nation qu'il attribuait, après la divine Providence, le rétablissement de sa maison sur le trône de ses ancêtres[1]; et lorsque ses compatriotes volaient à sa rencontre pour lui décerner la couronne d'un vœu unanime, on lui a fait répondre qu'il ne voulait pas la recevoir de leurs mains; qu'elle était l'héritage de ses pères; alors nos cœurs se sont resserrés, ils se sont tus.

C'est ainsi qu'on a fait débuter Louis au milieu de nous par le plus sanglant des outrages que pût recevoir un peuple aimant et sensible. Cependant nous n'avions pas calculé nos sacrifices pour recouvrer le fils de Louis IX et de Henri IV; nous lui avions aplani le chemin du trône, en nous empressant d'adhérer aux mesures inconsidérées du gouvernement provisoire. Dans notre vive satisfaction, nous avions spontanément abandonné nos conquêtes; nous avions renoncé à nos limites naturelles, à cette florissante Belgique qui joignait ses vœux aux nôtres pour sa réunion à la France; un trait de plume a suffi pour nous faire quitter ces superbes contrées que toutes les forces de l'Europe n'auraient pu nous arracher en dix ans. Louis avait-il donc besoin d'imiter les usurpateurs qui, ne pouvant être rois par l'assentiment de leurs peuples, se font rois "par la grâce de Dieu"? Ne savait-il pas que c'est par

[1] *Vide supra*, p. 117.

la grâce de Dieu qu'on a toujours vu et qu'on verra toujours régner les plus forts?...

La science du gouvernement se perfectionne insensiblement, comme toutes les autres, par l'expérience et la méditation. Dès que tout le monde cherchera de bonne foi ce qui convient le mieux à la grande famille, chaque jour ajoutera aux connaissances de la veille; on cessera de marcher dans le vague, et tous à l'envi apporteront leur tribut d'intelligence et de zèle à la masse commune.

Mais quel sera le grand mobile de tous ces efforts individuels? qu'est-ce qui leur donnera cette tendance uniforme vers un même but? Ce ne peut être évidemment qu'une noble et forte passion, et cette passion ne peut être que l'amour de la patrie. Il faut donc faire naître cet amour, il faut créer un *esprit national*; c'est là ce qui nous manque, et ce qui nous manque à tel point qu'à peine pouvons-nous nous en faire l'idée; que personne, pour ainsi dire, ne comprend chez nous comment on peut sacrifier son intérêt propre à l'intérêt général, s'oublier soi-même pour le salut et la gloire de son pays; et qu'on ne croirait peut-être pas à la possibilité de son existence, si l'histoire des peuples anciens ne nous en donnait la preuve, et si nous ne le voyions exister encore à un haut degré chez quelques nations voisines[1].

En Angleterre, toutes les fortunes particulières sont liées à la fortune publique. Chacun est puissamment intéressé à ce que celle-ci n'éprouve jamais d'ébranlement sensible; par conséquent, la grande majorité de la nation est nécessairement pour le gouvernement, et le parti de l'opposition ne peut être que très faible; il n'est là que pour tenir tout le monde en haleine, et rendre les discussions plus piquantes et plus approfondies. Voilà pourquoi il y a en Angleterre un *esprit national*.

Il n'en est pas de même en France; les fortunes individuelles étant des portions mêmes du sol, se trouvent plus détachées les unes des autres, plus indépendantes de la

[1] Cf. Preface, p. xxvi f., for this theme which was popular throughout the eighteenth century.

direction générale des affaires, lesquelles peuvent péri-
cliter, jusqu'à un certain point, sans altérer les propriétés
foncières, où réside la fortune publique. Voilà pourquoi il
y a plus d'isolement en France, plus d'égoïsme, peu ou
point d'esprit national; et cependant il en faut un, car il
n'y a que les grandes passions qui fassent les grandes
nations. Chez l'une, c'est la passion de la liberté, chez une
autre, c'est celle des conquêtes; chez une autre encore, le
fanatisme religieux; chez nous, ce doit être l'amour du sol
qui nous a vus naître, c'est-à-dire, *l'amour de la patrie.*

La France et l'Angleterre ne sauraient se régir de la
même manière relativement à l'esprit national, qui doit
être différent pour les deux pays. L'Angleterre, toute
commerçante, doit se régir par le calcul et le goût des entreprises hasardeuses; la France doit se régir par l'amour
de son territoire. L'Angleterre met son point d'honneur à
se considérer comme le point central des grandes spéculations maritimes qui unissent toutes les nations; la France
doit mettre le sien à profiter des dons que la nature lui a
prodigués chez elle-même. Nous devons nous enorgueillir
de nos richesses propres, nous y affectionner, nous attacher
à les répandre uniformément par la facilité des communications intérieures, sans prétendre rivaliser avec nos
voisins sur un élément dont leur position géographique et
le système d'équilibre des puissances de l'Europe semblent
leur adjuger pour longtemps la suprématie. Il vaut mieux
se borner à multiplier et améliorer les productions du
sol, que de nous livrer à un commerce étranger que nous
ne pouvons jamais faire que d'une manière subalterne et
précaire, sous le bon plaisir des Anglais qui chercheront
toujours à nous y faire éprouver toutes les avanies possibles.

Tel doit donc être le caractère de l'esprit national qui
convient au peuple français; c'est l'amour de la grande
propriété territoriale qui renferme toutes les propriétés
particulières, l'amour du sol pris collectivement, son intégrité, son perfectionnement, son indépendance politique.
La disposition des esprits nous porte naturellement vers

ce but commun; les Français ont toujours été extrêmement forts chez eux; et il est aussi difficile aux étrangers de s'y maintenir, qu'il est difficile aux Français de s'établir solidement loin de leurs foyers.

Si nous adoptons une fois ce principe pour notre régulateur politique, nous aurons apporté un grand remède à cette inconstance, à cette mobilité qui tient plus aux circonstances locales qu'au caractère volage qu'on attribue ordinairement aux Français. Les Français ne sont pas plus volages que les habitants des autres pays; et la révolution a bien prouvé qu'ils sont susceptibles d'une grande constance et d'une grande ténacité dans leurs entreprises, quand ils ont devant les yeux un objet digne de leur ambition. Ils ne se disséminent en petites passions que parce qu'on ne leur en offre pas une grande qui les fixe tous, et qui réunisse en faisceaux leurs forces individuelles.

CHAPTER VII

DREAMS OF RECONSTRUCTION.

§ 39. *A new Europe founded on an Anglo-French alliance.*

H. Saint-Simon and Augustin Thierry[1].

A la Nation Française.

C'est à vous que nous dédions ce livre, parce qu'il ne s'adresse qu'à vous, parce qu'il n'y sera parlé que de vous, sans nul égard à ceux qui vous gouvernent, ou plutôt vont vous gouverner; parce que les choses qui y seront proposées ne peuvent s'exécuter sans vous, ne doivent s'exécuter que par vous....

Vous êtes une nation maintenant, bientôt vous serez des sujets. Ces pouvoirs qui sont en vous tous se rassembleront dans un petit nombre, et dès lors vous ne vous servirez plus vous-mêmes; d'autres que vous agiront pour vous; ils agiront pour eux peut-être. Souvenez-vous de la nation anglaise, que ses intérêts appellent d'un côté, et que son gouvernement emporte en sens contraire....

Comme citoyens, comme ayant à ce titre le droit de prendre part à vos conseils, nous vous proposons une mesure qui nous semble la seule praticable dans la circonstance présente, la seule salutaire pour l'avenir; c'est de vous rapprocher de la nation anglaise....

C'est là que vous poussent votre intérêt et la nécessité présente: vous résisterez peut-être; mais, quoi que vous pensiez maintenant, quelque parti contraire que vous

---

[1] From *Opinion sur les mesures à prendre contre la Coalition de 1815* par H. Saint-Simon et A. Thierry (Paris, 1815), pp. 1, 7 f., 25 f., 31, 35, 40 f., 45 f. This "Opinion" was formed in March, before Napoleon's return, but published in April, i.e. three months before Waterloo! The same authors had a year before spoken of an alliance with England "as desirable but impossible." Cf. *De la réorganisation de la société européenne* (Paris, 8bre, 1814). They now regard it as "necessary and possible." It must be admitted that the dream did not commend itself to France as a whole.

preniez, le temps viendra toujours où vous serez unis à la
nation anglaise, et ce sera le terme de vos agitations et de
vos maux....

L'Angleterre et la France unies exerceraient sur le reste
de l'Europe, par la politique ou par les armes, une action
plus forte que ne pourrait être celle des cabinets ou des
armées de l'Europe sur elles.

L'Angleterre est une puissance maritime et commerçante, nous sommes une puissance territoriale; l'Angleterre
a des capitaux accumulés, nous avons un sol fertile, une
population nombreuse, dont l'industrie ne peut prendre
tout son développement, faute de capitaux: l'Angleterre a
donc ce qui nous manque, et nous avons ce qui manque
à l'Angleterre; notre alliance avec l'Angleterre accroîtrait
donc nos ressources avec les siennes.

Outre ces avantages d'industrie et de commerce, il en
est d'autres non moins importants que nous trouverions
dans des rapports intimes avec l'Angleterre. Cette nation
a cent trente ans d'expérience du gouvernement parle-
mentaire, et nous en faisons le premier essai; le parti
constitutionnel aurait en elle un appui et contre les
défenseurs du despotisme, et contre ceux d'une liberté
extravagante. L'hésitation où nous sommes encore serait
détruite, les principes raisonnables gagneraient, nous
sortirions de notre révolution[1]....

[1] Voici un trait qui peut montrer quel profit nous retirerions pour
nos habitudes politiques du commerce des Anglais et de nos relations
avec eux, rendues plus fréquentes et plus intimes par l'alliance des
gouvernements.

Peu de temps avant la fuite des Bourbons, un Anglais, frère du
lord Bridgewater, avait acheté l'hôtel de Noailles, ci-devant occupé
par le prince archi-trésorier de l'Empire. Comme il n'avait encore
payé qu'un à-compte, l'administration se mit en devoir d'exécuter
le décret impérial concernant les biens des émigrés, et d'expulser
l'acquéreur.

A l'ordre de quitter les lieux, qui lui fut intimé par un huissier,
l'Anglais ne répondit autre chose, sinon qu'il était chez lui, qu'il y
resterait, que l'acte civil qui le faisait propriétaire ne pouvait être
annulé que par un autre acte civil; que telle était la loi.

Le lendemain, un autre huissier se présenta; même réponse que la
veille, et terminée à peu près en ces termes: "Dites à ceux qui vous
envoient que je ne sors d'ici qu'en vertu d'un jugement bon ou

Le premier avantage d'une alliance ainsi engagée par une résolution et par des démarches purement nationales, ce serait que l'allié, quel qu'il fût, se trouvât essentiellement l'allié de la nation, et non pas l'allié de la nation parce qu'il le serait du gouvernement; que ses rapports avec nous fussent indépendants de toute variation intérieure, qu'ils ne suivissent pas la fortune d'un prince, ni les chances incertaines d'un régime quelconque; qu'ils demeurassent toujours constants, toujours les mêmes....

Dans tous les états de l'Europe, à l'exception de l'Angleterre, l'ordre social repose sur des principes essentiellement différents de ceux qui soutiennent l'ordre social en France. La souveraineté y est absolue, chez nous elle a ses bornes dans la loi. On n'y connaît que l'obéissance, et nous, nous tenons à nos droits. Comme l'habitude d'une communication facile amène naturellement les hommes à sentir et à vouloir de même, les gouvernements sont disposés à craindre les relations de leurs sujets avec nous, ils répugnent à notre alliance....

Un pouvoir plus absolu au dedans, au dehors une domination plus étendue, c'est là l'ambition de tous les gouvernements, c'est là leur premier intérêt. Nous allier avec l'un d'eux, mettre en commun ses intérêts avec les

mauvais, qu'il me faut un jugement. On dit que vous êtes libres en France, je saurai bientôt si vous l'êtes. Je vais faire ce qu'en pareille occasion je ferais en Angleterre: la maison d'un citoyen est inviolable, ma maison sera fortifiée, mes gens armés, et on tirera sur quiconque viendra, comme vous, monsieur, m'y faire violence au nom d'une autorité qui n'est point celle des lois."

Et, en effet, la maison fut fortifiée, les portes barricadées, les gens armés. L'affaire fit du bruit, elle fut portée au conseil d'état; l'Anglais est tranquille chez lui.

Supposons un moment que ce fût un grand seigneur autrichien, ou russe, qui eût acheté l'hôtel de Noailles, qui eût été sommé de livrer sa maison, que serait-il arrivé? Ce n'est pas sur la force des lois qu'il eût compté, mais bien sur son crédit personnel; ce n'est pas elle qu'il eût mise en avant, mais ses dignités et sa naissance; ce n'est pas à un tribunal qu'il en eût appelé, mais à l'ambassadeur de son maître.

On peut voir par ce parallèle lequel serait d'un meilleur exemple, lequel serait préférable pour le progrès de la morale politique, qu'il y eût en France un grand nombre d'Anglais, ou un grand nombre d'Autrichiens, Russes, etc., etc., etc. (Authors' note).

nôtres, ce serait, de propos délibéré, nous rendre complices ou d'oppressions ou de conquêtes. Un gouvernement peut bien le vouloir, et y entraîner une nation, mais une nation ne peut le vouloir, ni s'y porter d'elle-même....

Toute alliance étant impraticable entre les gouvernements et nous, le seul moyen pour nous de n'être plus isolés, est de nous rapprocher des nations.

Pour les nations qui sont tout entières dans les mains des gouvernements, la question est résolue d'avance; nous n'avons aucune prise sur elles, il n'y a rien de commun entre elles et nous....

Il ne nous reste que la nation anglaise. Par l'impossibilité démontrée d'un rapprochement avec les autres, nous sommes conduits à cette alternative, ou de demeurer seuls, ou de nous joindre à elle. C'est là notre ressource dernière; si elle manque, tout nous manque. Mais il y a tant d'intérêts communs entre les deux peuples, ils ont un tel besoin l'un de l'autre, il y a de si grands avantages pour l'Angleterre à se joindre à nous, que des démarches sagement mesurées doivent suffire à l'y déterminer....

Si la nation anglaise s'assemblait aujourd'hui comme nous pour exercer elle-même sa souveraineté; si comme nous elle était maîtresse de son action, libre de ses démarches, et n'en devant compte qu'à soi, les moyens de rapprochement seraient simples et faciles; des députés de notre assemblée nationale à l'assemblée nationale de l'Angleterre iraient annoncer nos dispositions et stipuler les conditions du traité. Il n'en est pas ainsi. La nation anglaise est constituée; elle a son gouvernement, par lequel seul elle peut agir, et ce gouvernement est au nombre des gouvernements coalisés.

Mais si l'Angleterre ne fait rien maintenant par sa volonté purement nationale, et sans l'entremise de ceux qui la gouvernent, elle exerce en revanche sur eux, par la nature de sa constitution, une influence tellement puissante, que, s'ils s'obstinaient contre sa volonté prononcée, par un mouvement subit, le gouvernement passerait de

leurs mains dans les mains d'amis de la nation, de complaisants[1] de son désir.

Tout se réduit donc à agir fortement sur la nation
anglaise par des déclarations nationales qui lui montrent
que nous avons une résolution arrêtée de nous unir à elle,
que nous sentons que nulle alliance ne nous convient que
la sienne, que nous n'en voulons point d'autre.

Depuis longtemps, en Angleterre comme en France, le
besoin de cette union a été senti: si elle ne s'est point
opérée encore, c'est qu'il y avait des gouvernements entre
les peuples, et que ces gouvernements avaient des vues
contraires; c'est que les nations, n'agissant l'une sur l'autre
que par leurs gouvernements, n'étaient point sûres de leurs
intentions mutuelles: l'Angleterre craignait la France, et
la France craignait l'Angleterre....

Il faut donc que l'assemblée du Champ-de-Mai[2] déclare:

Que le peuple anglais, par la conformité de nos institutions avec les siennes, par ce rapport de principes, par cette
communauté d'intérêt social qui est le lien le plus solide
entre les hommes, est désormais notre allié naturel; que
la volonté de la nation française, que l'intérêt de l'Angleterre et de la France, l'intérêt de l'Europe entière, est que
cette union soit rendue plus intime, plus ferme et plus
régulière par un accord entre les gouvernements; qu'elle
prescrit en conséquence au gouvernement qu'elle va constituer, de traiter d'une alliance avec le gouvernement
anglais; qu'elle ne le constitue qu'à cette condition....

Les deux déclarations suivantes, ajoutées à l'acte constitutionnel, rempliraient cette condition nécessaire.

I. Le peuple français déclare que, dans la délégation
qu'il fait de ses pouvoirs au gouvernement qu'il constitue,
il n'entend pas lui donner le droit d'agrandir le territoire
par des conquêtes, ni même par des traités ou des conventions, de quelque nature qu'elles soient, dans le cas où,
de cet agrandissement, il résulterait un accroissement de
population de plus de cent mille individus. Toutes les fois
donc que le gouvernement jugerait utile et possible de

[1] "Mediators."   [2] *Vide infra*, pp. 179 n., 180.

réunir au territoire français, par traités ou arrangements quelconques, une portion de pays dont la population excédât cent mille individus, la volonté du peuple français est qu'il soit procédé de la manière suivante à cette réunion :

Le peuple qu'il s'agira d'incorporer à la France, de son côté, et le peuple français du sien, devront au préalable manifester leur vœu à cet égard par signatures individuelles; et l'union ne sera réputée légale, et comme telle effectuée, que dans le cas où, de part et d'autre, la majorité absolue aura voté pour elle: autrement elle ne pourra avoir lieu.

II. Le peuple français ajourne de se constituer définitivement lorsque la crise où il se trouve sera terminée, et toute inquiétude extérieure dissipée.

En conséquence, le peuple français donne à sa Chambre des représentants le pouvoir de se déclarer *assemblée constituante* dès qu'elle le jugera nécessaire.

Tant que la volonté d'un peuple est gênée ou contrainte, il ne peut se donner une constitution; la constitution qu'il se donnerait alors ne serait point l'acte de sa volonté libre, et elle doit l'être.

Or, maintenant, la nation française se trouvant en danger, ne peut avoir de volonté pleinement libre; elle dépend des hommes que ce danger semble lui rendre nécessaires. Nous ne serons libres que lorsque, le danger qui nous presse étant passé, nous n'aurons plus les mêmes besoins, lorsque la coalition ne sera plus à craindre; et puisque l'alliance de l'Angleterre peut seule nous ôter cette crainte, nous ne devons donc, nous ne pouvons nous constituer avant d'être les alliés de l'Angleterre.

CHAPTER VIII

THE DRAMA OF THE HUNDRED DAYS: PERPLEXITIES OF PATRIOTISM.

§ 40. *Persistence of feudal loyalty to the person of the Prince.*

(a) MARÉCHAL DAVOUT[1].

17 novembre 1807.—Je sers mon souverain du mieux que je peux, et les petites intrigues et jalousies ne m'ont jamais inquiété, pour deux puissantes raisons: la première qu'elles ne peuvent avoir d'influence sur lui, la deuxième que, me conduisant dans l'intention de faire tout ce qui peut et doit être bon pour son service, je suis parfaitement tranquille sur les résultats. J'appelle être tranquille sur les résultats, ma chère Aimée, de ne pas craindre une disgrâce. Mon dévouement sans bornes à l'empereur, l'indifférence que j'ai pour mes intérêts, le désintéressement que j'apporterai dans toutes mes actions, mille et mille raisons, toutes aussi bonnes, et qui, alors même que je ferais des fautes, m'inspirent la plus grande tranquillité, parce que mes intentions sont toujours droites, me dictent que la disgrâce n'aurait aucun motif fondé, et dès lors elle me serait indifférente.

19 février 1808.—...Je suis comblé des bienfaits de l'empereur. Eh bien, je te jure que demain il me les retirerait que je ne lui en porterais pas moins ces sentiments d'admiration et d'amour que tout bon Français doit éprouver pour le sauveur de notre patrie, parce que rien ne peut m'empêcher d'être bon Français....

22 janvier 1809.—...Tant que de tels désagréments ne me viendraient pas de l'empereur, je n'y ferais aucune

[1] From letters to the Maréchale quoted by Émile Montégut in *Le Maréchal Davout, son caractère et son génie* (Hachette, 1882), p. 97 f.

attention. S'ils me venaient de l'empereur, alors le sentiment qui me fait agir et qui me fait valoir quelque chose,
celui de servir, de mériter l'estime du libérateur de ma
patrie, de celui qui l'a portée au plus haut degré de gloire,
dont tous les moments sont consacrés à la France, alors,
dis-je, le jour où ce véhicule me manquerait, je me re-
tirerais en continuant à faire des vœux pour la conservation de jours si précieux à la France....[1]

(b) Général Drouot[2]

Au Général Évain

(11 avril 1814)

Mon cher Évain,

Je pars avec le regret de ne vous avoir point fait
mes adieux; destiné à ne plus vous revoir, il eût été bien
doux pour moi de pouvoir vous embrasser et vous renouveler les assurances d'une éternelle amitié. J'accom-
pagne Sa Majesté à l'île d'Elbe, et je ne quitte point dans
l'adversité le souverain que j'ai aimé et servi dans la
prospérité. Je renonce à ma patrie, à ma famille et à mes
affections les plus chères; le sacrifice eût été mille fois plus
grand si j'avais renoncé à la reconnaissance.

[1] The character disclosed in the above extract is confirmed by an
anecdote related in the *Mémoires du Général Baron Thiébault* (Plon,
1910), t. v, p. 138. During the Russian campaign some wounded
French officers had included the name of Napoleon in their cries and
curses, and that in the presence of their colonel. He was summoned
before Davout and rebuked for suffering "de telles horreurs." "Vous
n'avez pas le feu sacré," continued Davout, "Moi, monseigneur,
couvert de blessures?" "Tout le monde peut être blessé." "Moi,
deux fois mis à l'ordre de l'armée en Russie?" "Je ne dis pas que
vous n'êtes pas brave; je dis que vous n'avez pas le feu sacré et que,
tant que vous serez sous mes ordres, vous n'obtiendrez rien. Il faut
d'autres hommes à sa Majesté. Il lui faut un dévouement sans bornes,
celui dont je vous donne l'exemple; car, si mon père vivait encore et
si l'Empereur m'ordonnait de le faire arrêter et fusiller, je lui obéirais
sans répliquer."
[2] From "Le Général Drouot," article by M. Girod de l'Airs in
the *Revue d'Artillerie* (Berger-Levrault, 1890).

(c) GÉNÉRAL CAMBRONNE[1]. April, 1816.

Demande. Quelles étaient vos fonctions au 1er mars 1814?

Réponse. J'étais général de brigade, commandant le premier régiment de chasseurs à pied de la vieille garde.

D. Où vous trouviez-vous lors de l'abdication de Napoléon, en avril de la même année?

R. J'étais à Fontainebleau, retenu dans mon lit par suite des blessures que j'avais reçues à la bataille de Craonne et sous les murs de Paris.

D. A cette époque la France est rentrée sous le gouvernement de ses légitimes souverains; l'armée française en masse et individuellement a donné son adhésion; elle a reconnu S.M. Louis XVIII pour son légitime souverain; elle a prêté serment d'obéissance et de fidélité: avez-vous suivi son exemple?

R. Le traité du 11 avril 1814 ayant accordé à Napoléon la souveraineté de l'île d'Elbe, et le titre d'empereur, avec, en outre, l'autorisation d'emmener quatre cents hommes de troupe, je me suis fait un devoir de partager le sort de mon souverain, et j'ai accepté le commandement de ses troupes, qui me fut donné la veille de leur départ de Fontainebleau. N'ayant pas quitté mon ancien souverain, je me suis considéré comme n'étant plus sujet français. J'ai pensé que je n'étais astreint à aucun serment envers S.M. Louis XVIII. Je n'en ai donc prêté d'aucune nature, ni fait aucun acte d'adhésion....

D. A quelle époque avez-vous eu connaissance du projet de Napoléon, de quitter l'île d'Elbe pour tenter une invasion en France?

R. Trois jours avant l'embarquement, Napoléon me donna l'ordre de me tenir prêt à partir, sans me faire connaître ses projets et notre destination, et en me donnant également l'ordre de ne faire connaître ce départ à qui que ce soit.

---

[1] From *Interrogatoire de Cambronne, devant le conseil de guerre.* We quote from *Procès du général Cambronne...contenant toutes les pièces...de la procédure* (Paris, 1816), pp. 3 f., 7, 11, 12, 33 f., 35 f. Cambronne was acquitted amid general satisfaction.

Ce n'est qu'à bord du bâtiment, le deuxième ou troisième jour de la traversée, qu'il parut sur le pont avec la cocarde tricolore au chapeau, et nous apprit que nous allions en France.

D.   Ne fîtes-vous aucune observation?

R.   Les troupes poussèrent des *vival!* Soldat et sujet de Napoléon, je crus n'avoir qu'à obéir....

D.   ...Comment croire que Napoléon, qui avait fait connaître, avant son départ, son projet aux généraux Bertrand et Drouot, n'ait pas eu en vous la même confiance; vous, comme eux, officier-général; vous, sur le dévouement duquel il n'avait probablement aucun doute?

R.   Napoléon, après m'avoir donné l'ordre de me tenir prêt à partir, s'adressant à moi, m'interpella en me disant: "Cambronne, où allons-nous?" Je lui répondis: *Je n'ai jamais cherché à pénétrer les secrets de mon souverain, je vous suis tout dévoué*; Napoléon n'ajoutant rien de plus, je me bornai effectivement à me tenir prêt à obéir à ses ordres, sans chercher à savoir où nous devions aller, ni par quels motifs il ne m'en faisait point part.

D.   Une fois instruit que les projets de Napoléon, en quittant l'île d'Elbe, avaient pour but une invasion en France, et le projet de détrôner le légitime souverain, n'avez-vous pas réfléchi sur la déloyauté de cette entreprise, ses difficultés, ses dangers, et les malheurs qu'elle devait nécessairement attirer sur la France?

R.   Soldat et sujet, je ne pouvais abandonner mon souverain sans lâcheté; j'ai rejeté toutes réflexions, mon devoir l'a emporté....

D.   Dans une entreprise dirigée contre le gouvernement légitime de la France, vous vous êtes regardé comme sujet de Bonaparte, et non plus comme Français: comment vous en êtes-vous assuré?

R.   Lorsque nous étions à Fontainebleau, on forma un régiment pour suivre Napoléon; j'avais été blessé, j'étais malade: des officiers vinrent me prévenir; je réfléchis que j'étais le plus ancien major. J'écrivis au général Drouot que je regarderais comme la plus grande injustice de ne pas me choisir; que l'on m'avait toujours choisi pour aller à l'ennemi; je ne pouvais faire autrement. J'étais dans la garde: c'était mon uniforme, c'était ma doublure....

D. Quelles impressions ressentiez-vous, lorsqu'en suivant Bonaparte, vous marchiez contre un gouvernement légitime appelé par le vœu de toute la nation: il devait être évident pour vous, comme pour tout le monde, que vous marchiez contre l'opinion nationale?

R. Nous sommes venus à Paris sans tirer un coup de fusil; voilà tout ce que je peux vous dire.

D. N'étiez-vous pas triste, n'aviez-vous communiqué vos réflexions à personne?

R. Est-ce que si quelqu'un avait été attaché au Roi, il n'aurait pas pu, au lieu d'un coup de fusil, me donner un coup de poignard? Il ne suffit pas de dire: J'aime le Roi; il fallait le faire voir....

D. En 1814 vous avez écrit au général Curial, pour lui demander sa protection, dans le cas où vous voudriez rentrer en France?

R. Je ne me croyais plus Français, puisque j'avais accepté le commandement de Porto-Ferrajo; puisque j'avais été séparé de ma patrie par un traité solennel et reconnu, je crois, par le Roi même et par toutes les puissances de l'Europe.

D. Lorsque vous écriviez dans ce sens, aviez-vous le dessein de rentrer en France?

R. Jamais. Mais les hommes sont mortels, Napoléon pouvait mourir. Un sauvage retourne dans ses déserts: pourquoi ne serais-je pas rentré en France, sur le plus beau sol du monde?

§ 41. *Affection of soldiers and peasants.*

G. GLEY[1].

Saint-Dié[2] le 19 avril 1815.

L'Empereur peut compter sur les Vosges plus que sur aucun département de l'Empire. Il n'y a pas eu un moment d'hésitation, et tous les habitants montrent la plus ferme résolution de défendre courageusement leurs montagnes, si elles venaient à être attaquées. Voici ce qui s'est passé ici depuis un mois, et l'on a tenu la même conduite dans les autres arrondissements des Vosges.

A la première nouvelle que l'Empereur était arrivé à Paris, les militaires qui se trouvaient ici parcoururent les rues en portant le drapeau tricolore; on replaça le buste et le portrait de l'Empereur à la maison commune, et le maire fit battre la caisse successivement dans les différentes rues, et y fit lire la feuille du *Moniteur* qui venait d'arriver.

Il y a ici, comme dans tout le département, des hommes que leurs principes attachent à l'ancien Gouvernement; ils parurent d'abord très peu contents de tout ce qui se passait. C'était moins par attachement pour la personne des Bourbons, que par crainte de voir revivre l'ancien système de conquête et d'envahissement. Ils se sont d'abord tranquillisés par les déclarations pleines de modération et de sagesse, qui, en différentes occasions, sont sorties de la bouche de l'Empereur. La marche de ses conseils augmente la confiance.

Aujourd'hui les hommes de 20 jusqu'à 60 ans paraissent à la commune afin de donner leurs noms pour la formation des cohortes nationales. Ce n'est plus cette hésitation que l'on remarquait lorsqu'on voulut prendre les mêmes mesures au mois de décembre 1813. Alors plusieurs circonstances arrêtaient ceux qui étaient les mieux disposés. Aujourd'hui les sentiments sont tout autres. Quelles que soient les opinions, tout le monde s'entend

[1] From *Lettres de 1815*, ed. Arthur Chuquet, 1ᵉ série (Paris, Champion, 1911), p. 405 f.
[2] Eastern France in particular stood for the Emperor.

pour dire que la cause de l'Empereur est devenue celle de la patrie et qu'il faut tout oser pour se défendre, si elle est attaquée.

§ 42.   *The three acts of the tragedy described by a servant of Napoleon.*

COMTE DE LAVALETTE[1].

I.   *Expectation.   March 7—10, 1815.*

C'était le lundi 7 mars: je traversais les Tuileries vers neuf heures du matin, lorsque j'aperçus, sur les marches de la grille de la rue de Rivoli, M. Paul Lagarde, ancien commissaire-général de police en Italie; je le saluai de la main en passant, et je continuais mon chemin sous les arbres, pour gagner la terrasse du bord de l'eau. J'entendais quelqu'un marcher près de moi, et j'allais me retourner lorsque ces mots furent prononcés à voix basse: "Ne faites aucun geste, ne montrez aucune surprise, ne vous arrêtez pas: l'empereur est débarqué à Cannes, le 1er mars; le comte d'Artois est parti cette nuit pour aller le combattre." Je ne puis rendre le désordre où me jetèrent ces paroles: l'émotion m'empêchait de respirer; je marchais comme un homme ivre, en me répétant: "Est-ce possible? n'est-ce pas un rêve, ou la plus cruelle des plaisanteries?" En arrivant sur la terrasse du bord de l'eau, j'aperçus le duc de Vicence[2]; nous nous joignîmes et, mot pour mot et du même son de voix, je lui donnai la nouvelle que je venais de recevoir. Mais lui, d'un caractère irascible, et trop habitué à voir les choses du mauvais côté: "Quelle extravagance! Quoi! débarquer sans troupes!...Il sera pris, il ne fera pas deux lieues en France; il est perdu. Mais c'est impossible! Cependant," ajouta-t-il, "il est trop vrai que le comte d'Artois est parti précipitamment cette nuit." La mauvaise humeur du duc de Vicence et

---

[1] From *Mémoires et Souvenirs du Comte de Lavalette* (1831), t. I, pp. 143–149, 159–162, 165–167, 169–173, 185–192.
[2] Caulaincourt.

ses pressentiments fâcheux me faisaient mal. Je le quittai pour m'abandonner sans contrainte à toute l'ivresse de mes sentiments. Ce ne fut pas d'abord chez moi que je trouvai à les partager: ma femme fut épouvantée de la nouvelle, et en tira de tristes présages. Je courus chez la duchesse de Saint-Leu[1]; je la trouvai fondant en larmes de joie et d'émotion. Le premier mouvement passé, nous nous mîmes à mesurer l'immense distance qui séparait Cannes de Paris. "Que feront les généraux qui commandent sur cette route, les autorités, les troupes? quel effet produira l'arrivée du comte d'Artois?" Il nous semblait que rien ne pouvait résister à l'empereur, et qu'une fois arrivé à Lyon, tout obstacle devenait impossible....

Un sentiment vague nous disait qu'il reviendrait, qu'une vie de miracles ne devait pas s'éteindre sur un rocher entre l'Italie et la France; mais comment et par quels moyens? Toute l'activité de notre imagination ne pouvait les trouver. Chaque jour nous comptions les fautes que faisait le gouvernement, toutes celles qu'on lui supposait et cette masse de préventions, de plaintes, d'écrits violents ou dénigrants dans lesquels les ridicules des royalistes et leurs projets insensés étaient mis au jour avec une ironie si amère; mais enfin le peuple se contentait de rire et de hausser les épaules; le soldat obéissait, et les masses paraissaient vouloir rester tranquilles. Comment donc l'empereur pouvait-il se présenter en face d'un gouvernement qui paraissait fort, et d'un peuple qui semblait l'avoir oublié? Et voilà que tout à coup il a débarqué en France, qu'il agite toutes les têtes, et que son formidable nom jette dans l'épouvante et l'abattement tout ce qui commande et tout ce qui le déteste. Les jours, les heures, les minutes étaient comptés. Chaque matin les journaux publiaient les bruits les plus sinistres; tantôt il avait été pris, ou bien il s'était sauvé dans les montagnes. Aucune nouvelle certaine n'arrivait. Notre consternation augmentait sans cesse. J'allai me promener dans les faubourgs;

[1] Hortense de Beauharnais, Queen of Holland, mother of Napoleon III.

partout les apparences d'une indifférence complète, le travail et toutes les habitudes du peuple étaient restées les mêmes. Mais la police, qui recueillait avec soin les mouvements de la soirée dans les cabarets et les lieux de rassemblement du peuple, était épouvantée des énergiques propos et des projets terribles qui circulaient sourdement....

Mais il faut avouer qu'il n'en était pas ainsi dans la bourgeoisie, qui comprend les marchands et les gens de finance et de justice. La position de la cour n'inspirait aucun intérêt; les plaisanteries même contre elle trouvaient là un rapide succès; mais le souvenir trop récent du séjour des ennemis inspirait de vives inquiétudes et une sorte de stupéfaction de l'arrivée de l'empereur. Cependant, excepté quelques jeunes gens, qui s'enrôlèrent à Vincennes comme royalistes, personne ne se présenta pour se battre. M. le comte d'Artois revint désespéré, n'osant plus compter sur l'armée; tous les régiments qu'il avait rencontrés, toutes les troupes qu'il avait rassemblées à Lyon avaient refusé de lui obéir. Le maréchal Macdonald, si respecté, si aimé de l'armée, n'avait pu se faire écouter. Ce grand nom de Napoléon avait enivré, bouleversé toutes les têtes. L'immense population des campagnes s'était jointe aux troupes; il suffisait d'un mot et d'un geste pour que les nobles et les prêtres fussent assassinés. Heureusement des hommes raisonnables s'emparèrent du mouvement, et surent le diriger uniquement sur Napoléon. "Ne gâtez pas la cause de l'empereur," s'écriait-on de toutes parts; "il ne veut pas qu'une goutte de sang soit versée."

II. *The return. March* 20, 1815.

Préoccupé de l'énorme fardeau dont j'allais être chargé dans quelques heures, car j'étais bien décidé à n'accepter aucun autre emploi que celui des postes[1], je me trouvai engagé peu à peu et naturellement à remplir les fonctions de directeur général. Encouragé, secondé par les administrateurs et les employés de tous grades, tous enchantés de

---

[1] Napoleon had offered him the Ministry of the Interior.

voir les Bourbons en fuite, bien convaincus, comme moi, que nous ne les reverrions jamais, et déjà tellement oubliés qu'il nous semblait que ce règne de onze mois n'était qu'un mauvais rêve de quelques heures; après avoir pourvu à tout le service comme je l'entendais, dans l'intérêt de l'empereur, j'allai aux Tuileries. Cinq ou six cents officiers en demi-solde se promenaient dans la vaste cour, s'embrassant, se félicitant de revoir Napoléon. Dans les appartements les deux belles-sœurs de l'empereur, la reine d'Espagne[1] et la reine de Hollande l'attendaient avec une profonde émotion. Bientôt leurs dames de services et celles de l'impératrice vinrent se joindre à elles. Des fleurs-de-lis avaient chassé les abeilles partout; cependant, en examinant l'immense tapis qui couvrait la salle du trône où elles étaient, une d'entre elles s'aperçut qu'une des fleurs-de-lis paraissait détachée. Elle l'enleva et bientôt l'abeille parut. Toutes ces dames se mirent à l'ouvrage, et en moins d'une demi-heure, aux éclats de rire de toute l'assemblée, le tapis redevint impérial.

Les heures cependant s'écoulaient. Paris était calme; les habitants éloignés des Tuileries ne s'en approchaient pas; chacun restait chez soi. Le départ du roi, l'arrivée de l'empereur étaient un événement immense, et tellement singulier, que les quatorze siècles de la monarchie n'avaient rien présenté de si extraordinaire. Et cependant l'indifférence semblait dominer tous les esprits. L'événement était-il au-dessus de la portée des âmes communes? ou bien plutôt le bon sens du peuple lui disait-il que ce n'était pas pour son bonheur que ces deux monarques luttaient ensemble, et qu'il n'en résulterait pour lui que souffrances et sacrifices?

Mais il n'en était pas ainsi dans les campagnes. Des officiers qui arrivaient de Fontainebleau, en précédant l'empereur, nous dirent qu'il était très difficile d'avancer sur la route. Des masses profondes de paysans la bordaient des deux côtés, ou plutôt s'en étaient emparés. L'enthousiasme était au comble. On ne pouvait dire à quelle heure

[1] Wife of Joseph Bonaparte.

il arriverait. Il était à désirer qu'il ne pût pas être reconnu, car, à travers tout ce délire et ce désordre, la main
d'un assassin pouvait pénétrer jusqu'à lui. Mais il avait
pris le parti de se jeter, avec le duc de Vicence, dans un
mauvais cabriolet, et enfin, à neuf heures du soir, cette
voiture s'arrêta devant la première entrée voisine de la
grille du quai du Louvre. A peine eut-il mis pied à terre,
qu'un cri de: Vive l'empereur! mais un cri à fendre les
voûtes, un cri formidable se fit entendre: c'était celui des
officiers à demi-solde, pressés, étouffés dans le vestibule,
et remplissant l'escalier jusqu'au comble. L'empereur
était vêtu de sa célèbre redingote grise. Je m'avançai vers
lui, et le duc de Vicence me cria: "Au nom de Dieu!
placez-vous devant lui, pour qu'il puisse avancer." Il
commença à monter l'escalier. Je le précédais, en avançant
à reculons, à une marche de distance, le contemplant avec
une émotion profonde, les yeux baignés de larmes et
répétant dans mon délire: "Quoi! c'est vous! c'est vous!
c'est enfin vous!" Pour lui, il montait lentement, les yeux
fermés, les mains étendues en avant, comme un aveugle,
et n'exprimant son bonheur que par son sourire. Arrivé
sur le palier du premier étage, les dames voulurent s'avancer pour approcher de lui; mais un flot d'officiers de l'étage
supérieur bondit sur leur passage, et si elles avaient été
moins lestes, le flot les aurait écrasées. Enfin l'empereur
put entrer chez lui; les portes se refermèrent avec effort,
et la foule se dispersa, heureuse de l'avoir entrevu.

.   .   .   .   .   .

C'était sa seconde prise de possession de la France. La
première fut au 18 brumaire en 1800, à son retour
d'Égypte. Alors la France était républicaine; elle était
gouvernée par le Directoire, les peuples semblaient
n'attendre qu'un homme pour secouer son joug abhorré;
et cependant que de soins, que de manœuvres pour arriver
à la révolution du 18 brumaire! Pendant sa route depuis
Fréjus jusqu'à Paris, et particulièrement à Lyon, toutes
les classes de la population, aristocrates de tous les régimes,
émigrés, citoyens, paysans, tous lui soufflaient à l'oreille:

"Précipitez le Directoire, emparez-vous du pouvoir."
Mais aussi partout il dut entendre les paroles fermes des
républicains, qui lui criaient: "Emparez-vous de l'autorité,
soyez victorieux: mais soyons libres."

Quelle différence en mars 1815! déchu du trône, rayé de
la liste des souverains, et proscrit en France, relégué sur
le rocher de l'île d'Elbe, il revient presque seul; et à peine
a-t-il mis le pied sur la plage française, le peuple partout
s'émeut et s'exalte; la France entière répète avec enthousiasme le cri de "Napoléon! plus de royauté, plus de
Bourbons: c'est Napoléon que veut la France, c'est sa
gloire, c'est son génie qu'il lui faut. Malheur à qui osera
lever le doigt contre lui! ou plutôt malheur à celui qui ne
sera pas pour lui." Aussi, paysans, soldats, citoyens, tous
courent à sa rencontre; tous le saluent de leurs vœux, de
leur reconnaissance, comme une nécessité, comme une
providence. La royauté des Bourbons n'est plus qu'un
rêve: il semblait qu'il n'y avait jamais eu de royalistes, de
nobles, d'émigrés. Ce n'était pas l'effet d'une conspiration;
c'était un grand mouvement national; comme en 89 pour
la liberté, comme au 9 thermidor contre la tyrannie, comme
au 18 brumaire contre l'impéritie. A quelle époque vit-on
des défections si brusques, si éclatantes, et pour ainsi dire
de si bonne foi? Quels sentiments dominaient alors tous
les cœurs? l'amour de la patrie, l'amour de la gloire, et
la conviction trop éclairée que la dynastie nouvellement
accueillie ne pouvait assurer le bonheur et l'indépendance
du pays....Et trois mois après, cet autre rêve était dissipé.

.   .   .   .   .   .

III. *Disillusionment. April—June,* 1815.

L'empereur était épouvanté de l'énergie de tout ce qui
l'entourait. Les onze mois du règne du roi nous avaient
rejetés en 92; et l'empereur s'en aperçut promptement,
car il ne trouva plus ni la soumission, ni le profond respect,
ni l'étiquette impériale. Il m'envoyait chercher, deux ou
trois fois par jour, pour causer des heures entières. Il
arrivait souvent que la conversation languissait. Un jour,

après deux ou trois tours de chambre faits en silence, ennuyé de ce manège, et pressé par mon travail, je le saluai pour me retirer, "Comment?" me dit-il étonné, mais souriant: "est-ce que l'on me quitte ainsi?" Je ne l'aurais pas fait un an auparavant; mais j'avais perdu l'ancienne allure, et je sentais que je ne pouvais plus la reprendre. Dans une de ces conversations, qui avait pour sujet l'esprit de liberté qui s'exprimait avec une si grande énergie, il me dit avec le ton d'une question: "Tout cela durera deux ou trois ans?—Que Votre Majesté n'en croie rien, lui dis-je. Tout cela durera toujours." Il ne fut pas longtemps à s'en convaincre lui-même et l'aveu lui en échappa plus d'une fois. Mais je ne doute pas que, s'il eût vaincu l'ennemi et reconquis la paix, sa puissance courait de grands dangers dans les troubles intérieurs. Et les alliés ont fait preuve de peu de lumière en ne le laissant pas tranquille. Je ne sais pas quelles concessions il aurait faites, mais je sais bien toutes celles que la nation lui aurait demandées, et je doute qu'il ne se fût pas dégoûté de régner, quand il n'aurait plus été qu'un roi constitutionnel, à la manière des patriotes.

.   .   .   .   .   .

L'enthousiasme de la nation se refroidit promptement. On a beaucoup dit que ce refroidissement venait de ses actes additionnels[1]. Sans doute cette mesure y est entrée pour beaucoup; mais il faut en donner un autre motif: c'est que c'était moins l'empereur que l'on voulait, que les Bourbons dont on ne voulait plus. L'expulsion de ceux-ci avait satisfait la nation, et en accueillant l'empereur avec tant de chaleur, les Français, suivant leur usage, ne pensaient pas au lendemain. La nation, satisfaite de voir humilier et contenir les royalistes, qui s'étaient fait des ennemis de tout le monde, se trouva confuse de voir que cette victoire allait lui coûter la paix, les avantages du commerce et tous les sacrifices qu'une guerre acharnée

---

[1] The *Acte Additionnel aux Constitutions de l'Empire* promulgated on April 22, sworn by emperor and people in the Champ de Mai of June 1, was unpopular from the first.

entraîne à sa suite; et cependant une telle révolution ne pouvait pas se faire sans des chances périlleuses, puisque les souverains étrangers avaient placé leur point d'honneur à maintenir la maison de Bourbon sur le trône. Cependant, tous ceux qui avaient fait la guerre répondirent noblement à l'appel de l'honneur et de la nécessité; mais comme on ne pouvait plus revenir à la conscription, au lieu de quatre cent mille hommes, que le gouvernement déclarait avoir sous les armes, il ne s'en trouva pas deux cent cinquante mille; et il fallait commencer la guerre. Les Bourbons avaient été violemment ébranlés dans l'opinion, l'empereur le fut davantage encore. Les royalistes, qui ne s'étaient pas montrés parce qu'ils avaient été pris au dépourvu, se rassurèrent à l'abri de la liberté, qu'ils devaient bientôt écraser; et tous les "patriotes," qu'il faut bien distinguer des amis de la patrie, se trouvèrent en présence, couverts des couleurs sous lesquelles ils avaient combattu; les vieux ressentiments se réveillèrent, et le nouveau camp présenta bientôt l'image de l'anarchie. Les choix des électeurs s'en ressentirent, et bientôt même la Chambre des représentants. L'empereur avait imaginé le Champ de Mai[1] pour émouvoir toutes les imaginations; mais les électeurs qui y avaient été envoyés furent blessés et du trône, et de la splendeur de sa cour, et même de la messe: car l'imagination prévenue ne vit que l'empereur et l'arbitraire, et ne pensa plus aux ennemis qui se rassemblaient. Beaucoup d'entre eux pensaient aux miracles de 92, sans réfléchir à la différence des époques. En 92 la France avait un immense trésor dans le papier-monnaie. Elle n'était pas embarrassée par un gouvernement, elle venait de le détruire; ni par ses ennemis intérieurs, le peuple les avait massacrés et forcés à fuir: ni par des prétentions, tout le monde était au même niveau, et l'ignorance de la guerre paraissait complète. Mais l'enthousiasme était au comble, on voulait l'indépendance à tout prix. Le peuple était

[1] Napoleon chose for the ceremony at which he was to swear fidelity to the constitution the name of the ancient Frankish assembly, *campus madius*.

furieux, barbare, mais non corrompu; l'armée était courageuse, ambitieuse de gloire, mais indifférente pour les richesses et les faveurs. Maintenant tout était changé. Les hommes qui avaient des emplois voulaient les conserver, et par conséquent étaient indécis et sans résolution; l'armée avait ses maréchaux honteux du misérable rôle qu'ils avaient joué à la restauration, en mépris dans l'armée; enfin, devant leur ancien maître, détestant les Bourbons, et craignant leur retour, mais redoutant par-dessus tout de recommencer la guerre.

·   ·   ·   ·   ·   ·

La représentation du Champ de Mai eut lieu; ce fut le 1ᵉʳ juin. C'était un bizarre assemblage que cette réunion de députés en plein champ. Elle eut peu de succès, parce qu'elle fut mal annoncée. Le temps manquait à l'empereur, l'imagination du peuple n'était pas préparée, l'influence des patriotes n'avait pas eu le temps de s'exercer, ou plutôt on ne savait pas encore où les trouver. Ceux qui avaient commencé la révolution étaient morts, vieillis, retirés des affaires et en petit nombre; ceux de 93 étaient en mépris. Les impériaux ou bonapartistes étaient peu estimés; toujours ils avaient reçu, et souvent abusé. Il n'y avait de vraiment respectable que les militaires, mais tous mécontents, tous humiliés; eux seuls cependant savaient encore s'exprimer avec dignité sur la patrie et la liberté. Mais ils n'étaient plus au milieu du peuple; déjà ils avaient rejoint les drapeaux. La masse des électeurs et beaucoup de députés apportaient un bon esprit; mais les Français, qui ont l'esprit si vif, ne savent jamais entrer dans la réalité des choses qu'après avoir jeté leur premier feu; possédés par une première impression, ce n'est qu'après beaucoup d'extravagances qu'ils rentrent dans le sentier du bon sens. Il faut d'abord marcher, n'importe par quel chemin. Or, la route qu'on avait prise était mauvaise; on ne vit d'abord dans l'empereur qu'un despote, on oublia l'ennemi extérieur, et, quoi qu'on ait pu faire, on n'a jamais voulu sentir qu'il fallait battre l'ennemi avant tout. Je ne pus jamais faire comprendre cette vérité à des gens d'ailleurs pleins de mérite et d'une longue expérience. "Nous ne voulons plus de sénatus-consulte, nous ne voulons plus de corps législatif muet, plus d'arbitraire, plus de maître enfin; il nous faut un modérateur, et rien de plus. Nous sommes assez nombreux pour battre l'ennemi s'il nous attaque! S'il triomphe, chaque département deviendra une Vendée: la France ne balancera jamais entre l'esclavage et la guerre civile." Les imprudents ne voyaient pas qu'en tenant de tels discours ils arrêtaient l'élan du peuple, qu'on aimait mieux espérer en attendant un avenir douteux, que de se jeter dans les fatigues et les dangers d'une lutte qu'on croyait éloignée et incertaine, malgré l'évidence de l'approche de l'ennemi. La cérémonie du Champ de Mai fut belle cependant, mais ce n'était pas là toute la France, et encore les sentiments ne furent sincères en faveur de l'empereur que dans la foule. La magistrature était ennemie. Tous ces juges s'accommodaient mieux de Louis XVIII que de l'empereur; leur prétention de succéder aux parlements, dont ils portaient les habits, flattait leur vanité; sous un prince faible, ils avaient une certaine autorité, et le penchant des Bourbons pour les vieilles institutions leur donnait un pouvoir qu'ils espéraient bien augmenter: sous l'empereur, au contraire, il fallait obéir. Tous les chefs et les employés de l'administration publique étaient dans une fausse position; ils avaient tout à craindre et rien à espérer; car ils voyaient bien que nous recommencions une nouvelle ère de révolutions, où tout allait être remis en question. Enfin, l'impression de toutes les horreurs de la première invasion était loin d'être effacée, et l'imagination encore troublée en redoutait une seconde.

Le discours prononcé à l'empereur par M. Dubois d'Angers était plein d'énergie. Il contenait le résumé de tous les vœux et il exprimait nettement la volonté nationale. Mais le pouvoir, qui n'avait plus rien, pouvait-il tout donner? La réponse de l'empereur, qui n'en était pas une à ce discours, fut sincère surtout. Il promettait beaucoup, mais il fallait bien cependant qu'il fît sentir ce qu'il désirait comme pouvoir exécutif. Cela déplut; je m'en aperçus promptement en causant avec quelques députés, qui l'avaient entendu. Après la messe, à laquelle tout le monde tourna le dos, l'empereur descendit, et alla se placer sur un amphithéâtre au milieu du Champ de Mars pour y distribuer les aigles à toutes les cohortes des départements. Ce moment fut magnifique, car il fut national; la situation d'ailleurs était vraie. L'empereur eut soin de dire un mot à chacun de ceux qui recevaient ces drapeaux, et ce mot était flatteur et plein d'enthousiasme. Aux départements des Vosges: "Vous êtes mes anciens compagnons"; à ceux du Rhin: "Vous avez été les premiers et les plus courageux et les plus malheureux dans nos désastres"; aux départements du Rhône: "J'ai été élevé au milieu de vous"; à d'autres: "Vos phalanges étaient à Rivoli, à Arcole, à Marengo, à Tilsitt, à Austerlitz, aux Pyramides."—Ces noms magiques pénétrèrent d'une émotion profonde cette foule de vieux guerriers, débris vénérables de tant de victoires: mais la France entière n'assistait point à cette auguste cérémonie, et l'enthousiasme des spectateurs ne gagna point les peuples des départements. Peu de jours après l'empereur partit. Je le quittai à minuit, il souffrait beaucoup de la poitrine; cependant quand il monta en voiture, il manifestait une gaieté qui semblait annoncer la conscience de ses succès. Tous les détails de cette campagne sont connus; mon intention n'est pas de les retracer ici: mais je vis avec douleur beaucoup trop d'indignes Français faire des vœux pour sa défaite. L'assemblée des représentants ne prit pas l'attitude et ne parla pas le langage que son influence sur les esprits rendait nécessaire. De vieilles haines, d'anciennes opinions, l'espérance du retour des Bourbons, et des inquiétudes très vives chez beaucoup d'autres sur la conduite que tiendrait l'empereur à son retour, s'il était victorieux, jetaient du désordre dans les travaux de cette assemblée. On leur avait dit qu'il fallait avant tout sauver la patrie; ils répondaient: "Sauvons la liberté"; comme si son salut ne dépendait pas avant tout de l'affranchissement du territoire! Enfin j'appris la triste nouvelle de la bataille de Waterloo, et le lendemain matin l'empereur arriva. Je courus à l'Élysée pour l'y voir: il me fit entrer dans son cabinet, et sitôt qu'il m'aperçut, il vint à moi avec un rire épileptique effrayant: "Ah! mon Dieu!" dit-il en levant les yeux au ciel, et il fit deux ou trois tours de chambre. Ce mouvement fut très court. Il reprit son sang-froid, et me demanda ce qui se passait à la Chambre des députés. Je ne dus pas lui cacher que l'exaspération était au comble, et que la majorité me paraissait décidée à exiger son abdication, ou à la prononcer, s'il ne l'envoyait pas.—"Comment!" me dit-il, "et si l'on ne prend pas des mesures, l'ennemi est aux portes avant huit jours. Hélas!" ajouta-t-il, "je les ai accoutumés à de si grandes victoires: ils ne savent pas supporter un jour de malheur! Que va devenir cette pauvre France? J'ai fait ce que j'ai pu pour elle." Et il poussa un profond soupir. Dans ce moment on demanda à lui parler, et je me retirai en recevant l'ordre de revenir plus tard. Ma journée fut employée à interroger les gens de ma connaissance et mes amis: je ne trouvai parmi tous que le plus profond abattement ou une extravagante joie qu'on me déguisait par de feintes terreurs et par une pitié pour moi que je repoussai avec indignation. Il n'y avait rien à attendre de la Chambre des représentants: elle voulait la liberté, disaient-ils tous: mais entre deux ennemis qui allaient la briser, ils préféraient les étrangers amis des Bourbons à Napoléon, qui pouvait encore prolonger la lutte, parce qu'ils avaient la déraison de mépriser ceux-là et de craindre encore celui-ci. D'ailleurs, chacun écoutait le conseil de ses ressentiments ou de son égoïsme; les uns espéraient échapper au milieu du tumulte et par leur obscurité; les autres croyaient pouvoir tirer parti des circonstances; la majorité enfin, se fiant follement aux paroles des étrangers, était encore persuadée que les Bourbons ne rentreraient pas dans Paris, ou que du moins le Roi, bien convaincu de sa faiblesse et de son incapacité pour gouverner, recevrait un frein et des entraves, qui ne lui permettraient ni de se livrer à la vengeance, ni de s'écarter de la constitution.

§ 43. *Napoleon a bulwark against the foreigner.*

(*a*) BENJAMIN CONSTANT[1].

Comment repousser les étrangers sans se rallier à Bonaparte?...

J'ai toujours conçu toutes les opinions. J'ai compris qu'on voulût la monarchie ou la république, la légitimité émanant de la naissance, ou la liberté fondée sur un pacte; mais il y a une condition première, essentielle, devant laquelle tout disparaît: cette condition, c'est l'indépendance nationale, c'est l'éloignement de toute intervention étrangère, parce que sans cette indépendance, avec cette intervention, il n'y a plus ni monarchie, ni république, ni succession régulière, ni pacte, ni constitution, ni liberté. J'en appelle à tous les peuples, à tous les partis....Que ces Anglais, dont l'esprit national est heureusement au-dessus de leur politique extérieure; que ces Anglais auxquels Jacques II, repoussé par eux, ne pouvait refuser son admiration; que ces Anglais s'interrogent: qu'éprouveraient-ils à l'aspect de Londres cerné, des hauteurs occupées, des barrières investies, et d'une armée ennemie dictant des lois à leurs Chambres des communes et des pairs? Si cette seule idée fait bouillonner dans leurs veines le sang britannique, certes ils ne sauraient s'étonner que nous ayons du sang français dans les nôtres.

Quant à moi, je l'avoue, quelle qu'eût été mon opinion sur Napoléon, la seule attaque de l'étranger m'aurait fait un devoir de le soutenir. Lorsque j'avais, par mes écrits, défendu le Roi jusqu'au dernier moment de son séjour à Paris[2], il était entouré d'autres Français qui, comme moi, promettaient de le défendre. Le drapeau national n'était

---

[1] From *Mémoires sur les cent jours*, IIe partie (ed. 1829), pp. 5–16; 19–25. This passage is marked by a note of personal apology. Constant had been criticized for rallying to Napoleon and accepting position from him shortly after attacking him in the *Débats*. He here gives his contemporaries credit for motives which he desires to have attributed to himself.

[2] A covert allusion to his article against Napoleon in the *Débats* for March 19.

associé à aucune couleur étrangère. Quand je me suis réuni à Bonaparte, des Prussiens, des Anglais, des Autrichiens, des Russes, marchaient en armes contre la France.

"Parmi les calamités qui menacent ce royaume," disait M. Lainé, dans son discours du 16 mars, "celle dont le cœur tout français du Roi est le plus vivement ému, c'est la crainte que des armées étrangères ne se préparent à venger des infractions inattendues, et à porter le fer et la flamme au milieu de nous. La France veut conjurer *surtout* le fléau d'une guerre étrangère et se sauver du nouveau malheur de voir des phalanges ennemies sur le territoire sacré de la patrie." En prononçant ces paroles, M. Lainé exprimait le sentiment qui a engagé tant de bons citoyens à se réunir à Bonaparte....

Tout à coup, le 14 avril, je reçus la lettre suivante: "Le Chambellan de service a l'honneur de prévenir M. Benjamin Constant que S.M. l'Empereur lui a donné l'ordre de lui écrire, pour l'inviter à se rendre de suite au palais des Tuileries. Le Chambellan de service prie M. Benjamin Constant de recevoir l'assurance de sa considération distinguée. Paris, le 14 avril 1815."

Je me rendis donc aux Tuileries; je trouvai Bonaparte seul. Il commença le premier la conversation.

Il n'essaya de me tromper ni sur ses vues, ni sur l'état des choses. Il ne se présenta point comme corrigé par les leçons de l'adversité. Il ne voulut point se donner le mérite de revenir à la liberté par inclination. Il examina froidement dans son intérêt, avec une impartialité trop voisine de l'indifférence, ce qui était possible et ce qui était préférable.

"La nation," me dit-il, "s'est reposée douze ans de toute agitation politique, et depuis une année elle se repose de la guerre. Ce double repos lui a rendu un besoin d'activité. Elle veut, ou croit vouloir une tribune et des assemblées. Elle ne les a pas toujours voulues. Elle s'est jetée à mes pieds quand je suis arrivé au gouvernement.... Aujourd'hui tout est changé. Le peuple, ou si vous l'aimez mieux,

la multitude ne veut que moi. Vous ne l'avez pas vue, cette multitude se pressant sur mes pas, se précipitant du haut des montagnes, m'appelant, me cherchant, me saluant. A ma rentrée de Cannes ici, je n'ai pas conquis, j'ai administré.... Je ne suis pas seulement, comme on l'a dit, l'empereur des soldats, je suis celui des paysans, des plébéiens de la France.... Aussi, malgré tout le passé, vous voyez le peuple revenir à moi. Il y a sympathie entre nous. Ce n'est pas comme avec les privilégiés. La fibre populaire répond à la mienne. Je suis sorti des rangs du peuple: ma voix agit sur lui. Voici ces conscrits, ces fils de paysans: je ne les flattais pas; je les traitais rudement. Ils ne m'entouraient pas moins, ils n'en criaient pas moins: *Vive l'Empereur!* C'est qu'entre eux et moi, il y a même nature. Ils me regardent comme leur soutien, leur sauveur contre les nobles.... Je n'ai qu'à faire un signe, ou plutôt à détourner les yeux, les nobles seront massacrés dans toutes les provinces. Ils ont si bien manœuvré depuis dix mois!
...mais je ne veux pas être le roi d'une jacquerie. S'il y a des moyens de gouverner par une constitution, à la bonne heure.... J'ai voulu l'empire du monde, et, pour me l'assurer, un pouvoir sans bornes m'était nécessaire. Pour gouverner la France seule, il se peut qu'une constitution vaille mieux.... J'ai voulu l'empire du monde, et qui ne l'aurait pas voulu à ma place? Le monde m'invitait à le régir. Souverains et sujets se précipitaient à l'envi sous mon sceptre. J'ai rarement trouvé de la résistance en France; mais j'en ai pourtant rencontré davantage dans quelques Français obscurs et désarmés, que dans tous ces rois si fiers aujourd'hui de n'avoir plus un homme populaire pour égal.... Des discussions publiques, des élections libres, des ministres responsables, la liberté de la presse, je veux tout cela.... La liberté de la presse surtout; l'étouffer est absurde. Je suis convaincu sur cet article.... Je suis l'homme du peuple; si le peuple veut réellement la liberté, je la lui dois. J'ai reconnu sa souveraineté. Il faut que je prête l'oreille à ses volontés, même à ses caprices. Je n'ai jamais voulu l'opprimer pour mon plaisir. J'avais de

grands desseins; le sort en a décidé. Je ne suis plus un conquérant; je ne puis plus l'être. Je sais ce qui est possible et ce qui ne l'est pas. Je n'ai plus qu'une mission, relever la France et lui donner un gouvernement qui lui convienne....Je ne hais point la liberté. Je l'ai écartée lorsqu'elle obstruait ma route; mais je la comprends, j'ai été nourri dans ses pensées...aussi bien l'ouvrage de quinze années est détruit, il ne peut se recommencer. Il faudrait vingt ans et deux millions d'hommes à sacrifier.... D'ailleurs je désire la paix, et je ne l'obtiendrai qu'à force de victoires. Je ne veux pas vous donner de fausses espérances; je laisse dire qu'il y a des négociations: il n'y en a point. Je prévois une lutte difficile, une guerre longue. Pour la soutenir, il faut que la nation m'appuie; mais en récompense, je le crois, elle exigera de la liberté. Elle en aura...la situation est neuve. Je ne demande pas mieux que d'être éclairé. Je vieillis. On n'est plus à quarante-cinq ans ce qu'on était à trente. Le repos d'un roi constitutionnel peut me convenir. Il conviendra plus sûrement encore à mon fils."

Tel fut à peu près le sens de mon premier entretien avec Bonaparte.

(b) Charles Baudin[1].

Si la France, paisible et heureuse, pouvait, sans craindre ni dissensions intérieures, ni invasion de l'étranger,

[1] From *Mémoires sur Carnot par son fils*, t. II, p. 437 f. On April 22, 1815, Napoleon charged Benjamin Constant with the drafting of an *Acte additionnel aux constitutions de l'Empire*, to be ratified at the Champ de Mai. This *Acte* declared the exclusion of the Bourbons from the throne, proclaimed the liberty of the Press, and vested the legislative power in the Emperor and a Parliament of two chambers: (*a*) hereditary peers created by the Emperor, (*b*) elective deputies. The initiation and ratification of laws was left to the Emperor.

The declaration which we reproduce here was meant to justify adherence to the *Acte* and was drawn up under the names of the officers of the corvette, *La Bayadère*, by Captain Charles Baudin, her commander. It bears no date in the *Mémoires*, but it cannot be later than May, 1815. It gives the popular arguments of imperial patriots.

discuter à loisir les institutions qui lui conviennent, aucune puissance au monde ne nous contraindrait à voter en faveur de l'acte qu'on nous propose aujourd'hui. Mais la patrie est en danger, l'étranger nous menace de toutes parts; le besoin des vrais Français doit être de se rallier autour du chef du gouvernement et de faire cause commune avec lui contre l'ennemi commun. Nous donnons donc notre assentiment à l'*Acte additionnel*, quelque imparfait qu'il nous paraisse, et nous engageons tous nos subordonnés à signer avec nous. Cependant nous devons à notre honneur, nous devons à la vérité de déclarer que nous faisons au salut de la France le sacrifice de notre opinion personnelle. Nous avons recueilli les sentiments de nos compatriotes, et nous avons vu que, parmi les citoyens appelés à voter, beaucoup signent en faveur de l'*Acte additionnel*, bien moins par conviction que par faiblesse. Quelques-uns, emportés par un amour inconsidéré de la liberté, s'inscrivent parmi les opposants, sans songer qu'établir une division, c'est appeler le fléau de la guerre civile et de la guerre étrangère. Le plus grand nombre, peut-être, garde un silence vraiment coupable; puisque refuser d'émettre un vœu, c'est refuser d'éclairer le gouvernement qui a tant besoin de connaître la direction de l'esprit public. Nous avons voulu garder un juste milieu entre tous ces écueils; et nous avons pensé que la présente déclaration concilierait à la fois ce que nous devons à notre conscience et ce que nous devons aux intérêts actuels de la patrie. C'est comme citoyens que nous avons été appelés à voter, et comme citoyens aussi nous nous réservons de réclamer un jour des institutions plus complètement libérales; mais seulement lorsque l'ennemi sera repoussé, lorsque tous les dangers qui menacent notre existence politique seront écartés, et que, tranquille au dehors, le gouvernement pourra s'occuper d'asseoir à la fois sa puissance et notre bonheur sur les bases inébranlables de la modération et de la justice.

(c) An anonymous Imperialist[1].

Il est avéré qu'avant la coalition de 1813, l'empereur Napoléon était reconnu par toutes les puissances, et qu'aucune d'elles ne réclamait pour Louis XVIII.

Il est avéré que la coalition de 1813 a marché, jusqu'au dernier moment, sans parler des prétendus droits de Louis XVIII, et que, jusqu'au dernier moment, au contraire, elle a parlé de traiter avec l'empereur Napoléon.

Il est avéré que les coalisés de 1813, en replaçant les Bourbons sur le trône, n'ont fait que céder aux instigations d'un Français[2], et nullement au besoin d'acquitter une promesse jurée antérieurement à Louis XVIII.

Il est encore avéré qu'en posant la couronne de France sur la tête d'un Bourbon, les alliés se sont attachés à dépouiller cette couronne de son éclat, de sa puissance, de sa gloire et de sa récente influence en Europe.

Est-ce donc agir pour les Bourbons ou pour eux-mêmes?

Il faut ouvrir les yeux; il faut se dégager d'illusions funestes à notre sûreté, et donner enfin à chaque chose le nom qui lui convient. Les souverains étrangers ont adopté les Bourbons par la conviction de leur extrême faiblesse, et non par intérêt pour leurs malheurs ou par respect pour leurs droits. Il était nécessaire à leur politique que le trône de France fût occupé par une famille vis-à-vis de laquelle ils pussent tout se permettre, qui fût hors d'état de leur résister et de rien refuser. Ils ont été servis à souhait; les sacrifices de tout genre ont été commandés et servilement exécutés, la France morcelée, déchirée, injuriée dans sa gloire, dans ses vingt-cinq ans de triomphes, n'a plus trouvé de monarque qui sût lui révéler le secret de son énergie et de sa grandeur; elle a courbé son front devant ces rois qui la redoutaient encore enchaînée; en cherchant dans cette famille, qui lui était imposée, des

---

[1] From *Lettre d'un campagnard à un royaliste sur la coalition de 1815* (Paris, chez les marchands des nouveautés, mai 1815), p. 12 f., 21 f. This anonymous pamphlet of 24 pages with its appeal to popular sentiment through popular argument is interesting in itself and on account of its rarity.

[2] Talleyrand. *Vide supra*, § 28.

guides fermes pour reconquérir son indépendance, elle n'a rencontré qu'un roi vassal de la coalition, tributaire du Nord; et cette superbe France, qui, suivant les proclamations mensongères de ces mêmes souverains, devait être conservée grande et forte, devenue sans caractère, sans force, sans grandeur, n'a plus paru au congrès que pour y voir consacrer sa spoliation.

. . . . . .

Il est absurde de croire que la coalition de 1815 est toute contre Napoléon; et pour moi, quand j'y réfléchis, je ne sais comment l'histoire pourra parler sérieusement de cette croisade européenne qui prétend ne vouloir renverser qu'un seul homme en saccageant un des plus beaux empires de la terre, et en combattant vingt-cinq millions d'habitants.

Et de quel droit cette assemblée de rois, qui s'érige en juge suprême des couronnes et des peuples, ose-t-elle proscrire un souverain sans savoir si sa nation approuve cette proscription?

De quel droit prétendent-ils dicter nos choix, commander nos affections, élever ou déposer à leur gré les chefs de notre gouvernement, et méconnaître par ces violences tyranniques le caractère des Français, le pouvoir de se donner leurs lois et l'indépendance d'un peuple généreux?

Les peuples ne sont-ils donc plus rien? Tous les intérêts de la terre ne résident-ils plus que dans les volontés de sept à huit têtes couronnées?

Quoi! la France est en paix avec toute l'Europe, lorsque sa couronne change de tête sans efforts, sans secousse intérieure, et voilà toute l'Europe en combustion; les puissances réunies s'arment et jurent une guerre à mort à la France, sans que celle-ci ait rompu avec une seule puissance!...Ne dirait-on pas, à voir cet embrasement général, que ce n'était point la France qui était en paix avec la Russie, la Prusse, l'Angleterre, mais seulement Louis XVIII avec Alexandre, Frédéric et Georges?

L'Europe ne veut point de Napoléon, sans savoir si la

France le veut pour chef ! Le congrès repousse Napoléon ; et pourquoi cet anathème ? ...

Les alliés redoutent pour l'Europe l'ambition, l'esprit d'envahissement d'un seul homme, et l'Europe ne prend pas garde que les rois du congrès viennent d'envahir et de se partager la Saxe, la Pologne, l'Italie, la Belgique, Gênes et les autres dépouilles de la France.

Les alliés redoutent pour l'Europe le despotisme d'un seul homme, et l'Europe ne prend pas garde que les rois du congrès commandent en despotes à tous les peuples dont ils prétendent régler les intérêts ; qu'ils fondent à Vienne un marché général de terres et d'hommes ; et que tandis que ces potentats *modérés* proclament le triomphe des idées libérales, et parlent d'abolir la traite des Noirs, ils établissent la traite des Blancs à la vue de tout l'univers.

. . . . . .

O mes compatriotes ! quelle que soit l'opinion de chacun sur notre régime intérieur, soyons unis dès qu'il sera question de l'étranger ; notre salut en dépend.

Ayons le noble orgueil de nous conduire nous-mêmes.

Ne donnons pas des lois aux autres peuples ; n'en recevons de personne.

Ayons une constitution forte et sage, qui ne nous soit point *octroyée* par un roi. Une constitution est un contrat entre les peuples et leurs chefs ; ne faut-il pas qu'elle soit consentie par les deux parties qu'elle oblige ?

Honorons la mémoire des Bourbons ; ils sont Français et malheureux ! honorons-les s'ils se montrent dignes de la France, et s'ils se souviennent qu'ils sont nés Français avant d'avoir été nos rois. Mais s'ils font porter, par les soldats du Nord, le fer et la flamme sur le sol de leur ancienne patrie ; s'ils prétendent nous reconquérir par la dévastation, rallumer notre amour en couvrant nos champs de monceaux de cendres et de cadavres, ... oublions-les ; ils auront cessé d'être Français.

§ 44. *Wavering allegiance: Prefects and Generals.*

(*a*) BARON DE BARANTE[1].

Je partis dans la nuit[2]. Entre Angers et Tours, je rencontrai le général Dupont, investi par le gouvernement du commandement d'un corps de troupes rassemblé à Orléans. Ses régiments, sur les nouvelles de Lyon, avaient pris la cocarde tricolore, et le général Dupont s'en allait au hasard dans l'Ouest, pensant que peut-être il y aurait là quelque résistance contre Napoléon. Je lui appris que tout y était fini, comme partout ailleurs. Pendant qu'il courait ainsi les champs, le maréchal Saint-Cyr se rendit à Orléans pour occuper le poste qu'il avait abandonné. Les officiers accoururent présenter leurs respects au maréchal, ne sachant guère, au milieu de ce désordre, au nom de qui il venait commander.

"Comment, messieurs," leur dit-il, "vous avez quitté la cocarde blanche? Vous ne devez pas en porter une autre. Qu'on la remette tout de suite!"

Là-dessus, sans autre explication et avec son inaltérable sérieux, il leur souhaita le bonsoir et se coucha. Ils quittèrent le tricolore, et la troupe se montra disciplinée et obéissante. Le lendemain matin tout le monde attendait des nouvelles de Paris. Une voiture de poste débouche sur la place. On l'entoure pour savoir ce qui se passe. C'était M. Ferrand qui s'enfuyait en toute hâte.

"Tout est perdu!" criait-il. "Bonaparte est à Paris. Il n'y a rien à faire!"

Lui-même avait une cocarde tricolore à son chapeau. Alors les soldats y revinrent et le maréchal n'eut plus à essayer d'imposer son autorité.

· · · · ·

M. le duc d'Orléans avait choisi pour premier aide de camp le lieutenant général Albert, un des bons officiers de

---

[1] From *Souvenirs du Baron de Barante publiés par son petit-fils Claude de Barante* (Calmann-Lévy, 1898), t. II, pp. 119–120.

[2] He was *Préfet de la Loire in érieure*, and left Nantes hastily at the news of Napoleon's return.

l'armée. Au moment où le prince se résolut à quitter la France, il dit à M. Albert: "Et vous, mon cher général, qu'allez-vous faire? — Défendre mon pays et reprendre ma vieille cocarde; je l'ai déjà dans ma poche et quand Votre Altesse aura passé la frontière, je la mettrai à mon chapeau. — Montrez-la moi." M. le duc d'Orléans la prit, la regarda attentivement: "Je ne me suis jamais battu que pour celle-là," murmura-t-il en soupirant.

(b) MARÉCHAL MACDONALD[1].

(After March 20.)

Le général Dessole[2] commandait en chef la garde nationale de Paris, mais comme il était en même temps ministre d'État, il était parti pour rejoindre le Roi à Lille. En apprenant son départ, il ne voulut point le suivre à l'étranger, ni rentrer à Paris; il me demanda de m'accompagner jusqu'à Amiens; nous fîmes route ensemble. La ville de Doullens était encombrée de cavalerie; à la tête se trouvait le général Exelmans courant après la Maison du Roi. Comme je m'étais arrêté pour déjeuner, il vint me voir, assez embarrassé; il avait eu à se plaindre du gouvernement royal; aussi avait-il embrassé chaudement la cause de Napoléon. "Comment! lui dis-je, vous auriez le courage de tomber, le sabre à la main, sur de braves gens qui sont restés fidèles à leurs serments? Eh! que ne me faites-vous arrêter? car je garde aussi les miens et je ne servirai pas la cause que vous avez embrassée. Réfléchissez-y; tôt ou tard vous serez enveloppé dans les ressentiments qui ne peuvent manquer de vous atteindre; toutes les grandes puissances sont en marche vers nos frontières; craignez les vengeances d'une réaction!" Ces observations firent sur lui peu d'impression, parce qu'il était monté, aigri. C'est un excellent homme au fond, courageux, mais une tête ardente; il aurait bien rempli

[1] From *Souvenirs du Maréchal Macdonald, duc de Tarente*, ed. C. Rousset (Plon, 1892), pp. 384 f., 392 f., 394, 401.
[2] More accurately Dessolles.

ses devoirs, si on l'avait employé. Il me promit cependant de ralentir sa marche et de respecter les individus.

Au relais suivant, un avant-courrier rencontra le mien ; il appartenait au maréchal Ney ; il n'y eut donc pas moyen d'éviter celui-ci. Nous servions alors des causes bien opposées ; au moment où nos voitures allaient se croiser, on cria à la sienne d'arrêter. "Vous vous rendez à Paris ; allez," dit-il, "vous serez bien reçu ; l'Empereur vous accueillera bien." "Je le dispenserai de toute politesse," répondis-je, "je ne le verrai point et je n'entrerai pas dans son parti." Là-dessus nous nous remîmes en marche.

Le général Dessole ne voulut pas rester à Amiens ; il ne se rappelait pas le nom d'aucun de ses amis dans cette ville et ne croyait pas y être en sûreté ; il préféra se rendre aux environs de Paris afin de n'y entrer que de nuit. Je m'arrêtai à Écouen. Je fus assez questionné à la barrière, mais mon passeport étant en règle, on nous laissa passer ; le pauvre général n'eut pas là plus de mémoire qu'à Amiens ; il était fort troublé, très préoccupé de ce qui lui adviendrait ; Napoléon ne l'aimait pas. Je le prévins qu'au bas de la rue de Clichy, je descendrais de voiture pour aller aux nouvelles ; il crut que nous étions suivis ; je m'en souciais peu. Nous nous séparâmes, lui, encore incertain de ce qu'il ferait, où il irait, n'osant pas rentrer dans son logis....

(After Waterloo.)

...Je me rendis aux Tuileries ; c'est là que le gouvernement transitoire tenait ses séances. Je m'attendais à être reçu en particulier, mais je trouvai le duc d'Otrante[1], et quelques-uns de ses collègues au milieu d'un grand nombre de généraux et d'autres personnes ; plusieurs vinrent au-devant de moi. Une vive discussion s'engagea ; je les traitai très sévèrement, leur reprochant les malheurs que subissait la France, les accusant d'avoir provoqué les étrangers qui allaient être maîtres de Paris sous deux jours. Ils déraisonnaient à qui mieux mieux, au point

[1] Fouché.

que Fouché, me prenant à part, me dit: "Ce sont des fous, laissons-les." Un de ses collègues m'interpella d'un ton hautain: "Monsieur le maréchal, vous allez trouver le Roi; dites-lui que nous voulons l'indépendance, la cocarde tricolore...." Je n'entendis pas la suite; je me bornai à hausser les épaules....Fouché me confirma ce que nous avaient dit MM. Pasquier et de Vitrolles: qu'il travaillait dans l'intérêt du Roi; il me pria d'assurer le Roi de son dévouement, de sa fidélité; que s'il avait joué un rôle dans les événements qui finissaient, c'était pour le mieux servir; il m'engagea à le presser d'arriver et de précéder les étrangers, s'il était possible, afin d'empêcher tout mouvement par sa présence; il ajouta que si le Roi voulait surprendre agréablement la nation et se l'attacher, ainsi que l'armée, il fallait arborer la cocarde tricolore, à quoi il devait éprouver d'autant moins de répugnance qu'il l'avait portée avant l'émigration; il termina en m'invitant à aller voir Davout, général en chef et ministre de la guerre, qui avait à me donner un passeport et m'attendait. Je quittai Fouché pour aller au ministère.

Le maréchal Davout me reçut avec empressement; il me dit que l'effectif de l'armée qui se rendait au delà de la Loire se montait à cent cinquante mille hommes et trente mille chevaux, avec sept cent cinquante bouches à feu; qu'il mettait cette force imposante à la disposition du Roi, s'il voulait lui laisser la cocarde tricolore et la porter lui-même; que la grande majorité de la France tenait à ces couleurs sous lesquelles on avait été tant de fois victorieux; que ce serait le moyen de regagner l'affection de tous les citoyens dignes de ce nom, et que Sa Majesté pourrait alors donner à cette armée un chef de son choix, s'il ne lui plaisait pas de le laisser à sa tête. Je promis, comme je l'avais fait à Fouché, de rendre fidèlement au Roi tout ce que j'avais entendu, mais j'ajoutai que je doutais que le Roi acceptât les conditions qu'on lui faisait. En bonne politique, je reste convaincu encore aujourd'hui que l'adoption de ces couleurs, à la première Restauration, aurait épargné à la France les calamités qui pesaient sur elle; mais, dans ce moment, en présence des alliés, le Roi pouvait-il honorablement s'y résoudre? Quoique la politique excuse tout, même les plus grandes fautes, c'en fut une à la première Restauration, peut-être aussi à la seconde, de ne l'avoir pas compris; si on y est retombé, ce ne sont pas les bonnes raisons qui ont manqué pour empêcher qu'elle ne fût commise; le Roi était ébranlé, lors de mon entrevue avec lui; mais les conseillers qu'il ramenait de Gand le dissuadèrent.

Je partis avec M. Hyde de Neuville; quoique servant la même cause, j'étais bien loin de partager ses opinions excessives. Un officier d'état-major nous fit traverser les avant-postes, et c'est avec un sentiment très pénible que j'entrai dans ceux des étrangers. On croyait que le Roi était à Cambrai; mais, ce jour-là même, il venait coucher à Arnouville, à quelques lieues de Paris. En avant de lui marchaient ses ministres; je les rencontrai en deçà de Louvres; ils firent halte lorsqu'ils surent qui j'étais; ils n'avaient aucune nouvelle de ce qui se passait à Paris; celles que je leur donnai leur parurent si importantes qu'ils désirèrent que le Roi s'arrêtât à Gonesse, où nous allâmes l'attendre. Sa Majesté m'embrassa très cordialement, en me louant de la fidélité que je lui avais gardée; elle s'enferma seule avec moi; notre conversation dura une bonne heure. Le Roi ne revenait point qu'on attachât tant d'importance à une chose apparemment si futile, cette cocarde, un hochet, suivant son expression. "Mais," dis-je, "le Roi s'en est donc joué quand il a pris autrefois et arboré ces couleurs?" "Les circonstances," répondit-il, "étaient bien différentes; il fallait maîtriser la Révolution." "Et s'en emparer," repris-je vivement, "à votre premier retour, et même à celui-ci; d'ailleurs, n'étaient-ce pas au temps jadis les couleurs de la famille royale et les Hollandais ne les reçurent-ils pas de Henri IV?" "Oui," répondit le Roi, "mais c'était la livrée de sa maison." "Votre Majesté se rappelle sans doute qu'aux portes de la capitale, ce même roi dit que Paris valait bien une messe." "C'est vrai, mais ce n'était pas très catholique." Enfin le Roi me dit qu'il consulterait ses ministres et ses alliés....

En route, j'eus à supporter douloureusement la vue d'un camp ennemi, qu'il me fallut traverser. Je me croisai avec le général Dessole, revêtu de l'uniforme de commandant de la garde nationale parisienne; nous ne nous étions pas revus depuis notre retour. Il allait porter ses hommages à Arnouville, assez inquiet de la réception; nous échangeâmes quelques paroles; les miennes parurent le rassurer. En effet, il fut confirmé, ou plutôt maintenu dans ce commandement; lorsque je le revis, il était rayonnant et redevenu un homme....

§45. *Can a patriotic Republican serve the Emperor?*

LAZARE CARNOT.

(a) *The question*[1].

La question se réduit à savoir si l'on travaillera à l'indépendance nationale avant de travailler à la liberté, ou si l'on travaillera à la liberté avant d'assurer l'indépendance nationale. Tout le reste peut s'ajourner; mais le besoin d'éviter un joug ignominieux ne s'ajourne pas. Le besoin de défendre l'intégrité du territoire ne permet aucune hésitation.

(b) *The answer*[2].

J'affirme que, ni directement ni indirectement, je n'ai pris aucune part aux tentatives qui ont pu être faites pour le retour de Napoléon; que je n'ai entretenu aucune correspondance à ce sujet, et que je n'ai eu connaissance d'aucune correspondance entretenue par d'autres; que je n'ai assisté à aucune réunion particulière, à aucun con-

---

[1] From *Mémoires sur Carnot par son fils*, t. II, p. 411. This memorandum, intended for no eyes but his own, was found by M. H. Carnot among his father's papers.

[2] From *Exposé de la conduite politique de M. le Lieutenant-général Carnot, depuis le 1er juillet* 1814 (Paris, Vve Courcier, 1815), pp. 17–26.

ciliabule; qu'enfin j'ai partagé l'étonnement universel, lorsque j'ai appris sa descente sur les côtes de France....

...Sous le gouvernement de Napoléon...j'avais eu beaucoup de sujets de mécontentement; je m'étais élevé, avec toute l'énergie dont j'étais capable, contre son projet déclaré de monter sur le trône, après avoir promis si solennellement de défendre la liberté; et l'on sait qu'au Tribunat j'avais manifesté mon opinion à ce sujet[1], aussi franchement que je l'ai fait ensuite sous le Gouvernement royal, lorsque j'ai vu qu'on ne tenait rien de ce qui avait été promis. Cependant je ne conspirai point contre l'Empereur, et je n'ai pas conspiré davantage contre le Roi. J'ai usé du droit de parler qui doit appartenir à tout citoyen, mais je n'en ai pas moins fait profession, dans tous les temps, de me soumettre au gouvernement établi....

On me demandera sans doute pourquoi, n'ayant contribué en rien au rétablissement de l'Empereur, j'ai cependant accepté la place qu'il m'a offerte à son retour[2]....

...Je dirai franchement que j'ai accepté sans peine cette place...parce que j'ai eu l'espoir d'y faire le bien. J'ai cru, et je crois encore, que l'Empereur était venu avec le désir sincère de conserver la paix et de gouverner paternellement....

Souvent me trouvant seul avec lui, je l'ai entendu déplorer cette manie de conquêtes qui l'avait entraîné à de si fatales erreurs, et gémir de voir le sort de la Patrie exposé à de nouvelles chances. Il ne pouvait concevoir que Marie-Louise et son fils ne fussent pas des gages assurés d'une alliance qui n'avait pu, disait-il, être rompue que par une exaspération momentanée. Oui, j'en conviens, j'ai partagé ces sentiments, je me suis flatté de voir nos désastres finis; de pouvoir faire tourner désormais les ressources de l'État aux progrès de l'industrie, au soulagement de la classe

---

[1] When Bonaparte was First Consul, Carnot, member of the *Tribunat*, openly opposed the creation of the Legion of Honour, the Life Consulate and the Empire.

[2] Napoleon summoned Carnot to the Tuileries in the forenoon of March 20, and again late at night, to offer him the Ministry of the Interior.

indigente, au perfectionnement de l'instruction publique. J'ai joué en moi-même, dans la pensée qu'en ma qualité de Ministre de l'Intérieur[1], je pouvais devenir l'un des agents principaux de ces heureux changements.

Mais, peut-on me dire, vous avez dû être bientôt désabusé des vaines promesses de Bonaparte, lorsque vous l'avez vu reprendre sa marche dictatoriale; et alors, pourquoi ne pas donner votre démission?...

...J'ai profité de la confiance que l'Empereur paraissait m'avoir accordée, pour le détourner des actes arbitraires auxquels il était si naturellement porté. Je lui ai parlé avec mon indépendance accoutumée; j'ai employé autant que je l'ai pu, l'influence de ses frères, qui annonçaient des idées très libérales. Je lui ai fait au Conseil des Ministres, sur son nouveau plan de constitution, les représentations les plus fortes, qui n'ont pas été écoutées....Je lui suis demeuré fidèle jusqu'à son abdication; je l'ai défendu avec un zèle extrême, parce que je ne sais pas défendre autrement, et qu'en le défendant, j'ai cru défendre la Patrie....

Ne m'avait-on pas reproché mon ambition, pour lui avoir offert mes services, lorsqu'il jugea à propos de m'envoyer à Anvers, en qualité de Gouverneur[2]?...C'est comme si l'on disait que ce fut par ambition que les trois cents Spartiates allèrent défendre les Thermopyles.

---

[1] A *Correspondance inédite de Carnot* (*Ministre de l'Intérieur*) *avec Napoléon* was published in 1819. But Carnot himself denounced it as spurious.

[2] *Vide supra*, § 22, pp. 95–97.

§ 46. *Patriotism of the Federations.*

ANONYMOUS[1].

[J'ai entre les mains une notice assez étendue sur la fédération[2] bretonne, et l'extrait suivant me semble digne d'être mis sous les yeux de mes lecteurs. C'est un membre de la fédération même qui m'a communiqué ce morceau, et il peut servir de document pour l'histoire. BENJ. CONSTANT.]

Notice rapide sur la fédération bretonne.

Fatigués du despotisme impérial, nous avions vu la chute de Napoléon avec indifférence. Nous n'avions été sensibles qu'aux efforts de notre brave armée, et à l'envahissement du territoire par les étrangers. Enfin le roi rentra, et nous conçûmes de flatteuses espérances.

On sait que l'impéritie de quelques ministres porta le mécontentement dans toutes les classes : l'armée se crut méprisée, les possesseurs de domaines nationaux[3] conçurent de vives inquiétudes, les plébéiens craignirent d'être sacrifiés à des privilèges que réclamaient hautement quelques membres de l'ancienne noblesse ; un chouan[4] fut envoyé à Rennes pour distribuer des distinctions à ceux qu'il avait commandés contre nous-mêmes....

A l'arrivée de Napoléon, l'Europe en fureur arma contre la France. Nous étions menacés de deux fléaux, la guerre extérieure et la guerre civile, cette guerre civile qui avait si cruellement ravagé nos contrées.

Déjà des débarquements d'armes et de munitions s'étaient effectués sur les côtes de la Bretagne et du Poitou.

---

[1] From Benj. Constant's *Mémoires sur les Cent Jours* (éd. de 1829). Notes, pp. 177–184.

[2] The term *fédération* recalls the birth of modern French patriotism on July 14, 1790. *Vide supra*, Preface, p. xxxiii.

[3] The property of the *émigrés* had been purchased at a very low price and become *biens nationaux*.

[4] The name, of doubtful origin (? *chat-huant*), given to Royalist insurgents of Western France. It was first applied to the peasants and afterwards extended to all those, most of them nobles, who stood for the same cause.

Déjà des partis s'étaient montrés en armes sur plusieurs points, et le meurtre d'un vieillard respectable, égorgé à domicile, avait annoncé aux Bretons quel serait l'horrible caractère de ces hostilités.

La ville de Nantes, située pour ainsi dire entre la Bretagne et la Vendée, avait tout à craindre des effets de la guerre civile. Plusieurs des habitants pensèrent qu'il serait avantageux pour cette importante cité de s'unir avec les villes voisines par un pacte qui les obligerait à se porter, en cas de besoin, des secours mutuels. L'idée de cette association fut accueillie avec transport par la jeunesse nantaise.

Deux adresses furent en conséquence rédigées, l'une à Napoléon, à qui nous parlâmes le langage mâle de la vérité; l'autre à la jeunesse de Rennes, à cette brave jeunesse, qui, à toutes les époques, embrassa si généreusement la défense des idées libérales.

Les Rennois, à qui on avait annoncé les députés de Nantes, les attendaient avec impatience depuis plusieurs jours. Déjà même ils s'étaient réunis entre eux pour organiser une *fédération*, et ils s'en occupaient lorsque les députés de Nantes arrivèrent. Presque aussitôt arrivèrent aussi les députés des autres villes principales de la Bretagne, qui voulaient concourir au *pacte fédératif*. Des commissaires furent choisis pour en rédiger le projet. Plusieurs furent présentés; un seul fut admis.

Dans ce projet de pacte, on ne parlait d'aucun individu: le nom de Napoléon n'y figurait pas. C'était pour la patrie et pour le maintien de l'ordre que la jeunesse bretonne était appelée aux armes. En un mot, nous paraissions dans ce projet tels que nous sommes, Français avant tout.

Il allait être livré à l'impression, lorsqu'un des principaux fonctionnaires publics de la ville de Rennes, homme d'ailleurs distingué par son patriotisme et ses talents, nous donna le conseil de parler de l'empereur. "Le silence que vous observez à son égard," nous dit-il, "l'indisposera contre la fédération, et il la brisera comme un verre."

Ce furent ses propres expressions. Il nous invita ensuite à lui laisser notre projet de pacte fédératif; il nous le rendit le lendemain tel qu'on l'a vu imprimé. Peu d'articles éprouvèrent des modifications; mais le préambule fut entièrement changé. Ce préambule déplut généralement aux commissaires de la fédération, qui ne se dissimulèrent pas qu'en l'adoptant c'était prendre la couleur d'un parti. Après bien des discussions, on le soumit à l'épreuve du scrutin. Il ne passa qu'à une très faible majorité, et ceux-là même qui votèrent en faveur du projet ainsi modifié, n'y furent déterminés que par la considération que le gouvernement d'alors ne souffrirait pas une association qui paraîtrait s'isoler de Napoléon.

En effet, déjà la fédération lui avait été signalée comme une faction révolutionnaire; et voici à cet égard une anecdote qui mérite d'être connue.

Un homme attaché à Napoléon était chez lui quand on vint lui dénoncer la fédération bretonne. Il parut très irrité, et menaça les Bretons de son ressentiment. Peu d'heures après on lui porta le pacte fédératif; il le lut avec attention, et dit en le rendant au porteur: "Ce n'est pas bon pour moi; mais c'est bon pour la France."

Reportons-nous à Rennes. Le pacte fédératif ainsi adopté fut aussitôt couvert de 1500 signatures. Chaque jour augmentait considérablement le nombre des fédérés. De tous les points de la Bretagne arrivait au bureau central une foule d'adhésions; des maires de communes rurales venaient se faire inscrire à la tête de leurs administrés. Dans les villes et dans une multitude de bourgs, des registres furent ouverts et signés par tous ceux qui avaient horreur de la guerre civile et des étrangers. Les autres provinces se fédéraient à l'exemple de la Bretagne, et correspondaient avec les bureaux de Nantes et de Rennes: tout enfin promettait à la fédération un succès complet. Une jeunesse aussi nombreuse et plus aguerrie que celle de 1789 allait se lever pour la défense de la patrie.

Mais divers symptômes annonçaient que les leçons du

malheur avaient été perdues pour Napoléon, et que lui-même n'avait rien appris ni rien oublié.

On parla de déchirer l'acte fédératif, et peut-être on eût exécuté cette résolution sans les réflexions de l'un des principaux membres de la fédération, connu par sa courageuse opposition aux actes de Napoléon, dans le temps de sa prospérité. "Sans doute," nous dit-il, "Bonaparte n'a pas changé; mais avons-nous maintenant là liberté du choix? Nous sommes placés entre les armées étrangères et la nôtre. Celle-ci se compose de nos amis, de nos frères et de nos enfants. Il faut les abandonner ou les secourir."

Ces raisons prévalurent: la France, menacée d'une invasion étrangère et d'une guerre civile, retint seule les fédérés.

Fidèles à l'engagement de se secourir au besoin, les fédérés marchaient au premier signal sur les points où leur présence pouvait être nécessaire....

Napoléon succomba pour la seconde fois. Sa dernière abdication n'eut aucune influence sur la fédération, dont les membres, ne voyant d'un côté que l'étranger, de l'autre que la France, restèrent attachés au fantôme de gouvernement qui paraissait vouloir s'opposer à l'invasion.

La marche rapide des événements annonça bientôt un autre ordre de choses. Le roi revint, et les fédérés rentrèrent sans résistance dans la classe de simples particuliers.

Depuis, ils ont supporté avec calme les injures, les outrages et les persécutions d'hommes qui n'auraient pas osé les attaquer en face....

On s'est efforcé de faire prendre à l'opinion publique le change sur les véritables principes de la masse des fédérés.

La fédération n'était point une faction révolutionnaire: une multitude de ses membres a eu à regretter ses parents, victimes du régime de 1793. Les fédérés n'étaient point des esclaves dévoués à Napoléon: de toutes les villes du royaume, il n'en est peut-être pas une seule qui ait marqué autant d'opposition que la ville de Rennes. La fédération n'était point un rassemblement de prolétaires; elle était composée de l'élite de toutes les classes, des principaux propriétaires, négociants et magistrats....

"Je signe le pacte fédératif," disait l'un des négociants les plus riches et les plus distingués de la Bretagne, "parce que je le crois propre à nous préserver des étrangers, de la guerre civile, et du despotisme de l'empereur."

§ 47. *After Waterloo.*

(a) *Exaltation in the Court at Ghent.*

VICOMTE DE REISET[1].

19 (juin 1815) *au soir.* Il est impossible de se faire une idée de la joie débordante que les Gantois font éclater de toutes parts. A midi toutes les cloches et les carillons de Gand (et Dieu sait s'il y en a) ont été mis en branle en signe de réjouissance. Il semble que la ville entière se réveille d'une sorte de cauchemar; chacun se serre les mains, se félicite, on se dit enfin que c'en est fait de toutes les inquiétudes et que l'exil cette fois va cesser pour toujours. La joie de l'heure présente fait oublier les tristesses de la veille et l'on ne pense plus, peu à peu, qu'à la fin de tant de maux, sans songer combien chèrement nous avons acheté ce triomphe définitif. L'exaltation de tous est à son comble et croît de minute en minute. Au moment où je sortais de l'hôtel d'Hane, un passant, tout à l'heure, s'est jeté à mon cou et m'a embrassé en criant "Vive le roi." Je ne le connais même pas. Ce ne sont dans les rues qu'accolades générales; quelques-uns même versent des larmes d'attendrissement....

Combien il est triste malgré tout d'être forcé de se réjouir de la défaite de nos compatriotes, et combien sont coupables les insensés qui nous amènent à de si dures extrémités! Que de malheurs terribles l'ambition démesurée d'un seul homme n'aura-t-il pas causés! "Que Dieu pardonne à celui qui amène ce désastre!" a dit madame la duchesse d'Angoulême....

[1] From *Souvenirs du Lieutenant-général Vicomte de Reiset*, 1775–1810 (Calmann-Lévy, 1899), t. III, p. 215 f.

AFTER WATERLOO   205

(b) The English conqueror congratulated.

COMTE DE BLACAS[1].

Mylord

Avoir à féliciter Votre Excellence et l'Europe entière de la nouvelle gloire dont vous venez de vous couvrir est un bonheur auquel se joint, pour ceux qui vous connaissent, un sentiment dont j'ose me flatter que vous me croirez pénétré.

Le Roi a reçu du général Pozzo di Borgo[2] la nouvelle du triomphe décisif que vous avez remporté.

Autant qu'on en peut juger par les premières informations, le succès de V.E. a surpassé ceux dont sa brillante carrière était déjà remplie, je ne crois point, dans une pareille circonstance, lui paraître importun en lui rappelant une demande que j'avais eu déjà l'honneur de lui soumettre, et que la conjoncture présente peut lui offrir maintenant sous un aspect plus favorable.

V.E. connaît trop bien la France pour douter de l'effet qu'y produira la défaite signalée que vient d'essuyer Buonaparte. Les correspondances que j'ai entretenues avec les départements du nord me garantissent maintenant la réussite complète d'une entreprise à laquelle la situation présente des affaires ne vous paraîtra plus, j'espère, mettre aucun obstacle. Si V.E. approuve la proposition que j'ai l'honneur de lui renouveler sur cet objet, elle doit être assurée que mon idée ne se joint à aucune prétention indiscrète ou onéreuse aux armées alliées. La moindre force disponible et un faible détachement d'artillerie légère, est l'unique assistance qui paraîtrait à peu près indispensable. La victoire que vous venez d'obtenir, Mylord, tiendra lieu d'une armée; et la seule chose qui serait absolument

[1] From a letter written to the Duke of Wellington by the Comte de Blacas, confidant of Louis XVIII; published in the *Revue de Paris* for January, 1899, p. 4, and issued in book form as *Louis XVIII et les Cent-Jours à Gand*, ed. E. Romberg and A. Malet for the "Société d'histoire contemporaine" (1898). The original MS. is covered with corrections and erasures indicative of the embarrassment of the writer.

[2] Russian Minister at the Court of Louis XVIII.

nécessaire est un certain nombre de fusils, pour armer les habitants qui ne demandent qu'à marcher à la voix du Roi.

Ce développement de l'opinion et de la force nationale en France doit être incontestablement du plus grand avantage non seulement pour le Roi, mais pour le repos du monde. V.E., qui a déployé aux yeux de l'Europe assemblée cette pénétration qui distingue tour à tour en vous l'homme d'état et le grand capitaine, apercevra cette incontestable vérité. Elle sentira que la France, pour reprendre le rang que lui offrent encore les autres peuples parmi les premières puissances, ne doit pas perdre l'estime d'elle-même: elle ne doit pas rester dans une inaction que condamnent son honneur et ses plus chers intérêts. Il faut qu'elle contribue à sa délivrance. Il faut que l'exemple des provinces de l'Ouest soit imité, et s'il est nécessaire, pour obtenir un pareil résultat, d'avoir recours au vainqueur d'une armée dont les succès mêmes eussent été la honte de la nation française, ce n'est pas trop, je crois, présumer du duc de Wellington que d'en attendre cet appui.

BLACAS.

§ 48.   *After Waterloo: soldiers' unshaken patriotism.*

(*a*)   GÉNÉRAL DROUOT[1].

Messieurs, mon service ne m'ayant pas permis de me trouver hier matin à la séance de la Chambre des pairs, je n'ai pu connaître que par les journaux les discours qui ont été prononcés dans cette séance.

J'ai vu avec chagrin ce qui a été dit pour obscurcir la gloire de nos armes, exagérer nos désastres et diminuer nos ressources. Mon étonnement a été d'autant plus grand, que ces discours étaient prononcés par un général distingué[2] qui, par sa grande valeur et ses connaissances

---

[1] From Drouot's speech in the *Chambre des pairs*, June 23, 1815, quoted in an article "Drouot" by M. Girod de l'Ain in the *Revue d'Artillerie* (Berger-Levrault) for June, 1890, pp. 224–229. Cf. *supra*, p. 167.

[2] Marshal Ney painted the disaster even darker than it was, and recommended unconditional surrender.

militaires, a tant de fois mérité la reconnaissance de la Nation. J'ai cru m'apercevoir que l'intention du maréchal avait été mal comprise, que sa pensée avait été mal saisie. L'entretien que j'ai eu ce matin avec lui m'a convaincu que je ne m'étais pas trompé. Je vous prie, Messieurs, de me permettre de vous exposer en peu de mots ce qui s'est passé dans cette trop courte et trop malheureuse campagne. Je dirai ce que je pense, ce que je crains, ce que j'espère. Vous pouvez compter sur ma franchise. Mon attachement à l'Empereur ne peut être douteux, mais avant tout, et par-dessus tout, j'aime ma patrie. Je suis amant enthousiaste de la gloire nationale et aucune affection ne pourra jamais me faire trahir la vérité....

...Tel est l'exposé de cette funeste journée. Elle devait mettre le comble à la gloire de l'armée française, détruire les vaines espérances de l'ennemi et peut-être donner prochainement à la France la paix si désirée; mais le Ciel en a décidé autrement; il a voulu qu'après tant de catastrophes notre malheureuse patrie fût encore une fois exposée aux ravages des étrangers....

Je ne puis assez le répéter à la Chambre: la dernière catastrophe ne doit pas décourager une nation grande et noble comme la nôtre. Si nous déployons dans ces circonstances critiques toute l'énergie nécessaire, ce dernier malheur ne fera que relever notre gloire. Et quel est le sacrifice qui coûterait aux vrais amis de la patrie dans un moment où le Souverain que nous avons proclamé naguère, que nous avons revêtu de toute notre confiance, vient de faire le plus grand, le plus noble de tous les sacrifices?

Après la bataille de Cannes, le Sénat romain vota des remerciements au général Varron, parce qu'il n'avait pas désespéré du salut de la République et s'occupa sans relâche de lui donner les moyens de réparer les désastres qu'il avait occasionnés par son entêtement et ses mauvaises dispositions. Dans une circonstance infiniment moins critique, les représentants de la nation se laisseront-ils abattre, et oublieront-ils les dangers de la patrie pour s'occuper de discussions intempestives au lieu de recourir au remède qui assurerait le salut de la France?

(b) *Colonel Bugeaud in the Alps.*

COLONEL (MARÉCHAL) BUGEAUD[1].

Toute la nuit, le colonel[2] attendit avec anxiété l'arrivée
du général Mesclop, sous les ordres duquel il eût été heureux
de se ranger pour assurer le succès. Au lieu de cette bonne
nouvelle, il reçut au point du jour le bulletin de la bataille
de Waterloo! Quelques instants après arriva la députation
qui nous apportait l'aigle du régiment donnée au Champ de
Mai[3]. En même temps le bruit d'une seconde abdication
se répandit dans les rangs.

Le colonel comprit à l'instant l'effet moral que ces nouvelles accablantes pouvaient produire sur sa troupe, prête
à livrer un combat des plus disproportionnés, dans une
position bien plus étendue, bien plus difficile à défendre
sous tous les rapports que les Thermopyles. Voulant devancer la rumeur publique et paralyser son action par ses
discours, il rallia le régiment, ne laissant aux avant-postes
que quelques cavaliers; il se plaça au centre de la troupe
formée en colonne serrée, tout le monde lui faisant face, et
d'une voix ferme il lut le bulletin de la fatale bataille. Son
accent, sa physionomie, disaient à tous que son âme n'était
point ébranlée par le récit de cette grande catastrophe, et déjà
ses sentiments passaient dans l'âme des soldats; mais ils y
pénétrèrent à flot quand ces paroles succédèrent au bulletin:

"Soldats," dit-il, "voilà sans doute de grands malheurs;
mais devons-nous désespérer de la patrie parce qu'une
bataille a été perdue? Faudrait-il en désespérer encore
quand il serait vrai que Napoléon aurait abdiqué une
seconde fois? Nos courages dépendent-ils d'un seul homme,
d'une seule bataille? N'est-ce pas dans les revers que l'on
reconnaît les vrais guerriers? Quel mérite y a-t-il à être

[1] From *Réflexions et Souvenirs militaires* (1845) reprinted in
Œuvres militaires du maréchal Bugeaud, duc d'Isly, edited by Weil,
anc. capit. de cavalerie (Librairie militaire de Baudoin, 1883), pp.
353–354. The situation to which this passage refers was as follows.
On June 27, 1815, the 14th regiment of infantry under Col. Bugeaud
(*aet.* 31) was posted in the Savoy Alps between the villages of
Conflans and l'Hôpital, awaiting next day's battle with the Austro-
Sardinian invaders. The regiment which formed part of Suchet's
army was intended to act in concert with Mesclop's brigade.

[2] I.e. Bugeaud himself.

[3] The Champ de Mai was held on June 1. The eagles destined for
the troops were not distributed till June 4.

brave quand tout va bien? Les plus mauvais soldats alors
paraissent des héros; les véritables braves sont calmes et
fiers sans ostentation, mais ils se montrent quand la fortune
abandonne leur drapeau, et le plus souvent ils savent l'y
ramener. Non, soldats, tout n'est pas désespéré, puisqu'il
reste à la patrie des hommes comme vous et vos frères du
Nord, que vous n'avez pas la prétention de surpasser.
On livrera bataille devant la grande cité[1], dont les enfants
sortiront en foule pour appuyer nos bataillons. Quant à
nous, l'occasion de venger nos camarades va bientôt se
présenter. Le combat que vous allez livrer ne peut pas
matériellement réparer l'échec du Nord, mais moralement
il peut être l'étincelle électrique qui ranimera tous les
courages. Recevez donc cette aigle glorieuse! Si ce n'est
pas l'Empereur qui vous la donne, c'est la patrie qui vous
la confie; elle n'en sera pas moins le talisman de la victoire.
Jurons tous que tant qu'il existera un soldat du 14e, jamais
une main ennemie n'en approchera, et que nous mourrons
tous, s'il le faut, pour défendre ces nouveaux Thermopyles."

"Nous le jurons!"...s'écrièrent tous les soldats, et les
échos de la vallée répétèrent au loin ce serment qui allait
être scellé de tant de sang. Les officiers sortirent des rangs
en brandissant leurs épées, et s'écrièrent une seconde fois:
"Nous le jurons!"

Nous n'essayerons pas de peindre les sentiments qui
animaient alors toutes les âmes, toutes les physionomies.
De grosses larmes sillonnaient ces figures martiales; mais
c'étaient des larmes d'enthousiasme et de dévouement à
la patrie.

Vingt-trois ans se sont écoulés[2], et je ne puis retracer
cette scène si dramatique sans éprouver les mêmes impressions qui alors transportèrent toutes les âmes.

Le colonel finissait à peine, qu'un maréchal-des-logis du
10e de chasseurs arrive au galop et lui dit: "L'ennemi est
là." "Tant mieux," s'écria le colonel, "il ne pouvait nous
trouver dans de meilleures dispositions....Messieurs, re-
prenez vos postes."

[1] Paris.
[2] This account was therefore written by Bugeaud in 1838 though
not published till 1845.

(c) Davout's last interview with Napoleon.

MARÉCHAL DAVOUT[1].

Il (le maréchal Davout, ministre de la guerre) se rendit à l'Élysée, dont il trouva la cour encombrée d'officiers en demi-solde, d'hommes qui avaient quitté l'armée, et de ces gens que l'on rencontre dans toutes les grandes circonstances, s'agitant, pérorant, faisant étalage de leurs beaux sentiments et de leur inutile jactance. S'adressant aux officiers, le maréchal leur reprocha énergiquement leur conduite; il leur fit sentir ce qu'il y avait de coupable, d'indigne de leur uniforme, à être là oisifs et loin du danger, quand la patrie menacée appelait chacun à son poste, quand leur devoir était de donner l'exemple du courage, de la fermeté et des vertus militaires qui seules pouvaient encore sauver la France. Après cette allocution, le maréchal fut introduit auprès de l'Empereur et lui exposa, avec les égards et les ménagements convenables, le message dont il était chargé. L'Empereur exhala avec impétuosité la colère que lui causait la conduite des représentants; il ne tenait qu'à lui de les en faire repentir, car enfin, disait-il, faisant allusion aux cris de "Vive l'Empereur!" qu'on entendait poussés au dehors, "si je voulais me mettre à la tête de ce bon et brave peuple qui a plus l'instinct des vraies nécessités de la patrie, j'en aurais bientôt fini avec tous ces gens qui n'ont eu du courage contre moi que quand ils m'ont vu sans défense." Après avoir laissé un libre cours à l'indignation de l'Empereur, le maréchal lui représenta que les motifs qui avaient déterminé son abdication subsistaient toujours; qu'il avait voulu épargner à la France les horreurs de la guerre civile, ajoutées aux désastres de la guerre étrangère; qu'il ne fallait pas ternir sa gloire en revenant sur sa résolution, et pour quoi? pour

[1] From the *Souvenirs* which Davout dictated to Mr James Gordon, tutor to his son, during his exile at Savigny under the Second Restoration. Madame Davout communicated them to Thiers who used them in the last volumes of his *Histoire du Consulat et de l'Empire*. At her death they passed to the *Archives historiques* of the Ministère de la Guerre. An extract from them appeared in the *Revue de Paris* for Dec. 15, 1897, a page of which is here reproduced.

un pouvoir éphémère qui serait acheté trop cher au prix
du sang français qu'il faudrait verser; si la présence de
l'Empereur à Paris n'avait d'autre inconvénient que les
ombrages et les terreurs de MM. les représentants, certes,
ce ne serait pas là un motif suffisant pour qu'il s'éloignât;
mais cette présence, avec les circonstances qui l'accompa-
gnaient, avec les scènes auxquelles elle donnait lieu, auto-
risait à croire et à dire que l'abdication de l'Empereur
n'était qu'un jeu; or, cette abdication était la seule base
des négociations qu'on allait ouvrir avec les puissances
étrangères, la condition première et *sine qua non* de la
possibilité de la paix; il était donc de la dignité de l'Empereur de prouver combien était sérieux son grand acte
d'abnégation personnelle, il était de son patriotisme de
contribuer par un sacrifice de plus au salut de cette France
qui lui était si chère.

"On le veut," répondit l'Empereur; "cela ne me coûtera
pas plus que le reste."

Il fit plus; il se transporta sur le perron du palais et
répéta à la foule, presque dans les mêmes termes, mais avec
un accent de paternelle bonté, les représentations que le
maréchal avait faites en entrant. Le maréchal le quitta
alors pour ne plus le revoir; l'entrevue avait été froide, la
séparation le fut davantage encore. Ce n'est pas que l'âme
si élevée de l'Empereur ne l'approuvât au fond de préférer
la cause de la patrie à la sienne; mais dans ce moment la
plaie était trop vive et trop saignante, pour qu'il pût encore
être juste.

§ 49.   *The Grand Army disbanded.*

COMTESSE DE BOIGNE[1].

Les routes offraient un spectacle consolant pour un
cœur français, malgré son amertume. C'était la magnifique
attitude de nos soldats licenciés. Réunis par bandes de
douze ou quinze, vêtus de leur uniforme, propres et
soignés comme un jour de parade, le bâton blanc à
la main, ils regagnaient leurs foyers, tristes, mais non

[1] From *Mémoires*, t. II, p. 74.

accablés et conservant une dignité dans les revers, qui les montrait dignes de leurs anciens succès.

J'avais laissé l'Italie infestée de brigands créés par la petite campagnè de Murat[1]. Le premier groupe de soldats de la Loire que je rencontrai, en me rappelant ce souvenir, m'inspira un peu de crainte. Mais dès que je les eus envisagés, je ne ressentis plus que l'émotion de la sympathie. Eux-mêmes semblaient la comprendre. Les plus en avant des bandes que je dépassais me regardaient fixement comme pour chercher à deviner à quoi j'appartenais; mais les derniers me saluaient toujours. Ils m'inspiraient ce genre de pitié que le poète a qualifiée de *charmante*, et que la magnanimité commande forcément quand on n'a pas perdu tout sentiment généreux.

Je ne pense pas qu'il y ait quelque chose de plus beau dans l'histoire, que la conduite générale de l'armée et l'attitude personnelle des soldats, à cette époque. La France a droit de s'en enorgueillir. Je n'attendis pas le jour de la justice pour en être enthousiasmée, et dès lors je les considérais avec respect et vénération. Il est bien remarquable, en effet, que dans un moment où plus de cent cinquante mille hommes furent renvoyés de leurs drapeaux et rejetés sans état dans le pays, il n'y eut pas un excès, pas un crime commis dans toute la France, qui pût leur être imputé. Les routes restèrent également sûres, les châteaux conservèrent leur tranquillité, les villes, les bourgs et les villages acquirent des citoyens utiles, des ouvriers intelligents, et des chroniqueurs intéressants.

Rien ne fait plus l'éloge de la conscription que cette noble conduite des soldats qu'elle a produits, je la crois unique dans les siècles. J'étais ennemie des soldats de Waterloo. Je les qualifiais, à juste titre, de traîtres depuis trois mois, mais je n'eus pas fait une journée de route, sans être fière de mes glorieux compatriotes.

---

[1] Murat, King of Naples, brother-in-law of Napoleon, opened a hasty campaign against Austria and was defeated twice in three weeks.

CHAPTER IX

THE SECOND RESTORATION, JUNE, 1815—JULY, 1830:
NATIONAL HUMILIATION.

§ 50. *Bourbon and foreigner in Paris. The
Pont d'Iéna.*

COMTE BEUGNOT[1].

Ce n'est pas sans pitié que j'entends dire et que je lis
en cent endroits, que deux fois de suite, en 1814 et en 1815,
la Maison de Bourbon nous a été ramenée par les étrangers.
J'ai eu déjà occasion d'expliquer de la manière la moins
équivoque, c'est-à-dire par les faits, que la première fois,
les Souverains de l'Europe ne se sont point opposés à la
Restauration, mais qu'ils ne l'ont point provoquée, et que
loin de la désirer ils élevaient plutôt des doutes sur son
succès. Quant à la seconde fois, c'est-à-dire en 1815, le
Roi quitta la ville de Gand sans les avoir consultés,
s'avança promptement vers Paris et y rentra au grand
étonnement des troupes étrangères qui se mettaient en
possession de la capitale et des environs, et comptaient
bien se venger de leur sotte indulgence de l'année précé-
dente. Le désappointement de cette arrivée fut grand au
quartier-général des Prussiens, qui étaient les premiers
venus; il y fut décidé qu'on ne ferait pas la plus petite
attention au retour du Roi, et qu'on se comporterait de
même que s'il était encore à Gand. C'était pour l'exécution
manifeste de cette détermination que des canons étaient
braqués sur le Pont-Royal, en face même des Tuileries,
et que des canonniers faisaient le service des pièces la
mèche allumée, tandis que des soldats prussiens lavaient
leur linge et leurs habits dans la cour du Château et les
étendaient sur les flèches des grilles qui faisaient office de

[1] From *Mémoires*, t. II, pp. 350–358.

séchoir. J'appris ces particularités par le comte de Goltz, qui était alors ministre de Prusse en France, avec qui je m'étais lié particulièrement à Gand et qui, tout bon Prussien qu'il était de cœur, regrettait toutefois des procédés aussi révoltants; mais il reprochait au Roi de s'y être exposé en ne convenant pas de l'époque et de l'ordre de sa rentrée avec les Souverains.

"Vous avez," me disait-il, "voulu marcher tout seuls, sans avoir de troupes à vous et sans nous demander des nôtres. Vous voyez ce qui est arrivé. On n'est pas fâché que le Roi l'ait senti."

Voilà comment la Famille Royale nous a été imposée pour la seconde fois par les étrangers en 1815.

J'avais à rendre à M. de Talleyrand, en sa qualité de Président du Conseil, les ordonnances que j'avais fait signer au Roi, à Gand et durant son voyage de retour. Je me présentai chez lui dans ce dessein. Il me reçut comme à l'ordinaire, avec la douce familiarité qu'il laisse tomber sur ceux qu'il croit siens; mais je m'aperçus que lui-même était tristement affecté. Après quelques détails sur le sujet de ma visite, il m'exprime le plaisir que je lui fais. Il lui reste à expédier quelques affaires, et il me demande de l'aider. Entre ces affaires, il place tout simplement l'ordonnance qui organise le nouveau ministère, et en insistant pour que la même ordonnance contienne la nomination aux directions générales des Postes et des Ponts et Chaussées, parce que ces deux directions sont de nature à faire partie du Cabinet. Il ajoute qu'il faut aussi que je prépare quelques lignes pour annoncer l'entrée du Roi à Paris. Il demande que cela soit court; il lui paraît très nécessaire de signaler l'indépendance avec laquelle le Roi a quitté la Belgique, s'est avancé vers Paris et y est entré, mais il faut se préserver de toute apparence d'orgueil et de jactance: c'est là qu'est l'écueil. Il me propose de passer dans sa bibliothèque pour préparer ce travail. Je passe dans la bibliothèque, et lorsqu'une heure après je rentre dans le salon du prince avec mes papiers, je trouve M. de Talleyrand

entouré de quatre personnes qui soutiennent fortement
contre lui que les Prussiens sont occupés à faire sauter
le pont d'Iéna. M. de Talleyrand répliquait à tous ces
témoignages:

"Cela n'est pas vrai, et je vous dis que cela n'est pas
vrai, parce que cela n'est pas vrai."

A grand'peine on obtient de lui qu'il envoie sur les
lieux quelqu'un qu'il puisse croire et qui lui rende compte
de ce qu'on aura vu....

Quelques instants après que M. Louis se fut retiré, les
envoyés explorateurs revinrent en toute hâte annoncer
que le pont d'Iéna était bien réellement attaqué par des
ouvriers prussiens, qui heureusement s'y prenaient assez
mal. Ces messieurs avaient trouvé sur place un officier
du génie français qui leur avait dit qu'à la manière dont
on s'y prenait, les Prussiens seraient quelque temps à
faire sauter le pont, mais que s'il eût été chargé de l'opération, déjà l'affaire serait faite. Quel parti prendre? Il
fallait se décider vite. La colère spéciale des Prussiens
contre ce pont était apparemment excitée par le nom qu'il
portait. Il fallait donc changer ce nom sur-le-champ,
leur dénoncer ce changement et tâcher de calmer un
ressentiment désormais sans objet. Je prends la plume
et je rédige une ordonnance dans le préambule de laquelle
j'annonce que l'intention du Roi est de rendre leurs
véritables noms aux anciens édifices publics de la capitale,
d'en donner aux nouveaux qui ne rappellent que des
époques de réconciliation et de paix, ou leur utilité
particulière pour la capitale, et généralisant la mesure,
je débaptise les ponts de la Concorde, de l'Empire, d'Iéna,
d'Austerlitz, auxquels je rends ou je donne les noms de
Pont-Royal, de Louis XVI, des Invalides et du Jardin
du Roi. Enfin je prescris que les ponts, places et édifices
publics de la ville de Paris reprendront les noms qu'ils
portaient au 1ᵉʳ Janvier, 1790, et que toute inscription
contraire sera effacée. M. de Talleyrand devait aller à
l'instant porter cette ordonnance au Roi. Ce n'était pas
le plus difficile; il fallait ensuite la notifier dans des formes

convenables au maréchal Blücher, le saisir dans un moment de sang-froid pour obtenir qu'il voulût bien l'exécuter. Le succès de la mission touche de si près à l'honneur national qu'elle n'est peut-être pas au-dessous de M. de Talleyrand lui-même. Le prince sans s'expliquer part pour les Tuileries, d'où il rapporte bientôt l'ordonnance signée; mais il est fort peu disposé à se charger du reste, et me propose d'aller trouver le maréchal Blücher. Je m'en défends, en faisant observer que je suis sans qualité pour remplir semblable office qui se trouve naturellement dévolu au ministre de l'Intérieur, ou tout au moins au préfet de la Seine.

"Mais," reprend vivement M. de Talleyrand, "partez donc! Tandis que nous perdons le temps en allées et venues, et à disputer sur la compétence, le pont sautera! Annoncez-vous de la part du Roi de France et comme son ministre; dites les choses les plus fortes sur le chagrin qu'il éprouve."

"Voulez-vous que je dise que le Roi va se faire porter de sa personne sur le pont, pour sauter de compagnie si le maréchal ne se rend pas?"

"Non, pas précisément; on ne nous croit pas fait pour un tel héroïsme; mais quelque chose de bon et de fort: vous entendez bien, quelque chose de fort."

Je cours à l'hôtel du maréchal. Il était absent, mais j'y trouve les officiers de son état-major réunis. Je me fais annoncer de la part du Roi de France et je suis reçu avec une politesse respectueuse; j'explique le sujet de ma mission à celui de ces officiers que je devais supposer le chef de l'état-major. Il me répond par des regrets sur l'absence de M. le maréchal, et s'excuse sur l'impuissance où il est de donner des ordres sans avoir pris les siens. J'insiste, on prend le parti d'aller chercher M. le maréchal qu'on était sûr de trouver dans le lieu confident de ses plus chers plaisirs, au Palais-Royal, No. 113. Il arrive avec sa mauvaise humeur naturelle à laquelle se joignait le chagrin d'avoir été dérangé de sa partie de trente-et-un. Il m'écoute impatiemment, et comme il m'avait fort mal compris, il me répond de telle sorte qu'à mon tour je n'y comprends rien du tout. Le chef d'état-major reprend avec lui la conversation en allemand. Elle dure quelque temps, et j'entendais assez la langue pour m'apercevoir que le maréchal rejetait avec violence les observations fort raisonnables que faisait l'officier. Enfin ce dernier me dit que M. le maréchal n'avait pas donné d'ordre pour la destruction du pont; que je concevais sans peine comment le nom qu'il avait reçu importunait des soldats prussiens; mais que du moment que le Roi de France avait fait lui-même justice de ce nom, il ne doutait pas que les entreprises commencées contre ce pont ne cessassent à l'instant même, et que l'ordre allait en être donné. Je lui demandai la permission d'attendre que l'ordre fût parti pour que j'eusse le droit de rassurer complètement S.M. Il le trouva bon. Le maréchal était retourné bien vite à son cher No. 113; l'ordre partit en effet. Je suivis l'officier jusque sur la place, et quand je vis que les ouvriers avaient cessé et se retiraient avec leurs outils, je vins rendre compte à M. de Talleyrand de cette triste victoire. Cela lui rendit un peu de bonne humeur.

"Puisque les choses se sont passées de la sorte," dit le prince, "on pourrait tirer parti de votre idée de ce matin, que le Roi avait menacé de se faire porter sur le pont pour sauter de compagnie: il y a là matière à un bon article de journal. Arrangez cela."

Je l'arrangeai en effet; l'article parut dans les feuilles du surlendemain. Louis XVIII dut être bien effrayé d'un pareil coup de tête de sa part; mais ensuite il en accepta de bonne grâce la renommée. Je l'ai entendu complimenter de cet admirable trait de courage, et il répondait avec une assurance parfaite[1].

---

[1] A different account of this incident is given by Davout and by Baron Ernouf. It is probable that the Czar Alexander intervened to save the bridge.

§ 51. *Devotion to duty; Général Daumesnil at
Vincennes, October* 1815.

COMTE DE ROCHECHOUART[1].

J'ai parlé du désir secret qu'avaient les Prussiens de
dépouiller nos arsenaux et nos places fortes du matériel
de guerre qui s'y trouvait, quoiqu'ils ne fussent pas en
guerre avec Louis XVIII. L'arsenal de Vincennes
renfermait un matériel considérable: 52,000 fusils neufs,
925 pièces de canon, des caissons, harnais, balles, boulets,
obus, bombes, sabres, pistolets, plusieurs milliers de
livres de poudre, etc., etc. C'était un bon et gros morceau,
mais le difficile consistait à faire ouvrir les portes du
trésor, gardées, heureusement, par le brave général
Daumesnil, gouverneur du château de Vincennes.

Le général baron von Müffing, commandant en chef
du corps prussien, qui occupait Paris et ses environs,
essaya de tous les moyens oratoires et diplomatiques pour
pénétrer dans ce château. A la première sommation, le
général Daumesnil fit arborer le drapeau blanc fleurdelisé,
et répondit qu'à moins d'un ordre de la main du Roi, il
ne laisserait pénétrer personne dans le fort, bien déterminé
à le défendre et même à faire sauter le château s'il le
fallait, plutôt que de le livrer. Surveillé par les Prussiens,
et ne pouvant avoir aucune relation avec l'extérieur, il
profita du transport d'une femme à l'hôpital, et cacha
dans ses jarretières un billet pour le duc de Feltre[2], par
lequel il demandait quelques renforts, et la visite d'un
officier supérieur pour lui faire une communication. Le
duc de Feltre me chargea de sa réponse verbale et me
demanda quel déguisement je comptais prendre pour
arriver près du général Daumesnil. "Aucun," répondis-je,
"je m'y rendrai à cheval en grand uniforme, avec mon aide
de camp et une escorte." Je prévins le général von Müffing,
que je connaissais tout particulièrement, de mon intention

[1] From *Souvenirs sur la Révolution, l'Empire et la Restauration*
(Paris, 1889), ch. v, pp. 424–428.
[2] H.-J.-G. Clarke, ministre de la guerre.

d'inspecter un fort placé sous mon commandement; il eut la bonne grâce de trouver cela tout simple, et me dit, moitié en plaisantant, moitié sérieusement: "C'est un rude homme que votre général Daumesnil, je le crois peu favorable aux Bourbons, car il n'aime pas leurs alliés." Il me remit sans difficultés un laisser-passer pour les avant-postes prussiens, pour moi, le comte de Tamnay mon aide de camp, et deux ordonnances; j'en profitai le lendemain matin de très bonne heure.

Rien ne pourrait exprimer la surprise et le plaisir qu'éprouva le général Daumesnil en me voyant devant le pont-levis du château; les chaînes, rapidement abaissées, furent relevées dès que j'eus franchi le fossé. Arrivé dans son cabinet, je lui dis que le ministre de la guerre, pénétré de la difficulté de sa position, m'avait chargé de lui témoigner combien sa conduite ferme et courageuse était appréciée du Roi, qui l'assurait de sa satisfaction; de voir ensuite comment on pourrait lui envoyer les renforts qu'il réclamait; et enfin de recevoir communication du projet qu'il n'avait osé confier à personne. La conversation suivante s'engagea:

Le Général: J'aurais besoin d'un secours d'hommes, ma garnison se composant seulement de 50 vétérans, 36 cavaliers démontés et 15 soldats du génie, enfin d'une vingtaine d'officiers supérieurs.

Moi: Jamais les Prussiens ne laisseront pénétrer des renforts.

Le Général: J'en suis convaincu, mais à présent que je suis certain de l'appui et de l'approbation du Roi, j'essayerai de lutter, bien déterminé à exécuter le projet que j'ai communiqué hier au colonel prussien, en réponse à sa sommation de lui livrer le château et l'arsenal.

Moi: Pouvez-vous me dire quel est ce projet?

Le Général: J'ai fait entrer le colonel dans cette même chambre où nous sommes, c'est ma chambre à coucher, vous voyez quel en est l'ameublement (c'était une pièce de canon de 24, sur son affût; la grande fenêtre de l'appartement, occupé jadis par la régente Anne d'Autriche, lui servait d'embrasure; d'un côté se trouvait une pile de boulets, de l'autre des cartouches à mitraille); puis je lui dis qu'à moins d'un ordre écrit de la main du Roi de France, je ne rendrais pas la place, dont la défense m'était confiée; je repousserais toute attaque, et enfin, si la résistance devenait impossible, j'userais de ma dernière ressource. Je lui montrai alors la petite trappe qui est sous vos pieds, et la levant, je le prévins qu'elle correspondait, par un tuyau de fer-blanc posé depuis quelques jours, à la grande poudrière qui est au-dessous de nous; j'y jetterais un tison enflammé, qui nous ferait tous sauter.

Moi: Quel effet a produit cette menace?

Le Général: Le ton avec lequel je l'ai articulée lui a prouvé que j'étais bien décidé à la mettre à exécution. Le colonel s'est retiré en me disant que j'assumais sur ma tête une grande responsabilité. " Je ne m'en inquiète pas," lui répondis-je; "quelle responsabilité peut courir un mort? Mais je périrai avec gloire, en donnant à mon pays la dernière preuve de dévouement qui soit à ma disposition, car je veux mourir avec tout ce que j'ai de plus cher au monde."

Moi: C'est un dévouement sublime, mon cher général, mais à quoi se rapporte votre dernière phrase?

Sans me répondre le général sonna et dit à l'ordonnance qui se présentait: "Priez ma femme de venir ici avec son enfant." Deux minutes après, je vis entrer une jeune et jolie femme, tenant dans ses bras un bel enfant de trois ou quatre ans. Continuant, ou plutôt achevant sa pensée, le général poursuivit: "J'aurais pu renvoyer ma jeune compagne à Paris, avec notre unique enfant, mais je la connais assez pour être certain qu'elle partage mes sentiments et mon amour pour la France; au moment où je sauterai, elle sera à mes côtés, tenant son fils comme elle le tient maintenant, et le même tombeau nous renfermera tous les trois."

Mes yeux se remplirent de larmes, en entendant ces simples et touchantes paroles, prononcées sans jactance, et avec un grand accent de sincérité. Je lui serrai la main de tout cœur, ainsi que celle de sa jeune femme, et leur dis que j'espérais bien qu'ils ne seraient pas forcés d'en venir à cette extrémité. Je pris congé de cet homme courageux, pénétré d'estime pour sa noble conduite, et l'assurai que j'en rendrais bon compte au ministre de la guerre.

Je retournai immédiatement chez le duc de Feltre, pour lui faire mon rapport et lui répéter la conversation que je viens de relater, je crus pouvoir me permettre de solliciter une récompense éclatante, pour reconnaître un pareil dévouement; le ministre me promit d'en parler au conseil. Soit oubli, soit un autre motif, il n'en fut plus jamais question.

§ 52. *The terms of Peace: France accepts the inevitable.*

Duc de Richelieu[1].

...Une armée presque entière, détachée de son légitime souverain, qui seul avait le droit d'en disposer; séparée, par la perfidie de quelques chefs et par un entraînement sans exemple, de la nation au sein de laquelle elle avait été

---

[1] From *Recueil des Traités de la France* (ed. De Clercq), t. II, p. 685 f. "Discours prononcé par le Duc de Richelieu le 25 novembre 1815, en donnant communication à la Chambre des Députés des Traités et Conventions du 20 novembre."
On this speech of Richelieu's, which it is said was written for him by the Comte d'Hauterive, Mme de Rémusat remarks as follows in a letter of December 8, 1815 to her son Charles:
"Je pense assez comme vous sur le discours de M. de Richelieu; mais je ne sais s'il eût été possible de dire mieux dans cette triste circonstance. Il ne s'agissait, avec plus ou moins de phrases, que de ce commencement du vers de Mithridate: *Je suis vaincu!* le reste est de la rhétorique. C'est une convention passée entre les hommes, dont on se tire avec plus ou moins de bonheur. Notre *curé* (M. de Talleyrand) eût peut-être dit mieux, mais il n'eût rien fait autre, parce que, entre souverains, on ne se parle bien qu'à coups de canon, et nous n'en avons plus. La génération future réparera tout cela; celle-ci se traînera comme elle pourra."

formée; une armée dont le courage s'employait à imposer un usurpateur à la France, et à l'Europe un oppresseur, a provoqué la lutte qui devait amener et sur elle et sur nous tous les désastres et toutes les calamités qui l'ont suivie.

Le Roi comme souverain, et la France comme État, n'ont cessé de s'opposer à ce mouvement coupable; mais, par une combinaison peut-être sans exemple, tandis que la faction militaire méconnaissait la voix de l'un et trahissait les sentiments de l'autre, tous les deux étaient réservés à souffrir et des efforts de l'attaque et de ceux de la résistance, et des succès éclatants et des prodigieux revers qui ont caractérisé cette courte et mémorable campagne.

Tels sont les événements qui ont soustrait, en quelque manière, la destinée actuelle de l'État à l'action de son gouvernement; il a été obligé de composer non seulement avec les prétentions, mais avec les alarmes que cette fatale rebellion a inspirées à l'Europe; et ne pouvant méconnaître ni balancer l'incontestable supériorité qui demandait des sacrifices pénibles, mais en grande partie temporaires, il n'a pu voir dans ces sacrifices nécessaires qu'un moyen d'arriver à cette période d'espérance à laquelle la France entière aspire, et qui lui permettra enfin de jouir en paix et avec sécurité de ses avantages permanents.

. . . . . .

Nous avons assez ambitionné, nous avons assez obtenu la fatale gloire qu'on acquiert par le courage des armées et par les sanglants trophées de leurs victoires; il nous reste une meilleure gloire à acquérir; forçons les peuples, malgré le mal que l'usurpateur leur a fait, à s'affliger de celui qu'ils nous font; forçons-les à se fier à nous, à nous bien connaître, à se réconcilier franchement et pour jamais avec nous.

§ 53. *The returning Émigrés: antique loyalty.*

VICOMTE DE CASTELBAJAC[1].

...Si nos enfants sont élevés dans des principes religieux, ils auront une idée exacte de la vertu: la vertu leur
dira que l'honneur est l'alliance de la loyauté et du courage,
elle leur dira qu'un serment est un lien que la mort seule
peut rompre; que Dieu pris à témoin d'une promesse ne
l'est jamais en vain: et si les intérêts de la patrie sont entre
les mains de tels hommes, ne craignez ni erreur ni parjure.

Du reste, en employant le mot *Patrie*, Messieurs, je
n'entends point le mot dont on a tant abusé, qui a servi
de prétexte à tous les intérêts, à toutes les passions, et
d'excuse à tous les crimes; j'entends par patrie, non le
sol où je suis attaché sous les honteuses lois de l'usurpation
et du despotisme, mais le pays de mes pères, avec leur
gouvernement légitime, gouvernement qui m'accorde
protection en raison de mon obéissance aux lois, et que
je suis obligé de servir avec honneur et fidélité. Ainsi,
pour moi, Messieurs, la patrie est la France avec le Roi,
et le Roi et la France sont inséparables à mes yeux pour
constituer la patrie.

§ 54. *The call of Duty in* 1815.

NÉPOMUCÈNE LEMERCIER[2].

[M. Lemercier]...s'est livré à ce mouvement d'éloquence
inspiré par l'époque présente:

"Maintenant que tous les maux ont été subis, que notre
nation a gémi de tant de peines, à Dieu ne plaise que je
réveille le souvenir des dissensions, quand nous ne devons
plus nous envisager qu'avec des yeux fraternels!

"Environnés, vus, écoutés de toutes parts, comme nous
le sommes, nous ne devons à présent ressentir que le
besoin de nous honorer et de nous soutenir entre com-

[1] From *Archives parlementaires*, IIe série, t. xv, p. 505.
[2] From the *Constitutionnel* of January 15, 1815. Report of a lecture
on the Epic by Nép. Lemercier at the *Athénée Royal de Paris*, March,
1815.

patriotes. Nous ne devons plus nous étendre en déclamations sur les causes de nos malheurs, pour les augmenter, lorsqu'il s'agit d'y remédier en silence; ce n'est point parmi les Français qu'il nous faut chercher nos ennemis. Sachons aimer, défendre ou plaindre tout ce qui est de notre pays. Les mêmes sentiments m'inspirèrent à cette tribune, l'année dernière, un éloge mérité du courage surnaturel de nos armées, que nous tendions à pénétrer du devoir de se rattacher entièrement à la cause de la patrie, pour que leurs cohortes, précieuses à la défense publique, ne courussent pas à leur destruction. La fatalité avait décidé que leur aveugle idole les entraînerait dans le gouffre. Il s'y est perdu: il est tombé de lui-même en nous coûtant des légions si braves, qu'on a cru devoir, pour les vaincre, lever à la fois toutes les armées du continent ensemble; et tant de forces réunies n'ont eu pourtant à combattre que les restes de ces légions déjà fatiguées d'avoir, seules, affronté l'Europe entière, et de l'avoir, seules, trois ou quatre fois vaincue. Ne songeons qu'à nous consoler de nos mémorables pertes, et qu'à fermer nos blessures. On ne m'entendra plus adresser de supplications désormais superflues à l'homme en qui je reconnus bientôt assez de force d'esprit pour égarer les peuples, mais point assez de supériorité de génie pour les conduire....

"...Que désormais notre Calliope, dédaigneuse de la renommée des homicides, consacre les conquêtes des lumières, plus constantes que les conquêtes des armes. Qu'elle fasse reluire ces lumières du temps, qui n'ont cessé de marcher insensiblement, à travers les plus effroyables obstacles, au but des vœux toujours exprimés dans les États-généraux de la France, et par cette Assemblée constituante dont la tribune eut tant de splendeur. Espérons que ces lumières de la raison surmonteront enfin la vanité des prétentions surannées, les usurpations récentes, les antipathies invétérées, et qu'elles préviendront la lutte dangereuse qu'on voudrait susciter entre la royauté gothique et la nouvelle royauté constitutionnelle: nul effort n'a pu ni ne pourra faire rétrograder le cours entraînant des idées qui fondent cette dernière; elles éclairent le système de monarchie représentative, où sont recueillis et remis en contrepoids les débris des forces détruites avec les éléments des forces acquises; système dont la simplicité forme la base d'un petit nombre de principes éternels, et, quoi qu'on en dise, irrésistibles; système admis par le mentor couronné de la famille royale, et qui tôt ou tard, malgré les chocs de la guerre, des vieux préjugés et des fanatismes, fera triompher les victoires pacifiques du siècle, et atteste l'invariable progrès des travaux de la pensée.''

§ 55. *Divided opinions in the working classes*, 1815.

AGRICOL PERDIGUIER[1].

(a) *Fall of the Tricolour.*

Mon père s'était réjoui du retour de Napoléon. Moi, pendant ce court règne, j'avais joué au soldat avec passion; j'avais paré mes épaules des épaulettes d'or du capitaine patriote; j'avais chanté la gloire des héros; j'avais voulu aller combattre pour la France. Et je n'avais pas dix ans. J'étais donc aussi un grand criminel, un brigand?

Malheur à ceux qui avaient acclamé le second règne de Napoléon. Le retour des Bourbons à peine connu, mon père se hâta de fuir, de se cacher.

Quand les royalistes vinrent à la maison pour l'obliger à détacher de dessus l'horloge le drapeau tricolore qu'il y avait placé de ses mains, et à lui substituer le blanc, il n'était plus là. Dieu nous fit cette grâce. A son défaut, on alla chercher son beau-frère, Demorte, le maçon, mari de sa sœur Guérite.

Notre maison était à côté de l'horloge, je pus tout voir par l'une de nos croisées. Une corde est coupée. Le drapeau se renverse, fend les airs, et tombe lourdement sur le pavé. La rue était encombrée de toute la population

[1] From *Mémoires d'un compagnon*, ed. Daniel Halévy (Moulins, 1914), pp. 39 f., 49 f.

royaliste, qui grouillait, s'agitait. Des hommes s'en emparent en vociférant, hurlant, le foulent aux pieds, le mettent en lambeaux, et, levant la tête, crient à leurs acolytes de jeter aussi en bas le maçon. Je tremblais pour mon oncle, homme des plus pacifiques, sans opinion bien prononcée. Mon père, à la même place, eût été sacrifié.

Au moment où l'on brûlait les restes du drapeau au milieu de la joie féroce de la foule, je vis avancer Hippolyte Renaud, dit l'Hôte, très connu par son patriotisme. Il arrivait des champs, portait sa fourche sur l'épaule et se rendait à son domicile. Il devait traverser une mer orageuse. Je craignais pour lui. Des menaces de mort lui furent faites. On était prêt à l'assaillir. Mais cet homme colossal fit bonne contenance, parla d'enfourcher et d'emporter au bout de son instrument de travail le premier qui oserait l'approcher: on le laissa passer.

(b) *The fortunes of a white cockade.*

J'étais bien jeune alors: j'étais un enfant; et cependant on m'infligeait le traitement des hommes; j'éprouvai ma part de persécutions.

C'etait aux premiers jours de la seconde restauration; la tempête était déchaînée, grondait sur nos campagnes. Ma mère me dit: "Agricol, viens que je te place une cocarde blanche à ton chapeau; elle sera ta sauvegarde; elle te protégera envers et contre tous." Me voila donc paré d'une espèce de petit fromage rond. Je sors; je cours les rues. Je suis rencontré par un royaliste, qui me dit: "Petit brigand, bourgeon d'un terroriste de 89, oses-tu bien porter la cocarde blanche? Ne sais-tu pas que tu n'en es pas digne? que tu la déshonores?" Aussitôt il me l'arrache et me donne des soufflets et des coups de pied. Je m'enfuis en pleurant; puis je me calme.

A peine avais-je oublié ma mésaventure que je rencontre un autre royaliste, grand et fort comme le premier. Il approche de moi et m'apostrophe en ces termes: "Brigand, tu vas sans cocarde. Le blanc, je le sais, n'est pas ta couleur favorite; tu le repousses; tu nous braves. Eh bien,

tiens! prends ce que je te donne." Et il m'accable de
soufflets, de coups de poing, de coups de pied. Je me sauve
à la maison en maudissant mes brutaux et réfléchissant à
la faiblesse de mon talisman. Quel sort était le mien!
Battu pour avoir une cocarde; battu pour n'en avoir
point! Comment donc faire à l'avenir! au diable le talisman qui m'a si mal protégé!

§ 56.   *The treatment of Napoleon's veterans.*

CAPITAINE COIGNET[1].

Le maréchal (Macdonald) me garda près de lui le plus
longtemps qu'il put, mais on lui intima l'ordre de me
renvoyer dans mes foyers, à demi-solde; le Ier janvier
1816, le maréchal me fit appeler: "Vous m'avez fait dire
de venir vous parler?" "Oui, mon brave, je suis forcé de
vous renvoyer dans vos foyers, à demi-solde. Je regrette
sincèrement de vous faire partir, mais j'en ai reçu l'ordre.
J'ai tardé le plus possible." "Je vous remercie, Monsieur
le Maréchal." "Si vous voulez rejoindre le dépôt de
l'Yonne et reprendre du service, je vous ferai avoir la
compagnie de grenadiers." "Je vous remercie; j'ai des
affaires à terminer à Auxerre, et puis j'ai trois chevaux
dont je voudrais me débarrasser. Je vous demanderai
d'aller à Paris pour les vendre." "Je vous l'accorde avec
plaisir." "Je n'ai besoin de permission que pour quinze
jours; mes chevaux sont de prix, je ne les vendrai bien
qu'à Paris." "Vous pouvez partir d'ici." "Je désirerais
passer par Auxerre." "Je vous donne toute permission."

Je pris congé, lui fis mes adieux, ainsi qu'au comte Hulot.
En sortant du palais, je me dis: "Voilà de belles étrennes, il
faudra se serrer le ventre avec la demi-solde."

Le 7 janvier 1816, je fus chez le général Boudin:
"Général, me voilà rentré sous vos ordres. Le maréchal
Macdonald m'a donné une permission de quinze jours
pour aller à Paris vendre mes chevaux." "Je vous

---

[1] From *Les Cahiers du capitaine Coignet* (ed. Lorédan Larchey;
Hachette, 1883), pp. 419, 421, 423 f., 433–438.

défends de sortir d'Auxerre." "Mais, général, j'ai la permission." "Je vous répète que je vous défends de sortir de la ville." "Mais, général, je n'ai point de fortune. Comment vais-je faire pour les nourrir?" "Cela ne me regarde pas." "Quel parti prendre?" "Laissez-moi tranquille! Si vous ne pouvez pas les vendre, il faut leur brûler la cervelle." "Non, général, je ne le ferai pas; ils mangeront jusqu'à ma vieille redingote et je ne leur ferai point de mal; j'en ferai plutôt cadeau à mes amis." Je pris congé et me retirai bien consterné, mais je ne m'en vantai pas et gardai le silence le plus absolu. Rentré dans mon logement, je renvoyai de suite mon domestique, mais ce n'était que le prélude. Je ne me doutais pas que j'étais sous la surveillance de tous les dévots de la vieille monarchie....

Je reçus l'invitation de me présenter tous les dimanches chez le général, pour assister à la messe comme mes camarades, et de là chez le préfet; c'était l'étiquette du jour, il fallait se faire voir. Comme nous étions beaucoup d'officiers, le salon du général se trouvait plein; moi, je formais l'arrière-garde, je restais dans l'antichambre; je me donnais garde d'aller faire ma courbette, j'avais été trop bien reçu. Enfin, au bout de plusieurs dimanches, je fus aperçu par le général, qui tournait le dos à son feu; me voyant, il m'appelle: "Capitaine! Approchez, mon brave."

J'arrive, chapeau bas: "Que me voulez-vous, général?" "Je fais en ce moment un tableau pour porter les officiers qui veulent reprendre du service; j'ai ordre de les désigner. Si vous voulez, je me charge de vous faire avoir une compagnie de grenadiers." "Je vous remercie, général; le maréchal Macdonald me l'a offert, j'ai refusé."

Tous mes camarades ne soufflaient mot, il s'en trouva un plus hardi, le capitaine de gendarmerie Glachan, qui dit: "Voyez ce vaguemestre, qui est revenu couvert d'or." Me voyant apostrophé de cette manière, je m'avance devant le général, et relevant mon gilet: "Voyez, général, comme je flotte dans mes habits. Voyez le gendarme qui a trois boutons à son habit qu'il ne peut boutonner, tant il est gras...." "Allons! allons, capitaine!" "Je ne le connais pas, ce n'est pas à lui de me parler; qu'il s'en souvienne!"

Je rentrai chez moi, suffoqué de colère; j'aurais voulu être encore en Russie. Au moins, j'avais mes ennemis devant moi, tandis qu'ici ils sont partout dans mon pays.

.   .   .   .   .   .

On fit la cérémonie funèbre de Louis XVI. Au jour indiqué pour la célébrer, toutes les autorités furent convoquées pour assister à ce pénible service, et nous reçûmes l'ordre de nous présenter chez le général Boudin pour aller prendre le préfet et nous rendre à la cathédrale. L'église était pleine; après le service, M. l'abbé Viard monta en chaire; le général nous fit signe de sortir du chœur pour nous mener en face de la chaire. Nous formions le cercle, tous assis, notre général au milieu de nous. L'abbé Viard lut le testament de Louis XVI d'une voix de Stentor; après sa lecture, le voilà qui tombe sur l'usurpateur Bonaparte qui avait porté le carnage chez toutes les puissances avec ses satellites, ces buveurs de sang qui égorgeaient les enfants au berceau. Alors toutes les figures des vieux guerriers devinrent pâles, et le général, qui aurait dû venir à notre secours, ne dit mot. En sortant de cette cérémonie, tout le monde était silencieux; je croyais étouffer de colère contre l'abbé Viard; il m'a fait une si terrible blessure que je n'ai été depuis aux cérémonies que forcément. Voilà ce que j'ai vu et entendu; que les hommes de ce temps s'en souviennent. Il fallut que nous restâmes humiliés, il fallut aller à la messe tous les dimanches, je croyais toujours voir cette tête blanche, aux cheveux *regrichés*, monter en chaire. Je crois que je serais sorti de la cathédrale, tant cet homme me faisait mal à voir.

Un jour de Fête-Dieu, nous fûmes chez notre général, et de là chez le préfet attendre le moment de partir pour la cathédrale, mais le chapitre des conversations se prolongeant un peu trop, la procession sortit et l'on vint avertir le préfet de ce contre-temps. Au lieu d'aller à l'église, nous fûmes obligés de courir pour la rattraper sur la place, mais lorsque nous eûmes dépassé le portail, longeant le clergé pour nous porter derrière le dais, suivant notre général, on criait derrière nous à tue-tête: "En arrière! en arrière les officiers, en arrière!" C'était le tribunal qui voulait passer devant nous.

Je me trouvais sur le côté gauche; le procureur du roi se trouvant à mon côté, me dit: "Vous n'entendez donc pas que je vous crie de rester derrière?" "Mais je suis mon général." "Je vous dis de laisser passer le tribunal." "C'est donc vous qui nous commandez? Eh bien! commandez!" "Je ne vous connais pas," dit-il. "Je vous connais, moi, vous vous nommez Gachon, et il n'y a qu'un Gachon comme vous qui puisse *gâcher* un officier comme moi. Si vous étiez officier, je vous dirais deux mots."

Il se trouvait parmi nous des chevaliers de Saint-Louis qui eurent l'insolence de me dire: "Donnez-lui un soufflet." Je me retourne, et les regardant d'un air de mépris: "Que me dites-vous? C'est affaire à vous de lui donner un soufflet et non à moi; vous seriez pardonnés et moi fusillé." Il fallut que je restasse encore une fois humilié. Cela fit grand bruit dans la procession, un des aides de camp du général vint lui rendre compte de ce qui venait de se passer derrière lui. "Mon brave, cela n'arrivera plus; on connaîtra l'ordre de marche." "Il n'est plus temps, vous ne nous verrez plus. Que M. Gachon s'en souvienne!"

La duchesse d'Angoulême vint à passer à Auxerre et l'on fit tous les préparatifs pour la recevoir. Des hommes de la marine, tous habillés de blanc, étaient commandés pour dételer ses chevaux sous la porte du Temple. Moi, je reçus l'ordre de me porter en grand uniforme à la porte du Temple pour me placer à la portière de droite de la princesse, sabre au poing. Je m'y rendis; les ordres ne sont pas des invitations, il faut obéir.

Arrivé à mon poste, je me plaçai près de la portière, et mes dindons habillés de blanc traînaient la voiture au petit pas....Moi, avec ma figure antique, je ne soufflais mot. Elle pouvait se vanter, si elle m'avait connu, que je ne l'aurais pas laissé insulter; j'ai toujours respecté le malheur. Arrivés sur la place Saint-Étienne, la voiture s'arrêta près de la cathédrale, et le clergé avec la croix et le grand crucifix portés par l'abbé Viard et M. Fortin, vicaire, se présentèrent à la portière de gauche. L'abbé Viard présentait son crucifix et ce pauvre Fortin, la tête penchée sur l'épaule de l'abbé Viard, pleurait de bon cœur; ça coulait sur ses grosses joues si fort qu'il me donnait presque l'envie d'en faire autant. Comme c'était amusant pour moi! Lorsque toutes les bénédictions et les baisers de crucifix furent terminés, la voiture de la princesse, traînée par les ânes du port, fit son entrée dans la cour de la Préfecture. Au pied du perron, elle fut reçue par les autorités, et monta d'un pas lent les degrés; elle était pâle, maigre et soucieuse. On l'introduisit dans une grande salle qui pouvait contenir 300 personnes; là un trône était préparé pour la recevoir. Ma mission remplie, je me réunis au corps des officiers en demi-solde pour aller faire notre visite à cette princesse, fille du malheureux Louis XVI. Notre tour arrive, nous sommes annoncés et formons le cercle dans cette salle immense; elle ne nous adressa pas un mot, elle avait l'air rechigné. Il se présente une grande dame pâle qui se fait annoncer pour faire présent d'un anneau ayant appartenu, disait-elle, aux ancêtres de la famille de Louis XVI. Une dame d'honneur rend compte de cette visite à la duchesse qui dit: "Faites retirer cette femme." Force lui fut de se retirer, bien penaude.

En ce temps-là, il nous fut enjoint de chercher des *établissements*, ce qui voulait dire: "Vous êtes répudiés." Tous les officiers qui ne purent rester en ville se sauvèrent dans les campagnes pour vivre à la table des laboureurs, moyennant 300 francs de pension par an. Moi, je pris de suite mon parti. J'allais à Mouffy m'installer pour un mois, mettre mes morceaux de vigne en bon état, me disant que si j'y dépensais mes économies, je pourrais toujours vivre avec mes 73 francs par mois. Comme mes deux hommes de journée, je faisais trembler le manche de ma pioche; dans un mois, mes petits morceaux de vigne étaient dans l'état parfait. Je ne le cédais pas à mes deux vignerons, je leur montrai que le soldat pouvait reprendre la charrue. Mes pauvres mains avaient de fortes ampoules, mais je me déchaînais contre l'ouvrage, disant: "J'ai passé par de plus grosses épreuves. Je vous ferai voir, mes enfants, que la terre doit nourrir son maître."

§ 57. *Flowers of legitimist patriotism in "la Chambre introuvable."*

(a) BARON HYDE DE NEUVILLE[1].

... Votre devoir est de discuter avec sagesse, de rechercher avec patriotisme, de vouloir avec force et constance tout ce que le monarque et la patrie attendent et réclament de vous. Votre devoir est de proposer la mesure utile, la mesure salutaire, celle que vos consciences vous indiqueront comme pouvant affermir la monarchie, faire triompher la religion, consolider la Charte et détruire pour les factieux jusqu'à l'espoir coupable de troubler, d'agiter et de bouleverser encore notre patrie.

Ce dont il s'agit enfin, ce n'est pas de savoir si vous voulez, mais si vous devez achever votre ouvrage. Législateurs, vous qui depuis vingt ans n'avez eu qu'un seul désir, qu'une seule pensée, vous qui n'avez cessé d'opposer aux novateurs du siècle, les vieilles leçons de la fidélité et de l'expérience; vous qui n'avez cessé de vouloir ce que la France entière veut aujourd'hui; peut-être vous est-il permis de répondre avec un illustre consul aux hommes qui ont eu le malheur de se tromper: *Tacete, quaeso, Quirites.— Silence, Romains, nous savons mieux que vous ce qui convient à la patrie.*

Législateurs, vous êtes les députés élus par la nation libre, pour la première fois depuis vingt-cinq années, c'est

[1] From *Archives parlementaires* (Séance du 14 février 1816), IIᵉ série, t. XVI, p. 153.

vous qu'elle a chargés non seulement de la défendre, mais
de la sauver. Législateurs, vous êtes cette Assemblée de
1815 dont le plus sage des rois a daigné dire (et pourquoi
craindrais-je de rappeler des paroles, augustes qui font
votre gloire et votre plus douce récompense?). Oui, Messieurs, le Roi a dit, en parlant de la Chambre des Députés,
que dans l'état des choses présentes, une pareille Chambre
paraissait *introuvable*, et que la Providence s'était plu à la
former des éléments les plus purs.

C'est ainsi que le monarque vous honore, c'est ainsi que
la France et l'Europe entière vous jugent. Faites que la
postérité ratifie le jugement.

(b) M. DELBREL D'ESCORBIAC[1].

...Réfléchissez, Messieurs, à tout ce que nous devons à
cette immortelle Vendée, qui, tandis que la France entière
était courbée sous le joug honteux de la Convention, dont
nous avons vu naguère la dégoûtante image, défendait
seule encore et l'autel et le trône, et conservait l'honneur
et la gloire de la patrie. Oui, Messieurs, je ne crains pas
de le dire; si, à cette époque funeste, toute gloire n'était
pas perdue pour la France, ce n'est pas seulement à nos
braves armées que nous le devons (leurs triomphes aggra-
vaient nos malheurs), c'est encore et plus véritablement
peut-être, à ces intrépides Vendéens et aux autres défenseurs de la plus juste cause, que nous en sommes
redevables. C'est dans la Vendée que triomphaient encore
le véritable honneur et la fidélité, tandis qu'ailleurs ils
n'osaient se montrer, et c'est là qu'ont été donnés ces
grands exemples dont la tardive imitation a délivré
l'Europe....

(c) MARQUIS DE PUYVERT.

...Dans cette lutte si inégale et si glorieuse, la Vendée a
donné l'exemple de tous les genres d'héroïsme. Nous avons
vu ses habitants simples et paisibles, enflammés tout à
coup d'un feu divin, se révolter contre les principes révo-

[1] From *Archives parlementaires* (Séance du 7 mars 1816), pp. 419,
421.

lutionnaires, et, transformés en soldats intrépides, étonner la France et l'Europe par des miracles de courage, et, ce qui est bien plus difficile à des Français, par une constance inébranlable. Vous vous empresserez, Messieurs, vous, les dignes interprètes d'une nation reconnaissante, d'acquitter un tribut d'éloges si justement mérité.

Mais, dans le même temps, nos provinces méridionales offrirent aussi de zélés défenseurs à leurs souverains légitimes....

C'est dans ces mêmes contrées que s'établit cette fermentation dont les résultats devaient amener des changements si heureux, s'ils n'eussent été arrêtés par le 18 fructidor....

Le Roi que la Providence nous conservait, et dont la sagesse prévoyante s'occupait au sein de son exil de tous les moyens qui pouvaient rendre ses sujets au bonheur, sentit la nécessité de centraliser leurs efforts.

Des officiers éprouvés, chargés de ses pouvoirs, furent envoyés dans l'intérieur, et leurs soins rallièrent bientôt à un centre commun toutes les opinions, toutes les actions. Des cadres d'insurrection furent organisés dans le mystère depuis Bordeaux jusqu'au Var; vingt-cinq mille hommes cachés dans les villes, disséminés dans les bois, épars sur les montagnes, n'attendaient qu'un signal pour se réunir dans l'ancienne Provence, lorsque l'inconcevable bataille de Marengo vint encore une fois renverser nos espérances, éloigna les troupes étrangères qu'une campagne heureuse avait conduites sur nos frontières, et nous replongea dans l'abîme où la France a gémi pendant vingt-cinq ans.

§ 58. *An appeal to the foreigner.*
"*La note secrète.*"

BARON DE VITROLLES[1].

[Cette pièce est tombée entre nos mains: elle nous vient d'une source digne de foi; elle porte d'ailleurs avec elle,

[1] Early in July 1818, a private memorandum was addressed to the representatives of the Powers by M. de Vitrolles, prompted by

par la manière dont elle est rédigée, un caractère d'authen-
ticité.

Du reste, nous ne nous permettrons ni d'en désigner
ni d'en soupçonner les auteurs. Qu'on ignore à jamais, s'il
est possible, les noms de ces indignes Français! mais que
leurs calomnies, qui pourraient être accueillies au loin si
elles n'étaient promptement réfutées, subissent la juste puni-
tion de la publicité! Le bon sens national en fera justice.

Il suffit que cette pièce ait existé, qu'elle ait une destination connue, pour qu'il soit convenable et utile de la
produire au grand jour, pour faire apprécier aux bons
esprits et aux cœurs français l'inconvenance et le danger
de ces machinations ténébreuses, dont le but est d'offrir
toujours la France comme un épouvantail à l'Europe, et
de nourrir les préventions et les haines nationales, qu'il est
si important de détruire.

Ce honteux *appel aux étrangers*, pour faire changer par
leur influence le système du gouvernement, sera désavoué
par ceux mêmes qu'un moment de vertige a pu égarer au
point de leur suggérer de pareils blasphèmes. Car cette
pièce réunit les trois caractères d'un *acte de souveraineté*,
d'un *manifeste*, et d'un *plan de conspiration*, en un mot,
d'un crime de trahison envers la nation et le Roi.]

...La révolution occupe tout, depuis le cabinet du Roi,
qui en est devenu le foyer, jusqu'aux dernières classes de
la nation qu'elle agite partout avec violence....

...Il n'y a pour l'Europe que deux hypothèses: ou l'on
abandonnerait la France à toutes les éruptions du volcan,
en cherchant à s'en préserver au-dehors; ou l'on penserait
à sauver la France de toutes ses fureurs....

Monsieur. Its purport was that the state of France was a menace to
the peace of Europe which could only be conjured by a change of
Ministry, impossible without foreign aid.

Decazes got hold of this foolish and unpatriotic document and had
it published under the title *Note secrette exposant les prétextes et le
but de la dernière conspiration* (Paris, 1818). We quote a piece of the
editor's preface and some passages from the text. Vitrolles, who took
no pains to conceal his responsibility, lost his rank as Minister "d'État,"
and *Monsieur* was relieved of his command of the Garde nationale.

...La pensée d'abandonner la France aux fureurs de la révolution est injuste et cruelle: elle avilirait la majesté des rois; elle effacerait l'honneur que les couronnes avaient RETROUVÉ dans la glorieuse époque de 1814 et 1815; elle déchirerait la plus belle page de leur histoire: on ne peut pas supposer une pareille détermination.

"Que peuvent," nous dira-t-on, "les cours alliées sur des déterminations qui doivent partir de la seule persuasion, de la seule volonté du Roi? Peuvent-elles, même dans un intérêt qui serait bien reconnu, intervenir d'une manière décisive dans des questions de gouvernement intérieur? Une disposition aussi contraire aux principes les mieux établis ne ferait-elle pas un mal plus grand que tout le bien qui pourrait en résulter?"

Cette objection est précisément la même que celle qu'on faisait, en 1814, contre le rétablissement de la maison de Bourbon: on disait, à Langres, à Troyes, à Châtillon[1], que les principes du droit public prohibaient aux puissances toute disposition sur le gouvernement intérieur du pays, et qu'on ne saurait, sans manquer à ces principes, renverser Bonaparte et rétablir la famille royale. On oubliait alors, comme on oublie aujourd'hui, que la révolution qui attaque toutes les couronnes, a établi entre elles une nouvelle solidarité; que l'intérêt de leur défense légitime, qui est en même temps le premier intérêt de leurs peuples, leur commande d'arrêter l'incendie partout où il peut éclater; qu'aucun principe établi ne peut infirmer ce grand principe de légitime défense: et ne voit-on pas, dans le droit commun, les principes mêmes de la propriété, sur lesquels repose la société entière, se modifier quand il s'agit de se préserver d'un incendie ou des ravages d'un torrent? Enfin, permettrait-on à un citoyen de mettre le feu à sa maison, dans l'intention de brûler toute une ville?

Telle est la situation des puissances alliées en présence de la révolution qui renaît chez nous, et c'est en ce sens

---

[1] Successive conferences of the allied powers during the campaign in France.

qu'ont été stipulés les traités qui lient ces puissances entre
elles, et qui établissent tous leurs rapports avec la France.

Toutes en ont admis depuis quatre ans, qui étaient alors
inconnus, parce qu'un nouvel ennemi et des armes offensives
nouvelles demandaient de nouveaux moyens de défense.

§ 59. *The cup of humiliation.*

(a) DUC DE RICHELIEU[1].

Novembre, 1816.

La vieille Europe paraît épuisée au physique comme
au moral, la terre même se refuse à produire, et le soleil
à mûrir les moissons. La récolte en vins a été nulle dans
la presque totalité de la France, celle du blé est médiocre:
il en résulte une énorme cherté, si même ce n'est une
disette. Je doute qu'il y ait à présent, sur la surface de la
terre, un peuple aussi malheureux que le peuple français;
humilié dans son amour-propre, écrasé d'impôts, sans
commerce, sans industrie, et payant le pain six et sept
sous la livre! Il souffre en silence, et acquiert quelques
droits à l'estime, par sa résignation. Il ne reste plus ici
d'activité que pour la haine. Cette passion est encore dans
toute sa force, la société est insupportable, et les passions
y sont aussi vives qu'en 1792....Les personnes qui croient
qu'on défait une révolution de vingt-sept ans avec deux
ou trois décrets, sont furieuses que nous ne nous prêtions
pas à une opération aussi facile. Ils m'avaient pris,
croyant me faire l'instrument de leurs extravagances, et,
voyant aujourd'hui que je ne m'y suis prêté, et même
que je voudrais les sauver malgré eux, en suivant ma ligne
de modération et de sagesse, ils s'acharnent contre moi,
et en disent autant de mal qu'ils en disaient de bien
auparavant, et, dans les deux cas, plus que je n'en mérite.
Tout cela est peu de chose, assurément, mais quand cet
éloignement vient d'hommes qui composent la classe

---

[1] From Rochechouart, *Souvenirs* (cf. *supra*, § 51), ch. v, p. 420 f. The
Prime Minister is here speaking in confidence to his confessor, the
Abbé Nicolle.

avec laquelle vous êtes destiné à vivre, et que, d'ailleurs, les écarts de cette classe peuvent avoir des suites si graves, on ne peut s'empêcher de les déplorer.

Le spectacle de la France au pillage n'est rien moins que fait pour égayer. Il n'y a que la conduite des Russes qui soit admirable, comme celle de l'Empereur est un modèle de noblesse, de loyauté et de bonne politique[1]. Mais les autres armées exercent cruellement le droit de représailles, les Anglais pourtant exceptés; les Prussiens, Autrichiens, Bavarois, s'escriment à l'envi, usent et abusent des avantages de la victoire. La France expire à la lettre sous le poids de l'Europe qui l'écrase. Le passage d'un corps d'armée épuise tellement le pays qu'il traverse, que ceux qui passent ensuite ne trouvent à subsister qu'avec la plus grande peine. La masse des campagnes vit au jour la journée, n'a rien en réserve. Je viens d'être témoin à Courteille du passage d'un corps prussien, qui va en Bretagne, et, quoique j'aie fait l'impossible pour éviter une partie des maux, quoique le général fût un de mes anciens amis et un excellent homme, je frémis d'une pareille calamité, dans un pays aussi misérable, et avec des hommes aussi exigeants et aussi peu disciplinés que les Prussiens. Jusqu'à présent, rien n'indique encore le terme de cet état de choses, qui, comme au reste on devait s'y attendre, ne ressemble guère à celui de l'année dernière. L'Empereur[2] voudrait qu'il finît promptement et bien, et qu'on éteignît enfin, par une paix raisonnable, les haines qui divisent les nations européennes depuis trop longtemps. Dieu veuille qu'il réussisse dans ce noble dessein.

Croyez à mon bien tendre attachement,

R.

---

[1] Richelieu had lived in Russia, and was the personal friend of the Czar Alexander.
[2] I.e. of Russia.

(b) Béranger[1].

Le Champ d'Asile. Août 1818.

Un chef de bannis courageux,
Implorant un lointain asile,
A des sauvages ombrageux
Disait: "L'Europe nous exile.
Heureux enfants de ces forêts,
De nos maux apprenez l'histoire.
Sauvages! nous sommes Français;
Prenez pitié de notre gloire.

Elle épouvante encor des rois,
Et nous bannit des humbles chaumes
D'où, sortis pour venger nos droits,
Nous avons dompté vingt royaumes.
Nous courions conquérir la Paix,
Qui fuyait devant la victoire.
Sauvages! nous sommes Français;
Prenez pitié de notre gloire.

Dans l'Inde, Albion a tremblé,
Quand de nos soldats intrépides
Les chants d'allégresse ont troublé
Les vieux échos des Pyramides.
Les siècles pour tant de hauts faits
N'auront point assez de mémoire.
Sauvages! nous sommes Français;
Prenez pitié de notre gloire.

Un homme enfin sort de nos rangs;
Il dit: 'Je suis le dieu de ce monde.'
L'on voit soudain les rois errants
Conjurer sa foudre qui gronde,
De loin saluant son palais.
A ce dieu seul ils semblaient croire.
Sauvages! nous sommes Français;
Prenez pitié de notre gloire.

[1] From *Chansons*, 2ᵉ Recueil (1821); five couplets out of seven.

Mais il tombe; et nous, vieux soldats,
Qui suivions un compagnon d'armes,
Nous voguions jusqu'en vos climats,
Pleurant la patrie et ses charmes.
Qu'elle se relève à jamais
Du grand naufrage de la Loire[1]!
Sauvages! nous sommes Français;
Prenez pitié de notre gloire."

§ 60. *The youth of France protest. August*, 1818.

N.-A. DE SALVANDY[2].

Ch. v. *Que la Confiance n'est point hasardeuse (suite)*.

Malheur à la France, si vous prêtiez l'oreille aux pusil-lanimes qui s'effrayant toujours de la force, quelle que soit son attitude, prennent pour du jacobinisme la con-science de la dignité nationale, et arrivent à calomnier l'opinion publique, parce qu'elle les réprouve!

Par un étrange renversement d'idées, ils vont imputant à crime au peuple français, appelant révolutionnaire cet esprit de patriotisme qui vit dans la monarchie et la soutient depuis des siècles, cette fierté de l'indépendance qui est le plus bel héritage de nos aïeux, cette impatience de l'humiliation qui suscitait, après les infortunes de Philippe de Valois les prospérités de Charles-le-Sage, les triomphes de Charles VII après les désastres de son prédécesseur, et la victoire de Denain après les alarmes de Louis XIV!

Quelques-uns vont plus loin encore; ils semblent avoir pris à tâche de faire haïr aujourd'hui la génération nouvelle qui va régner demain;

Oubliant qu'elle ne soupirerait pas au souvenir des grandes journées, si elle n'avait pas vu deux fois triompher dans les murs de Paris l'arrogance des vaincus de la Talavera, d'Austerlitz et de Friedland.

[1] Whither in accordance with the terms of capitulation of July 3, 1815, the remnant of the French army withdrew on July 5–6.
[2] From *La Coalition et la France* (Paris, 1817, 1818), IIe partie, chs. v–x (with omissions), pp. 76–92. The (anonymous) author was 21 years old.

Gardez-vous de croire que la jeunesse française regrette des couleurs, des enseignes, un homme! Non; mais elle a vu la France reine parmi les nations; elle la voit leur esclave, entend leurs menaces, et s'indigne; elle brûle de rendre l'honneur national digne du drapeau sans tache.

Imprudents et inutiles furent les efforts que l'on a tentés pour amortir les courages! L'humeur guerrière est l'éternel apanage du royaume des Francs: elle en est aujourd'hui la seule richesse, la dernière ressource.

La preuve que la révolution n'a pas, autant qu'on affecte de le croire, dépravé les *vieilles mœurs*, c'est qu'elle a respecté les *vieilles* inclinations, c'est que dans les écoles survit le caractère national du *vieux temps*.

Le despotisme de Buonaparte aurait pu finir par extirper des cœurs l'esprit militaire; mais vous, vous l'essaieriez en vain; c'était un moyen d'oppression; c'est aujourd'hui un moyen de délivrance.

Le peuple français est désenchanté des ruineuses illusions de la victoire; quoiqu'il lui restât bien encore de quoi combattre et vaincre, il ne veut plus régner chez les autres; il sait trop combien l'oppression coûte, tôt ou tard, aux oppresseurs....

Mais il prétend maintenir son indépendance; il sent le coup suprême qu'on lui prépare; il se croit la force de le parer, et s'étonne de ne voir tremper ni le bouclier ni l'épée.

Il consent à livrer tout son or, il se soumet à la misère, il se résigne à la scrupuleuse observation des traités.

Mais lorsque, ne pouvant plus offrir les fruits de ses champs, la laine de ses troupeaux, la sueur de son front, il sera sommé par la puissante usurière de s'abandonner lui-même et de recevoir des chaînes, il veut pouvoir alors combattre pour son indépendance, et avoir du moins la consolation de vendre chèrement sa vie.

Ch. vii. *Moyen d'étouffer les discordes.*

...Loin de nous séquestrer de l'Europe, il faut nous ramener au milieu d'elle; loin de distraire l'opinion publique des douleurs nationales, il faut en substituer le ressentiment à l'exaspération des souffrances domestiques.

Loin de taire les grands dangers de la patrie, ne craignez pas de nous en entretenir sans cesse, de nous révéler sans détour l'avenir qu'on nous prépare, et surtout ne permettez point à un zèle inconsidéré de calomnier l'impatience généreuse de la jeunesse française: il faut exalter en elle, propager dans toutes les conditions, chez tous les âges, cette haine des dominations étrangères qui est aujourd'hui notre seule sauvegarde.

Ch. viii. *Du Système de nationalité.*

Ce que nous appelons esprit de *nationalité* est, dans le peuple, l'intérêt de la patrie mis à la place de l'intérêt des factions, l'égoïsme de tous substitué à l'égoïsme de chacun.

C'est, plus haut, le dévouement qui élève la politique au-dessus des considérations privées, la confiance qui dissipe les ombrages et repousse les soupçons, le patriotisme, qui ferait oublier les périls du trône, si le trône était en péril, pour consacrer les plus nobles tentatives au salut de la monarchie, trop réellement menacée de toutes parts.

Rien donc ne doit annoncer d'autres craintes que celles dont l'attitude de l'Europe impose la loi; d'autres attachements que ceux de citoyens à l'État, de pères à la famille; d'autre parti que celui de cette France de vos aïeux, qu'il faut croire innocente de tous les attentats dont elle fut témoin et victime, qui, des bras sanglants de la révolution, aspira toujours à se rejeter dans les vôtres, bien sûre que les petits-fils d'Henri IV adopteraient sans réserve toutes ses adversités.

Ainsi, fut-il grand et sage d'interrompre les fêtes nuptiales, au jour anniversaire des funérailles de Waterloo[1]. Il convenait à la majesté du Roi de France de porter le deuil de ses enfants coupables, quand Londres et Berlin

---

[1] Le 18 juin 1816, la Cour se retira à Saint-Cloud, et le lendemain seulement, se commencèrent les fêtes du mariage de S.A.R. Mgr Duc de Berry (Author's note). Cf. *supra*, pp. 204, 205.

semblaient, par leurs joies hostiles, prendre à tâche de les justifier.

Ainsi, peut-être eût-il été plus expédient de ne pas affliger les cœurs français du spectacle des milices étrangères, dont la fidélité, la bravoure et le dévouement donnent à regretter davantage que leur patriotisme ne soit pas indigène, et n'empêcheront pas de les voir avec peine répondre désormais de la sûreté du trône à ceux qui sont là pour le défendre.

Ch. ix. *Puissance de l'Esprit public.*

Règle générale: sans *nationalité*, point d'esprit public; sans esprit public, point de force. Ce ne sont point les armes de Blücher, cet *invincible* que nous avons tant de fois vaincu, c'est le patriotisme du *Tugend-Bund* qui a conquis la délivrance de la Prusse tributaire.

La Prusse était d'intelligence avec ses maîtres; elle devinait que le monarque, réduit au silence par l'ascendant de la force, loin de craindre l'humeur guerrière de ses peuples, s'enorgueillissait de l'exaspération de ses provinces, et que dans le général d'Yorck, rebelle pour combattre l'oppresseur, le Roi désobéi ne manquerait pas de voir le plus fidèle de ses sujets.

Quand un grand danger menace, il faut savoir longtemps à l'avance parler aux cœurs et aux âmes, pour qu'au jour d'épreuve les cœurs et les âmes vous répondent. Les peuples n'ont de force physique, qu'en proportion de la force morale qu'on leur a su donner.

A quoi pensent tous ces législateurs à souvenirs qui voudraient constituer la monarchie telle qu'ils s'imaginent l'avoir vue autrefois, sans esprit public pour la mouvoir?

On les croirait étrangers à tout ce que nos bouleversements ont apporté de différence dans les besoins, les habitudes, les mœurs, étrangers à tout ce que présente d'impérieux la situation politique de la France: tant ils prétendent, novateurs à rebours, changer ce qui est en ce qui fut, et soumettre à l'antique allure une génération nouvelle dont la marche est irrévocablement fixée.

C'est le passé qui s'avise de vouloir s'emparer du présent, et se substituer à l'avenir.

Ses ambitions seront trompées; mais malheur si ses tentatives faisaient prévaloir aujourd'hui la doctrine que le patriotisme est une exaltation pernicieuse; que les peuples ne doivent être initiés au secret de leurs dangers qu'au jour où la voix des gouvernements leur commande de s'aller commettre sur les champs de bataille!...

Ch. x. *De l'Énergie.*

...Les grands dangers commandent de grandes mesures; ils offrent aussi presque toujours de grandes ressources, parce que tout est moyen dans les situations désespérées.

Par exemple, il est permis de croire qu'après la journée du Mont-Saint-Jean[1], lorsqu'une moitié de la France se précipitait au devant de ses Princes, que l'autre, également heureuse de leur retour, se désolait de le voir devancer par une invasion nouvelle, et que...la troupe cherchait en vain autour d'elle un chef pour la conduire, et une terre pour lui servir d'asile, tout pouvait être réparé encore, si, au milieu des rangs, avait apparu soudain un des nobles fils de France, disant:

"Enfants! Vous connaissez votre erreur aujourd'hui; nous l'avons oubliée.

"Le chef pour qui vous aviez tout fait a déserté vos drapeaux; ralliez-vous aux nôtres: les Bourbons ne désertent pas!

"La Coalition marche: Soldats, en avant! Nous lui dirons que nous sommes réconciliés, et elle s'arrêtera devant notre union. Si elle prétendait passer outre, nous saurions vaincre ou mourir, et du moins nous mourrions Français!"

On respecte les motifs qui prescrivirent une autre marche....

S'il est vrai qu'il faudra, tôt ou tard, que la nation coure aux armes, préparez de longue main l'action populaire....

Il faut désormais sauver la France, comme Buonaparte l'a perdue, en mettant en ligne toutes ses forces.

[1] Waterloo.

§ 61. *Poets sing the Country freed from
the foreigner. October,* 1818.

(*a*) Casimir Delavigne[1].

Plus d'Anglais parmi nous! plus de joug! plus d'entraves!
Levez plus fièrement vos fronts cicatrisés...
Oui, l'étranger s'éloigne; oui, vos fers sont brisés:
    Soldats, vous n'êtes plus esclaves!

        Reprends ton orgueil,
        Ma noble patrie;
        Quitte enfin ton deuil,
        Liberté chérie;
        Liberté, patrie,
        Sortez du cercueil!...

D'un vainqueur insolent méprisons les injures:
Riches des étendards conquis sur nos rivaux,
Nous pouvons à leurs yeux dérober nos blessures,
    En les cachant sous leurs drapeaux.

Voulons-nous enchaîner leurs fureurs impuissantes?
Soyons unis, Français; nous ne les verrons plus
Nous dicter d'Albion les décrets absolus,
Arborer sur nos tours ses couleurs menaçantes;
Nous ne les verrons plus, le front ceint de lauriers,
Troublant de leur aspect les fêtes du génie,
    Chez Melpomène et Polymnie[2]
Usurper une place où siégeaient nos guerriers;
Nous ne les verrons plus nous accorder par grâce
Une part des trésors flottant sur nos sillons.
    Soyons unis; jamais leurs bataillons
De nos champs envahis ne couvriront la face:
La France dans son sein ne les peut endurer,
Et ne les recevrait que pour les dévorer.
Ah! ne l'oublions pas; naguère dans ces plaines,
    Où le sort nous abandonna,

[1] From the *Messéniennes, livre* i*er*, iii*e Messénienne* (1818)
[2] *Vide supra,* p. iii f.

Nous n'avions pas porté des âmes moins romaines
Qu'aux champs de Rivoli, de Fleurus, d'Iéna;
Mais nos divisions nous y forgeaient des chaînes.
Effrayante leçon qui doit unir nos cœurs
        Par des liens indestructibles;
        Le courage fait des vainqueurs,
        La concorde, des invincibles.

(b) BÉRANGER[1].

J'ai vu la Paix descendre sur la terre,
Semant de l'or, des fleurs et des épis.
L'air était calme, et du dieu de la guerre
Elle étouffait les foudres assoupis.
"Ah! disait-elle, égaux par la vaillance,
Français, Anglais, Belge, Russe ou Germain,
Peuples, formez une sainte alliance,
    Et donnez-vous la main.

Pauvres mortels, tant de haine vous lasse;
Vous ne goûtez qu'un pénible sommeil;
D'un globe étroit divisez mieux l'espace;
Chacun de vous aura place au soleil.
Tous attelés au char de la puissance,
Du vrai bonheur vous quittez le chemin.
Peuples, formez une sainte alliance,
    Et donnez-vous la main.

Oui, libre enfin, que le monde respire;
Sur le passé jetez un voile épais.
Semez vos champs aux accords de la lyre;
L'encens des arts doit brûler pour la paix.
L'espoir, riant au sein de l'abondance,
Accueillera les doux fruits de l'hymen,
Peuples, formez une sainte alliance,
    Et donnez-vous la main."

[1] From *La Sainte Alliance des Peuples, chanson chantée à Liancourt pour la fête donnée par M. le duc de la Rochefoucauld en réjouissance de l'évacuation du territoire français, au mois d'octobre* 1818 (Recueil de 1825), st. 1, 2, 6, 7.

Ainsi parla celle vierge adorée,
Et plus d'un roi répétait ses discours.
Comme au printemps la terre était parée,
L'automne en fleurs rappelait les amours.
Pour l'étranger coulez, bons vins de France:
De sa frontière il reprend le chemin.
Peuples, formez une sainte alliance,
   Et donnez-vous la main.

SECOND EPOCH,

1818—1830.

THE STRUGGLE TO PRESERVE LIBERTY: THE REVELATION OF THE UNITY OF FRANCE THROUGH HER HISTORIANS.

CHAPTER X

WANING OF MILITARISM

§ 62. (a) *The new army not professional but national.*

MARÉCHAL GOUVION SAINT-CYR[1].

Quand tous les Français n'avaient ni les mêmes droits, ni les mêmes devoirs, il a pu être nécessaire d'acheter à prix d'argent des soldats. Je ne vous rappellerai point tous les abus, toutes les violences, toutes les ruses auxquelles ce mode de recrutement donnait lieu....Grâces à Dieu, nous ne serons plus obligés, pour remplir les rangs de l'armée, de séduire la jeunesse et de provoquer une heure d'égarement; la patrie, au lieu de marchander avec ses enfants le prix de leur vie, accueillera avec reconnaissance ceux qui voudront la lui consacrer; son traité avec eux sera un contrat généreux, et non un vil marché. Les *appels*, quand on y aura recours, ne repro-

---

[1] From Gay de Vernon, *Vie du Maréchal Gouvion Saint-Cyr* (Paris, 1856), pp. 430-434. With the object of forming a national army Marshal Gouvion Saint-Cyr, Minister of War, introduced a bill (in September 1817) whose main conditions were as follows. The army to be recruited by means of voluntary engagement and an annual ballot. Service to be 6 years with the colours and 6 years in the reserve. Reservists only to be called up in case of war and for home service. Commissions to be granted only to non-commissioned officers or pupils of a military school. Promotion to go by seniority. The Right resisted the clause dealing with the reserve because it included imperial veterans ("ennemis du roi"), and the conditions of promotion as being a violation of royal prerogative. The bill passed, but the objectionable clauses were practically never applied. Gouvion Saint-Cyr's speech delivered in the Chamber on January 26, 1818, was written for him, according to the duc de Broglie, by Guizot.

duiraient-ils pas la *conscription*? Je ne sais s'il est bien utile, s'il est bien patriotique, quand une institution est reconnue nécessaire, de s'appliquer à lui rendre un nom justement odieux. Heureusement, il y a peu à craindre de pareils efforts. La France est trop fière pour ne pas vouloir que, s'il y a dans la conscription un principe nécessaire au maintien de son indépendance, ce principe soit encore appliqué. Elle est trop éclairée pour ne pas reconnaître la différence radicale qui existe entre le mode de recrutement qu'on vous propose et l'ancienne conscription.

Quelques personnes ont pensé que le vote annuel et explicite du recrutement par les Chambres était inhérent à la nature du gouvernement représentatif et indispensable aux garanties nationales. Un grand État continental comme la France, entouré de puissants voisins, ne peut être soumis à des combinaisons politiques qui rendraient l'existence de son armée incertaine et précaire: une armée est pour lui une première garantie extérieure qu'on ne peut ni remplacer ni suspendre. Dans un État semblable, il ne faut pas que la Constitution redoute l'armée, car elle ne saurait s'en passer. La force et la dignité de la couronne, la pureté des lois, l'indépendance de la nation, son importance politique, tout réclame d'abord une armée permanente. ...Elle est tellement indispensable que l'on ne peut pas en séparer l'idée de notre existence nationale et monarchique. L'opinion du vote annuel tend à placer dans les Chambres la partie même du gouvernement qui, par l'esprit de la Charte et par la situation de la France, devait rester toute indépendante et toute royale. Vainement la Charte réserve au roi le commandement et la disposition des forces de terre et de mer, si, chaque année, l'état militaire est toujours en question, non pas comme objet de dépense, mais comme moyen de pouvoir, la prérogative royale est désarmée et l'influence politique est transportée ailleurs....

Mettons-nous hardiment en possession de l'armée active et permanente dont nous ne pouvons pas nous passer. Elle vient de se former sous vos yeux, d'après les dispositions de la Charte, la nature des choses, les besoins de l'État.

Quant à l'armée de réserve, elle doit remplir deux conditions: l'une, de n'être ni un danger pour la liberté publique, ni un fardeau pour le Trésor; l'autre, d'offrir une ressource suffisante et assurée dès que son emploi devient nécessaire. Il faut qu'elle puisse dormir tranquillement au sein de la Patrie, et se réveiller tout à coup à sa voix. Des craintes mal déguisées, bien qu'exprimées avec une sorte d'embarras, ont porté quelques orateurs à repousser l'institution des *légionnaires-vétérans*, non à cause de l'institution en elle-même, mais à cause des hommes qui seront appelés les premièrs à y prendre place. La franchise est ici un devoir, car la question que nous agitons au sujet de l'armée est une question nationale. Il s'agit de savoir s'il existe parmi nous deux armées, deux nations, dont l'une sera frappée d'anathème et regardée comme incapable de servir le roi et la France; et, pour me renfermer dans ce qui me regarde directement, il s'agit de savoir si nous appellerons encore à la défense de la patrie les soldats qui ont fait sa gloire, ou si nous les déclarerons à jamais dangereux pour son repos. Ce dernier arrêt serait dangereux et injuste, car ces soldats étaient admirables aux jours de combats; une ardeur infatigable les animait, une patience héroïque les soutenait; jamais ils n'ont cessé de croire qu'ils sacrifiaient leur vie à l'honneur de la France, et, quand ils ont quitté leurs drapeaux, ils avaient encore à lui offrir d'immenses trésors de force et de bravoure. Faut-il que la France renonce à les leur demander? Faut-il que, dans les adversités, elle cesse de s'enorgueillir de ces hommes que l'Europe n'a pas cessé d'admirer?...Non, Messieurs, je ne puis le croire: notre salut ne réside point dans l'oubli de tant de services, dans la méfiance de tant de courage, dans l'abandon d'un boulevard si sûr. Les empires ne se fondent point sur la méfiance; le roi le sait, le roi ne veut pas qu'il existe en France une seule force nationale qui ne lui appartienne, un seul sentiment généreux dont il ne fasse la conquête. Nos soldats ont beaucoup expié, car ils ont beaucoup souffert: qui donc s'obstinerait à les repousser encore?

(b)   France free from a military caste of officers.

ROYER-COLLARD[1].

L'armée doit être en harmonie avec le pays au sein duquel elle existe; elle doit participer dans son esprit et dans sa composition à l'état de la société, en posséder les lumières, en suivre le progrès; et cela, non seulement dans l'intérêt de l'art militaire, auquel toutes les connaissances humaines concourent aujourd'hui, mais dans l'intérêt plus pressant de la société elle-même et de sa conservation. Une armée qui resterait ou qui tomberait au-dessous de la civilisation qui l'environne la menacerait sans cesse.

Le maintien de l'équilibre social exige impérieusement que l'armée ne soit ni moins civilisée ni moins éclairée que la nation.

Or il est incertain qu'on obtienne cet avantage, si l'armée se forme uniquement par l'enrôlement volontaire et par des appels qui admettent le remplacement. Il faut donc recourir à quelque autre voie.

Le seul moyen d'avoir une armée constamment civilisée au même degré et dans le même esprit que la nation, c'est de compenser le service actif de sous-officier et de soldat par l'avantage d'une éducation libérale. J'entends par là l'éducation qui, dans chaque pays, est jugée nécessaire à l'exercice des professions libérales; celle qu'on reçoit dans les écoles publiques du premier ordre.

Ainsi, Messieurs, il sera parfaitement légitime, parfaitement conforme à l'intérêt public, qu'une portion des sous-lieutenances, et, dans mon opinion, cette portion pourra s'élever jusqu'à la moitié, soit soustraite à ce qu'on doit regarder comme le droit commun, et réservée à un enrôlement spécial qui aura pour condition absolue la preuve d'une éducation libérale, et pour privilège le grade d'officier, avec exemption du service de soldat et de sous-officier. Dans le projet de loi, les écoles militaires ne sont autre chose que le bureau de cet enrôlement; mais, puis-

[1] From Barante, *La vie politique de M. Royer-Collard* (1861), t. 1, pp. 391–398. This speech was made in the Chamber on January 16, 1818.

qu'elles confèrent le privilège, elles doivent imposer la condition dont le privilège est le prix.

Ainsi, nul ne doit y être admis qui ne prouve qu'il a étudié avec fruit ce qui s'enseigne dans les hautes écoles où se forment les candidats des professions supérieures.... Il ne sera pas exigé que les élèves sortent des colléges royaux, ni même d'aucun collége; il suffira qu'ils sachent ce qu'on y enseigne; et ceux-là seront préférés qui le sauront le mieux.

On dira peut-être qu'il ne semble pas fort nécessaire d'être versé dans les belles-lettres et dans la philosophie pour être officier, et même officier supérieur. Non, Messieurs, cela n'est pas absolument nécessaire; mais, pour devenir officier sans avoir été soldat, il est absolument nécessaire d'avoir quelque titre de supériorité personnelle sur ceux qui restent condamnés à ce pénible apprentissage. Or, là où il n'y a point de privilège de naissance, la supériorité personnelle, c'est une plus grande capacité relative; il n'y en a point d'autre. La plus grande capacité relativement au service militaire ne résulte point de ce qu'on sait quelque langue ancienne, ceci ou cela en particulier; elle résulte de ce que, par une application longue et pénible à quelque étude difficile, l'esprit a développé des forces qu'il conservera, de ce que les habitudes de la méditation et du travail intellectuel se sont formées; en un mot, de ce qu'on a appris à apprendre....

Il faut accepter ces conditions ou avouer le privilège. Quoi! le fils d'un officier, d'un maréchal de France, tué sur le champ de bataille, ne sera pas affranchi du concours, et admis de plein droit dans les écoles militaires?

L'objection est imposante, mais elle n'a rien de solide. L'État doit tout, Messieurs, au fils de l'officier qui a versé son sang pour sa défense; tout, excepté un privilège. Il lui doit l'éducation, si sa famille est hors d'état de la lui donner; par l'éducation, une carrière; dans cette carrière, des regards bienveillants et toute la protection dont il se rendra digne. Mais il ne lui doit pas la carrière militaire de préférence, s'il y est moins propre que d'autres; il ne lui doit pas de l'y faire entrer par une voie d'exception, s'il ne justifie pas personnellement cette faveur; il ne lui doit pas de le dispenser d'être soldat, s'il ne sait pas s'en dispenser lui-même. Un grade militaire, Messieurs, n'est pas une grâce, c'est un emploi; et il y a des circonstances, il y a des journées où celui qui le remplit répond de la vie de ses camarades et de l'honneur de son pays.

De quoi s'agit-il ici?

...En dernière analyse, il s'agit de savoir si le principe fondamental de l'égalité civile, consacré par la Charte, est destiné à sommeiller dans la *déclaration des droits publics des Français*, ou s'il en sortira pour animer nos institutions et nos lois; en d'autres termes, s'il sera stérile, ou si, comme l'a dit un orateur, il portera ses fruits.

Ce principe n'est pas nouveau parmi nous; il n'est pas une conquête; l'ancienne monarchie le professait, comme la Charte le déclare; et cela seul vous avertit, Messieurs, qu'il ne suffit pas qu'un principe soit professé pour être efficace. Autrefois, comme aujourd'hui, le simple soldat était *admissible* aux honneurs suprêmes de la guerre; personne ne soutenait le contraire; mais combien y ont été *admis*? Le principe abandonné à sa propre énergie n'a su faire qu'un maréchal de France[1] dans le dix-septième siècle; et, comme s'il se fût épuisé dans cet effort, il n'en a pas fait un seul dans le dix-huitième; car Chevert[2], qu'on a cité, ne le fut point....

Dans notre monarchie devenue constitutionnelle, l'égale admissibilité aux emplois civils et militaires, d'une maxime qu'elle était, est devenue un droit; elle est placée à ce titre dans la *déclaration des droits publics des Français*. Si elle est un droit, elle a des effets nécessaires; repousser ces effets de la loi, qui seule imprime à ce qu'elle adopte le caractère de la nécessité, ce serait effacer le droit lui-même; ce serait au moins le reléguer de la politique dans la morale; ce serait faire rétrograder la monarchie con-

[1] Catinat.
[2] General Fr. de Chevert (1695–1769), hero of the siege of Prague, 1742.

stitutionnelle vers la monarchie absolue. Quand je le pourrais, je me garderais de recommencer nulle part l'ancien régime, et moins encore dans l'armée[1].

§ 63. *Imperial patriotism derided and rejected*, 1819–1820.

(a) JOSEPH BERCHOUX[2].

...Mes neveux arrivèrent au bout d'une demi-heure, et s'annoncèrent d'une manière un peu bruyante, par des chants et des sifflements. C'étaient deux petits garçons, dont l'un avait environ quinze ans et l'autre seize. Ils avaient l'uniforme du lycée de ***, avec des chapeaux énormes et menaçants, sous lesquels leurs petites têtes disparaissaient presque tout entières. Leurs habits étriqués étaient boutonnés hermétiquement du haut en bas. Ils avaient une contenance hardie et belliqueuse, qui me fit presque baisser les yeux....Je leur demandai à quel état ils se destinaient: "Ah! mon oncle, me répondit l'aîné, pouvez-vous me le demander? J'aimerais mieux mourir que de ne pas aller me battre, et j'espère que cela ne tardera pas. — Vous voyez, me dit le père, que ce sont deux petits gaillards. — Extrêmement gaillards, répondis-je. — Cependant, mes petits amis, nous voilà en paix, Dieu merci, et il faut espérer que nous n'aurons plus d'ennemis. — Plus d'ennemis, mon oncle! comme vous y allez! Oh! nous en aurons, ou nous verrons: et les Autrichiens et les Prussiens, donc? Ce sont eux qui sont cause que.... — Que nous avons été les ravager pendant quinze ou vingt ans, n'est-ce pas? — Je n'entre point dans tout cela. Il faut absolument que nous allions jusqu'au Rhin. — Vous tenez donc beaucoup au Rhin, mon petit ami? — Infiniment, mon oncle; c'est une limite naturelle. — Mais l'Océan est aussi une limite naturelle, et à ce compte, il n'y a pas de raison, mes chers petits neveux, pour que vous ne vous empariez pas du

---

[1] The principle enunciated in this speech by Royer-Collard was accepted, and it may therefore be affirmed that France, for all her warlike sentiment, was preserved from militarism.

[2] From *Œuvres en prose de M. Musard l'émigré, pièces diverses*, à la suite de *L'Art politique, poème en quatre chants* (1819), pp. 136–139.

continent entier. — Eh! pourquoi pas? La France est faite
naturellement pour être conquérante." Là-dessus mes deux
petits bonshommes se mirent à parler de l'équilibre de
l'Europe, et à s'enfoncer dans toutes les profondeurs de la
science publique, comme de vieux publicistes. Je leur
demandai s'ils avaient appris tout cela dans leur lycée; ils
me dirent que non, et que c'était tout simplement le fruit
de leurs lumières naturelles....J'avoue que les lumières
naturelles de mes neveux me firent peur, et elles finirent
par m'imposer silence. Je dis à leur père, qu'il avait là
deux jolis garçons, et qui promettaient beaucoup. "Ah!
je vous en réponds, me dit-il d'un air fier; ils iront loin,
ou je me trompe fort. — Les Français vont en effet fort
loin, répliquai-je, dans ce siècle-ci; mais ils n'en reviennent
pas toujours." Là-dessus mes deux neveux voulurent me
chercher querelle, et le cadet me dit que si je n'étais son
oncle, j'aurais affaire à lui. "Il n'y a pas d'oncle qui tienne,
dit l'aîné; mais je respecte votre âge: vous insultez la
nation française, et nous sommes là pour la soutenir. —
Pardon, mes chers neveux; je vous demande pardon, ainsi
qu'à la nation française, qui a en vous deux fiers champions."
De mon temps on aurait fessé deux champions pareils;
mais je vois bien que tout a furieusement changé, et que
les lumières naturelles sont une belle chose....

(b) Abbé de Montgaillard[1].

Il devient nécessaire d'examiner attentivement le caractère français, pour expliquer un aveuglement aussi étrange
que prolongé. Au temps des rois, le Français aimait sa
patrie; non comme le montagnard suisse, qui languit et
se dessèche s'il ne tient au sol natal; non comme l'habitant
d'un pays libre, qui chérit des institutions salutaires; non
comme l'indolent et fier Portugais, qui savoure les délices
de son climat, vante les richesses spontanées de son territoire. Le Français, belliqueux par tempérament, con-

[1] From Guill. Honoré Roques, "l'Abbé de Montgaillard," *Revue
chronologique de l'Histoire de France depuis la première convocation des
notables jusqu'au départ des troupes étrangères*, 1787–1818 (Didot,
1820), pp. 612–614, 817 f.

quérant d'origine, guerrier par habitude, se flattant, de siècle en siècle, de règne en règne, que la France parviendrait à dominer l'Europe, s'attachait à la France par ce sentiment; du moins ce sentiment était, de tous les liens, le lien le plus fort. Il n'admirait guères dans ses rois que leurs vaillantes fureurs; il ne célébrait que leurs faits chevaleresques....

A toutes les époques, la nation estima peu les souverains pacifiques par sagesse, bienfaisants sans orgueil, qui plaçaient leur satisfaction dans le bien-être du grand nombre de leurs sujets, dans l'aisance des classes laborieuses....

En admettant donc que, dans l'ancienne France, le patriotisme se manifestait par l'effervescence d'une vanité belliqueuse, que le Français, alors même qu'il vivait sous un gouvernement absolu, regardait sa nation comme la reine des nations, et la croyait appelée à dominer sur l'univers; on doit convenir que ce sentiment, ou cette illusion, a dû se fortifier et lui paraître bien plus raisonnable, dès qu'il a renversé le despotisme, et s'est mis en possession d'une liberté civile et politique, plus grande, du moins dans son opinion, que dans toute autre monarchie. Et c'est à ce moment où le Français tressaille de joie, s'exalte dans le triomphe, c'est en 1792 qu'on envahit ses frontières, que les manifestes, les déclarations lui enjoignent de relever le gouvernement qu'il vient d'abattre! La nation indignée se lève tout entière pour défendre son indépendance, ses droits, mais surtout cette suprématie en Europe, dont elle fut toujours si jalouse. Les revers des agresseurs révélant à la nation les secrets de sa force, elle se pénètre de l'idée qu'elle est invincible, et qu'elle doit tout oser. Les plus hardis projets d'invasion, essayés sous Louvois, paraissent, en 1794, d'une facile exécution. Les Français s'avancent de victoire en victoire, et disent, avec fondement, aux imprudents conseillers des rois: "Si vous n'aviez pas apporté la désolation dans nos provinces, si vous n'aviez pas attaqué notre liberté naissante, nous ne viendrions pas brandir le fer et la flamme au sein de vos états, exciter vos peuples à l'insurrection."

Cette ardeur de vengeance nationale est entretenue par tous les révolutionnaires qui se succèdent dans l'exercice du pouvoir, et, par Bonaparte, avec bien plus de succès que par tout autre. Il revient de son lointain et brillant exil au moment même où les Français éprouvent des revers. La nation le salue avec transport, persuadée qu'il ramène la victoire. Elle approuve qu'il arrache les rênes du gouvernement à d'ineptes directeurs. Elle a cependant obéi à tous ces chefs qui ne sont pas militaires, parce qu'ils lui présentèrent toujours l'appât des conquêtes, qu'ils lui parlèrent sans cesse de gloire et d'honneur. De plus en plus éprise du tumulte des armes, elle a laissé décimer sa jeune population, d'année en année, quoiqu'elle ait vu que les factions paralysaient la bravoure et l'expérience des troupes, ainsi que l'audace et l'habileté des généraux. A quels sacrifices ne se portera-t-elle donc pas désormais, que l'élévation de Bonaparte lui présage les plus brillantes destinées, qu'il lui montre les dépouilles des nations? Ce Louis XIV parvenu possède en lui-même tous les talents d'exécution; il est son Turenne, son Louvois, son Vauban; seul il est l'âme, la tête et le bras de son gouvernement; et, bien plus habile encore que le fils d'Anne d'Autriche à saisir l'esprit de la nation, à fasciner les yeux sur la réalité des malheurs publics, présentant en masse toutes les idées de fausse grandeur et de domination, il portera l'enthousiasme au plus haut degré, et rabaissera la soumission à son dernier niveau. Les prodiges que sans cesse il fera jaillir les uns des autres rajeuniront, chaque jour, ce sentiment exalté d'admiration.

Bonaparte, conduisant la nation à la conquête du monde, a reçu en échange le sacrifice de toutes ses libertés, l'abandon de tous ses droits, la disposition de toute sa population militaire. Les Français auront, une dixième fois encore, manifesté qu'on les mène à la servitude en irritant ce désir, ce penchant irrésistible de dominer, qui furent leurs mobiles dans presque toutes les grandes guerres.

Puisse cette dernière épreuve les désabuser à jamais.

CHAPTER XI

THE MYTH OF THE TWO RACES IN FRANCE.

§ 64. (a) *In Song.*

BÉRANGER[1].

Voyez ce vieux marquis
Nous traiter en peuple conquis;
Son coursier décharné
De loin chez nous l'a ramené.
Vers son vieux castel
Ce noble mortel
Marche en brandissant
Un sabre innocent.
Chapeau bas! chapeau bas!
Gloire au marquis de Carabas!

Aumôniers, châtelains,
Vassaux, vavassaux et vilains,
C'est moi, dit-il, c'est moi
Qui seul ai rétabli mon roi.
Mais s'il ne me rend
Les droits de mon rang,
Avec moi, corbleu!
Il verra beau jeu.
Chapeau bas! chapeau bas!
Gloire au marquis de Carabas!

Curé, fais ton devoir,
Remplis pour moi ton encensoir,
Vous, pages et varlets,
Guerre aux vilains et rossez-les!
Que de mes aïeux
Ces droits glorieux
Passent tout entiers
A mes héritiers.
Chapeau bas! chapeau bas!
Gloire au marquis de Carabas.

[1] From *Le Marquis de Carabas, Novembre* 1816, Recueil de 1825, three stanzas out of seven.

(b) *In Pamphlet.*

P.-L. COURIER[1].

10 *Avril* 1820.

Aux gouvernants de la Sainte Alliance:

La nation...se divise en nobles et vilains: les nobles, les uns le sont par la grâce de Dieu, les autres par le bon plaisir de Napoléon. Lequel vaut mieux? On ne sait....

Tout ce qui est issu de race, ou destiné à faire race, s'accommode sans peine avec vous. Ces gens qui tant de fois ont juré de mourir, ces gens toujours prêts à verser leur sang jusqu'à la dernière goutte pour un maître chéri, une famille auguste, une personne sacrée; ces gens qui meurent et ne se rendent pas sont de facile composition, et vous le savez bien. Mais il y a chez nous une classe moins élevée, quoique mieux élevée, qui ne meurt pour personne, et qui sans dévouement, fait tout ce qui se fait; bâtit, cultive, fabrique autant qu'il est permis, lit, médite, calcule, invente, perfectionne les arts, sait tout ce qu'on sait à présent et sait aussi se battre, si se battre est une science. Il n'est vilain qui n'en ait fait son apprentissage, et qui là-dessus n'en remontre aux descendants des du Guesclin, Georges le laboureur, André le vigneron, Pierre, Jacques le bonhomme, et Charles qui cultive ses trois cents arpents de terre, et le marchand, l'artisan, le juge, l'avocat et notre digne vicaire, tous ont porté les armes, tous vous ont fait la guerre. Ah! s'ils n'eussent jamais eu le grand homme à leur tête...sans la troupe dorée, les comtes, les ducs, les princes, les officiers de marque...si la roture en France n'eût jamais dérogé, ni la valeur dégénéré en gentil-hommerie, jamais nos femmes n'eussent entendu battre vos tambours.

Or ces gens-là et leurs enfants, qui sont grandis depuis Waterloo, ne font pas chez nous si peu de monde qu'il n'y en ait bien quelques millions n'ayant ni manières

---

[1] From *Lettres au Rédacteur du Censeur*, Lettre X (*Pamphlets politiques*). The *Censeur européen* (cf. *infra*, §65a and b) was a daily paper of liberal views to which Courier contributed ten letters of invective against the government between July, 1819, and April, 1820.

de Versailles, ni formes de la Malmaison, et qui, au premier pas que vous ferez sur leurs terres, vous montreront qu'ils se souviennent de leur ancien métier, car il n'est alliance qui tienne, et, si vous venez les piller au nom de la très sainte et très indivisible Trinité, eux, au nom de leurs familles, de leurs champs, de leurs troupeaux, vous tireront des coups de fusil. Ne comptant plus pour les défendre sur le génie de l'empereur ni sur l'héroïque valeur de son invincible garde, ils prendront le parti de se défendre eux-mêmes: fâcheuse résolution, comme vous savez bien, qui déroute la tactique, empêche de faire la guerre *par raison démonstrative*, et suffit pour déconcerter les plans d'attaque et de défense le plus savamment combinés....Il y a peu de plaisir à conquérir des gens qui ne veulent pas être conquis, et nous en savons des nouvelles. Rien ne dégoûte de ce métier comme d'avoir affaire aux classes inférieures. Mais ne perdez point courage, car, si vous reculiez, s'il vous fallait retourner sans avoir fait la paix ni stipulé d'indemnités, alors peu d'entre vous iraient conter à leurs enfants ce que c'est que la France en tirailleurs, n'ayant ni héros ni péquins[1].

§ 65. *Explanation of the Myth.*

(a) *In a historical statement.*

Augustin Thierry[2].

Nous croyons être une nation, et nous sommes deux nations sur la même terre, deux nations ennemies dans leurs souvenirs, inconciliables dans leurs projets: l'une a autrefois conquis l'autre, et ses desseins, ses vœux éternels sont le rajeunissement de cette vieille conquête énervée par le temps, par le courage des vaincus et par la raison humaine. La raison, qui fait rougir le maître de l'abaisse-

---

[1] *Péquins* ="civilians"; soldiers' slang, perhaps derived from *pékin*, a popular trouser-material under the Empire.

[2] From an article in the *Censeur européen* (cf. p. 259, n. 1) of April 2, 1820, reprinted in *Dix ans d'études historiques*, IIᵉ partie, viii, "Sur l'antipathie de race qui divise la nation française."

ment où il tient son esclave, a détaché graduellement de
ce peuple tout ce qu'il avait d'âmes généreuses et d'esprits
droits; ces transfuges vers la meilleure cause en ont été
les plus nobles soutiens; et nous, fils des vaincus, ce sont
de pareils chefs que nous voyons encore à notre tête. Mais
le reste, aussi étranger à nos affections et à nos mœurs que
s'il était venu d'hier parmi nous, aussi sourd à nos paroles
de liberté et de paix que si notre langage lui était inconnu,
comme le langage de nos aïeux l'était aux siens, le reste
suit sa route sans s'occuper de la nôtre. Quand nous
essayons plan sur plan pour un établissement commun,
quand nous nous efforçons de perdre la mémoire et d'embrasser dans une vaste union tout ce qui vit sur le sol de la
France, ils se lèvent pour nous démentir, et, ralliés à l'écart,
ils se rient entre eux de nos désappointements continuels....

Plus d'une fois la vieille terre des Gaulois a tremblé sous
les pieds de ses vainqueurs; mais, soit que la fatigue de ces
luttes ait surpassé les forces de nos aïeux, soit que la
violence ait répugné à leur caractère doux et paisible, ils
ont bientôt suivi d'autres lois. Au lieu de repousser la
conquête, ils l'ont reniée, croyant qu'en l'oubliant eux-
mêmes ils la feraient oublier à d'autres. La servitude,
fille de l'invasion armée, fut imputée par eux à une civilisation encore imparfaite; vainqueurs et vaincus, maîtres et
sujets, ils n'ont vu dans tous qu'un même peuple, dont les
uns étaient arrivés de meilleure heure à la liberté et au
bonheur, afin de frayer et de montrer la route.

Ils appelèrent *société*, ils appelèrent *amitié* les services
conquis à la pointe du glaive et exigés sans nul retour. "Il
y a trois classes," disaient-ils, "qui concourent diversement
au bien de l'état commun: la noblesse sert par son courage
guerrier, le clergé par ses exemples moraux, la roture par
le travail de ses mains; ces classes reçoivent de la communauté un salaire proportionné à leurs peines et à leur
mérite; la moins favorisée ne doit point envier les autres,
ni les autres la blesser de leur orgueil; toutes s'entr'aident
et contribuent en commun pour l'utilité commune[1]."

[1] Cf. Montlosier, *De la monarchie française*, t. I.

Voilà ce que proclamaient, au dix-septième siècle, les publicistes du tiers état; pour être accommodants, ils faussaient l'histoire; mais la noblesse rebuta leurs avances, et ses écrivains en appelèrent aux faits contre ces théories indulgemment factices.

Lorsqu'en 1814, échappés par miracle à un grand naufrage, soustraits au despotisme que nos propres mains avaient élevé, nous songeâmes à nous reposer tous ensemble dans un établissement social de longue durée, une main amie dressa spontanément le nouveau pacte de l'union française; elle y inscrivit le titre de *noble*, ce titre qui avait succédé au titre de *franc*, comme le titre de *franc* à celui de *barbare*. Par amour de la paix, nul de nous ne réclama contre cette résurrection singulière.... Nous nous égarions à plaisir dans des hypothèses complaisantes, quand une voix sortie du camp des nobles est venue nous rappeler durement sur un terrain plus matériel: " Race d'affranchis," s'est écrié M. le comte de Montlosier[1], "race d'esclaves arrachés de nos mains, peuple tributaire, peuple nouveau, licence vous fut octroyée d'être libres, et non pas à nous d'être nobles; pour nous tout est de droit, pour vous tout est de grâce. Nous ne sommes point de votre communauté; nous sommes un tout par nous-mêmes. Votre origine est claire; la nôtre est claire aussi: dispensez-vous de sanctionner nos titres, nous saurons nous-mêmes les défendre...."

Il est temps que nous nous rendions, et que, de notre côté aussi, nous revenions aux faits. Le Ciel nous est témoin que ce n'est pas nous qui les avons attestés les premiers, qui avons les premiers évoqué cette vérité sombre et terrible, qu'il y a deux camps ennemis sur le sol de la France. Il faut le dire, car l'histoire en fait foi: quel qu'ait

---

[1] Montlosier's work, *De la monarchie française depuis son établissement jusqu'à nos jours* (3 vols., 1814), was animated by the purest spirit of feudalism. His theory was that the privileged class was an order of Nature; that there were in France two distinct peoples, one born to rule, the other to serve. The book was highly popular with the nobility down to 1830; meanwhile the liberal bourgeoisie contented themselves with the unpretentious *Abrégé des révolutions de l'ancien gouvernement français*, written, according to Mably, by the former *constituant*, Thouret, and published posthumously in 1801.

été le mélange physique des deux races primitives, leur esprit constamment contradictoire a vécu jusqu'à ce jour dans deux portions toujours distinctes de la population confondue. Le génie de la conquête s'est joué de la nature et du temps; il plane encore sur cette terre malheureuse. C'est par lui que les distinctions des castes ont succédé à celles du sang, celles des ordres à celles des castes, celles des titres à celles des ordres. La noblesse actuelle se rattache par ses prétentions aux hommes à privilèges du seizième siècle; ceux-là se disaient issus des possesseurs d'hommes du treizième, qui se rattachaient aux Franks de Karl le Grand, qui remontaient jusqu'aux Sicambres de Chlodowig. On ne peut contester ici que la filiation naturelle: la descendance politique est évidente. Donnons-la donc à ceux qui la revendiquent, et nous, revendiquons la descendance contraire. Nous sommes les fils des hommes du tiers état; le tiers état sortit des communes, les communes furent l'asile des serfs; les serfs étaient les vaincus de la conquête. Ainsi, de formule en formule, à travers l'intervalle de quinze siècles, nous sommes conduits au terme extrême d'une conquête qu'il s'agit d'effacer. Dieu veuille que cette conquête s'abjure elle-même jusque dans ses dernières traces, et que l'heure du combat n'ait pas besoin de sonner. Mais, sans cette abjuration formelle, n'espérons ni liberté ni repos....

(b) *By a parable* (*Jacques Bonhomme*)[1].

Jacques était encore bien jeune lorsque des étrangers venus du Midi envahirent la terre de ses ancêtres; c'était un beau domaine baigné par deux grands lacs, et capable de produire abondamment du blé, du vin et de l'huile. Jacques avait l'esprit vif, mais peu constant, en grandissant sur sa terre usurpée, il oublia ses aïeux, et les usurpateurs lui plurent. Il apprit leur langue, il épousa leurs querelles, il s'enchaîna à leur fortune. Cette fortune d'en-

---

[1] From the *Censeur européen* of May 12, 1820, reprinted in *Dix ans d'études historiques*, IIᵉ partie, ix.

vahissement et de conquêtes fut pendant quelque temps heureuse; mais un jour la chance devint contraire, et le flot de la guerre amena l'invasion sur les terres des envahisseurs. Le domaine de Jacques, sur lequel flottaient leurs enseignes, fut un des premiers menacés. Des troupes d'hommes émigrés du Nord l'assiégèrent de toutes parts. Jacques était trop déshabitué de l'indépendance pour songer à affranchir sa demeure; se livrer à de nouveaux maîtres, ou tenir ferme pour les anciens, fut la seule alternative que se proposa son esprit. Incertain entre ces deux résolutions, il alla confier ses doutes à un grave personnage de sa famille, docteur d'une religion que Jacques avait récemment embrassée, et qu'il pratiquait avec ferveur.

"Mon père, lui dit-il, que ferai-je? Mon état présent me fatigue. Nos vainqueurs, qui nous appellent leurs *alliés* (fœderati), nous traitent proprement en esclaves. Ils nous épuisent pour remplir leur trésor, que dans leur langue ils nomment la *corbeille* (fiscus); cette corbeille est un abîme sans fond. Je suis las de subir leur joug, mais le joug de leurs ennemis m'effraie; ces gens du Nord sont, dit-on, bien avides, et leurs haches d'armes sont bien tranchantes. Dites-moi, de grâce, pour qui je dois être. — Mon fils, répondit le saint homme, il faut être pour Dieu; or, Dieu aujourd'hui est pour le Nord idolâtre contre le Midi hérétique. Les hommes du Nord seront vos maîtres, je puis vous le prédire; car moi-même, de ma propre main, je viens de leur ouvrir vos portes." Jacques fut étourdi de ces paroles; son étourdissement durait encore, quand un grand bruit d'armes et de chevaux, mêlé de clameurs étrangères, lui apprit que tout était consommé. Il vit des hommes de haute taille et parlant de la gorge se précipiter dans sa demeure, faire plusieurs lots du mobilier, et mesurer le sol pour un partage. Jacques fut triste, mais, sentant qu'il n'y avait plus de remède, il tâcha de prendre cœur à sa fortune....

Il lui fallait nourrir, vêtir, chauffer, loger ses maîtres; il travailla bien des années, pendant lesquelles son sort ne changea guère, mais pendant lesquelles, en revanche, il vit s'accroître prodigieusement le vocabulaire par lequel on désignait sa condition misérable. Dans plusieurs inventaires qui furent dressés en différents temps, il se vit ignominieusement confondu avec les arbres et les troupeaux du domaine, sous le nom commun de vêtement du fonds de terre, *terræ vestitus*; on l'appela monnaie vivante, *pecunia viva*, serf de corps, homme de fatigue, homme de possession, homme lié à la terre, *addictus glebæ*, *bondman* dans l'idiome des vainqueurs. Dans les temps de clémence et de grâce, on n'exigeait de lui que six jours de travail sur sept. Jacques était sobre, il vivait de peu et tâchait de se faire des épargnes; mais plus d'une fois ses minces épargnes lui furent ravies en vertu de cet axiome incontestable: *Quæ servi sunt, ea sunt domini,* ce que possède le serf est le bien du maître....

Mais, quoique devenu nominalement la propriété du chef, il ne fut point soustrait pour cela aux exactions des subalternes. Jacques payait d'un côté et payait de l'autre; la fatigue le consumait. Il demanda du repos; on lui répondit en riant: *Bonhomme crie, mais bonhomme payera.* Jacques supportait l'infortune: il ne put tolérer l'outrage. Il oublia sa faiblesse, il oublia sa nudité, et se précipita contre ses oppresseurs armés jusqu'aux dents ou retranchés dans des forteresses. Alors, chefs et subalternes, amis et ennemis, tout se réunit pour l'écraser. Il fut percé à coups de lance, taillé à coups d'épée, meurtri sous les pieds des chevaux; on ne lui laissa de souffle que ce qu'il lui en fallait pour ne pas expirer sur la place, attendu qu'on avait besoin de lui.

Jacques, qui, depuis cette guerre, porta le surnom de *Jacques bonhomme,* se rétablit de ses blessures, et paya comme ci-devant. Il paya la taille, les aides, la gabelle, les droits de marché, de péage, de douanes, de capitation, les vingtièmes, etc., etc. A ce prix exorbitant, il fut un peu protégé par le roi contre l'avidité des autres seigneurs; cet état plus fixe et plus paisible lui plut; il s'attacha au nouveau joug qui le lui procurait; il se persuada même que ce joug lui était naturel et nécessaire, qu'il avait besoin de fatigue pour ne pas crever de santé, et que sa bourse ressemblait aux arbres, qui grandissent quand on les émonde. On se garda bien d'éclater de rire à ces saillies de son imagination; on les encouragea au contraire, et c'est quand il s'y livrait pleinement qu'on lui donnait les noms d'homme loyal et d'homme très avisé, *recte legalis et sapiens.*

De ce que c'est pour mon bien que je paye, dit un jour Jacques en lui-même, il suit de là que ceux à qui je paye ont pour premier devoir de faire mon bien, et qu'ils ne sont à proprement parler que les intendants de mes affaires. De ce qu'ils sont les intendants de mes affaires, il s'ensuit que j'ai le droit de régler leurs comptes et de leur donner mes avis. Cette suite d'inductions lui parut lumineuse; il ne douta pas qu'elle ne fît le plus grand honneur à sa sagacité; il en fit le sujet d'un gros livre qu'il imprima en beaux caractères. Ce livre fut saisi, lacéré et brûlé; au lieu des louanges que l'auteur espérait, on lui proposa les galères. On s'empara de ses presses; on institua un *lazaret* où ses pensées devaient séjourner en quarantaine avant de passer à l'impression. Jacques n'imprima plus, mais il n'en pensa pas moins.

La lutte de sa pensée contre la force fut longtemps sourde et silencieuse; longtemps son esprit médita cette grande idée, qu'en droit naturel il était libre et maître chez lui, avant qu'il fît aucune tentative pour la réaliser. Un jour enfin, qu'un grand embarras d'argent contraignit le pouvoir, que Jacques nourrissait de ses deniers, à l'appeler en conseil pour obtenir de lui un subside qu'il n'osait exiger, Jacques se leva, prit un ton fier, et déclara nettement son droit absolu et imprescriptible de propriété et de liberté.

Le pouvoir capitula, puis il se rétracta; il y eut guerre, et Jacques fut vainqueur, parce que plusieurs amis de ses ci-devant maîtres désertèrent pour embrasser sa cause. Il fut cruel dans sa victoire, parce qu'une longue misère l'avait aigri. Il ne sut pas se conduire étant libre, parce qu'il avait encore les mœurs de la servitude. Ceux qu'il prit pour intendants l'asservirent de nouveau en proclamant sa souveraineté absolue. Hélas! disait Jacques, j'ai subi deux conquêtes, on m'a appelé serf, tributaire, roturier, sujet; jamais on ne m'a fait l'affront de me dire que c'était en vertu de mes droits que j'étais esclave et dépouillé.

Un de ses officiers, grand homme de guerre, l'entendit se plaindre et murmurer. "Je vois ce qu'il vous faut, lui dit-il, et je prends sur moi de vous le donner. Je mélangerai les traditions des deux conquêtes que vous regrettez à si juste titre; je vous rendrai les guerriers franks dans la personne de mes soldats; ils seront comme eux, *barons* et nobles. Quant à moi, je vous reproduirai le grand César, votre premier maître: je m'appellerai *imperator*; vous aurez place dans mes légions; je vous y promets de l'avancement." Jacques ouvrait la bouche pour répondre, quant tout à coup les trompettes sonnèrent, les tambours battirent, les aigles furent déployées. Jacques s'était battu autrefois sous les aigles; sa première jeunesse s'était passée à les suivre machinalement; dès qu'il les revit, il ne pensa plus, il marcha....

Il est temps que la plaisanterie se termine. Nous demandons pardon de l'avoir introduite dans un sujet aussi grave; nous demandons pardon d'avoir abusé d'un nom d'outrage qui fut autrefois appliqué à nos pères, afin de retracer plus rapidement la triste suite de nos malheurs et de nos fautes. Il semble que le jour où, pour la première fois, la servitude, fille de l'invasion armée, a mis le pied sur la terre qui porte aujourd'hui le nom de France, il ait été écrit là-haut que cette servitude n'en devait plus sortir; que, bannie sous une forme, elle devait reparaître sous une autre, et, changeant d'aspect sans changer de nature, se tenir debout à son ancien poste, en dépit du temps et des hommes. Après la domination des Romains vainqueurs, est venue la domination des vainqueurs franks, puis la monarchie absolue; puis l'autorité absolue des lois républicaines, puis la puissance absolue de l'empire français,

puis cinq années de lois d'exception sous la Charte con-
stitutionelle. Il y a vingt siècles que les pas de la conquête
se sont empreints sur notre sol; les traces n'en ont pas
disparu; les générations les ont foulées sans les détruire,
le sang des hommes les a lavées sans les effacer jamais.
Est-ce donc pour un destin semblable que la nature forma
ce beau pays que tant de verdure colore, que tant de
moissons enrichissent, et qu'enveloppe un ciel si doux?

CHAPTER XII

THE SPIRITUAL UNIFICATION OF FRANCE WROUGHT BY THE GREAT HISTORIANS.

§ 66. *The permanent character of the Nation.*

P.-E. LEMONTEY[1]. (1818.)

...Malheur au politique qui ne verrait dans la nation française qu'une argile coulant avec facilité dans tous les moules, et recevant toutes les formes avec indifférence! Cette nation porte au contraire des traits primitifs et un caractère ineffaçable qu'on retrouve également sous la grossièreté des mœurs barbares, dans l'enthousiasme des temps chevaleresques, et parmi les raffinements d'une élégante civilisation. Si elle échappa plusieurs fois à sa dissolution, lorsque ses gouvernements furent changés ou ses dynasties détruites, elle le dut uniquement à ce principe de vie et d'union qui résulte d'un esprit national. L'étude approfondie de l'histoire nous apprend même que nos diverses monarchies ne furent graduellement altérées et anéanties que lorsqu'elles s'éloignèrent davantage de ce type conservateur. Cherchons donc avec soin cette empreinte originelle qui doit nous expliquer l'œuvre de Louis XIV et la destinée de ses successeurs.

La nature donna aux Français, dans une mesure extraordinaire, la sociabilité, l'inconstance, et l'orgueil. La sociabilité est ce besoin si connu par lequel deux Français se cherchent au bout du monde, se devinent et se joignent au milieu d'une foule étrangère. J'entends par l'inconstance cette mobilité d'organes, cette vivacité de sensations, dont les traces ont couvert chaque page de notre histoire. Au lieu de l'orgueil, j'aurais dit la vanité, si ce dernier mot

---

[1] From *Essai sur l'établissement monarchique de Louis XIV* (1818), *Œuvres* (5 vols., 1829) t. v, pp. 5–9.

n'était pas un peu trop décrié dans notre langue. L'orgueil, proprement dit, est un attribut souvent funeste en politique, parce qu'il isole les individus et les peuples, et que, concentré dans peu d'objets, il produit l'indolence. C'est lui qui a couché dans la poussière la grandeur espagnole et musulmane. Mais la vanité, qui n'est cependant que de l'orgueil mis en mouvement, est une qualité active, féconde, inquiète, variant ses formes, s'épanchant en dehors, et se renouvelant sans relâche dans les grandes comme dans les petites choses. Le Gaulois qui refusait de s'enfuir d'une maison croulant sur lui, et qui punissait l'adultère plus sévèrement que l'homicide; le Franc qui préférait sa vengeance à sa vie, qui composait avec les crimes de la force et réservait la mort à ceux de la faiblesse, faisaient déjà des sacrifices à l'idole nationale, à la vanité. De ces trois sources, la sociabilité, l'inconstance, et l'orgueil, séparées ou combinées, sont sortis les traits profonds et singuliers, qui entre tous les peuples, distingueront à jamais le caractère français.

Une horreur invincible pour toute domination étrangère. De là cette loi toujours exécutée et jamais écrite, qui exclut les femmes de la couronne; ces guerres terribles par leurs désastres et leur durée, mais toujours favorables par leur dénouement; cette chute inévitable de tous les ambitieux qui ont associé à leurs factions les armes étrangères.

L'amour de la guerre, l'ivresse des succès, les bonnes et les mauvaises qualités qui en sont la suite. Le Français se montre loyal pour qui le combat, généreux pour qui l'implore, indulgent pour qui le hait, cruel pour qui le méprise. Il souffre tout des chefs dont il est fier, mais il ne pardonne rien à un gouvernement avili, pas même ses bienfaits. La France est le pays où tout peut devenir mode, hors la lâcheté, où rien n'est perdu tant que l'homme reste, et où les malheurs de la gloire se réparent le plus promptement.

Une aversion générale pour l'économie et les soins de détail. Le peuple le plus dissipateur de l'Europe doit s'attendre à un grand désavantage dans tout ce qui concerne les spéculations de l'intérêt, les entreprises de long cours, les établissements lointains. Nécessairement trompé par des rivaux avares et patients, il fait vite, paie cher, et conserve mal.... *La furie française* se reconnaît jusque dans les travaux de la paix.

Un désir effréné des distinctions. Voyez ce bouillonnement continuel d'amour-propre, d'émulation, de nouveautés, et de déplacements sans fin. Que de puérilités s'ennoblissent! que de grandes choses tout méconnues! L'esprit de société se met aux prises avec l'esprit public; il s'élève un monde artificiel, où le mécontentement est un ton, le luxe un devoir, le ridicule un tyran, le sexe faible une puissance; où la mode est une révolution familière et perpétuelle, d'autant plus redoutable, que sous un nom frivole, et dans des jeux impunis, elle attaque tout ce qui reste aux hommes de saint, d'utile, et de raisonnable. Un gouvernement habile trouve, il est vrai, dans cette légèreté même son propre remède, et reconnaît bientôt que le secret de maîtriser un tel peuple est renfermé dans l'art de le distraire.

Une facilité inimitable à communiquer ses affections. Voilà le talisman par qui nos armées n'ont qu'une âme, par qui les peuples réunis deviennent bientôt de vieux Français, par qui nous ne saurions jamais rester au second rang des nations. La France est, pour ainsi dire, un corps unique et organisé, qu'on ne peut blesser sur un point sans que tout le reste n'entre en convulsion. Aussi rien ne fut jamais plus passager, plus sanglant, et plus fatal aux étrangers, qu'une invasion dans nos frontières, tandis qu'on nous a vus poursuivre des guerres ineptes et malheureuses sans quitter le territoire ennemi, et comme par l'effet d'une convention tacite[1]. Si une puissance surnaturelle eût enfin voulu nous livrer à des vainqueurs, la France fût restée, comme Athènes, l'arbitre des réputations, et le tribunal de la gloire.

[1] Quand je composais cet essai l'armée française faisait la police de l'Europe et en visitait les capitales (Author's note).

§ 67. *The special character of French civilization.*

GUIZOT[1]. (1828.)

...Toutes les émotions, toutes les susceptibilités du patriotisme sont légitimes; ce qui importe, c'est qu'elles soient avouées par la vérité, par la raison. Quelques personnes semblent craindre aujourd'hui que le patriotisme n'ait beaucoup à souffrir de l'étendue des sentiments et des idées qui naissent de l'état actuel de la civilisation européenne; on prédit qu'il ira s'énerver et se perdre dans le cosmopolitisme. Je ne saurais partager de telles craintes. Il en sera aujourd'hui de l'amour de la patrie, comme de toutes les opinions, de toutes les actions, de tous les sentiments des hommes. Celui-là aussi est condamné, j'en conviens, à subir constamment l'épreuve de la publicité, de la discussion, de l'examen; il est condamné à n'être plus un préjugé, une habitude, une passion aveugle et exclusive; il est condamné à avoir raison.... Toutes les fois que la lutte ne s'engage pas entre les amours-propres nationaux, quand on cherche l'opinion réelle et désintéressée des peuples,... on reconnaît que la France est le pays dont la *civilisation* a paru la plus complète, la plus communicative, a le plus frappé l'imagination européenne....

La préférence que l'opinion désintéressée de l'Europe accorde à la civilisation française est philosophiquement légitime; c'est le résultat d'un jugement instinctif, confus sans doute, mais bien fondé, sur la nature de *la civilisation* en général et ses véritables éléments.

J'ai recherché quelles idées s'attachaient à ce mot, dans le bon sens commun des hommes. Il m'a paru que, de l'avis général, la civilisation consistait essentiellement dans deux faits: le développement de *l'état social*, et celui de *l'état intellectuel*; le développement de la condition extérieure et générale, et celui de la nature intérieure et personnelle de l'homme; en un mot, le perfectionnement de la *société* et de l'*humanité*.

[1] From *Cours d'histoire moderne: Histoire de la civilisation en France depuis la chute de l'empire romain jusqu'en* 1789 (1828–1830), Leçon 1, ed. of 1846, pp. 4 f., 6, 14 f., 18 f.

En France le développement *intellectuel* et le développement *social* n'ont jamais manqué l'un à l'autre. L'homme et la société y ont toujours marché et grandi, je ne dirai pas de front et également, mais à peu de distance l'un de l'autre. A côté des grands événements, des révolutions, des améliorations publiques, on aperçoit toujours, dans notre histoire, des idées générales, des doctrines qui leur correspondent. Rien ne s'est passé dans le monde réel, dont l'intelligence ne se soit à l'instant saisie, et n'ait tiré pour son propre compte une nouvelle richesse; rien dans le domaine de l'intelligence, qui n'ait eu dans le monde réel, et presque toujours assez vite, son retentissement et son résultat. En général même, les idées en France ont précédé et provoqué les progrès de l'ordre social; ils se sont préparés dans les doctrines avant de s'accomplir dans les choses, et l'esprit a marché le premier dans la route de la civilisation. Ce double caractère d'activité intellectuelle et d'habileté pratique, de méditation et d'application, est empreint dans tous les grands événements de l'histoire de France, dans toutes les grandes classes de la société française, et leur donne une physionomie qui ne se retrouve point ailleurs.

Au commencement du XIIe siècle, par exemple, éclate le mouvement d'affranchissement des communes, grand progrès, à coup sûr, de la condition sociale; en même temps se manifeste un vif élan vers l'affranchissement de la pensée. La première grande lutte des libres penseurs contre le pouvoir absolu dans l'ordre intellectuel est contemporaine de la lutte des bourgeois pour la liberté publique. Ces deux mouvements, à la vérité, étaient en apparence fort étrangers l'un à l'autre; les philosophes avaient très mauvaise opinion des bourgeois insurgés qu'ils traitaient de barbares; et les bourgeois à leur tour, quand ils en entendaient parler, regardaient les philosophes comme des hérétiques. Mais le double progrès n'en est pas moins simultané....

En quelque sens qu'on regarde et retourne la France, on lui trouvera ce double caractère, les deux faits essentiels de la civilisation s'y sont développés dans une étroite correspondance; jamais l'homme n'y a manqué de grandeur individuelle, ni sa grandeur individuelle de conséquence et d'utilité publique. On a beaucoup parlé, surtout depuis quelque temps, du bon sens comme d'un trait distinctif du génie français. Il est vrai; mais ce n'est point un bon sens purement pratique, uniquement appliqué à réussir dans ses entreprises; c'est un bon sens élevé, étendu, un bon sens philosophique, qui pénètre au fond des idées, et les comprend et les juge dans toute leur portée, en même temps qu'il tient compte des faits extérieurs. Ce bon sens, c'est la raison; l'esprit français est à la fois rationnel et raisonnable. La France a donc cet honneur, que sa civilisation reproduit, plus fidèlement qu'aucune autre, le type général, l'idée fondamentale de la civilisation. C'est la plus complète, la plus vraie, la plus civilisée....

§ 68. *The story of the historians' achievement told by one of them twenty years later* (1840).

AUGUSTIN THIERRY[1].

...Le système de M. de Montlosier[2], qui, s'il eût paru sous l'Empire, n'aurait eu d'autre poids que celui d'une opinion isolée, puisait dans l'état des choses et des esprits une véritable importance. Beaucoup de personnes se souviennent d'avoir été frappées de l'espèce de fatalité qui semblait écrite dans ces formules, revenant presque à chaque page du livre: *deux grands ennemis, l'ancien peuple et le nouveau peuple.* On voyait se refléter là, de siècle en siècle, la division actuelle des partis. Ce fut surtout après les Cent-Jours et l'invasion de 1815, après la réaction violente qui, en 1816, frappa au hasard, et sans épargner le sang, sur les hommes de l'Empire et de la Révolution, que cette vue de la France, condamnée par sa propre histoire à former deux camps rivaux et inconciliables, parut aux imaginations quelque chose de grave et de prophétique. La théorie de la *dualité nationale* (qu'on me passe cette

[1] From *Considérations sur l'histoire de France,* published at the beginning of the *Récits des temps mérovingiens* (1840), ch. iv.

[2] *Vide supra,* p. 262, note.

expression) fournit alors à chacun des deux partis opposés, au parti de la Révolution et de la Charte, comme à celui de la Contre-révolution, des allusions et des formules. Les pamphlets et les journaux de l'opinion ultra-royaliste faisaient étalage du nom de *Francs*; ce nom dont M. de Montlosier avait tant abusé, ils l'appliquaient soit au sens propre, soit par figure, à tout ce qui avait combattu pour la cause de l'ancien régime, même aux paysans bretons et vendéens. A cette revendication semi-poétique d'une nationalité privilégiée, des écrivains de l'autre parti répondirent en proclamant, comme un défi, la nationalité gauloise des communes et du tiers-État, et en la revendiquant pour le peuple de la Révolution et de l'Empire. Contre le nouveau système qui, rattachant la roture à la foule sans nom des tributaires de toute race, lui attribuait une origine ignoblement servile, nous relevâmes l'opinion de l'asservissement par la conquête, le système de Boulainvilliers; je dis nous, parce que je suis l'un de ceux qui, vers 1820, firent de la polémique avec l'antagonisme social des Franks et des Gaulois[1]. M. Guizot en fit la thèse principale d'un de ses plus célèbres pamphlets, de son manifeste de rupture avec le pouvoir qui, après six années d'une politique indécise, venait de s'abandonner franchement au parti contre-révolutionnaire[2]. Voici quelques phrases dont la hauteur d'accent montre que, sous cette forme d'emprunt, la lutte des intérêts présents était encore vive et sérieuse:

"Je me sers de ces mots, parce qu'ils sont clairs et vrais. La Révolution a été une guerre, la vraie guerre, telle que le monde la connaît entre peuples étrangers. Depuis plus de treize siècles, la France en contenait deux, un peuple vainqueur et un peuple vaincu. Depuis plus de treize siècles le peuple vaincu luttait pour secouer le joug du peuple vainqueur. Notre histoire est l'histoire de cette lutte. De nos jours une bataille décisive a été livrée; elle s'appelle la Révolution.

[1] *Vide supra*, p. 260.
[2] Cf. Guizot, *Du gouvernement de la France depuis la restauration, et du ministère actuel* (1820).

"C'est une chose déplorable que la guerre entre deux peuples qui portent le même nom, parlent la même langue, ont vécu treize siècles sur le même sol. En dépit des causes qui les séparent, en dépit des combats publics ou secrets qu'ils se livrent incessamment, le cours du temps les rapproche, les mêle, les unit par d'innombrables liens, et les enveloppe dans une destinée commune, qui ne laisse voir, à la fin, qu'une seule et même nation, là où existent réellement encore deux races distinctes, deux situations sociales profondément diverses.

"Francs et Gaulois, seigneurs et paysans, nobles et roturiers, tous, bien longtemps avant la Révolution, s'appelaient également Français, avaient également la France pour patrie. Treize siècles se sont employés parmi nous à fondre dans une même nation la race conquérante et la race conquise, les vainqueurs et les vaincus. La division primitive a traversé leur cours et résisté à leur action. La lutte a continué dans tous les âges, sous toutes les formes, avec toutes les armes; et lorsqu'en 1789 les députés de la France entière ont été réunis dans une seule assemblée, les deux peuples se sont hâtés de reprendre leur vieille querelle; le jour de la vider était enfin venu...."

...L'année 1820, qui vit finir l'espoir d'une transaction pacifique entre les deux partis que la Révolution avait créés, qui remit tout aux chances plus ou moins prochaines, plus ou moins éloignées, d'une crise sociale, eut, par compensation, cela d'heureux, qu'elle marque la date d'un beau mouvement de rénovation dans les sciences morales et politiques.... En s'appliquant aux recherches studieuses, la jeunesse du parti rejeté loin des affaires y porta toute l'ardeur de ses espérances combattues, et le stoïcisme de son attachement aux principes qu'on voulait détruire. Ainsi, il y eut, pour les lettres, une classe d'hommes jeunes et dévoués, dont l'ambition n'avait de chances que par elles.... L'histoire surtout eut une large part dans ce travail des esprits et dans ces encouragements du monde. On avait soif d'apprendre, sur ce passé dont l'ombre semblait encore menaçante, la vérité tout entière, et de là vinrent, spécialement pour les études historiques, dix années telles que la France n'en avait jamais vu de pareilles.

...L'histoire donne des leçons, et, à son tour, elle en reçoit; son maître est l'expérience, qui lui enseigne, d'époque en époque, à mieux voir et à mieux juger. Ce sont les événements, jusque-là inouïs, des cinquante dernières années, qui nous ont appris à comprendre les révolutions du moyen âge, à voir le fond des choses sous la lettre des chroniques.... Une nouvelle intelligence de l'histoire semble naître en nous, à point nommé, au moment où se complète la grande série des renversements politiques, par la chute de l'empire élevé sur les ruines de la République française, qui avait jeté à terre la monarchie de Louis XVI....

Le but commun est de...poser, d'une manière définitive, les bases de notre histoire nationale....

Aussi, depuis cette renaissance des études historiques, la science de nos origines, des vieilles institutions et des vieilles mœurs, a-t-elle atteint un degré de certitude et de fixité dont elle était loin jusque-là. C'est depuis ce temps que les systèmes ne roulent plus les uns sur les autres, que les opinions ne sont plus individuelles, que les questions ne sont plus traitées le même jour d'une façon contradictoire, que les solutions données par un écrivain de sens et de savoir sont acceptées par tous les autres, qu'il y a, sur les points essentiels, un consentement unanime, un travail progressif où chacun ajoute quelque chose à l'œuvre de ses devanciers....

Le nouveau caractère, le cachet d'originalité que la théorie de l'histoire de France a reçu des études contemporaines, consiste, pour elle, à être UNE, comme l'est maintenant la nation....On ne verra plus notre histoire tourner dans un cercle sans repos, être tantôt germaine et aristocratique, tantôt romaine et monarchique, selon le courant de l'opinion, selon que l'écrivain sera noble ou roturier. Son point de départ, son principe, sa fin dernière, sont fixés dorénavant; elle est l'histoire de tous, écrite pour tous....

CHAPTER XIII

LIBERAL PATRIOTISM, 1820-1825.

§ 69.   *The Patriot as Orator and Scholar.*

Général Foy.

*(a) " The lilies on the Tricolour." Chambre des députés,
February 7, 1821[1].*

...Le préopinant[2] a dit que j'avais parlé de la cocarde tricolore, sans désignation de temps. Le préopinant est dans l'erreur: j'ai parlé de la cocarde historiquement, au sujet des guerres d'Espagne, et par conséquent, dans l'intervalle de 1789 à 1814.

Le préopinant a dit encore que j'avais engagé la garde royale de France à prendre la cocarde tricolore: Messieurs, c'est une calomnie....

La cocarde tricolore fut donnée à la France par un décret de l'Assemblée Constituante, sanctionné par le roi. La cocarde tricolore marque l'époque du plus grand développement de l'esprit humain, de la plus haute gloire qui ait jamais été accumulée sur une nation, de la régénération entière de l'ordre social.

Aujourd'hui, Messieurs, cette cocarde a cessé d'être légale. Un arrêté du gouvernement provisoire de 1814, reconnu par le roi, l'a supprimée; l'ancienne cocarde blanche est aujourd'hui la cocarde du devoir.

Mais si jamais, dans sa profonde sagesse, le roi revenait sur sa détermination première; si jamais l'auguste auteur de la Charte rétablissait le signe que nous avons porté pendant un quart de siècle, assurément, Messieurs, ce ne seraient pas les ombres de Philippe-Auguste et d'Henri IV qui s'indigneraient dans leurs tombeaux de voir les fleurs de lis de Bouvines et d'Ivry sur le drapeau d'Austerlitz.

[1] From *Discours du Général Foy* (1826), t. I, pp. 258–259.
[2] M. Dudon, député.

(b) "The Citizen Army." Chambre des députés,
May 25, 1821[1].

La Commission qui représente la majorité de cette Chambre a comparé notre armée, dans ses rapports avec les citoyens, à l'armée de César; on l'a représentée comme ayant servi d'instrument à l'oppression de son pays. Cela n'est point. L'armée de César, licenciée par le sénat romain, a passé avec lui le Rubicon, et, avec lui, a poursuivi les débris de la liberté expirante en Italie, en Espagne, en Afrique, en Asie! Je vous le demande, qu'a fait de semblable l'armée française?

Voix nombreuses à droite. Le 20 Mars! le 18 Fructidor! le 18 Brumaire!

Le général Foy. Je demande si jamais, à aucune époque, il exista une armée plus obéissante aux pouvoirs civils, plus dévouée aux intérêts nationaux et à la patrie! Et savez-vous pourquoi? C'est que cette armée était citoyenne et qu'elle ne se composait plus, comme autrefois, du *trop-plein* des campagnes et de l'écume des villes, que des recruteurs débauchés allaient attacher sous les drapeaux. Elle était la fleur de la population, le plus pur sang de la France. Ces hommes, sortis de dessous terre à l'appel de la patrie en danger, bravaient toutes les fatigues, tous les périls. Inaccessibles à la cupidité comme à la crainte, c'était en chantant qu'ils allaient au combat, à la mort, à une mort trop souvent certaine.

On vous a parlé de la Terreur; elle pesait sur l'armée comme sur tous ceux qui étaient restés en France, fidèles au sol de la patrie; car la Terreur n'épargnait que ceux qui étaient allés sur la rive droite du Rhin, au milieu des rangs de l'étranger.

M. de La Fayette, et une foule de députés de la gauche. Bravo! bravo!

Voix à droite. Le roi y était!

Le général Foy. Le roi était en France et vous avait

[1] From Albert Chabrier, *Les orateurs politiques de la France* (Hachette, 1888), pp. 465–467. The point under discussion in this sitting was the donations to be bestowed upon half-pay officers.

officiellement sommés d'y rentrer. (*Nouveaux cris de bravo! à gauche.*) N'avons-nous pas vu les Custine, les Biron, les Houchart, nos chefs les plus illustres, traînés à l'échafaud? D'autres officiers, dans un rang inférieur, ont eu le même sort, ou bien ont couru les plus grands dangers. Moi-même, Messieurs,—et on peut parler de soi dans de pareilles circonstances, surtout quand on est nominativement interpellé,—je fus arraché de l'avant-garde de l'armée du Nord, où je combattais l'ennemi, pour être traîné dans les cachots de Joseph Lebon à Cambrai. Sans le 9 Thermidor, j'aurais péri comme tant d'illustres victimes.

Une voix à droite. C'est, en vérité, trop modeste!

Le général Foy. Savez-vous quel était mon crime? C'était alors, comme aujourd'hui, de ne pas savoir dire mollement ce que je sens avec chaleur, ce que je pense avec énergie. Mon crime alors, comme aujourd'hui, était de poursuivre avec une indignation égale les Jacobins de la guillotine et les Jacobins de la potence. (*Nouvelles acclamations et nouveaux applaudissements à gauche.*)

On a rappelé le 18 Fructidor. Cette journée a été l'ouvrage d'une partie du gouvernement: l'armée n'y a été pour rien. Quant au 18 Brumaire, bien qu'il ait été fait au bénéfice d'un des chefs de l'armée, c'est la garde seule des consuls qui a marché; et elle n'a été mise en mouvement que sur l'ordre des inspecteurs de la salle.

Dira-t-on que sous le régime impérial l'armée a opprimé la France? Mais elle n'y était pas, Messieurs. Il n'y avait alors en France que des vétérans.

Voix à droite. Et les colonnes mobiles!

Le général Foy. Les colonnes mobiles étaient composées de vétérans, de gardes nationaux et des conscrits de quelques dépôts; elles obéissaient uniquement aux préfets et ne pouvaient pas composer une force militaire capable de comprimer l'opinion. Messieurs, on a constamment exécuté sous le régime impérial la loi de la Révolution qui plaçait le pouvoir militaire bien au-dessous du pouvoir civil. Un maréchal d'empire, quelque illustre et puissant qu'il fût, n'aurait pu, dans aucune ville de France, faire arrêter le coupable le plus obscur, tandis que le préfet pouvait disposer de la fortune et souvent de la liberté des citoyens les plus marquants. Partout le pouvoir militaire était subordonné au pouvoir civil, et, dans tous les conflits entre ces deux autorités, le chef du gouvernement prenait à tâche de donner raison à l'autorité civile, et il faisait bien. C'est donc par la plus fausse des locutions que l'on a dit que, pendant quinze ans, la France avait été régie par un despotisme militaire. Autant vaudrait dire que le despotisme sous lequel était placée la France sous le cardinal de Richelieu était un despotisme ecclésiastique.

A droite. A la question!

Le général Foy. Cette discussion, Messieurs, ne sera pas sans intérêt pour la France, si son résultat n'était pas le triomphe de la cause des donataires, elle servirait du moins à montrer à la nation où sont ses ennemis, où sont les ennemis du roi et de la France. (*Violent tumulte à droite.*)

(c) *"The example of Demosthenes."* March 20, 1823[1].

"Dans nos temps modernes, pour aimer la liberté et pour en bien user, il faut beaucoup savoir, beaucoup comparer, beaucoup juger. Que l'éducation prépare à cela!...

"Par moments, je me dis que nos efforts sont peut-être en pure perte, et que nous courons risque de ressembler à ces villes grecques du temps de Philippe, qui discutaient admirablement sur la place publique, pendant que de la Macédoine et de la Thrace s'acheminait la phalange organisée qui devait les asservir; mais je me réponds bien vite à moi-même qu'une Athènes qui a trente millions d'âmes et peut mettre en campagne douze cent mille soldats est invincible, à moins qu'elle n'ait, à jour donné, par une fatalité singulière, réuni tous les peuples contre elle. Son Généralissime, son Empereur a pu être renversé par la Coalition des Rois entre eux et des Nations avec les Rois; mais hors de là, elle seule, avec un drapeau libre et

[1] From Villemain, *Souvenirs contemporains* (1854), t. I, pp. 480 ff. The exact date of this conversation, which took place during a visit paid by Villemain to General Foy at the Sorbonne, is fixed by a letter of Edgar Quinet, who was present. The general is speaking to Villemain.

des lois sensées qui lui rallieraient la moitié du monde, elle est inexpugnable."

Et le général, en achevant ces mots, se levait, marchait à pas précipités, avec un feu d'expression dans les regards, inoubliable comme ses paroles.

"Mais, continua-t il, comme il arrive toujours, après de longues guerres, comme il est arrivé en Europe après les conquêtes et les revers de Louis XIV, nous sommes, je le crois, destinés à une longue paix....

"Malgré les fanfares parlementaires de Canning, je crois que, de notre vivant, nous n'assisterons pas derechef à la grande guerre; et tant mieux pour la liberté! Mais cette liberté, il faudrait qu'elle se hâtât de former en France des âmes fortes et fidèles, des esprits animés d'un sentiment sérieux du Droit et du Devoir légal. Des bras, des cœurs de soldat, il n'en manquera jamais! cette terre de France les produit dans chaque sillon. Des esprits patriotes autant qu'éclairés, une succession d'hommes publics poursuivant la même voie, nourris dans les mêmes doctrines, les défendant, les honorant, et ne les exagérant pas, cela est plus difficile!

"Que de fois nous avons changé (on ne peut presque y penser sans que la tête ne tourne)! De la Convention au Directoire, du Directoire au Consulat, du Consulat à l'Empire, de l'Empire aux Cent-Jours, et des Cent-Jours aux phases diverses de la Restauration, que de principes proclamés, rejetés, repris! que de masques plusieurs fois empruntés! Il est temps que la lumière continue de la vie publique nous donne, par conviction ou du moins par pudeur, des caractères plus fixes, des hommes voués à une cause, à une vérité. Je suis frappé de ce que, sous ce rapport, malgré les misères du temps et les misères de l'homme en général, le Régime constitutionnel a déjà fait pour nous, des corruptions publiques qu'il a réprimées ou déshonorées, de la clarté qu'il a portée dans les finances, de l'élan généreux qu'il communique aux esprits, de l'élévation qu'il rend aux lettres, et je reviens à mon dire: qu'à l'enseignement des Chambres et du débat public se joigne une forte éducation de la jeunesse, et nous aurons une grande époque de fondation et de durée!

.   .   .   .   .   .

"Ce qui me ravit dans l'antiquité, ce que je saurais gré de voir exhumer, comme une statue dont les belles proportions nous étonnent, c'est ce qui s'éloigne de notre égoïsme moderne, de notre esprit mercantile, sujet à passer trop vite de l'intelligence des arts utiles au trafic des personnes. Demandons aux anciens de préférence ce qui est rare parmi nous, les illusions de gloire et d'enthousiasme, illusions bien justement appelées ainsi du temps de Démosthène, car elles ne purent rien sauver, rien prévenir. Et cependant ce n'est que lorsque ces illusions-là sont tout à fait mortes qu'un peuple tombe en décadence....

"Voyons, ce qu'il (Démosthène) a dit dans cette dernière défense de sa vie publique...."

Il tomba, comme d'instinct, sur le passage mémorable où Démosthène, après avoir résumé, comme il résume, tout ce qu'il avait espéré, conseillé, machiné pour la Guerre contre Philippe, déclare avec serment que, si la défaite eût été prévue comme infaillible, il aurait encore fallu tenter l'entreprise et livrer la bataille. Il y attacha les yeux avec passion, et, se levant, il lut à haute voix, pour un seul auditeur [1] ce que Démosthène appelait le paradoxe de son discours, la pleine revendication du projet de guerre, après la défaite....

.   .   .   .   .   .

J'écoutais, sous la voix grave et passionnée du lecteur, ce serment immortel, reconnaissant à peine mes faibles paroles françaises[2], que couvrait l'accent d'une âme antique; et, suspendu entre le souvenir de l'original qui retentissait tout bas en moi et l'expression vivante qui m'en rendait le sens véritable et toute la grandeur, je sentais, pour ainsi dire, dans chaque son une symphonie, une complicité généreuse de l'éloquent Général avec l'héroïque Orateur de la liberté grecque. Ce sentiment d'un périlleux effort tenté sans succès, et qu'il aurait fallu tenter, malgré la certitude du revers, jaillissait comme un cri du cœur, et confondait,

[1] Villemain himself.
[2] Villemain had translated the passage into French.

à deux mille ans de distance, deux douleurs patriotiques, dans un même élan de résignation enthousiaste.

. . . . . .

"Que cela est beau! reprit lentement le Général, comme épuisé par ce court, mais complet effort. De quelle main cet homme relève le peuple, auquel il s'associe! et à quel degré il se relève lui-même, en se rendant indépendant de la destinée, et en se proposant un but moral plus haut que le succès et qui n'en a pas besoin! A la guerre, dans le monde, dans la vie publique, partout, il faut ainsi se faire un idéal de devoir et d'honneur, en dehors de tout calcul sur les chances de succès, et même avec la chance contraire volontairement choisie. De cette sorte, on n'est jamais trompé; car dans l'amertume des revers, il reste au cœur la satisfaction et la justice de l'entreprise. Les peuples, comme les individus, doivent ainsi se faire une perspective dominante, un horizon de gloire. De nos jours, près de nous, nous voyons tomber et avorter bien des tentatives de liberté. Vaudrait-il mieux cependant qu'elles n'eussent pas été faites? et l'essai même n'est-il pas du moins une protestation, et la protestation une réserve et un accroissement du droit?

"Je ne suis pas encore pleinement assuré des progrès continus de la France dans la noble carrière où elle est entrée. Ce n'est pas l'étranger que je redoute pour elle: sans lui, elle peut pécher par excès ou par inconstance; mais qui voudrait, n'importe l'avenir, que la France n'eût pas donné un si bel exemple? Qui voudrait qu'elle n'eût pas travaillé à cette œuvre glorieuse du Gouvernement Constitutionnel, de l'impôt librement voté, de la Loi librement faite, du Droit individuel garanti, de l'arbitraire aboli, du Droit public fondé sur la liberté de chacun et la puissance de tous, dans les limites de la Loi?"

En achevant ces mots, le Général prit congé de moi, pour aller à la Chambre.

Quelques mois encore, et il n'était plus[1]: la tribune avait consumé ce noble survivant de la guerre.

[1] Foy died on November 28, 1825, aged 50. His death was an occasion of national mourning and his funeral provided the opportunity for a great patriotic demonstration.

CHAPTER XIV

THE INSTINCT OF THE NATION. 1823–1830.

§ 70. *The Spanish War provides the touchstone.*

IN January, 1823, Chateaubriand succeeded in dragging France into war with Spain. The ostensible reason was to help the Bourbon King, Ferdinand VII, against his rebellious subjects. The real motive was to restore French prestige by a display of armed power—in a word to rekindle patriotism of the only kind which Chateaubriand and the Ultras knew. The Duc de Broglie raised a dignified protest in the Chamber of Peers on March 14. But the war went on and was carried to a spectacular conclusion in the course of the year by the Duc d'Angoulême, whose return to Paris was celebrated by a national fête. Seven years later M. de Polignac, chief minister of Charles X, took occasion of an insult offered to France by the Dey of Algiers to organize a punitive expedition which, gratifying national pride, should strengthen his ministry. This was a prostitution of patriotic feeling to political ends, as Armand Carrel pointed out in the *National*.

(a) *In the Chambre des députés, January* 28, 1823.

ROYER-COLLARD[1].

...De la révolution tout entière le Roi ne répudie que les erreurs et les crimes; tous les *droits des Français,* il les reconnaît.... Que voulait la France? La liberté; elle lui est assurée; l'égalité; elle l'obtient; la gloire acquise dans une guerre presque aussi longue que la révolution, le Roi l'adopte; il fait plus, il en fait l'ornement de son trône.

Je retrouve ici la question présente. Veuillez, Messieurs, arrêter votre attention sur le principe et le caractère de cette guerre[2]. A l'exception des dernières années, où elle n'appartient plus qu'à l'ambition désordonnée d'un despote, non seulement elle a été constamment nationale,

---

[1] From P. de Barante, *La Vie politique de M. Royer-Collard* (1861), t. II, pp. 185–188.
[2] Not the actual war, but the long struggle during the Revolution and under the Empire.

mais elle est peut-être tout ce qu'il y a eu de véritablement national depuis 1789. Pourquoi? parce qu'elle était soutenue par le sentiment le plus vif et le plus général qu'il y ait chez nous, l'horreur de la domination étrangère. Est-ce donc pour le Comité de Salut public ou pour le Directoire que nous avons vaincu à Fleurus, à Zurich, et sur tant d'autres champs de bataille? Non, la France s'indignerait qu'on pût le croire; non, elle ne défendait pas des gouvernements atroces ou méprisables; elle défendait son indépendance; elle combattait les Prussiens, les Russes, les Autrichiens. Elle le ferait encore aujourd'hui. C'est la cause de notre indépendance, et aucune autre cause, qui a triomphé dans toute l'Europe par les armes et par les traités. C'est cette cause qui a consacré notre gloire, et qui l'a fait accepter, reconnaître, honorer par les souverains et par les peuples. La gloire est pure, parce que la cause fut juste. Les souvenirs de cette grande guerre ne s'effaceront jamais du milieu de nous, parce qu'elle a été pour chaque famille un événement domestique, il n'y en a pas une qui n'y ait donné de son sang.

Jugez maintenant, Messieurs, la guerre qui vous est proposée....Si cette guerre que vous allez faire à l'indépendance de l'Espagne est juste, celle que nous fit l'étranger il y a trente ans l'était donc aussi; il avait le droit de brûler nos villes, de ravager nos campagnes, d'envahir nos provinces, et nous n'avions pas, nous, celui de nous défendre; nous avons eu tort de battre les Autrichiens! Voilà, Messieurs, ce qu'il faut faire comprendre à une nation qui s'estime, et qui ne manque pas de mémoire....Nous vivons dans un temps où les peuples sont plus éclairés que les gouvernements qui le sont le plus, et où ils aperçoivent les conséquences obscures des choses aussi distinctement que leurs conséquences les plus claires. Ne vous étonnez donc pas de ce que la guerre d'Espagne est si profondément impopulaire; ce ne sont pas seulement les sacrifices qu'elle exigerait qui attristent cette généreuse nation; elle saurait bien les supporter, elle irait au-devant dans une cause qui serait la sienne; mais elle sent instinctivement que cette guerre se fait contre elle et sur son territoire, et qu'à chaque victoire elle reperdra les batailles qu'elle avait gagnées. De là, cet embarras du patriotisme le plus décidé; de là, ces alarmes sincères qui implorent la sagesse royale.

Et qu'y a-t-il de plus propre à les justifier que le motif avoué de l'intervention dont il s'agit? Ce motif, réduit à ses véritables termes, ne déclare-t-il pas, sans aucune ambiguïté, que les gouvernements seuls ont des droits naturels, éternels, imprescriptibles, dont l'origine n'est pas sur la terre; que les peuples, au contraire, n'ont que des droits acquis, et que, si les gouvernements ne leur en accordent point, ils n'en auront point; ou, en d'autres termes, que les gouvernements ont précédé les sociétés, et que celles-ci sont leur ouvrage? Je n'ai rien à dire de cette maxime dans le cas présent, si ce n'est qu'elle n'est pas française, et qu'avant d'être démentie par la Charte, elle l'était par toute notre histoire. Certes nous possédons, et nous en sommes heureux et fiers, la plus antique des races royales, comme la plus féconde en bons et sages princes; cependant sa source n'est pas cachée, comme celle du Nil, dans des déserts inaccessibles; nous la découvrons, et nous voyons au-delà d'autres races de rois, et la France avec un droit public, très imparfait sans doute, mais qui était à elle, qu'elle ne tint pas de son nouveau roi, et qu'il n'aurait pas pu lui ravir. Ce droit public, vous le savez, reposait tout entier sur la doctrine du contrat et de la réciprocité; il a traversé les longs âges de la monarchie féodale, et quelque progrès qu'ait fait le pouvoir royal dans les derniers temps, il n'a jamais été entièrement détruit. Eût-il péri dans les lois, il se serait conservé dans les esprits, asile inexpugnable de la dignité de l'homme contre les entreprises de l'autorité. Nous sommes, Messieurs, nous serons toujours dociles et fidèles, mais comme l'ont été nos pères, avec quelque discernement, selon les lois de la morale et de l'honneur, et sans abdiquer notre juste participation aux affaires de notre pays. Nous croyons avoir des droits, que nous ne tenons que de la nature et de son Auteur, et c'est nous imposer un sacrifice au-dessus de nos forces que de nous demander notre sang pour le triomphe du pouvoir absolu.

(b) *In the Chambre des pairs, March* 14, 1823.

DUC DE BROGLIE[1].

C'est une guerre de principe que nous allons faire. Quel est-il, ce principe qui doit nous embraser d'un saint zèle? C'est une guerre de doctrine que nous allons entreprendre. Quelle est cette doctrine qui doit illuminer les Français, qui les doit arracher au repos et à leurs foyers, et les précipiter en avant en criant: *Dieu le veut?*

Ce principe, le voici....dépouillé du langage emphatique et doucereux qui l'enveloppe, réduit à son sens positif, et commenté par la conduite des puissances alliées envers l'Espagne.

Toute révolution, quelle qu'elle soit, est non seulement un désordre à l'égard du gouvernement qui la subit, mais un attentat contre la civilisation en général. Tout peuple qui revendique des droits, une liberté que son gouvernement lui refuse, est un peuple de forbans, de pirates qui doit être mis au ban de l'Europe. Les constitutions n'ont de source légitime que le pouvoir absolu.—Le pouvoir absolu les donne quand il lui plaît, comme il lui plaît.— S'il n'en donne point, les peuples n'en auront point. Tout gouvernement issu d'une révolution est un monstre qu'il faut étouffer dès qu'on le peut.

Et ceci nous est enseigné sans restriction, sans limites, sans réserve. Point de distinction entre une révolution et une autre; quelque injuste, quelque oppressif, quelque destructeur des droits et du bonheur de l'humanité que puisse être un gouvernement, quelque sages, quelque modérés, quelque prudents que puissent être des réformateurs, n'importe, ils doivent être enveloppés dans le même anathème. Washington ne vaut pas mieux que Catilina; nulle différence entre Guillaume Tell et le farouche

[1] From *Souvenirs du duc de Broglie* (Paris, 1886), t. II, p. 345 f.

scélérat qui conduisait les sections au 31 mai et au 10 août; entre le prince d'Orange, libérateur des Pays-Bas, et Robespierre ou Babœuf; eux et leurs imitateurs, sont également des révolutionnaires qu'il faut exterminer au même titre.

Ce n'est pas tout.

Envers un gouvernement né d'une révolution, il n'est aucune obligation qu'on doive regarder comme sacrée. Aucun engagement ne prévaut, aucun laps de temps ne prescrit....Telle est la doctrine pour laquelle nous devons, à ce qu'on suppose, nous prendre d'enthousiasme, nous Français, nous qui avons traversé trente ans de révolution, nous qui devons pourtant à cette révolution, quels que soient, d'ailleurs, ses erreurs et ses crimes, et les lois qui nous régissent, et les établissements publics qui font notre gloire, et notre prospérité; nous qui avons vécu, servi, administré, rendu la justice sous des gouvernements nés de cette révolution. Si les Espagnols, en repoussant aujourd'hui notre agression, sont des rebelles ou des traîtres, qu'avons-nous été pendant trente ans?

§ 71. *Revival of revolutionary and imperial patriotism.*

(a) *The Emperor dead and forgotten in Paris.*

COMTESSE DE BOIGNE[1].

Le 5 mai 1821, Napoléon Bonaparte exhalait son dernier soupir sur un rocher au milieu de l'Atlantique. La destinée lui avait ainsi préparé le plus poétique des tombeaux.

Placée à l'extrémité des deux mondes, et n'appartenant qu'au nom de Bonaparte, Sainte-Hélène est devenue le colossal mausolée de cette colossale gloire.

Mais l'ère de sa popularité posthume n'avait pas encore commencé pour la France.

J'ai entendu crier par les colporteurs des rues: "La mort de Napoléon Bonaparte, pour deux sols; son discours au général Bertrand, pour deux sols; les désespoirs de Mme Bertrand, pour deux sols," sans que cela fît plus d'effet dans les rues que l'annonce d'un chien perdu.

[1] From *Mémoires*, t. III, ed. Ch. Nicoulard, 1907, pp. 67, 68.

Je me rappelle encore combien nous fûmes frappées, quelques personnes un peu plus réfléchissantes, de cette singulière indifférence, combien nous répétâmes: "Vanité des vanités et tout est vanité!" Et pourtant la gloire est quelque chose, car elle a repris son niveau; et des siècles d'admiration vengeront l'empereur Napoléon de ce moment d'oubli.

(*b*)   *His memory rekindled by his glory.*

BÉRANGER[1].

...Peut-être il dort, ce boulet invincible
Qui fracassa vingt trônes à la fois.
Ne peut-il pas, se relevant terrible,
Aller mourir sur la tête des rois?
Ah! ce rocher repousse l'espérance:
L'aigle n'est plus dans le secret des dieux.
Pauvre soldat, je reverrai la France,
La main d'un fils me fermera les yeux.

Il fatiguait la Victoire à le suivre:
Elle était lasse: il ne l'attendit pas.
Trahi deux fois, ce grand homme a su vivre;
Mais quels serpents enveloppent ses pas!
De tout laurier un poison est l'essence;
La mort couronne un front victorieux.
Pauvre soldat, je reverrai la France,
La main d'un fils me fermera les yeux.

[1] From *Le Cinq Mai* 1821 (Recueil de 1825), four out of seven stanzas. A veteran of the *grande armée* returning home from India is supposed to touch at Saint Helena on a Spanish vessel the day of Napoleon's death.

Among other songs of Béranger which stimulated the growth of the Napoleonic legend may be mentioned *Le Vieux Drapeau* (1820); *Le Vieux Sergent* (1821). Presently a whole literature sprang up round the figure of the exiled emperor, of which the principal items are the following: *Testament de Napoléon* (April, 1821, published in Paris, 1822); *Le Soldat Laboureur* (1821), a vaudeville, not by Scribe but by Brazier, etc., with a hero named Francœur; Las Cases, *Mémorial de Sainte Hélène* (4 vols., 1823); Ségur, *Hist. de la grande armée en* 1812 (1825); Thiers, *Hist. de la Rév. fr.* (1823–1827); Mignet,

Grand de génie et grand de caractère,
Pourquoi du sceptre arma-t-il son orgueil?
Bien au-dessus des trônes de la terre,
Il apparaît brillant sur cet écueil.
Sa gloire est là comme le phare immense
D'un nouveau monde et d'un monde trop vieux.
Pauvre soldat, je reverrai la France,
La main d'un fils me fermera les yeux.

Bons Espagnols, que voit-on au rivage?
Un drapeau noir! ah! grands dieux, je frémis!
Quoi! lui, mourir! ô gloire! quel veuvage!
Autour de moi pleurent ses ennemis.
Loin de ce roi nous fuyons en silence;
L'astre du jour abandonne les cieux.
Pauvre soldat, je reverrai la France,
La main d'un fils me fermera les yeux.

(c) Republican patriotism reawakens, 1824.

THIBAUDEAU[1].

Le gouvernement républicain était inexorable envers le conscrit français rebelle à la voix de la patrie. Sans doute, quelques hommes dont elle ne réclamait pas expressément le service, se réfugièrent aussi dans les camps pour échapper à la proscription; ils cherchaient leur tranquillité dans la guerre et leur sûreté dans les combats; la peur a fait plus d'un brave soldat, et quelquefois des héros. Mais, sous la Terreur, comme après son règne sanglant, le plus grand nombre des Français courait sous les drapeaux pour défendre la liberté et l'indépendance nationale. Ce peuple, instrument ou victime de la tyrannie qui déchirait le sein de la patrie, repoussait avec indignation le joug de l'étranger et de l'émigration. Quand il croyait avoir pourvu à sa sûreté intérieure, en remplissant les prisons de

Hist. de la Rév. fr. (1824); Norvins, *Hist. de Napoléon* (1827); *La cocarde tricolore*, vaudeville by Th. and Hippolyte Coigniard (1831), whose hero Chauvin has given a new word to the language (*chauvinisme*), expressing one who has a fanatical love for his country.

[1] From *Mémoires sur la Convention et le Directoire* (ed. of 1827), t. I, ch. v, p. 52.

suspects, il marchait avec un rare dévouement aux frontières, et les jeunes guerriers faisaient retentir de chants patriotiques les villes où régnaient le deuil et la consternation.

Ce gouvernement révolutionnaire, si terrible au-dedans, ne l'était pas moins au-dehors. Avec des armées de citoyens il bravait les armées stipendiées de l'Europe, et des chefs, sortis des derniers rangs, triomphaient des vieilles renommées de ses généraux. Les opérations militaires étaient dirigées à la fois avec audace et sagacité. L'heureux destin de la république avait jeté, dans le comité de salut public, un de ces hommes rares, étranger à toute intrigue et à toute ambition, simple dans ses manières et dans ses goûts, désintéressé, incorruptible, savant dans l'art de la guerre, enthousiaste de la liberté, de la gloire et de l'indépendance de la république; en un mot un de ces caractères antiques, l'honneur de leur siècle et de leur patrie. Carnot avait la dictature des armées, et la justifia par la victoire.

L'énergie de la nation, qui semblait comprimée par la Terreur, brillait de tout son éclat devant ses ennemis. Elle se vengeait sur eux de son humiliation intérieure. Tandis que l'administration civile semblait livrée à la brutalité et à l'ignorance, les talents, les arts et les sciences préparaient à l'envi les plus glorieux triomphes. De toutes parts se multipliaient les ateliers d'équipement, d'armes et de munitions de toute espèce. Le peuple français réalisait les prodiges de la fable; il frappait du pied le sol de la patrie, et il en sortait, comme par enchantement, un million d'hommes armés pour sa défense.

Ils n'allaient point au combat avec ce dévouement factice que produisent l'avancement, les distinctions, les honneurs, la fortune. L'égalité régnait dans les camps comme dans les villes, tout y supportait les mêmes privations. La plupart du temps le soldat et l'officier mangeaient le même pain, ils couchaient au même bivouac. Un simple panache, une modeste écharpe distinguaient le général. Couvert de blessures, le militaire congédié redevenait citoyen, souvent sans demander de récompense. Il n'avait point fait un métier, il avait payé sa dette. La Convention nationale acquittait celle de la nation envers ses défenseurs, en décrétant qu'ils avaient bien mérité de la patrie; et cette monnaie, qui s'usa dans la suite à force de victoires, suffisait alors au général comme au soldat.

§ 72. *The patriotism of the* National *in* 1830.

(a) *Reply to* The Times[1].

ARMAND CARREL[1].

Le *Times* ne croit pas à la compatibilité du principe monarchique et des idées libérales en France. Tout ce que nous faisons pour nous soustraire aux sinistres desseins d'un ministère ennemi-né du gouvernement représentatif, le *Times* l'explique par la prétendue tendance républicaine de l'esprit français.... Le *Times* ne se trompe que pour être rédigé par des hommes qui connaissent peu la France et qui n'y vivent pas. Du reste, une fois persuadé que nous marchons, ou au système américain, ou à une république comme celle de 92, le *Times* éprouve beaucoup d'admiration pour la manière digne, calme, forte et intelligente avec laquelle sont conduites nos élections. Ses informations sur l'esprit libéral en France sont mauvaises; son impression sur le spectacle donné par notre lutte est vive et juste, et elle est trop honorable à notre pays pour que nous n'en soyons pas flattés.

Le *Times* est si persuadé de l'imminence d'un change-

[1] From *Œuvres d'Armand Carrel* (1857), t. I, pp. 117–118. The opinion of France expressed by the general elections of June, 1830, was hostile to the government of Charles X; but no one contemplated a revolution, nor conquests on the Rhine, nor a republic. *The Times*, however, whilst full of admiration for the courage and decision with which the elections had been conducted, foresaw that they would lead to a revolution, and perhaps to a republic. It declared that England would not interfere with French domestic politics, but that she would oppose any attempt to remodel the map of Europe or to recover Belgium and the Rhine provinces for France. Armand Carrel took up the challenge in the *National*, the liberal journal founded in January, 1830, by Thiers, Mignet, Sautelet and himself. The *National* lasted until the *coup d'état* of Dec. 2, 1851.

ment radical dans notre système politique, qu'il croit devoir terminer ses réflexions sur la France en nous annonçant comment ce changement sera pris en Angleterre. D'abord on ne se mêlera en rien de nos affaires intérieures. Nous pouvons, d'après ce que nous assure le *Times*, ou proclamer chez nous le système américain, ou bien nous contenter d'une révolution un peu plus radicale que la révolution de 1688, appelée encore aujourd'hui glorieuse en Angleterre; personne ne s'y opposera, et il serait ridicule, ajoute le *Times*, que pour un semblable événement on prêchât en Europe une croisade contre la France. Mais ce que l'Europe ne saurait nous permettre, ce qu'elle ne nous permettra point, et ce qu'elle doit se mettre dès à présent en mesure de nous interdire, d'après le *Times*, c'est de faire un seul pas au delà de nos frontières actuelles. Il ne faut point, dit le *Times*, que les libéraux français espèrent qu'on les laissera troubler les États voisins et attenter à la fixation définitive des territoires du continent, sous prétexte de recouvrer les *frontières naturelles* de la France.

Comme un préjugé en entraîne presque toujours un autre, le *Times*, qui croit la France révolutionnaire de sa nature, la croit aussi, par tempérament, querelleuse et dévorée de la soif des conquêtes. Faut-il que nous ayons à rappeler à un journal aussi distingué que le *Times* que la France a été révolutionnaire en 89, parce qu'elle avait été gouvernée despotiquement pendant des siècles; qu'elle a été militaire et conquérante sous l'Empire, parce que l'Europe entière, armée contre elle, avait voulu l'empêcher d'être révolutionnaire quand elle avait besoin de l'être? La France a été assez loin dans la carrière des révolutions pour qu'on puisse la croire capable de s'arrêter où elle est; et, à cet égard, elle est plus avancée que l'Angleterre. Pour conquérante, elle ne le redeviendrait que dans le cas où l'on voudrait encore se mêler de ses affaires; et le meilleur moyen de la forcer à oublier ses frontières naturelles, c'est de ne lui signifier jamais qu'elle doit s'enfermer dans celles que lui ont imposées les événements de 1814 et 1815.

(*b*) *The Algerian expedition*[1].

Toulon, le 10 *mai* (1830).

"*Soldats!*

"*L'insulte faite au pavillon français vous appelle au
delà des mers; c'est pour le venger, qu'au signal donné du
haut du trône vous avez tous brûlé de courir aux armes, et
que beaucoup d'entre vous ont quitté avec ardeur le foyer
paternel.*

"*A plusieurs époques, les étendards français ont flotté
sur la plage africaine. La chaleur du climat, la fatigue
des marches, les privations du désert, rien n'a pu ébranler
ceux qui vous y ont devancés. Leur courage tranquille a
suffi pour repousser les attaques tumultueuses d'une cavalerie
brave, mais indisciplinée; vous suivrez leurs glorieux exemples.*

"*Les nations civilisées des deux mondes ont les yeux fixés
sur vous; leurs vœux vous accompagnent. La cause de la
France est celle de l'humanité; montrez-vous dignes de votre
noble mission. Qu'aucun excès ne ternisse l'éclat de vos
exploits. Terribles dans le combat, soyez justes et humains
après la victoire; votre intérêt le commande autant que le
devoir....*"

On ne peut nier, en lisant cette pièce, que M. de Bourmont n'ait quelque peu profité à l'école du maître qu'il a
servi et trahi dix ans. Il est bien naturel qu'on se souvienne
un peu des proclamations d'Orient, quand on croit pouvoir copier l'expédition d'Égypte et le 18 brumaire. M. de
Bourmont a osé se rappeler que d'autres couleurs que celles
de la monarchie avaient conduit des Français sur les mêmes
rivages où lui-même va se rendre. Il ne parle pas de saint
Louis, et n'appelle point son armée à une nouvelle
croisade, comme l'eussent désiré sans doute quelques-uns
de ses amis. C'est une grande concession faite à l'esprit
qui anime nos soldats.

---

[1] From *Œuvres*, t. I, pp. 41–51. The proclamation which Armand
Carrel comments on was issued by Général de Bourmont on the eve
of embarkation.

Malheureusement il a été donné aux hommes du 8 août[1] de compromettre avec eux les plus précieux intérêts de la France. Une grande nation n'est jamais étrangère à ce qui se fait avec ses trésors, avec son sang, et à l'abri de son nom. Les succès, s'il y en a, ne peuvent être que son ouvrage, et sur elle seule aussi tombe la honte des revers aux yeux des nations rivales. Les Villeroi, les Tallard, les Soubise[2], ont déshonoré la France en même temps qu'eux. Un mauvais général, un mauvais ministre, tombent dans la disgrâce et le mépris; le pays qui les a supportés est solidaire avec eux, et reste, après eux, chargé seul de leur déshonneur. Ainsi, aujourd'hui, il ne s'agit plus du lustre personnel que le déserteur de Waterloo[3] peut espérer de retrouver dans une expédition lointaine et pleine de hasards. Il s'agit de l'honneur, encore vierge, de cette jeune armée, dont la discipline, l'instruction, le patriotisme, ont refleuri à l'ombre de nos institutions. Il s'agit surtout de la réputation, déjà si belle, si pure, si rapidement acquise, de notre marine, encore une fois renaissante.

Nous ne souhaitons les honneurs de la victoire ni à l'homme qui commande cette expédition contre le sentiment de la France entière, ni à la faction réprouvée dont il a la prétention d'être le bras; mais, sûrs que nous sommes que le succès de cette trop belle et trop coûteuse expédition ne saurait être tourné contre nous, nous n'avons plus désormais pour elle que les vœux ardents d'hommes passionnés pour la gloire nationale. La flotte n'est pas moins patriote qu'intrépide et manœuvrière. Les soldats de nos régiments d'infanterie sont le plus pur sang de nos campagnes. Nous avons des frères, des amis, parmi les officiers qui la commandent. La plupart des chefs de brigade et de division ont l'estime publique; tous sentent qu'ils ont à relever l'honneur des armes françaises qui périt à Waterloo,

[1] The date of Polignac's disastrous ministry.
[2] Villeroi was beaten at Ramillies, 1706; Tallard at Blenheim, 1704; Soubise at Rossbach, 1757.
[3] Bourmont, a former royalist and *Chouan*, was given a division by Napoleon during the Hundred Days. On June 14, 1815, he deserted to the other side.

et non pas à soutenir les intérêts honteux qui désertèrent à la lumière des canons sur ce trop fameux champ de bataille. Nous ne craignons donc pas qu'ils reviennent jamais, vainqueurs de quelques barbares, essayer leurs épées contre des institutions qui leur promettent protection comme à nous. Nous n'avons point voulu l'expédition comme la voulaient les hommes du 8 août, mais le succès nous le voulons plus qu'eux, et par de plus nobles motifs. En un mot, c'est M. de Polignac qui a donné l'ordre du départ, c'est M. de Bourmont qui commande; mais ce seront les escadres de la Russie, de la Hollande, de l'Angleterre, qui verront notre expédition aborder aux rivages africains; là, nous serons jugés, observés, épiés peut-être par nos ennemis anciens et nouveaux, et nous serons fiers de l'impression qu'y pourra produire la France.

(c) *Who won the victory in Africa*[1]*?*

...Le parti qui déplora, pendant vingt-cinq ans, nos victoires sur l'Europe, croit nous avoir réduits à gémir de la reddition d'Alger, comme il gémit, en d'autres temps, de la prise d'Ulm et de Mantoue, de notre entrée dans Vienne et dans Berlin. Mais nous ne sommes pas émigrés, Dieu merci; nous sommes chez nous. Nous n'attendions pas de la résistance d'un roitelet d'Afrique le triomphe de notre cause; et nos élections, dont nous saurons soutenir le résultat, l'ont assez montré. Alger est pris, tant mieux! C'est la première consolation obtenue par nos armes depuis Waterloo. Peut-être en sera-t-on jaloux en Europe, c'est la meilleure raison pour que nous en soyons contents et fiers....

C'est par la France, et, ne l'oublions pas, la France telle que la Révolution l'a faite, qu'ont été remportées les victoires insolemment données par la faction comme étant siennes; maintenant, c'est cette même France de la Révolution, cette France qui vient de se manifester d'une manière si éclatante et si digne d'elle par ses élections, qu'on menace

[1] From *Œuvres*, t. I, pp. 122-125.

de traiter comme les bédouins d'Afrique. Et comment, s'il vous plaît? A moins qu'on n'espère insurger la nation contre elle-même, les habitants contre le pays, les soldats contre les institutions. Jamais la démence alla-t-elle aussi loin?

Est-ce que par hasard ce sont les hommes du 8 août qui ont fait notre armée ce qu'elle est? Elle tient sa discipline des institutions de l'Empire; elle a appris à manœuvrer dans le règlement de 91; elle doit son excellente composition au ministre patriote Gouvion Saint-Cyr. Est-ce par les souvenirs de la chouannerie et de la guerre faite aux diligences sur les grandes routes qu'on a cherché à l'intéresser à l'entreprise et à exciter son enthousiasme? Non; c'est par le souvenir de nos immortelles armées républicaines. On lui a parlé des conquérants de l'Égypte, des journées d'Héliopolis, d'Aboukir et des Pyramides[1]. Elle s'est couronnée de fleurs à l'anniversaire de Marengo; et, ce qu'on ne lui eût pas permis dans ses casernes, il a fallu le lui laisser faire en face de l'ennemi et d'un danger sérieux; on a senti qu'il n'y avait que l'héroïsme des pères qui pût enflammer celui des enfants. On a obéi aux sentiments de nos conscrits, comme on obéissait à leurs instincts valeureux; on s'est laissé conduire par eux. Pendant que l'homme du 8 août[2] se livrait dans son camp à des calculs de timide prudence, l'entraînement naturel de notre jeune armée, d'accord avec l'expérience des vieux officiers qui la parent encore, allait en avant, comme à Jemmapes. Peut-être, en se chargeant de les conduire, le général du 8 août[3] n'a-t-il fait que retarder leur victoire.

Nous pourrions en dire autant de la flotte et de tous les services qu'on a fait concourir à l'expédition. Partout les hommes formés sous l'Empire, l'expérience acquise dans nos luttes contre l'Europe, la brillante et profonde jeunesse sortie des écoles fondées par Monge et Bonaparte; pas un

---

[1] *Vide supra*, the proclamation of Bourmont.
[2] M. de Polignac, Foreign Minister from August 8, 1829, President of the Council from November 17.
[3] M. de Bourmont.

débris d'ancien régime. Esprit de la Révolution, méthodes créées par la Révolution, générations nouvelles et libérales, crédit, argent, ressources immenses en tous genres, parce que la publicité existe, parce qu'on a l'opinion que le régime représentatif triomphera des derniers efforts d'une faction exécrée: voilà tout ce dont le ministère du 8 août a pu disposer pour la campagne d'Afrique; mais ce ne sont point les facultés de son parti qu'il a mises à l'épreuve, ce sont les facultés avec lesquelles la France est sortie de la Révolution, et les mêmes qui se déploieraient pour maintenir le règne des institutions, si jamais une main sacrilège était portée sur elles.

CHAPTER XV

THE REVOLUTION OF 1830. THE LAST OF THE LILIES.
THE "TROIS GLORIEUSES."

§ 73. *Farewell to the lilies.*

(a) At the Invalides, July 29 and 30, 1830.

GÉNÉRAL D'HAUTPOUL[1].

Cependant, le drapeau blanc flottait toujours aux Invalides; c'était le seul qui restât dans Paris, et M. de Latour-Maubourg avait pris la résolution de le maintenir jusqu'à la dernière extrémité. Quelques bandes passèrent sur l'Esplanade: elles exhalèrent leur fureur contre le drapeau de la fidélité par des vociférations et des menaces, mais elles n'attaquèrent pas. L'une d'elles, seulement, fit placer un drapeau tricolore sur la fontaine de l'Esplanade, à l'endroit même de la fleur de lys renversée; les insignes de la royauté et de la révolte se trouvaient ainsi en présence.

Les insurgés, maîtres de tout Paris, vinrent bientôt se réunir sur l'Esplanade des Invalides. La liberté qu'ils proclamaient ne pouvait plus souffrir ni contradiction, ni résistance; furieux de voir encore un drapeau blanc, ils exigeaient avec menaces que le gouverneur des Invalides eût à se soumettre à l'instant à leur tyrannique volonté. D'après la consigne donnée par M. de Latour-Maubourg, on invita les chefs de ces bandes à venir se concerter avec

---

[1] From *La Revue de Paris* for January 15, 1901. "L'Hôtel des Invalides, 29–30 juillet 1830," since issued in book form as *Souvenirs sur la Révolution, l'Empire et la Restauration* (Émile Paul, 1916). The narrator, Général Marquis Armand d'Hautpoul, commandant of the Staff College, stood with his pupils beside the heroic Général de Latour-Maubourg in defence of the Hôtel des Invalides against the insurgents. What is remarkable here is the repugnance felt by a Napoleonic veteran for the tricolor, now become a symbol of revolt.

lui en leur demandant de ne point attaquer pendant les pourparlers.

Plusieurs chefs se présentèrent, et on les fit entrer; ils étaient armés de sabres, d'épées, de pistolets. M. de Latour-Maubourg les attendait tranquillement dans un cabinet attenant au grand escalier; ces chefs de bandes s'avançaient vers lui, le sommant, avec hauteur, au nom du peuple, de reconnaître le gouvernement provisoire établi à l'Hôtel de Ville et d'arborer les couleurs qu'ils nommaient nationales. M. de Latour-Maubourg leur répondit avec fermeté que, le Roi lui ayant confié le gouvernement des Invalides, son devoir était d'y maintenir l'ordre: qu'il avait prêté serment de fidélité au Roi, et qu'ils devaient comprendre qu'un vieux soldat comme lui était incapable de manquer à sa parole: "Plutôt la mort, mille fois!" ajoutait-il; que, dès lors, ce qu'ils lui demandaient demeurait impossible, puisque l'honneur lui interdisait de faire aucun changement aux Invalides sans les ordres du Roi. Il prononçait ces paroles d'une manière si positive, il appuyait avec tant de dignité sur les mots d'honneur, de devoir, de fidélité, que ces mêmes hommes qui l'avaient abordé avec insolence restaient immobiles et déconcertés devant lui.

Cependant, toute la population insurgée de Paris, rassurée sur la crainte du retour des troupes royales et n'ayant plus rien à faire dans la vaste enceinte de la capitale, refluait vers les Invalides où elle avait appris qu'on résistait encore, elle se montrait exaspérée de voir ce point seul conserver encore les insignes de la royauté. Les cris, les menaces, les imprécations se succédaient avec une violence toujours croissante, et tout faisait présager une affreuse catastrophe de la part de cette populace en fureur. Vingt-quatre heures s'étaient déjà écoulées depuis l'abandon de Paris; nous étions seuls, et je ne crains pas d'exagérer en évaluant à trente ou quarante mille âmes les masses qui étaient venues s'agglomérer sur l'Esplanade des Invalides. A la vérité, je n'aurais pas craint de les affronter avec quelques bons régiments de cavalerie; mais ici c'était un homme seul qui leur résistait; la situation devenait trop violente pour se prolonger davantage, et il ne fallait rien de moins que le grand caractère de M. de Latour-Maubourg pour avoir tenu jusque-là.

Bientôt nous vîmes que l'on travaillait à ébranler la grille; le moment fatal approchait. Déjà, dans l'intérieur de l'Hôtel, chacun ne s'occupait plus qu'à chercher un refuge pour éviter le premier choc.

Nous nous trouvâmes bientôt en présence de ces masses désordonnées; à l'aspect de M. de Latour-Maubourg, elles nous entourèrent mais s'arrêtèrent, tant sa seule présence était capable d'imposer. Il veut leur parler; mais une foule de voix s'élèvent, le sommant, au nom du peuple, d'arborer le drapeau tricolore sur le fronton des Invalides; cette sommation était appuyée par une masse innombrable de forcenés en armes. M. de Latour-Maubourg les regarda avec calme et prononça d'une voix ferme ces paroles qui ne sortiront jamais de ma mémoire: "Messieurs, leur dit-il, je n'ai point affronté la mort dans cent batailles pour consentir aujourd'hui à déshonorer la fin de ma carrière. Je vous déclare que je ne le ferai point." Et il appuyait sur ce dernier mot avec un accent qui annonçait une décision irrévocable.

Ce refus d'un seul homme, opposé à l'ordre énoncé par quarante mille furieux, produisit sur ces derniers un moment d'étonnement, une sorte de stupéfaction; tant est grande la puissance de l'homme de cœur, qui sait commander le respect et l'admiration. Moi-même j'éprouvai, à cet instant, une véritable fascination; la grandeur morale devint pour ainsi dire physique à mes yeux, et M. de Latour-Maubourg m'apparut avec une taille de géant. Cependant, il ne fallait qu'un mot, qu'un geste pour que nous fussions écharpés.

J'observais donc cette scène terrible, ce moment suprême, lorsque j'aperçus un jeune homme, élève de l'École polytechnique; il en portait l'uniforme et tenait à la main un petit sabre d'infanterie. Je le vois élever son arme et faire un pas en avant sur M. de Latour-Maubourg; c'était le geste fatal, le signal de mort. Il n'y avait plus rien à ménager; je me jette sur son bras, et, le saisissant avec force: "Malheureux, m'écriai-je, que faites-vous?" Et, par une sorte d'inspiration, j'ajoutai: "Quel que soit le parti que vous servez, si vous avez le malheur de le souiller du sang de ce général illustre, votre parti est perdu à jamais!" Il jeta sur moi des yeux égarés et parut interdit: voyant que cette idée l'ébranlait, je dis encore: "Vous, élève de l'École polytechnique, vous devez savoir raisonner; vous devez comprendre que ce que vous exigez de nous est impossible; et, si vous vous faites les assassins d'un tel homme, je vous le répète, vous déshonorez, vous perdez votre cause."

Ces paroles produisirent de l'effet. M'adressant alors à plusieurs de ceux qui m'entouraient, je leur dis: "Vous voulez un drapeau tricolore: nous n'en avons pas. Vous êtes les maîtres ici, nous ne sommes plus rien; c'est à vous de faire ce que vous voulez." Le même élève de l'École polytechnique à qui j'avais parlé le premier, et qui paraissait exercer de l'influence sur ses voisins, donna des ordres: une troupe se détacha, et, guidée par quelques invalides qui avaient déjà fraternisé avec les insurgés, s'en alla planter le drapeau tricolore sur le fronton de l'Hôtel.

Les bandes d'insurgés s'étaient répandues dans tout l'hôtel, sauf dans les appartements du gouverneur; elles pillèrent la salle d'armes et se jetèrent dans les cantines avec les invalides.

Pour moi, n'étant plus utile à rien, je pris congé de l'illustre général qui m'avait inspiré une si profonde admiration, pour aller, de mon côté, à la recherche de ma famille. Je dois avouer que j'éprouvai là un moment de désespoir, et sur le présent et sur l'avenir; je me rappelle que je jetai à terre mon habit, mes épaulettes et mon épée, avec la résolution de ne les reprendre jamais.

Je sortis par la petite porte du boulevard; voyant le passage libre du côté de la rue de Grenelle, je me dirigeai vers l'École d'état-major. Mon concierge était sur la porte; aussitôt qu'il me vit, il m'annonça que ma famille était rentrée à l'hôtel et qu'elle y serait en sûreté. Je trouvai dans la cour le poste de la garde nationale que M. de

Clermont-Tonnerre y avait établi la veille; j'aperçus le drapeau tricolore arboré sur ma porte, et cette vue me fit mal. J'avais cependant porté ces couleurs du temps de l'Empire; mais alors elles étaient entourées du prestige de la gloire; elles avaient perdu leur origine révolutionnaire. Aujourd'hui, elles étaient devenues les couleurs de la révolte et de la trahison: elles me firent horreur.

(b)   At Cherbourg, August 15, 1830.

PIERRE ZÉDÉ[1].

Vers une heure et demie, un grand mouvement dans le peuple et le bruit des trompettes ont annoncé l'arrivée des troupes escortant Charles X et les princes. Une compagnie de gardes du corps a fait son entrée dans le port par la porte principale. Ce corps, défilant l'arme haute, est venu se former en bataille sur le quai faisant face au bassin. Après cette compagnie défilaient trois voitures, suivies d'une seconde compagnie de gardes et de gendarmes des chasses.

La voiture de cérémonie, conduite par huit chevaux, s'est ensuite avancée, et Monsieur le Dauphin, après avoir salué par la portière, en est descendu pour offrir la main au duc de Bordeaux. Madame la Dauphine les suivait, puis madame la duchesse de Berry et, enfin, le roi Charles X. Avant de mettre le pied sur le pont, il s'est arrêté un moment; il avait la tête découverte et, s'avançant vers le maréchal Maison, il lui a dit quelques mots qui m'ont paru des remerciements. La figure de Charles X était fatiguée, mais calme, les yeux humides et caves. Sa démarche était lente et paraissait souffrante. Il a été obligé de s'appuyer sur le bras d'un officier pour descendre les quatre marches qui conduisaient à bord.

Pendant tout le temps qu'a duré la marche de l'escorte et celle des voitures, ainsi que pendant l'embarquement de la

[1] From *La Revue de Paris* for 15 August, 1898. "L'Embarquement de Charles X," an account of the flight of the royal family by M. Zédé, a naval officer entrusted with the arrangements for their embarkation at Cherbourg.

famille royale, aucun cri inconvenant n'a été proféré. La population silencieuse semblait compatir à cette immense infortune; mais il était facile de remarquer partout une sorte de satisfaction causée par la fin du grand drame politique. La présence des princes sur le sol de la Haute-Normandie avait inspiré des inquiétudes qu'on était heureux de voir cesser.

Pour moi, j'ai été profondément ému de cette grande scène historique. Ce silence d'un peuple qui, peu de mois auparavant, faisait retentir les airs d'acclamations d'enthousiasme en présence des mêmes princes; cette pompe royale déployée au moment où commence l'exil, ces fanfares, derniers adieux d'une garde inutile; ces troupes, simulacre vain d'une puissance déchue qui n'est plus, tout donnait à cette cérémonie l'aspect lugubre d'une pompe funèbre.

Aussitôt que les princes ont été rendus à bord du *Great Britain*, plusieurs officiers des gardes du corps sont venus prendre congé et offrir leurs derniers hommages. Ils étaient porteurs des étendards aux fleurs de lys, qu'ils ont déposés entre les mains du Roi. Charles les a reçus avec une dignité empreinte d'une grande tristesse. "Je vous remercie, messieurs, a-t-il dit d'une voix forte, je vous remercie. Je conserverai fidèlement ces étendards: je suis trop vieux pour espérer un jour vous les rapporter moi-même, mais mon petit-fils sera plus heureux que moi. C'est de sa main que vous les recevrez."

§ 74. *The Patriots of the "Trois Glorieuses" dead for their country.*

(a) COMTESSE DE BOIGNE[1].

...En 1814, soit que je fusse plus jeune, soit que cela tînt aux opinions où j'avais été élevée, j'avais bien plus d'enthousiasme et d'esprit de parti qu'en 1830; et, par ma position, je n'étais en contact qu'avec les vainqueurs. En

---

[1] From *Mémoires*, t. IV, pp. 5, 10, *Une semaine de juillet.*

1830, au contraire, je me suis trouvée au milieu des deux partis; portée de situation pour les uns, de raisonnement pour les autres, et d'affection pour tous deux.

Une chose m'a beaucoup frappée dans ces événements, c'est que, pendant les trois premiers jours, en 1814 comme en 1830, les bons sentiments, la loyauté, le désintéressement, l'amour du pays, ont dominé. Et que dès le quatrième les mauvaises passions, l'ambition, les intérêts personnels se sont emparés des événements, et ont réussi, en vingt-quatre heures, à gâter tout ce qui jusque-là avait été de nature à faire battre les cœurs haut placés.

L'égoïsme de quelques individus a extrait du poison de la générosité des masses. C'est la seule similitude admissible entre ces deux catastrophes. Ni les acteurs, ni les scènes, ni les résultats ne se sont ressemblés dans cette chute si rapide de deux gouvernements suicidés.

.   .   .   .   .   .

Je ne puis m'empêcher de consigner ici une remarque faite à cette époque. J'avais arrangé une maison en 1819 et employé les mêmes sortes d'ouvriers qu'en 1830. Mais dans ces dix années, il s'était établi une telle différence dans les façons, les habitudes, le costume, le langage de ces hommes, qu'ils ne paraissaient plus appartenir à la même classe.

J'étais déja très frappée de leur intelligence, de leur politesse sans obséquiosité, de leur manière prompte et scientifique de prendre leurs mesures, de leurs connaissances chimiques sur les effets des ingrédients qu'ils employaient. Je le fus encore bien davantage de leurs raisonnements sur le danger de ces fatales Ordonnances[1]. Ils en apercevaient toute la portée aussi bien que les résultats.

Si ceux qui nous gouvernaient avaient eu la moitié autant de prévoyance et de prudence, le roi Charles X serait encore bien paisiblement aux Tuileries.

Sans doute une population ainsi faite était impossible à exploiter au profit d'une caste privilégiée; mais si on

[1] The four ordinances which provoked the Revolution of July.

avait voulu entrer dans le véritable intérêt du pays, elle se
serait montrée facile autant que sage; et on aurait trouvé
secours et assistance dans le bon sens des masses contre
l'effervescence de quelques brouillons. Malheureusement
le Roi et la nation se tenaient mutuellement pour incom-
patibles.

(b) Victor Hugo[1].

Frères! et vous aussi vous avez vos journées!
Vos victoires, de chêne et de fleurs couronnées,
Vos civiques lauriers, vos morts ensevelis,
Vos triomphes, si beaux à l'aube de la vie,
Vos jeunes étendards, troués à faire envie
    A de vieux drapeaux d'Austerlitz!

Soyez fiers; vous avez fait autant que vos pères.
Les droits d'un peuple entier, conquis par tant de guerres,
Vous les avez tirés tout vivants du linceul.
Juillet vous a donné, pour sauver vos familles,
Trois de ces beaux soleils qui brûlent les bastilles;
    Vos pères n'en ont eu qu'un seul!

Vous êtes bien leurs fils! c'est leur sang, c'est leur âme
Qui fait vos bras d'airain et vos regards de flamme.
Ils ont tout commencé: vous avez votre tour.
Votre mère, c'est bien cette France féconde
Qui fait, quand il lui plaît, pour l'exemple du monde,
    Tenir un siècle dans un jour....

        Oh! l'avenir est magnifique!
        Jeunes Français, jeunes amis,
        Un siècle pur et pacifique
        S'ouvre à vos pas mieux affermis.
        Chaque jour aura sa conquête.
        Depuis la base jusqu'au faîte,
        Nous verrons avec majesté,
        Comme une mer sur ses rivages,
        Monter d'étages en étages
        L'irrésistible liberté!

[1] From *Les Chants du Crépuscule*, "Dicté après juillet 1830";
fragments of parts I and VI.

Vos pères, hauts de cent coudées,
Ont été forts et généreux.
Les nations intimidées
Se faisaient adopter par eux.
Ils ont fait une telle guerre
Que tous les peuples de la terre
De la France prenaient le nom,
Quittaient leur passé qui s'écroule,
Et venaient s'abriter en foule
A l'ombre de Napoléon!

Vous n'avez pas l'âme embrasée
D'une moins haute ambition.
Faites libre toute pensée
Et reine toute nation.
Montrez la liberté dans l'ombre
A ceux qui sont dans la nuit sombre;
Allez, éclairez le chemin,
Guidez notre marche unanime
Et faites, vers le but sublime,
Doubler le pas au genre humain....

Hymne[1].

Ceux qui pieusement sont morts pour la patrie
Ont droit qu'à leur cercueil la foule vienne et prie.
Entre les plus beaux noms leur nom est le plus beau,
Toute gloire près d'eux passe et tombe éphémère;
    Et, comme ferait une mère,
La voix d'un peuple entier les berce en leur tombeau.

Gloire à notre France éternelle!
Gloire à ceux qui sont morts pour elle!
Aux martyrs! aux vaillants! aux forts!
A ceux qu'enflamme leur exemple,
Qui veulent place dans le temple,
Et qui mourront comme ils sont morts.

[1] *Ib.* III, *Hymne.* Two stanzas out of three.

C'est pour ces morts, dont l'ombre est ici bienvenue,
Que le haut Panthéon élève dans la nue,
Au-dessus de Paris, la ville aux mille tours,
La reine de nos Tyrs et de nos Babylones,
    Cette couronne de colonnes
Que le soleil levant redore tous les jours!
    Gloire à notre France éternelle!...

§ 75. *"My country, right or wrong." A noble on the morrow of the Revolution, August 10, 1830.*

DUC DE FITZJAMES[1].

A peine absent de France depuis quelques jours, pour un voyage de courte durée, j'apprends tout à coup qu'un effroyable coup de tonnerre a éclaté sur la France, et que la famille des rois a disparu dans la tempête. Le bruit du canon qui proclamait un nouveau roi semblait m'attendre hier à mon entrée dans la capitale, et dès aujourd'hui je suis appelé à cette Chambre pour y prêter un nouveau serment. Je ne me suis jamais fait un jeu de ma parole, et pour moi la religion du serment fut toujours sacrée. Je n'avais jamais prêté que deux serments dans ma vie: le premier à Louis XVI, de sainte mémoire, presque au sortir de mon enfance; le second, en 1814, à la Charte constitutionnelle, dont les principes étaient depuis longtemps entrés dans mon cœur, et que je vis avec transport devenir la loi de la France. Je porte le défi à tout être vivant de pouvoir m'accuser d'avoir été infidèle à ces deux serments! vous me rendrez peut-être la justice de convenir que, dans cette Chambre, je n'ai jamais émis devant vous une opinion qui ne fût motivée sur le texte même de la Charte, et j'atteste sur l'honneur que, depuis seize ans, mon cœur n'enferma jamais une pensée qui n'y fût conforme. Éprouvé par le malheur presque dès mon entrée dans la vie, j'appris de bonne heure dans l'adversité à me soumettre aux décrets de la Providence, et à me roidir contre les orages. On sait depuis longtemps dans ma famille ce que c'est que de

[1] From a speech in the Chambre des Pairs quoted by Guizot, *Mémoires pour servir à l'histoire de mon temps* (1858–67), t. II, ch. IX, p. 17 f.

rester fidèle à des causes désespérées; et, à cet égard, nous n'en sommes pas à notre début.

Sans doute je pleure et je pleurerai toujours sur le sort de Charles X. Longtemps honoré de ses bontés, personne plus que moi ne sut connaître toutes les vertus de son cœur; et même, lorsque, trompé par des ministres imbéciles, encore plus que perfides, lorsque, trop vainement, hélas! je cherchais à lui faire entendre la vérité que l'on mettait un soin si criminel à lui déguiser, j'atteste encore, j'attesterai toujours ne lui avoir jamais entendu exprimer que des vœux pour le bonheur des Français et la prospérité de la France. Cette justice, mon devoir est de la lui rendre; ces sentiments, qui vivront à jamais dans mon cœur, et qui m'étoufferaient si je ne leur donnais un libre cours, j'aime à les répandre devant vous, et je plains celui qui s'en offenserait.

Oui, jusqu'au dernier souffle de ma vie, tant qu'une goutte de sang fera battre mon cœur, jusque sur l'échafaud, si jamais je dois y porter ma tête, je confesserai à haute voix mon amour et mon respect pour mon vieux maître. Je proclamerai ses vertus, je dirai qu'il ne méritait pas son sort, et que les Français, qui ne l'ont pas connu, ont été injustes envers lui.

Mais en ce moment, moi-même je ne suis que Français, et, dans la crise où il se trouve, je me dois tout à fait à mon pays.

Cette grande considération du salut de la France est sans doute la seule qui ait pu porter tant d'esprits sages à promulguer avec une telle précipitation les actes qui, depuis six jours, ont décidé du destin de la France. Tout était consommé, et, voyant l'anarchie prête à nous ressaisir et à nous dévorer, traînant à sa suite le despotisme et l'invasion étrangère, ils se seront dit: Mettons-nous même au-dessus des lois et des principes, pour sauver la patrie. De tels motifs ne pouvaient me trouver sourd à leur influence. C'est à eux seuls que je sacrifie tous les sentiments qui, depuis cinquante ans, m'attachaient à la vie. Ce sont eux qui, agissant sur moi avec une violence irrésistible, m'ouvrent la bouche pour prononcer le serment que l'on exige de moi.

CHAPTER XVI

FRANCE, OLD AND NEW, IN THE LIGHT OF THE "ÉCLAIR DE JUILLET."

§ 76. *Patriotism founded on a philosophy of history.*

JULES MICHELET[1].

Ce petit livre pourrait aussi bien être intitulé: *Introduction à l'histoire de France*; c'est à la France qu'il aboutit. Et le patriotisme n'est pour rien en cela. Dans sa profonde solitude, loin de toute influence d'école, de secte ou de parti, l'auteur arrivait, et par la logique et par l'histoire, à une même conclusion: c'est que sa glorieuse patrie est désormais le pilote du vaisseau de l'humanité. Mais ce vaisseau vole aujourd'hui dans l'ouragan; il va si vite, si vite, que le vertige prend aux plus fermes, et que toute poitrine en est oppressée. Que puis-je dans ce beau et terrible mouvement? Une seule chose: le comprendre; je l'essayerai du moins. Mais il part de haut et de loin; ce ne serait pas trop de l'histoire du monde pour expliquer la France. Peut-être aurai-je le temps d'exposer ailleurs ce que je ne puis qu'indiquer aujourd'hui. Je voudrais, dans ce rapide passage, obtenir quelques moments du tourbillon qui nous entraîne, seulement ce qu'il en faut pour l'observer et le décrire; qu'il m'emporte après, et me brise s'il veut!

Ce qu'il y a de moins simple, de moins naturel, de plus artificiel, c'est-à-dire de moins fatal, de plus humain et de plus libre dans le monde, c'est l'Europe; de plus européen, c'est ma patrie, c'est la France.

L'Allemagne n'a pas de centre, l'Italie n'en a plus. La France a un centre; une et identique depuis plusieurs siècles, elle doit être considérée comme une personne qui

---

[1] From *Introduction à l'histoire universelle* (1831). Avant-propos; pp. 73, 92 f., 94–99, 102.

vit et se meut. Le signe et la garantie de l'organisme vivant, la puissance de l'assimilation, se trouve ici au plus haut degré: la France française a su attirer, absorber, identifier, les Frances anglaise, allemande, espagnole, dont elle était environnée....

Le peuple héroïque de l'Europe est l'Angleterre, le peuple libre est la France. Dans l'Angleterre, dominés par l'élément germanique et féodal, triomphent le vieil héroïsme barbare, l'aristocratie, la liberté par privilège. La liberté sans l'égalité, la liberté injuste et impie n'est autre chose que l'insociabilité dans la société même. La France veut la liberté dans l'égalité, ce qui est précisément le génie social. La liberté de la France est juste et sainte. Elle mérite de commencer celle du monde, et de grouper pour la première fois tous les peuples dans une unité véritable d'intelligence et de volonté.

L'égalité dans la liberté, cet idéal dont nous devons approcher de plus en plus sans jamais y toucher, devait être atteinte de plus près par le plus mixte des peuples, par celui en qui les fatalités opposées de races et de climats se seraient le mieux neutralisées l'une par l'autre; par un peuple fait pour l'action, mais non pour la conquête; par un peuple qui voulût l'égalité pour lui et pour le genre humain. Il fallait que ce peuple eût en même temps le génie du morcellement et celui de la centralisation; la substitution des départements aux provinces explique ma pensée. La révolution française, matérialiste en apparence dans sa division départementale qui nomme les contrées par les fleuves, n'en efface pas moins les nationalités des provinces qui, jusque-là, perpétuaient les fatalités locales au nom de la liberté....

Toutefois, avouons-le, le peuple, le siècle où tombent en même temps l'aristocratie et le sacerdoce, où le vieil ordre de la fatalité s'enfonce et se dissipe dans une poussière tourbillonnante, certes, ce peuple et ce moment ne sont pas ceux de la beauté. Le plus mélangé des peuples, et à une époque où tout se mêle, n'est pas fait pour plaire au premier aspect.

La France n'est point une race comme l'Allemagne; c'est une nation. Son origine est le mélange, l'action est sa vie. Tout occupée du présent, du réel, son caractère est vulgaire, prosaïque. L'individu tire sa gloire de sa participation volontaire à l'ensemble; il peut dire, lui aussi: Je m'appelle légion.

Mélange, action, savoir-faire, tout cela ne se concilie guère, il faut le dire, avec l'idée d'innocence, de dignité individuelle. Ce génie libre et raisonneur, dont la mission est la lutte, apparaît sous les formes peu gracieuses de la guerre, de l'industrie, de la critique, de la dialectique. Le rire moqueur, la plus terrible des négations, n'embellit pas les lèvres où il repose. Nous avons grand besoin de la physionomie pour ne pas être un peuple laid. Quoi de plus grimaçant que notre premier regard sur le monde du moyen âge! Le Gargantua de Rabelais fait frémir à côté de la noble ironie de Cervantès et du gracieux badinage de l'Arioste.

Je ne sais pourtant si aucun peuple mêlé à la vie, engagé dans l'action autant que la France, aurait mieux gardé sa pureté. Voyez au contraire comme les races non mélangées boivent avidement la corruption. Le machiavélisme, plus rare en Allemagne, y atteint souvent un excès dont au moins le bon sens nous préserve. Nous avons, nous, le privilège d'entrer dans le vice sans nous y perdre, sans que le sens se déprave, sans que le courage s'énerve, sans être entièrement dégradés. C'est que, dans le plaisir du mal, ce qui nous plaît le plus, c'est d'agir, c'est de nous prouver à nous-mêmes que nous sommes libres par l'abus de la liberté. Aussi rien n'est perdu; nous revenons par le bon sens à l'idée de l'ordre.

Notre vertu, à nous, ce n'est pas l'innocence, l'ignorance du mal, cette grâce de l'enfance, cette vertu sans moralité; c'est l'expérience, c'est la science, mère sérieuse de la liberté. Le bien sortant ainsi de l'expérience est fort et durable; il dérive non de l'aveugle sympathie, mais de l'idée d'ordre. Il sort de la sensibilité incertaine et mobile pour entrer dans le domaine immuable de la raison.

Il sera pardonné beaucoup à ce peuple pour son noble

instinct social. Il s'intéresse à la liberté du monde; il
s'inquiète des malheurs les plus lointains. L'humanité tout
entière vibre en lui. Dans cette vive sympathie est toute
sa gloire et sa beauté. Ne regardez pas l'individu à part;
contemplez-le dans la masse et surtout dans l'action....
C'est surtout dans le péril, lorsqu'un soleil de juillet illu-
mine la fête, que le feu répond au feu, que jaillissent et
rejaillissent la balle et la mort; alors la stupidité devient
éloquente, la lâcheté brave; cette poussière vivante se
détache, scintille, et devient merveilleusement belle. Une
brûlante poésie sort de la masse et roule avec le glas du
tocsin et l'écho des fusillades, du Panthéon au Louvre,
et du Louvre au pont de la Grève....De la Grève? Non.
Au pont d'Arcole. Et puisse ce mot s'entendre en Italie!

Ce que la révolution de juillet offre de singulier, c'est
de présenter le premier modèle d'une révolution sans héros,
sans noms propres; point d'individu en qui la gloire ait
pu se localiser. La société a tout fait. La révolution du
quatorzième siècle s'expia et se résuma dans la Pucelle
d'Orléans, pure et touchante victime qui représente le
peuple et mourut pour lui. Ici pas un nom propre; personne n'a préparé, n'a conduit; personne n'a éclipsé les
autres. Après la victoire, on a cherché le héros, et l'on a
trouvé tout un peuple.

Cette merveilleuse unité ne s'était pas encore présentée
au monde. Il s'est rencontré cinquante mille hommes
d'accord à mourir pour une idée. Mais ceux-là n'étaient
que les braves, une foule d'autres combattaient de cœur;
la subite élévation du drapeau tricolore par toute la France
a exprimé l'unanimité de plusieurs millions d'hommes. Cet
élan si impétueux n'a pas été désordonné. On s'accorda
sans s'être entendus. Par-dessus l'action et le tumulte
s'éleva l'idée de l'ordre....Dans d'autres temps, on eût vu
ici un miracle; aujourd'hui nous n'y voyons que l'œuvre
de la liberté humaine; mais quoi de plus divin que l'ordre
dans la liberté?

Ce moment unique qui me revient toujours en mémoire,
soutient mon espérance et me donne foi aux destinées

morales et religieuses de ma patrie. Au milieu de l'agitation universelle qui nous environne, je crois au repos de
l'avenir. Car enfin ce peuple s'est uni un jour dans une
pensée commune; l'idée divine de l'ordre a lui à ses yeux.
Ce n'est pas en vain que l'on a une fois entrevu cet éclair
céleste....

L'unité, et cette fois la libre unité, reparaissant dans le
monde social; la science ayant, par l'observation des détails,
acquis un fondement légitime pour élever son majestueux
et harmonique édifice, l'humanité reconnaîtra l'accord du
double monde, naturel et civil, dans l'intelligence bien-
veillante qui en a fait le lien. Mais c'est surtout par le sens
social qu'elle reviendra à l'idée de l'ordre universel. L'ordre
une fois senti dans la société limitée de la patrie, la même
idée s'étendra à la société humaine, à la république du
monde.

§ 77. *A page of History inspired by the
Revolution of July.*

JULES MICHELET[1].

La nationalité, l'esprit militaire, naquirent peu à peu.
Le premier signe peut-être de ce nouvel esprit se trouve,
dès l'an 1359, dans un récit du continuateur de Nangis[2].
Ce grave témoin qui note jour par jour tout ce qu'il voit et
entend, sort de sa sécheresse ordinaire pour conter tout au
long une de ces rencontres, où le peuple des campagnes
commença à s'enhardir contre l'Anglais. Il s'y arrête avec
complaisance: "C'est, dit-il naïvement, que la chose s'est
passée près de mon pays, et qu'elle a été menée bravement
par les paysans, par *Jacques Bonhomme*[3]."

Il y a un lieu assez fort au petit village près Compiègne
lequel dépend du monastère de Saint-Corneille. Les habitants, voyant qu'il y avait péril pour eux si les Anglais
s'en emparaient, l'occupèrent...et s'y établirent avec des

[1] From *Histoire de France* (1833), livre VI, ch. iii.
[2] Guillaume de Nangis, chronicler, whose work was continued
after his death in 1300 by the monks of St Denis.
[3] *Vide supra*, § 67 (c).

armes et des vivres. D'autres y vinrent des villages voisins pour être plus en sûreté. Ils jurèrent à leur capitaine de défendre ce poste jusqu'à la mort. Ce capitaine qu'ils s'étaient donné... était un des leurs, un grand et bel homme, qu'on appelait *Guillaume-aux-Alouettes*. Il avait avec lui pour le servir un autre paysan d'une force de membres incroyable, d'une corpulence et d'une taille énorme, plein de vigueur et d'audace, mais avec cette grandeur de corps, ayant une humble et petite opinion de lui-même. On l'appelait *le Grand-Ferré*. Le capitaine le tenait près de lui, *comme sous le frein*, pour le lâcher à propos. Ils s'étaient donc mis là deux cents, tous laboureurs ou autres gens qui gagnaient humblement leur vie par le travail de leurs mains. Les Anglais qui campaient à Creil, n'en tinrent grand compte, et dirent bientôt: Chassons ces paysans, la place est forte et bonne à prendre. On ne s'aperçut pas de leur approche; ils trouvèrent les portes ouvertes et entrèrent hardiment. Ceux du dedans qui étaient aux fenêtres, sont d'abord tout étonnés de voir ces gens armés. Le capitaine est bientôt entouré, blessé mortellement. Alors le Grand-Ferré et les autres se disent: Descendons, vendons bien notre vie; il n'y a pas de merci à attendre. Ils descendent en effet, sortent par plusieurs portes, et se mettent à frapper sur les Anglais comme s'ils battaient leur blé dans l'aire; les bras s'élevaient, s'abattaient, et chaque coup était mortel. Le Grand, voyant son maître et capitaine frappé à mort, gémit profondément, puis il se porta entre les Anglais et les siens qu'il dominait également des épaules, maniant une lourde hache, frappant et redoublant si bien qu'il fit place nette; il n'en touchait pas un qu'il ne fendît le casque ou n'abattît les bras. Voilà tous les Anglais qui se mettent à fuir; plusieurs sautent dans le fossé et se noient. Le Grand tue leur porte-enseigne, et dit à un de ses camarades de porter la bannière anglaise au fossé. L'autre lui montrant qu'il y avait encore une foule d'ennemis entre lui et le fossé: Suis-moi donc, dit Le Grand. Et il se mit en marche devant, jouant de la hache à droite et à gauche, jusqu'à ce que la bannière eût été jetée à l'eau....Il avait tué en ce jour plus de quarante hommes....Quant au capitaine, Guillaume-aux-Alouettes, il mourut de ses blessures, et ils l'enterrèrent avec bien des larmes, car il était bon et sage....Les Anglais furent encore battus une autre fois par Le Grand. Mais cette fois hors des murs. Plusieurs nobles Anglais furent pris, qui auraient donné de bonnes rançons, si on les eût rançonnés, *comme font les nobles*; mais on les tua, afin qu'ils ne fissent plus de mal. Cette fois, Le Grand, échauffé par cette besogne, but de l'eau froide en quantité, et fut saisi de la fièvre. Il s'en alla à son village, regagna sa cabane et se mit au lit, non toutefois sans garder près de lui sa hache de fer qu'un homme ordinaire pouvait à peine lever. Les Anglais ayant appris qu'il était malade, envoyèrent un jour douze hommes pour le tuer. Sa femme les vit venir, et se mit à crier: O mon pauvre Le Grand, voilà les Anglais, que faire?...Lui, oubliant à l'instant son mal, il se lève, prend sa hache, et sort dans la petite cour: Ah! brigands, vous venez donc pour me prendre au lit, vous ne me tenez pas encore....Alors s'adossant à un mur, il en tue cinq en un moment; les autres s'enfuient. Le Grand se remit au lit; mais il avait chaud, il but encore de l'eau froide; la fièvre le reprit plus fort, et au bout de quelques jours, ayant reçu les sacrements de l'Église, il sortit du siècle, et fut enterré au cimetière de son village. Il fut pleuré de tous ses compagnons, de tout le pays; car lui vivant, jamais les Anglais n'y seraient venus.

.   .   .   .   .   .

Il est difficile de ne pas être touché de ce naïf récit. Ces paysans qui ne se mettent en défense qu'en demandant permission, cet homme fort et humble, ce bon géant, qui obéit volontiers, comme le saint Christophe de la légende—tout cela présente une belle figure du peuple. Ce peuple est visiblement simple et brute encore, impétueux, aveugle, demi-homme et demi-taureau....Il ne sait ni garder ses portes, ni se garder lui-même de ses appétits. Quand il a battu l'ennemi comme blé en grange, quand il l'a suffisamment charpenté de sa hache, et qu'il a pris chaud à la besogne, le bon travailleur, il boit froid, et se couche pour mourir. Patience; sous la rude éducation des guerres, sous la verge de l'Anglais, la brute va se faire homme. Serrée de plus près tout à l'heure, et comme tenaillée, elle échappera, cessant d'être elle-même et se transfigurant. Jacques deviendra Jeanne, Jeanne la vierge, la Pucelle.

Le mot vulgaire: *un bon Français*, date de l'époque des Jacques et de Marcel[1]. La Pucelle ne tardera pas à dire: "*Le cœur me saigne quand je vois le sang d'un Français.*"

Un tel mot suffirait pour marquer dans l'histoire le vrai commencement de la France. Depuis lors, nous avons une patrie. Ce sont des Français que ces paysans; n'en rougissons pas, c'est déjà le peuple Français, c'est vous, ô France! Que l'histoire vous les montre beaux ou laids, sous le capuce de Marcel, sous la jaquette des Jacques, vous ne devez pas les méconnaître. Pour nous, parmi tous les combats des nobles, à travers les beaux coups de lance où s'amuse l'insouciant Froissart, nous chercherons ce pauvre peuple. Nous l'irons prendre dans cette grande mêlée, sous l'éperon des gentilshommes, sous le ventre des chevaux. Souillé, défiguré, nous l'amènerons tel quel au jour de la justice et de l'histoire, afin que nous puissions lui dire, à ce vieux peuple du quatorzième siècle: "Vous êtes mon père, vous êtes ma mère. Vous m'avez conçu dans les larmes. Vous avez sué la sueur et le sang pour me faire une France. Bénis soyez-vous dans votre tombeau. Dieu me garde de vous renier jamais!"

[1] Étienne Marcel, Prévôt des Marchands de Paris, *ob.* 1358.

BIOGRAPHICAL NOTICES OF WRITERS QUOTED.

BARANTE, Prosper Brugière, *Baron de* (1782–1866), b. at Riom (Auvergne), civil servant and *préfet* under Napoleon; deputy, peer, and ambassador under the Bourbons. After 1848 he lived in retirement. In politics he was a *doctrinaire*, in letters an accomplished historian, e.g. *Hist. des ducs de Bourgogne* (1824–6), *Hist. du Directoire* (1855). Like Aug. Thierry, *q.v.*, he was greatly influenced by Walter Scott and Chateaubriand. His *Souvenirs* (3 vols.) from which we quote were published by his grandson Claude de Barante in 1898 and contain "correspondence" of first-rate documentary interest.

BAUDIN, Charles (1784–1854), b. at Sedan, son of the *conventionnel*, Baudin des Ardennes. He went to sea at the age of 15 and fought with distinction against the English, losing an arm in 1808. He refused to serve the Bourbons and took to commerce, in which he did not succeed. He returned to the navy in 1830 and rose to be admiral.

BÉRANGER, Pierre-Jean de (1780–1857), b. in Paris. A man of the people (the "de" was a fancy of his father's, retained by the son as a convenient mode of distinction), he sang for the people, whose politics and those of the Voltairean *petite bourgeoisie* he reflected, blending liberal sentiments with memories of Napoleon's glory. He was an ardent patriot and the untiring opponent of oppression in all its forms. He owes his deserved title of national poet to his songs, fearless, independent, critical of authority. They appeared in five *recueils* at the following dates, 1815, 1821 (punished by three months' imprisonment and 500 fr. fine), 1825, 1828 (nine months of prison and 10,000 fr. fine), 1833. His *Biographie* is posthumous and incomplete, stopping at the Revolution of July, 1830.

BERCHOUX, Joseph (1765–1839), b. at Saint-Symphorien de Lay (Touraine). Volunteered in the republican army (1792), but was ever a monarchist at heart. He soon retired and devoted himself to journalism and letters, e.g. *La Gastronomie* (1800). The lines with which he began and ended his poetical career have become proverbial: (1) "Qui me délivrera des Grecs et des Romains" (*Les Grecs et les Romains*, 1797), and (2) "Vive le roi! voilà ma politique" (*L'art politique*, 1819). Louis XVIII rewarded his loyalty by a pension and the Cross of the Legion of Honour.

BEUGNOT, Jacques-Claude, *Comte* (1761–1835), b. at Bar-sur-Aube. A magistrate of the *ancien régime*, he became a member of the Legislative Assembly (1791) but incurred popular odium through his opposition to Marat and to his organ, *L'ami du peuple*. Imprisoned during the Terror, he occupied positions of importance under Napoleon and the Bourbons. He was a man of admirable humour (which sometimes lays his strict veracity open to suspicion) and of liberal instincts as shewn by his steady support of freedom of the Press. His fragmentary and posthumous *Mémoires* appeared in periodicals before they were collected in book form by his grandson in 1866.

BLACAS, Pierre Casimir, *Duc de* (1770–1839), b. at Aups (Provence). An *émigré* and the devoted personal servant of Louis XVIII. In 1814 he became minister of the *Maison du Roi*, Secretary of State and *Grand Maître le la Garde-Robe*. In 1815 he was made a peer. From 1823 to 1825 he was French Ambassador at Naples. He followed Charles X into exile. He was, it may be added, a patron of the arts and his name is attached to a famous Greek vase, now in the British Museum.

BOIGNE, Adèle d'Osmond, *Comtesse de* (1781–1866), b. at Versailles, daughter of the Marquis d'Osmond and a Miss Dillon (of Roscommon). At the age of 16 she was married in London to General de Boigne, a nabob more than 30 years her senior and of incompatible temper. They were never happy together although not legally separated. He died in 1833. Her *Mémoires*, which she christened *Récits de ma Tante*, are a lively picture of the society and events of her time. The first edition (1907) does not go beyond 1830; a new edition by her great-grand-niece, the Marquise d'Osmond, is in course of publication (Émile Paul).

BOURGOGNE, A.-J.-B.-F. (1786–1867), son of a cloth merchant of Condé-sur-Escaut. He joined the *vélites* (skirmishers) of the Guard in 1805. Served in Poland, Austria, the Peninsula, Russia. Corporal, 1806; sergeant by 1812; sub-lieutenant, 1813. He resigned his commission in 1814 and took to business. He was appointed *adjutant de place* at Valenciennes in 1852, and pensioned off in 1853. His *Mémoires* were published in 1898.

BROGLIE, Victor, *Duc de* (1785–1870), b. in Paris. Member of Napoleon's *Conseil d'état* (1809), but never an imperialist at heart. Called to the House of Peers in 1814 where he defended Ney and consistently endeavoured to reconcile the Restoration and the Revolution. He was the friend and ally of Royer-Collard and Guizot. His liberalism is the more noteworthy as his father had perished on the scaffold. He accepted office under Louis-Philippe as Minister of Education, Foreign Minister (1832), and Prime Minister (1835–6). His hopes of a liberal monarchy were dashed by 1848, and after 1851 he lived in retirement. He married the only daughter of Mme de Staël in 1816. His literary work was all published posthumously by his son, duc Albert, *Vues sur le gouvernement à la France* (1878) written in 1860; *Souvenirs* (1886) written under the Second Empire.

BUGEAUD de la Piconnerie, Thomas Robert (1784–1849), b. at Limoges. A brilliant soldier, began as grenadier in the *vélites* of the Guard (1804); corporal at Austerlitz; sub-lieutenant (1805); made his mark in Poland and Spain; colonel (1815—cf. the engagement at l'Hôpital-sous-Conflans, *v.s.* p. 208 f.). He left the army at the Restoration, but was recalled in 1830 when a fresh military career of unusual brilliance opened to him. Put in command of the expedition against Abd-el-Kader in 1836, he at length defeated him at the river Isly in 1844. He was made *maréchal de France, duc d'Isly*, and finally governor of Algeria. He shewed himself as capable in administration and agriculture as in arms. His literary works (on military art, on the government of Algeria, on agriculture) have never been published in entirety. A selection has been made by Commandant Weil from which we quote.

CAMBRONNE, Pierre (1770–1842), b. at Nantes. He fought under Hoche against the Vendéens and afterwards in the imperial army, winning laurels in the campaigns of 1813, 1814. He accompanied Napoleon to Elba and through the Hundred Days, commanding a division at Waterloo. The famous phrase "La garde meurt et ne se rend pas" has been widely attributed to him. His real reply to the summons to surrender was less rhetorical and more vigorous. Carried wounded to England, he returned to face a court-martial in 1816. He was acquitted and retired into private life until 1830, when he re-entered the service.

CARNOT, Lazare (1753–1823), b. at Nolay (Burgundy). "The organizer of victory," one of the most impressive figures of the period. Officer of engineers (1773–91); member of the Legislative Assembly (1791), of the Convention (1792), of the Committee of Public Safety (1793), of the *Conseil des anciens* (1795), of the Directory (1797). Prosecuted at 18 *fructidor*, he took refuge in Germany. Minister of War after 18 *brumaire*; Tribune (1802). He voted against the establishment of the Legion of Honour and the Empire (1804). He lived in retirement from 1807 to 1814. In that year Napoleon made him governor of Antwerp (*v.s.* p. 95 f.). His attitude towards the First Restoration is shewn by his *Mémoire au Roi* (*v.s.* p. 155 f.). During the Hundred Days Napoleon gave him the Ministry of the Interior. Exiled at the Second Restoration *quâ* regicide, he withdrew to Magdeburg where he devoted himself to science, in which he was highly proficient, until his death.

His *Correspondance générale* (down to 1795) was published in 1892 by E. Charavay and P. Mantouchet. The chief source for the rest of his career is the *Mémoires sur Carnot par son fils*, 2 vols., 1861–2. The son in question, Hippolyte C., was Minister of Public Instruction in 1848, and the father of Sadi Carnot, President of the Republic from 1887 to 1894.

CARREL, Armand (1800–1836), b. at Rouen. Trained at Saint-Cyr and entered the army in 1820, but resigned on the occasion of the Spanish War (1823) and joined the Spanish insurgents. Taken prisoner by the French, he was sentenced to death but presently reprieved. He came to Paris as secretary to Aug. Thierry who taught him historical method. As editor of the *National*, which he raised to a position of first-rate importance, he had to face prosecution and to fight duels, in one of which he received his death-wound. He was a patriot of high purpose and unflinching sincerity, and an admirable writer. His works, edited by Littré, were published from 1854 to 1859.

CASTELBAJAC, Marie-Barthélemy, *Vicomte de* (1776–1868), b. at Rabastens (Gascony). An *émigré*, he fought in Condé's army. He was a member of the *Chambre introuvable* (1815–16) and developed his ultra-royalist views in the *Conservateur*. But he accepted

BIOGRAPHICAL NOTICES

office under the moderate Villèle and was raised to the peerage in 1817. After 1820 he disappears from sight.

CHATEAUBRIAND, Céleste Buisson de la Vigne, *Vicomtesse de* (1777–1847), b. at Lorient (Brittany). A close friend of Lucile, sister of Chateaubriand who let himself be married to her in 1792 and who did not treat her well. She was fond and proud of her husband, but took little interest in his politics, caring more for the charitable works in which she abounded, e.g. her foundation of the *Infirmerie de Marie-Thérèse* in the rue d'Enfer. She was deeply religious, intelligent, witty and, as became a Breton, "d'un esprit original et inflexible."

CHÉNIER, André (1762–1794), b. at Constantinople of a French father and a Greek mother. The only real poet of the 18th century. Attached for three years to the French Embassy in London which he loathed. Returning to France in '90 full of enthusiasm for the Revolution, he preached reconstruction by his poems and by articles in the *Journal de Paris*. The 10 août scattered his party and ended his paper. He was guillotined (July 25, 1794) after five months' imprisonment in Saint-Lazare where he met Aimée de Coigny, "la jeune captive."

COIGNET, Jean-Roch (1776–1850), b. at Drayes (Burgundy) of peasant parents. Entered the army as conscript in 1799 and served everywhere and continuously until Waterloo. Legion of Honour, 1804; corporal, 1807; sergeant, 1819; lieutenant, 1812; captain, 1813. Retired on half-pay after 16 years' service, October, 1815. His Legion of Honour was confirmed by Louis-Philippe in 1847. He learned to read and write in garrison at the age of 33. "Le type du soldat du premier empire...il reste un vrai sergent de grenadiers."

COIGNY, Aimée de (1776–1820), b. in Paris; the "jeune captive" of André Chénier, she was herself released from prison the very day on which she was meant to follow her admirer to the scaffold. She married the Duc de Fleury (grand-nephew of the Cardinal) in 1784. When he "emigrated," she resumed her maiden name, by which she was generally known even after her second marriage to a M. de Montrond. Her *Mémoires* were published, with a long and brilliant introduction by E. Lamy, in 1902.

CONSTANT, Benjamin (1767–1830), b. at Lausanne; educated at Oxford, Edinburgh, and Erlangen. He settled in Paris (1795) until he was expelled (with Mme de Staël) in 1802. Always an adherent of constitutional principles, he supported Louis XVIII at the First Restoration and Napoleon during the Hundred Days, drafting for him the *Acte additionnel*. During the Second Restoration, although not personally hostile to the Bourbons, he strenuously fought against their reactionary policy. His character was not on a level with his intelligence, and the irresolute hero of his novel, *Adolphe*, is the reflexion of himself, "le plus clairvoyant et le plus impuissant des hommes." But he deserves the title of "liberal" and he was the oracle of the liberal party.

COURIER DE MÉRÉ, Paul-Louis (1773–1825), b. in Paris. He dropped the title to which he had right, lest he should be thought a noble. Entered the army, becoming sub-lieutenant of artillery (1792) and *chef d'escadron* (1803). He served in Italy and Germany, but retired after Wagram (1809) and devoted himself to Greek studies, publishing an edition (the first complete one) of *Daphnis and Chloe* in 1810. His career as pamphleteer began at the Second Restoration with Letters to the *Censeur européen* in which he attacked all authority, Bonaparte as well as Bourbon. His *Simple discours* (1821) on the proposal to buy Chambord from the infant duc de Bordeaux earned him prison and a fine. His last utterance was the *Pamphlet des pamphlets* (1824). He was murdered on his own property by a group of peasants whom he had offended. He was an accomplished scholar (his popular style with its racy 16th century idioms was largely "put on"), a master of prose invective; in politics an assailant of public tyranny, but a tyrant in private life.

DANTON, Georges-Jacques (1759–1794), b. at Arcis-sur-Aube. Advocate at the Paris bar; Minister of Justice after the 10 *août*. The incarnation of the revolutionary spirit, fearless of foreign attack, madly suspicious of danger from within. He voted for the king's death, but he hated the horrors of September, though he regarded them as a necessary purge of popular passion. As member of the Committee of Public Safety he crushed the Girondins, but he fell out with Robespierre, who procured his death at the hands of the Tribunal which Danton himself had helped to raise. The restoration of the text of his speeches by Fribourg from which we quote, is conjectural.

DAVOUT, Louis-Nicolas, *duc d'Auerstädt, prince d'Eckmühl, maréchal de France* (1770–1823), b. at Annoux near Noyers (Burgundy). Fellow student with Napoleon at Brienne; perhaps his ablest general and always his firm friend. Minister of War during the Hundred Days. He defended Paris after Waterloo, and was stripped of his rank and titles by the Bourbons who however restored them to him in 1817.

DELAVIGNE, Casimir (1793–1843), b. at Havre. His *Dithyrambe* on the birth of the King of Rome (1811) was rewarded by a post in the revenue office; his *Messéniennes*, inspired by the disasters of 1815, made him famous and brought him another sinecure, which he forfeited by the mild republicanism of his play *Le Paria* (1821). The Duc d'Orléans (afterwards Louis-Philippe) gave him the librarianship of the Palais Royal which he retained till his death. He wrote many plays, one at least of which, *Louis XI* (1832), still holds the stage.

DELBREL-D'ESCORBIAC, member for Tarn et Garonne in the *Chambre introuvable* (1815). As president of the *conseil général* he had kept the white flag flying at Montauban during the Hundred Days long after Bordeaux and Toulouse had submitted to Napoleon. Despite his devotion to the interests of his constituency he was not re-elected in 1816, and in 1822 we find him *sous préfet* at Moissac.

DEPREZ-CRASSIER, É.-P. (1733–1803), b. at Crassier (Burgundy). Began his military career in 1745. Fought in the American War (1780 –1783) and served in Holland (1783–8). Returning to France he became major-general in 1791, lieut.-general in 1792. Suspended *quâ* noble in 1793—he had sat as such in the States General (1789)— he was soon reinstated in the army and employed in Spain, Italy, and on the Rhine from 1793 to 1795. He finally retired in 1796.

DROUOT, Antoine, *Comte* (1774–1847), b. at Nancy, the son of a baker. He served by land and sea (he was present at Trafalgar) from 1794 to 1814, but he was especially renowned as an artillery officer, e.g. in the Prussian campaign. He followed Napoleon (who called him "le sage de la grande armée") to Elba. He was tried for treason after Waterloo but acquitted. Thenceforward he lived in retirement and refused various offers of service made to him by the crown. He was indeed a man of heroic mould, and he deserves the splendid panegyric pronounced over him by Lacordaire in his funeral oration.

FITZJAMES, Edouard, *Duc de* (1776–1838), great-grandson of the Duc de Berwick, natural son of James II, b. at Versailles. He "emigrated" in '89, but returned to France under the consulate. He followed the court to Ghent during the Hundred Days and was conspicuous as an "ultra" all through the Second Restoration. After 1831 he was involved in the conspiracy of the Duchesse de Berri. Resigning his peerage, he sat as member for Toulouse in the House of Deputies from 1834 till his death; but he never laid aside his "air de grand seigneur."

FOY, *Général* Maximilien-Sébastien (1775–1825), b. at Ham (Picardy), served as artillery officer in the armies of the Republic and the Empire, rising to be general of division in 1810. He was employed by the Bourbons at the Restoration but he rallied to Napoleon in 1815 and fought at Waterloo. At the Second Restoration he entered political life for which he had in some measure prepared by legal studies at Strasbourg after Campo Formio, and was successively (1819) member for the Aisne and for Paris. He felt it his call to protect the interests of the revolutionary and imperial veterans generally and individually. He was the most fearless and effective orator on the liberal side and he won immense popularity. His funeral on Nov. 28, 1825, was the occasion of a great popular demonstration. His speeches were published posthumously in 1826. He also began, but did not complete, a history of the Peninsular War under Napoleon (1827).

FRICASSE, Jacques (1773–1833), b. at Autreville (Champagne), a gardener's son. He volunteered and served with the armies *Sambre-et-Meuse, Rhin-et-Morelle, d'Italie* until 1802 when he retired wounded to his native village. He obtained a post as *garde forestier* at Baroville near Bar-sur-Aube where he died. His Journal, preserved in the family of his superior officer M. de Coucy, was edited in 1882 by the historian Lorédan Larchey who also published the *Cahiers du capitaine Coignet* in 1883.

GÉRAUD, Edmond (1775–1831), b. at Bordeaux. Resident in Paris during the Revolution, he tried to enter the *armée du Nord*. But his military ardour cooled and he returned to Bordeaux where he practised at the bar and edited a royalist journal. His royalism was largely due to the *coup d'état* of 18 *brumaire*, which he never forgave. He was a close friend of Lainé, *q.v.*

GLEY, Gérard, *Abbé* (1761–1830), a Lorrainer; linguist and historian, headmaster of several schools, including Saint-Dié (1813–15), Chaplain at the *Invalides* (1824–30). For some time attached to the suite of Davout when governor of Poland.

GORANI, Giuseppe, *Conte* (1794–1819), scion of an ancient Milanese family, he was at the time of his letters to Brunswick (under whom he served in the Seven Years' War) a naturalized French citizen and an ardent revolutionary. After 9 *thermidor* he retired to Geneva.

GOUVION SAINT-CYR, Laurent, *Marquis de, maréchal de France* (1764–1830), b. at Toul. Studied art (two years at Rome); volunteered in 1792 and became general of division in 1796. Served in Germany, Italy, Spain. In 1808 he refused to comply with orders sent from Paris, resigned his command and remained in disgrace till 1811. He made, however, the Russian campaign of 1812, was taken prisoner at Leipzig and was shut up in Hungary until the Restoration. He was an accomplished military theorist, and as War Minister 1815/16 and 1818/19, he organized the modern French army; Minister of Marine (1817). The Ultras caused his removal from the public scene and he spent the last ten years of his life writing his memoirs. A cautious rather than a brilliant soldier, a modest and retiring man; his watchword was Duty.

GUIZOT, François-Pierre-Guillaume (1787–1874), b. at Nîmes of a protestant and liberal family. But his father was guillotined in '94 and his mother carried him off to Geneva and had him educated there. In 1805 he came to Paris, and in 1812 he was appointed Professor of Modern History at the Sorbonne. He followed Louis XVIII to Ghent, for which he was afterwards reproached. He became *conseiller d'état* at the Second Restoration and resumed his chair in 1821. His lectures were suspended from 1822 to 1828 as being too liberal. After 1830, Guizot filled many important posts and he was the leading spirit of Louis-Philippe's last and longest ministry (1840–8). On that monarch's fall Guizot left public life and occupied himself with literature and the government of the Calvinistic Church, the austerity of whose doctrines is reflected in his character. In the Chamber he spoke with force and eloquence in support of principles which he regarded as Gospel truth, viz. the supreme value of consti-tutional monarchy and the need of an intelligent and wealthy *bourgeoisie*, the realization of which seemed at hand in 1830. These principles also underlie his historical works (*Hist. de la Révolution d'Angleterre* 1827–8, *Hist. de la civilisation en Europe*, *Hist. de la civilisation en France*, which form the ever memorable course of lectures delivered from 1828 to 1830, *Mémoires pour servir à l'histoire de mon temps*, 8 vols., 1858–67). His originality and value as a historian lie in his power of synthesis and of drawing general conclusions from the facts provided by the sources which he studied with equal care and intelligence.

HAUTPOUL, Armand, *Marquis d'* (1780–1854), b. at Lasborde (Languedoc). Though appointed page to Louis XVI he became a devoted imperialist. Lieutenant in the Guard (1805), captain (1809), orderly-officer to Napoleon (1811). He rallied to the Bourbons and was made major-general in 1819. For his attitude in July, 1830, *v.s.* p. 300 f. In 1833 Charles X sent for him to act as tutor to the Duc de Bordeaux at Prague, but his opinions were judged too liberal, and he returned to France. His *Souvenirs* appeared in 1902.

HUGO, Victor (1802–85), b. at Besançon of a general in the imperial army and a Breton mother, a parentage which largely accounts for his early political creed, partly imperialist, partly royalist. After 1830 the royalist element was replaced by sentimental socialism. After 1851 his worship of Napoleon I gathered strength from his hatred of Napoleon III. Through all his variations and despite all his poses his heart beat true to the sense of the greatness of France. During his exile and after the disaster of 1870/71, his influence grew, and his patriotism gathered a depth and conviction which are lacking in the poems of the period with which our extracts deal.

HYDE DE NEUVILLE, J.-G., *Baron* (1776–1857), b. at La-Charité-sur-Loire, grandson of the Jacobite Sir James Hyde. His father settled in France after Culloden and bought an estate in the Nièvre. Young Hyde de Neuville, always an ardent royalist, came unscathed through the Revolution and the Empire. Napoleon, who knew him for an agent of the Bourbons, esteemed his courage and allowed him to betake himself to America. At the First Restoration he received several diplomatic appointments; during the Second he sat in the *Chambre introuvable* as member for the Nièvre. In 1816 he went as Ambassador to Washington and while there was created a baron. It was largely his influence which induced Moreau to leave America to come to the aid of the Coalition against Napoleon. He sat again in the Chamber until 1848. As Minister of Marine in the government of Martignac (1828) he took an active part in the liberation of Greece.

JOLICLERC, Fr.-X. (1766–1832), b. in the Jura, a labourer's son. He volunteered in 1791 and served continuously with the armies *du Rhin, du Nord, de l'Orient, des Côtes de Brest*, till 1796.

LAINÉ, J.-H.-J., *Vicomte* (1767–1835), b. at Bordeaux where he distinguished himself at the bar. He sat in the *corps législatif* and the House of Deputies from 1808 to 1822 (Minister of the Interior, 1816/18; Minister without portfolio, 1820), when he was made a peer. Without being a great statesman he was a figure of Spartan simplicity, courage, and singular independence. He was a brilliant orator and entered the *Académie française* in 1816.

LA VALETTE, A.-M. Chamans, *Comte de* (1769–1830), b. in Paris. A moderate revolutionary, loyal to the king, he escaped proscription only by entering the republican army. He won the confidence of Napoleon, who married him to Mlle de Beauharnais, niece of Josephine's first husband. He helped in the 18 *brumaire* and was made a count in 1808. He retired at the First Restoration, but his activities during the Hundred Days brought him to trial for treason. He was sentenced to death, but his wife changed clothes with him in prison and managed his escape. When he returned from hiding in Bavaria he found his wife had gone mad. It is only fair to state that the authenticity of his *Mémoires* has been doubted. Cf. Quérard, *Supercheries*, s.v. La Valette.

LEMERCIER, L.-J.-Népomucène (1771–1840), b. in Paris. A poet from the age of 15 and the author of many plays which in their time were much applauded (e.g. *Agamemnon*, 1797), and one of which at least, *Pinto* (1800), deserves to be remembered as the example of a new style of historical comedy. He was an independent-minded man, for he wrote a comedy against the terrorists in 1796, *Le Tartufe révolutionnaire*, and he stood up more than once to Napoleon (who called him "mon petit Romain"), sending back his brevet and cross of the Legion of Honour when the Empire was established. His lectures on literature at the *Athénée royal* (1813–16) were immensely popular, partly because of the reputation of uncompromising freedom of speech which the lecturer enjoyed.

LEMONTEY, P.-Éd. (1762–1826), b. at Lyons. Barrister, member of the Legislative Assembly (President, 1791/2). A "constitutional monarchist," he left France after the 10 *août* and did not return till 1795. Settling in Paris, he devoted himself to literature. Fouché made him censor in 1804 and Napoleon commissioned him to write a history of France in the 18th century, for which he collected important manuscript material. His *Établissement monarchique de Louis XIV* (1818), a work of real merit, introductory to a great history which he never accomplished, opened the Academy to him in 1819. His *Hist. de la Régence* appeared after his death. He also wrote poems, plays, and pamphlets.

MACDONALD, Ét.-Jacques-Jos.-Alex., *duc de Tarente, maréchal de France* (1765–1840), b. at Sancerre (Berry) of an old Scottish family. Served in an Irish legion before the Revolution; in army of the Republic (general, 1795); with the armies of the Rhine and of Italy; governor of Rome (1798); governor of Versailles at 18 *brumaire*. He incurred the displeasure of Napoleon for his association with Moreau, but his behaviour at Wagram won him his *bâton* and his title of duke. On Napoleon's abdication, Macdonald transferred his allegiance to the Bourbons, whom he served with the same fidelity, and who rewarded him with the office of *Grand Chancelier* of the Legion of Honour. After 1830 he lived in private. An honoured and honourable soldier of fortune.

MICHELET, Jules (1798–1874), b. in Paris, the son of a bankrupt printer. *Professeur* at Sainte Barbe from 1817 to 1822; *Maître de Conférences* at the École Normale, 1827; assistant to Guizot at the Sorbonne from 1833 to 1836, and Professor of Morals and History at the Collège de France in 1838. His lectures were suspended at the *coup d'état* of 1851, but his life's work, the *Histoire de France*, appeared continuously from 1833 (*Moyen âge*) till 1867 (*Temps modernes*). He successfully accomplished that revival of the past at which Aug. Thierry had aimed, bringing to his task great erudition, knowledge of sources, and a poet's imagination. Where Thierry had seen a hopeless duality of races in France, Michelet discovered ultimate fusion and unity. Michelet's general conception of history is expressed in two famous formulas: "La résurrection intégrale du passé" and "L'homme est son propre Prométhée." The one is a protest against abstract and piecemeal history, and the other against that form of determinism which endeavours to explain a society by means of its external influences. History according to Michelet is the record of the long, laborious, and painful victory of the mind over Fate. The short but important writing from which our text is taken, *Introd. à l'hist. universelle*, appeared in 1831.

MIOT DE MELITO, A.-Fr., *Comte* (1762–1841), b. at Versailles. He began his career in the military administration in which he remained through the Revolution. In 1795 he passed into diplomacy, representing the Convention and the Directory in Italy. Tribune (1799), *conseiller d'état* (1799–1814), employed by Joseph Bonaparte at Naples and in Spain, he lost his position at the Restoration but recovered it in the Hundred Days. After Waterloo he devoted himself to literature (classical studies, personal memoirs, etc.) with a brief excursion to U.S.A. on a visit to Joseph Bonaparte.

MONTGAILLARD, G.-Honoré-Roques, *"Abbé de"* (1772–1825), b. at Montgaillard (Gascony). He was destined for the army, but being lamed by accident he prepared for holy orders. He "emigrated" to Germany and England, returning to France in 1799 where after some time in prison he found employment as a secret agent for the Directory. After the Restoration he devoted himself to history. He was killed by leaping from a window in a fit of madness. His elder brother the Comte de M. was a notorious political agent and a prolific author.

MOREAU DE JONNÈS, A. (1778–1870), b. near Rennes. He volunteered at the age of 14 and was engaged in various military and naval enterprises against the English until he fell into their hands in 1809. Released in 1815 he was attached first to the *Ministère de la marine*, and then to the *Ministère du commerce* as statistician. He wrote many valuable reports on economical, medical, and scientific topics. His *Aventures de guerre* did not appear until 1859, but there is no reason to refuse his evidence which was used by Michelet in his *History*.

PASQUIER, Étienne-Denis, *Duc* (1767–1862), b. in Paris, of the family of the famous advocate. He was honoured and trusted by Napoleon who made him a baron in 1809 and Prefect of Police in 1810. He was caught napping by Malet's conspiracy in 1812, but retained his post. The Bourbons valued him and used him. (Chancellor and Minister of the Interior, 1815; President of the House of Peers, 1830–48; Duke, 1842.) After 1848 he lived in retirement, composing his voluminous *Mémoires* which were published in 1893–5 by his great-nephew, D'Audriffet (heir of his title of Duke and President of the National Assembly under the third Republic). Their interest lies in the personal contact with the events of successive *régimes* which they record.

PERDIGUIER, Agricol (1805–1875), b. at Morière near Avignon. He travelled all over France as member of the *compagnonnage* of joiners. He became a great friend of George Sand whom he inspired to write *Le Compagnon du tour de France* (1840). In 1848 he was elected deputy for Vaucluse. Proscribed in 1851, he returned to France in 1856. He saw the siege of Paris in 1870, but despite his socialism (or rather his syndicalism) he refused to join the *Commune*. His *Souvenirs* are a rare and valuable piece of evidence for the sentiments of the working class to which he belonged.

PION DES LOCHES, A.-A.-F. (1770–1819), b. at Pontarlier. Destined for holy orders, he kept the mark of his ecclesiastical training through 20 years of active soldiering (colonel of artillery). He was loyal to Napoleon but never his admirer. In 1814 his royalist sympathies, which discount his attitude towards the Empire, rekindled, and he readily accepted the order of things which seemed to promise peace to his country.

PUYVERT, B.-E.-J., *Marquis de* (1755–1832), b. in Paris. An *émigré*; aide-de-camp to *Monsieur*. An active royalist agent, he was imprisoned in Vincennes (1804–12) and again after Malet's conspiracy. At the Restoration he was made governor of the prison where General Daumesnil succeeded him in 1830.

QUINET, Edgar (1803–1875), b. at Bourg-en-Bresse. The colleague of Michelet and his fellow-victim when at the *Collège de France* they together attacked the Jesuits. He was a mystic and deeply affected by German thought. He learnt German in order to translate Herder, and he married a German wife. Yet he was one of the most strenuous opponents of German aggression in 1870 and afterwards. For 50 years he was busy writing history, poetry, polemics, and although perhaps no one work of his is a masterpiece, all are worth reading for their nobility, eloquence and imagination. A man of the highest moral and intellectual honesty. His *Histoire de mes idées* (1858), an unfinished autobiography, but the most alive of all his writing, depicts the feelings and emotions of provincial *bourgeoisie* during the invasions.

RABAUT SAINT-ÉTIENNE, Jean-Paul (1743–1793), b. at Nîmes, son of a famous pastor of the "Church of the Desert." Himself a zealous and prominent pastor, he represented Nîmes in the States General of 1789. Member of the Constituent Assembly, of the *Commission des douze* (*v.s.* p. 241), of the Convention, where he sat with the Girondins and shared their fate on the scaffold, Dec. 5, 1793.

REISET, M.-A., *Vicomte de* (1775–1836), b. at Colmar. He was meant for holy orders and received the *petit collet*, but he volunteered in '93 and was attached to the staff of Kléber, a friend of his family. He fought in Germany and Spain and won reputation as a cavalry officer. He behaved well at Dresden and held Mayence against all attacks. He accepted the Bourbons and was given a command in the Spanish War (1823). After 1830 he retired into private life. His *Souvenirs* (published from 1899 to 1902) are at once a military record and a reflection of the life and feeling of the Bourbon Court.

RÉMUSAT, C.-E.-J. Gravier de Vergennes, *Comtesse de* (1780–1821), b. in Paris. Married M. de Rémusat (1796). Lady in waiting on Josephine (1802). She was a woman of high intelligence and great personal charm, and one of the best memoir-writers of France. Her *Mémoires* (notable for their hostility to Napoleon) were published by her grandson in 1879. As a letter-writer (*Lettres*, 1804–14, 2 vols., 1881), she is a not unworthy disciple of Mme de Sévigné.

RÉMUSAT, Charles, *Comte de* (1797–1875), b. in Paris. Son of the above. Barrister and journalist, in which latter capacity he signed the journalists' protest against the "ordinances of July." As deputy for Haute Garonne (1830) he sat and spoke with the *doctrinaires*, becoming Under-secretary for the Interior in 1836 and Minister in 1840. He then went into opposition but accepted office (which he never held) in Feb. 1848. He sat for a time on the Right, but, refusing to accept Louis Napoleon, he was exiled in 1851. In 1871 he returned to public life and became Foreign Minister, collaborating with his friend Thiers in the *libération du Territoire* successfully accomplished in 1873. Critical and somewhat frigid, he was not a great statesman, but his contributions to philosophical history, especially English, are remarkable.

RICHELIEU, Armand, *Duc de* (1766–1822), b. in Paris. Grandson of the Maréchal de R. "Emigrated" to Russia in 1792 and became governor of Odessa (1803–13) which he greatly developed. Returning to France with the Bourbons, he became Prime Minister (1815–18) and signed the Second Treaty of Paris. He was equally opposed to punitive measures against regicides and imperialists. He liberated France from the army of occupation (1818). He was a man of lofty character and complete disinterestedness (he bestowed his pension of 50,000 fr. on the public charities of Bordeaux); but he did not really understand the new France which, against his will, he was called upon to govern. There is a noble portrait of him by Sir Thos. Lawrence in the collection of Madame la duchesse de Richelieu.

ROEDERER, Pierre-Louis, *Comte* (1754–1835), b. at Metz, which he represented in the States General and the National Assembly. By his advice the king took asylum in the Assembly on Aug. 10, 1792. He had a considerable share in drafting the constitution of the year VIII. He was influential under the Empire (member of Council of State, Senator, Minister of Finance at Naples, etc.), and during the Hundred Days he was created a peer. At the Second Restoration he retired and devoted himself to letters in which he won considerable success. Reference should be made to the article on him by Sainte Beuve, *Lundis*, t. VIII.

ROYER-COLLARD, Pierre-Paul(1763–1845), b. near Vitry-le-François (Champagne), barrister. He welcomed the Revolution but deplored the excesses of '93 and withdrew from Paris until 1797 when he was returned to the Council of 500. In his efforts to secure freedom of worship and impartial justice, he turned towards hereditary monarchy as the only safety of France and corresponded with the exiled Bourbons. But his main interest at this time was philosophy, upon which he lectured from 1811 to 1814. At the Restoration he became censor of the press. In 1815 he sat as member for the Marne and came to the front as a moderate royalist and leader of the *doctrinaires* (1817). In 1828 he was made President of the Chamber and as such presented to Charles X the "address of the 221." He remained in parliament till 1842. He was a splendid orator (though he left his speeches to be collected after his death by M. de Barante), a man whose character was moulded by Jansenism, a "spiritualist" philosopher of the school of Reid and Stewart, whose general influence on his times was deep and salutary.

SAINT-SIMON, Claude-Henri, *Comte de* (1760–1825), of the family of the great duc de Saint-Simon, b. in Paris. He was the founder of the *Saint-Simonien* sect and the father of French socialism; a utopist whose influence has been mainly posthumous, a prophet of astonishing political vision. His association with Thierry began in 1814 and lasted till 1818. His socialism is founded upon the principle of fraternity, and aims at the moral and physical improvement of the proletariat.

SALVANDY, Narcisse-Achille, *Comte de* (1795–1856), b. at Condom (Gascony). A soldier (imperial army 1813, royal army 1814), politician and diplomatist. A moderate royalist, supporting Decazes and opposing Villèle, he sat in the Chamber almost continuously from 1830 to 1848 (Minister of Education 1837–9 and again in 1845), but he went as Ambassador to Madrid (1841) and Turin (1843). He enjoyed a higher literary reputation during his life-time than he deserved, and his first published writing, from which we quote, is his best.

SÉGUR, Philippe-Paul, *Comte de* (1780–1873), b. in Paris. General, aide-de-camp to Napoleon, member of the *Académie française*. Author of *Histoire de Napoléon et de la grande armée en* 1812 (1824) which had an enormous success and which aspires to a place beside historical masterpieces of antiquity. It is, in fact, a prose poem rather than plain history, and its accuracy has been contested by Général Gourgaud. The posthumous *Mémoires* of Ségur (1894–5) are touched with the same ambition and expressed in similar rhetoric.

STAËL, Madame de (1766–1817), b. in Paris; daughter of the great Swiss financier Necker and Suzanne Curchod, Gibbon's early flame. Married (1786) Baron de Staël-Holstein of the Swedish Embassy, from whom she separated in 1797. She ran away from the September massacre but returned after 9 *thermidor*, reopened her salon, and began to play a part in politics. Her quarrel with Napoleon dates from about 1802. He banished her from Paris in 1803, and from France in 1810 on account of her book *De l'Allemagne*. She made her way to England *viâ* Austria, Russia, Finland, and Sweden. Here she began her *Considérations sur la Révolution française*. She fled from Paris again at the Hundred Days and only returned there to die, for she had a great love for liberty and no love for the Bourbons. It is important to remember that French as she was at heart, she was not French by birth or marriage.

STENDHAL, pseudonym of Henri Beyle (1783–1842), b. at Grenoble, author of *La Chartreuse de Parme, Le Rouge et le Noir*, etc. Beginning life as a civil servant, he was induced by enthusiasm for Napoleon to enlist in the dragoons (1800). He soon obtained a commission but retired at the Peace of Amiens (1802). He made the Russian campaign of 1812/13 as an amateur. He refused employment from the Bourbons and withdrew to Italy until 1821, when he was forced to return to France under suspicion of being a French spy. In 1830 he entered diplomacy and acted as consul in Italy until his death.

THIBAUDEAU, Ant.-Clair, *Comte* (1765–1854), b. at Poitiers. Barrister; deputy to the States General; member of the Convention; of the Committee of Public Safety; of the Council of 500. The 18 *fructidor* sent him back to his practice, the 18 *brumaire* restored him to public life. He forfeited Napoleon's confidence by his opposition to the Legion of Honour, etc., but Napoleon made him a count at the Hundred Days. At the Second Restoration he went abroad (Vienna, Brussels, etc.) till after July, 1830. He became a senator under the Second Empire. His *Mémoires* are valuable first-hand evidence for things which he saw.

THIÉBAULT, P.-C.-F.-A.-H.-D., *Baron* (1769–1846), b. in Berlin where his father was professor. A law-student in Paris in '89, he enlisted in the *Garde Nationale*, passed into the *armée du Nord*, served in the wars of the Republic and Empire and rose to be general (1808) and baron (1811). At the Restoration he was given a division, but was cashiered on the discovery of a letter offering his services to Napoleon on the return from Elba. He recovered rank in 1818 and retired in 1824. A lettered and accomplished man and a doctor of Salamanca. His *Mémoires* (5 vols., 1896–8) go down to 1820, and give an interesting and faithful notion of the war-weariness that was coming over even soldiers.

THIERRY, Augustin (1795–1856), b. at Blois. A writer and thinker of capital importance and the first of the "new historians" (among whom must be reckoned his brother Amédée). He was a pupil of the École Normale (1811) and history master at the *collège* of Compiègne. To the influence of Chateaubriand was added that of Walter Scott, but despite his romanticism he never wittingly sacrificed fact to imagination. Many of his conclusions must be revised to-day, but he remains the pioneer of mediaeval research in France. His social notions were mainly derived from Saint-Simon, *q.v.*, and Comte. His collaboration with the former ("son fils adoptif") proved very fruitful, e.g. the first vol. of *L'Industrie* (1817) and the *Réorganisation de l'Europe*, from which we quote. Very important also are his articles in the *Censeur européen* (to which P. L. Courier was also contributing in 1820) and the *Courrier français*. His chief works on French history are *Lettres sur l'Histoire de France* (1827); *Dix ans d'études historiques* (1834); *Considérations sur l'histoire de France* (introductory to the *Récits mérovingiens*, 1840); *Essai sur la formation du Tiers-État* (1853).

VILLEMAIN, Abel-François (1790–1867), b. in Paris. He began by winning prizes for essays on Montaigne and on criticism. At the Restoration he acted as assistant to Guizot and then became Professor of French eloquence at the Sorbonne. Founded on the principle, first enunciated by Mme de Staël, that literature is the expression of society, his lectures were oratorical rather than polemical and were not, like Guizot's, subject to government interference. Villemain was especially interested in comparing different literatures and races. His range was wide, Italy, Spain and especially England and France supplying material for his studies. Under Louis-Philippe he became deputy, *pair de France*, and Minister of Public Instruction. He was of the Academy from 1821, and its Secretary in 1832. His *Souvenirs contemporains d'histoire et de littérature* appeared in 1856. Their value as history, especially of the Hundred Days, would be greater if the author were not so studiously eloquent.

VITROLLES, Eugène d'Armand, *Baron de* (1774–1854), b. at Vitrolles (Dauphiné). An *émigré* who returned to France after 18 *brumaire*. He became intimate with Talleyrand who used him in 1814 to induce the Allies to work for the overthrow of the Empire rather than for the reduction of its territorial limits. An ardent royalist, he kept the white flag flying in Toulouse during the Hundred Days. Throughout the Second Restoration he was the confidant of *Monsieur* and very active on the "ultra" side. But his zeal outstripped his discretion in 1818 (*la note secrète*, *v.s.* p. 234 f.) and although he became a peer in 1830, he ceased to be of importance.

VIVIEN, J. S., *Commandant* (1777–1850), b. at Orleans, son of a wine-merchant, he volunteered in the republican army *aet.* 15 and served first Napoleon, and then the Bourbons until 1822. The last 18 years of his life were spent in peaceful retirement. The daily reflection of this simple soldier was: " Je mourrai content; j'ai été bon père, bon époux, bon citoyen; j'ai bien payé ma dette à ma patrie."

ZÉDÉ, Pierre, is described in the *État général de la marine et des colonies pour l'année 1830* as "Sous-ingénieur de la marine et 1ère classe." His son Gustave was destined 40 years later to win fame as the inventor of the submarine.

For EU product safety concerns, contact us at Calle de José Abascal, 56–1°,
28003 Madrid, Spain or eugpsr@cambridge.org.

www.ingramcontent.com/pod-product-compliance
Ingram Content Group UK Ltd.
Pitfield, Milton Keynes, MK11 3LW, UK
UKHW012329130625
459647UK00009B/156